국내이슈편 이것이 금융논술 이다 9.0

이것이 금융논술이다 9.0 국내이슈편

2017. 6. 26. 초 판 1쇄 발행
2017. 10. 20. 초 판 2쇄 발행
2018. 8. 27. 개정 1판 1쇄 발행
2019. 4. 24. 개정 1판 2쇄 발행
2019. 8. 19. 개정 2판 1쇄 발행
2020. 6. 5. 개정 2판 2쇄 발행
2020. 8. 25. 개정 3판 1쇄 발행
2021. 8. 30. 개정 4판 1쇄 발행
2022. 9. 19. 개정 5판 1쇄 발행
2023. 9. 6. 개정 6판 1쇄 발행
2024. 9. 25. 개정 7판 1쇄 발행

저자와의
협의하에
검인생략

지은이 │ 김정환
펴낸이 │ 이종춘
펴낸곳 │ BM (주)도서출판 성안당

주소 │ 04032 서울시 마포구 양화로 127 첨단빌딩 3층(출판기획 R&D 센터)
      │ 10881 경기도 파주시 문발로 112 파주 출판 문화도시(제작 및 물류)

전화 │ 02) 3142-0036
     │ 031) 950-6300
팩스 │ 031) 955-0510
등록 │ 1973. 2. 1. 제406-2005-000046호
출판사 홈페이지 │ www.cyber.co.kr
ISBN │ 978-89-315-6756-4 (13320)
정가 │ 30,000원

이 책을 만든 사람들
책임 │ 최옥현
진행 │ 김상민
내지 디자인 │ 에프엔
표지 디자인 │ 박원석
홍보 │ 김계향, 임진성, 김주승, 최정민
국제부 │ 이선민, 조혜란
마케팅 │ 구본철, 차정욱, 오영일, 나진호, 강호묵
마케팅 지원 │ 장상범
제작 │ 김유석

■ 도서 A/S 안내

성안당에서 발행하는 모든 도서는 저자와 출판사, 그리고 독자가 함께 만들어 나갑니다.
좋은 책을 펴내기 위해 많은 노력을 기울이고 있습니다. 혹시라도 내용상의 오류나 오탈자 등이 발견되면 "좋은 책은 나라의 보배"로서 우리 모두가 함께 만들어 간다는 마음으로 연락주시기 바랍니다. 수정 보완하여 더 나은 책이 되도록 최선을 다하겠습니다.
성안당은 늘 독자 여러분들의 소중한 의견을 기다리고 있습니다. 좋은 의견을 보내주시는 분께는 성안당 쇼핑몰의 포인트(3,000포인트)를 적립해 드립니다.

잘못 만들어진 책이나 부록 등이 파손된 경우에는 교환해 드립니다.

금융기관 공기업 취업의 핵심! 금융논술 완전 정복!

국내이슈편

이것이 금융논술 이다 9.0

슈페리어뱅커스 김정환 지음

BM 성안당

머리말

[이것이 금융논술이다] 가 출간된 지 벌써 햇수로 11년째입니다. 그동안, 재판(再版)이 될 때마다 최신 이슈를 담기 위하여 새로운 논제들을 실었고, 또 상대적으로 덜 중요해진 논제들은 삭제하며, 본 교재의 내용은 더 정교해지고 공부하기 수월하게 집필되었다고 자부합니다. 그동안 은행이나 금융공기업, 그리고 증권사, 보험사까지 많은 금융기관 지원자들이 본 교재로 학습 후, 원하는 금융기관에 입사했다는 후기들을 받다 보면 저자로서 형언할 수 없는 보람과 뿌듯함을 느낍니다.

부디, 「이것이 금융논술이다」 시리즈가 여러분들이 원하는 금융기관으로 취업하기 위한 자기소개서, 논술, 면접 전형의 모든 과정에 큰 보탬이 되기를 저자로서 희망합니다.

일반적으로 금융기관과 공기업 취업을 위해서는 [자기소개서] – [논술/필기시험] – [면접]의 3단계를 거쳐야 합니다. 이러한 3단계 과정 중, 최우선적으로 준비해야 하는 것을 꼽으라면 저는 단연 논술을 고르겠습니다.
그 이유는,

첫째, 논술준비가 잘된 학생일수록 자기소개서도 탁월하게 작성할 가능성이 높아집니다.

자기소개서의 작성은 단순히 자신의 이야기를 의식의 흐름에 따라 기억에 의존해서 작성하는 것이 아니라, '논술식 구조화 작업'과 '연역적인 방법'에 의해 작성할수록 논리적이며 가독성 높은 자기소개서가 완성되기 때문입니다. 또한 최근 금융공기업의 자기소개서 항목으로 '논술식 주제'가 제시되고 있습니다.

둘째, 논술준비가 잘된 학생일수록 면접에서도 설득력과 호소력을 갖출 수 있습니다.

전통적인 대면 인성면접에서도 "논술식 화법"과 "논술공부를 통한 지식량"을 어필하신다면 면접관들에게 안정감과 신뢰를 심어줄 수 있기 때문입니다. 또한 논술준비를 많이 한 학생들일수록 PT면접과 토론면접에서도 지식기반에 의한 설득력 높은 화법을 구사함으로써 기량을 극대화하는 것을 종종 경험하였습니다.

셋째, 논술준비에 소요되는 시간이 자기소개서나 면접준비로 소요되는 시간보다 월등히 많이 걸리기 때문입니다.

그만큼 논술준비는 장기적인 관점에서 준비하셔야 합니다. 하지만 이를 역으로 생각해 본다면 논술준비는 장시간 소요되는 만큼 상대적으로 논술준비를 제대로 하지 못한 다른 학생들에 비해 자기 자신을 차별화할 수 있는 전략으로 활용할 수 있습니다.

하지만 지난 몇 시즌 동안 금융기관과 공기업 취업준비를 하는 많은 학생들을 현장에서 실제로 지도하면서 보니, 의외로 상당수의 학생들이 논술시험의 준비를 소홀히 한다는 것을 알게 되었습니다. 전공필기시험, 자격증 취득은 열성적으로 준비하는 반면 논술준비가 미흡한 까닭을 분석해 보니 다음과 같았습니다.

첫째, 몇몇 금융기관이나 공기업들은 "논술시험 평가를 하지 않기 때문"

둘째, 금융기관, 공기업 대비 "논술학습에 대한 접근성에서의 어려움"

셋째, "논술공부 자체의 어려움"뿐만 아니라 설령 "열심히 논술공부를 하고 완성논술을 작성해도 계량화된 평가가 불가능하다는 점"

등 여러 가지 사유로 논술시험의 대비는 항상 뒤처지는 것을 보았고, 이에 저는 항상 안타까웠습니다.

이런 점들이 제가 금융기관과 공기업 취업을 준비하시는 취업준비생 여러분들에게 논술에 흥미를 드리고, 체계적이고 구조화된 논술작성을 가능하게 하며, 실전논술 준비에 도움을 드리기 위해 2013년, 「이것이 금융, 공기업 논술이다」를 출간하기로 마음먹게 된 이유입니다.

본 책을 집필하면서 무엇보다 주안점을 둔 부분은,

첫째, 모든 논제들을 [서론-본론-결론]의 형태로 구조화했으며 또한 효율적이고 시각적인 공부를 위하여 도표화했습니다.

둘째, 본론에서는 논제들에 대하여 다소 깊이 있는 내용을 담으려 하였고, 가급적 논제들로 인한 긍정적인 부분과 부정적인 부분을 함께 고찰함으로써 여러분들의 다양한 시각과 의견형성에 도움을 드리고자 하였습니다.

셋째, 결론의 내용도 상당부분 정부의 방향성과 금융기관의 방향성을 분리하여 제시함으로써 공기업을 준비하시는 분들이나 금융기관을 준비하는 취업준비생들 모두에게 실질적인 도움이 되도록 하였습니다.

　넷째, 모든 논제들에 대하여 결론의 내용을 극대화했습니다. 여타 논술교재들이 본론 위주로만 구성된 것이 안타까웠고 이런 이유로 항상 결론의 도출을 어려워하는 취업준비생들을 위하여 다양한 결론을 제시함으로써 결론 도출의 가이드라인과 문제해결의 방향을 잘 잡을 수 있도록 하였습니다.

　다섯째, 해당 주제에 대한 지도 학생들의 실제 논술 사례문과 이에 대한 첨삭 지도 내용들을 각 논제별로 첨부시켜 다양한 논제들이 실제로 어떻게 실전논술로 작성되었는지 보여드리고자 하였습니다.

　이러한 주안점들을 잘 참조하고 공부한다면 본 책의 활용도를 극대화할 수 있을 것입니다.

　본 책이 취업준비생 여러분들이 원하는 금융기관과 공기업으로 취업하는 데 비단 논술시험뿐만 아니라 취업의 전 과정에서 여러모로 도움이 되었으면 합니다.

　이 책의 완성을 위하여 다방면으로 애써주신 ㈜성안당과 취업준비가 바쁨에도 불구하고 틈틈이 이 책의 작성과 교정에 많은 도움을 준 박은우, 이석영 학생에게도 감사드린다는 말을 남깁니다.

슈페리어뱅커스 김 정 환

이 책의 구성

01 논술작성법

주제별 논술사례로 들어가기 전, 어떻게 해야 논술 답안을 잘 작성할 수 있는지 그 비법을 공개합니다!

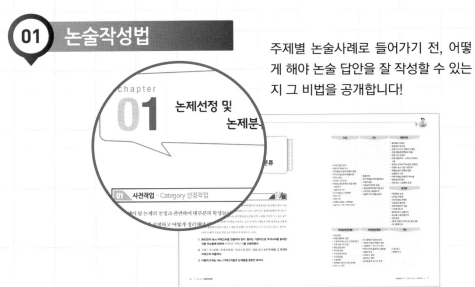

02 논제 개요잡기

논술답안의 뼈대가 되는 '개요 작성'은 논술 작성에서 가장 중요한 단계입니다. 이슈언급부터 의견제시까지 개요 작성을 위해 필요한 핵심 정보를 구조화 · 도표화하여 제시합니다.

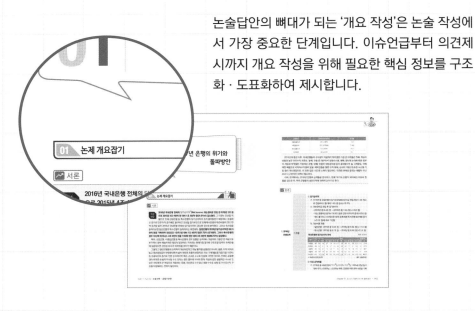

주제별로 출제가 예상되는 문제를
제시하여 실전에 완벽하게 대비할
수 있습니다.

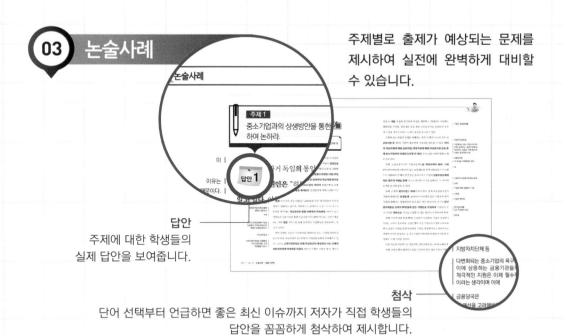

답안
주제에 대한 학생들의
실제 답안을 보여줍니다.

첨삭

단어 선택부터 언급하면 좋은 최신 이슈까지 저자가 직접 학생들의
답안을 꼼꼼하게 첨삭하여 제시합니다.

의견제시

논술의 마지막 한 방! 결론에서 어떻게
의견을 제시하면 좋을지 알려줍니다.

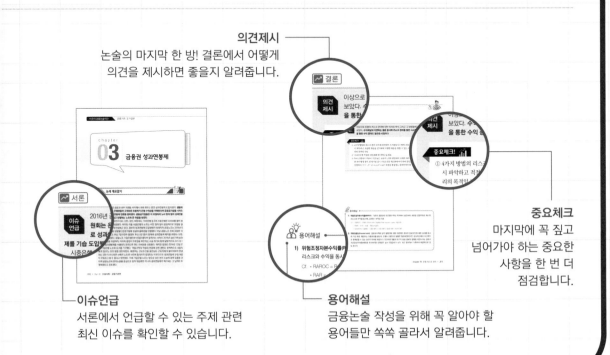

중요체크
마지막에 꼭 짚고
넘어가야 하는 중요한
사항을 한 번 더
점검합니다.

이슈언급
서론에서 언급할 수 있는 주제 관련
최신 이슈를 확인할 수 있습니다.

용어해설
금융논술 작성을 위해 꼭 알아야 할
용어들만 쏙쏙 골라서 알려줍니다.

CONTENTS

- **금융권 취업 가이드**
- **금융기관 · 금융공기업 합격 후기**

PART 03 ● **논술사례** - 국내편

금융권
취업
가이드

" '신의 직장' 금융권 기업 "

2018년~ 2021년까지 취업준비생들의 경쟁은 뜨거웠다. 우리은행과 수출입은행, 기업은행은 100 대 1의 채용경쟁률을 기록했으며, 그 외에도 NH농협은행 33 대 1, 수협은행 일반직 150 대 1 등 높은 경쟁률을 기록했다. 상대적으로 높은 연봉, 안정적인 환경과 최고 수준의 복지혜택 등 여러 가지 이유로 금융권 취업을 목표로 하는 취업준비생들이 점점 늘고 있다.

" 금융권 채용 프로세스 "

금융권이라고 해도 기업별로 채용절차가 다양하므로 자신이 목표로 하는 기업을 정하고, 해당 기업의 채용 프로세스를 확인하여야 한다.

일반적으로 금융권 채용의 프로세스는 다음과 같다.

금융권 채용 프로세스

서류전형 ➡ 필기시험 ➡ 1차면접 ➡ 2차면접

- 서류전형 : 각 기업별 양식에 맞춰 입사지원서와 자기소개서를 작성하여 제출한다.
- 필기시험 : 논술, 전공시험, 상식, NCS직업기초능력평가 등 기업별로 상이하게 이뤄진다.
- 면접전형 : 합숙면접, 세일즈면접, 토론면접, PT면접, 인성면접 등 다양한 방식으로 진행된다.

1. 논술전형 준비는 다른 과정보다 많은 시간이 필요하다. 그러므로 장기적인 관점으로 준비해야 할 필요가 있다. 그만큼 준비가 잘 되어 있다면 다른 지원자들과의 '차별점'으로 작용할 수 있다.

2. 논술전형은 서류전형 바로 다음에 실시하는 만큼 이를 제대로 준비하지 않으면 최종 관문에 도달하기도 전에 탈락이라는 고배를 마실 수 있다.

3. 논술전형 준비가 잘 이루어지면 자기소개서 작성에 도움이 된다. 자기소개서 역시 논리성과 가독성이 중요하게 작용하며, 최근에는 논술식 자기소개서를 제시하는 기업도 많아지고 있다.

4. 논술전형 준비를 통해 면접을 대비할 수 있다. 논술을 통해 습득한 설득력 높은 화법은 면접관들에게 안정감과 신뢰감을 심어줄 수 있고, 다양한 논술주제를 통해 인성역량면접, NCS면접, PT면접, 토론면접 등 면접에 직접적으로 대비할 수 있다.

> ❝ 금융권 취업을 위해 무엇보다 논술전형 준비가 중요한 이유 ❞

> ❝ 논술전형을 실시하는 금융권 기업 ❞

1. 시중은행 : KB국민은행, IBK기업은행, NH농협은행, KEB하나은행(1차 면접 때 실시), 대구은행, 부산은행 등

2. 금융공기업 : 한국은행, 금융감독원, 산업은행, 수출입은행, 한국거래소, 한국예탁결제원, SGI서울보증, 한국주택금융공사, 한국무역보험공사, 예금보험공사 등

3. 기타 : 신협중앙회, 한국증권금융, 신용회복위원회, 무역협회 등

'이것이 금융논술이다' 시리즈와 함께한

▶ 2024년 '한국예탁결제원' 합격 후기

안녕하세요. 2024년도 한국예탁결제원에 합격한 000입니다. 저는 김정환 선생님의 논술부터 시작해서 1, 2차 면접까지 쭉 수강한 케이스로 너무 큰 도움이 되었기에 해당 부분에 대해서 어떤 점이 중요하고, 도움을 받았는지에 대해서 후기를 남겨보고자 합니다.

논술수업
한국예탁결제원의 경우 전공(50%), 논술(50%)가 반영되기 때문에 논술의 중요성이 굉장히 큽니다. 저는 금융 전반에 대해서 아는 것이 없었기에 처음에는 굉장히 막막했습니다. 그러다가 우연히 김정환 선생님의 '금융논술 각론반' 수업을 들었습니다. 단순히 책을 읽어나가기보다 최근 경제 전반에 대한 흐름을 이해할 수 있어서 정말 재밌게 수업을 들었습니다. 논술수업을 들을 때는 절대로 여기서 나온 주제가 나온다는 마인드로 접근하시면 안 됩니다. 실제 시험장에 가게 되면 처음 보는 주제가 나올 수도 있고, 알더라도 잘 모르는 주제가 나올 수도 있습니다. 하지만 중요한 것은 '뭐라도 쓸 수 있는가'가 가장 중요합니다. 논술수업을 들을 때는 몰랐는데, 다 듣고 스스로 공부하다 보면 이 주제와 관련된 내용을 다른 주제에도 실제로 사용할 수 있기에 분량을 채울 수 있습니다. 즉, 전체 숲을 볼 수 있다는 점이 가장 좋았습니다. 또한, 논술에서 배운 것이 실제로 토론면접에 나올 수 있기 때문에 단순히 논술에서 그친다 생각하지 말고 차라리 본인의 지식을 확장시키는 과정이라고 생각하시면 좋을 것 같습니다.

▶ 2023년 '금융감독원' 합격 후기

저는 재학 중인 상태로 입사를 준비했기 때문에 평소에 매일 경제경영 뉴스를 가볍게 읽고 있는 상태였습니다. 바이트 뉴스를 구독하고 있었고, 입사 준비를 시작하면서 사회면 뉴스도 팔로우하면 좋을 것 같아 아침 먹으면서 유튜브로 뉴스룸을 시청했어요. 뉴스룸은 딱히 도움되었던 것 같진 않습니다. 스터디도 하지 않았고 글쓰기에 자신 있는 편도 아니어서 10월 초에 슈페리어뱅커스 논술 특강을 보고 신청했습니다. 기억엔 2주 전에, 주에 2번씩 2시간 수업, 총 4번이었는데 제가 알고 있는 경제시사 개념이더라도 그걸 글로 쓰기에 필요한 소스들은 전혀 없는 상태라서 논술 특강이 그 점에서 도움이 많이 됐습니다. 예를 들어 부동산 PF 부실화에 대해 대충 알더라도 논술로 글을 작성하기 위해선 그 배경을 설명할 때 필요한 용어들을 명확히 알아야 하고, 그 상황에서 정부와 금융당국이 취해야 할 입장이라던가 어떤 연쇄 작용이 있을 수 있는지 등 언어화할 수 있는 소스들이 필요하고 그걸 정리하는 시간으로 슈페리어뱅커스 특강이 정말 유용했다고 생각합니다. 너무 촉박하게 특강을 신청해서 제 글을 첨삭 받을 기회는 없어서 부끄럽지만 온전한 한 편의 글을 써보지는 못하고 시험장에 들어갔습니다. 제가 강조 드려도 써 보실 분은 써 보시고, 아닐 분들은 저처럼 그냥 들어가시겠지만 그래도 한 번 정도는 글을 써 보시는 게 좋을 것 같아요. 저는 이번 주제 중에 탄소세를 골라서 논술을 썼는데 국민연금에 대해

제 견해랄 게 전혀 없기도 했고, 탄소세에 대해서 논술특강에서 정리한 적이 있어서 나름 할 말이 많다고 생각했기 때문입니다. 근데 쓰고 나니까 원고지 7장 주셨는데 2장 채워서 진짜 당황했어요. 배운 대로 서론, 본론, 결론 썼고 문제에서 요구한 것들을 다 썼기 때문에 분량 늘릴 방법도 없어서 그대로 냈는데, 결과적으로 합격이라 다행이지, 탈락이었다면 글 한 번을 안 써보고 간 걸 오래 아쉬워했을 것 같긴 합니다. 올해 논술문제는 아마도 이전과 다르게 둘 다 일반 논술이었던 것 같아요. 듣기로는 금융 논술 한 개와 일반 논술 한 개 중 택 1 이었다는데 올해는 전공 필기도 그렇고 예년과는 달랐던 것 같네요.

▶ 2023년 '금융감독원' 합격 후기

선생님께서 보내주신 여러 합격 후기에 도움을 많이 받아서 저도 부족하지만 합격 후기 남겨봅니다.

논술 준비
대학도 수능으로 갔었고 논술을 한 번도 해본 적이 없어서 논술이 제일 막막했는데, 선생님의 강의가 아주 큰 도움이 되었습니다. 00전공이라서 금융은 완전히 까막눈이었는데 선생님께서 비전공자도 이해할 수 있도록 쉽게 설명해주시기 때문에, 강의만 들었어도 금융이슈 전반에 대해서 웬만큼 정리가 되었습니다. <이것이금융논술이다> 책에 나온 주제로 다 커버될 수 있다고 생각하지만, 단순히 책을 읽기만 하는 것보다는 주제별로 2~3가지 논점을 정리해보는 게 좋은 것 같습니다. 저는 논술첨삭을 신청해놓고도 시간이 없어서 글들을 다 완성하지는 못했었지만, 개조식으로 논점을 2~3가지씩 스스로 정리해봤던 게 도움이 되었습니다.

▶ 2023년 '산업은행' 합격 후기

안녕하세요. 저는 선생님의 금융공기업 4주반, 논술총론 4주반, 논술각론 4주반, 산업은행 면접 1,2차 수업까지 모두 수강했습니다. 처음 선생님을 찾게 된 계기는 산업은행 서류전형에서 계속 탈락해 문을 두드리게 되었습니다. 이후 첨삭을 받아 서류 합격을 한 이후로는 선생님을 믿고 계속 수업을 들었습니다. 논술 수업을 들을 초기에는 무지한 상태여서 내용이 벅찼는데, 지금 합격하고 생각해보니 합격까지 모두 필요한 과정이었다는 생각이 듭니다. 특히 1차면접 수업은 선생님의 수업이 아니었다면 불합격했을 것이라 생각이 듭니다.

▶ 2023년 '신용보증기금' 합격 후기

스터디는 하지 않고 선생님 강의를 듣고 모의면접 1회 봤습니다. 이전에도 스터디 한 적은 손에 꼽습니다. 논술도 선생님 강의를 들어서 논리구조 만드는 데에 도움이 된 것 같습니다.

'이것이 금융논술이다' 시리즈와 함께한

1. 과제수행은 평타.
2. 심층면접은 잘 본 것 같음.
3. 실무진 면접은 완전히 꼬여서 OOO의 OOO도 제대로 설명 못했음.

그럼에도 붙은 걸 보면, 솔직하게 말하는 태도나 선생님께서 말씀하셨던 답변 양식을 잘 따랐던 게 주요했던 것으로 보입니다. 선생님과 모의면접 꼭 보세요. 하는 것과 안 하는 것의 차이가 정말 큽니다.

▶ 2023년 하반기 'SGI서울보증' 합격 후기

2023년 상반기 지원 시, 전공시험은 양호하다고 느꼈으나 논술에 부족함이 많다고 생각하여 김정환 선생님의 금융논술 강의를 수강하였습니다. 논술강의 수강을 고민하는 분들에게 결정을 내리는데 도움을 조금 드리고자 간략하게 강의 수강하며 느꼈던 점을 적어보겠습니다. 첫째, 논술 공부의 틀을 빠르게 잡을 수 있습니다. 반드시 짚어야 하는 주제, 기업에서 자주 출제되는 주제들을 정리해주셨기에 논술 대비를 위한 공부의 범위를 최소화 할 수 있었습니다. 둘째, 금융공기업과 은행에서 원하는 글쓰기의 방향을 체크할 수 있었습니다. 대학교 재학 시절 글쓰기 비중이 높은 과에서 공부했기에 논술에 자신이 있었습니다. 하지만 몇 차례의 논술 탈락과 선생님의 강의 수강 후 기업에서 원하는 방향의 글 전개와 마무리가 있으며 그간 제가 써온 글들과 차이가 있었다는 것을 알게 되었습니다. 해당 부분에 대해 숙지가 되어있는지 여부가 합불에 꽤 많은 영향을 줄 수도 있겠다고 생각합니다. 셋째, 트렌드에 맞는 논술대비를 할 수 있습니다. 많은 수강생들을 통해 축적된 여러 후기들을 통해 전통적으로 기업에서 많이 출제되었던 이슈와 최근 출제 빈도가 높은 이슈를 확인하여 논술공부의 양은 줄이고 질은 높일 수 있었습니다. 마지막으로 논술에 대한 두려움을 없앨 수 있었다는 것이 저 개인적으로는 가장 좋았던 부분이었습니다. 저처럼 막연한 논술공포증이 있는 분들에게는 꼭 수강을 추천 드리고 싶습니다.

▶ 2023년 '산업은행' 합격 후기

금융논술 수업

금융공기업 면접에서 대략 10번 연속 탈락하면서 자신감을 잃었는데, '논술 실력'이라는 강점이 저를 지탱해주었고, 결국에는 좋은 결실로 이어질 수 있었던 것 같습니다. 김정환 선생님의 금융 논술 강의를 2번 들으면서 주제에 대한 지식을 확장하고 어떠한 주제에도 저만의 글을 작성할 수 있었다는 점이 좋았습니다. 만약 여유가 되신다면 논술 강의는 꼭 수강할 것을 추천하고, 이미 들으신 분도 수강 기간이 오래되었다면 다시 한번 수강하는 것을 추천합니다. 예탁결제원, 산업은행, 금융연수원, 신용보증기금 등 논술 관련 기업에서는 모두 높은 성적을 받을 수 있었고, 예탁결제원 논술 점수가 당시 50점 만점에 40점이 넘는 것을 보며, 선생님의 방향성이 맞다고 확신했습니다. 특히 논술 수업은 PT 면접에서도 구조화할 때 매우 유용하기에 A매치 준비생뿐만 아니라, B매치 준비생, 은행 준비생도 수강하는 걸 강력 추천합니다. 그리고 준비생들 사이에서 간혹 수강료가 비싸다는 의견이 종종 있는데, 만약 충실히 수업을 들으셨다면 절대 그런 소리를 하지 못할 것입니다. 저는 논술 수업을 들은 학생들과 스터디를 만들어서 함께 PT면접과 논술 작성 스터디를 진행했는데, 그 부분에서도 감각을 기를 수 있어 좋았습니다.

여신 프로세스 및 신용보증기금 업무 수업

논술, 면접 수업만큼이나 정말 좋았던 수업이었습니다. 특히 여신 프로세스 수업은 여신에 대한 프로세스와 직원으로서의 역량에 대해 자세히 설명해주는 수업으로, 우리나라에서 유일한 강의라고 생각합니다. 따라서 수업 대비 강의료가 정말 저렴하다고 생각합니다. 선생님께 들은 여신 프로세스를 통해 산업은행 지원동기의 방향성을 잡을 수 있었고, 면접에서 면접관들이 굉장히 관심이 있어하고 저만의 차별화된 강점이 되었습니다. 산업은행 수업뿐만 아니라, 신용보증기금 업무 수업에서도 기금의 업무 프로세스와 사업 방향성에 대해 구체적으로 설명해주셔서 많은 도움이 되었습니다. 논술 수업을 듣고 해당 수업을 들으시는 걸 강력 추천 드리지만, 만약 시간이 없다면 해당 수업은 꼭 듣기를 추천 드리겠습니다.

▶ 2022년 '금융감독원' 합격 후기

들어가며

먼저 금융감독원 준비에 방향성을 제시해주시고 합격까지 도움을 주신 선생님께 감사의 인사를 전합니다. 저의 후기는 CPA 유탈생들에게 특히 도움이 될 것이라고 생각합니다. 당연히 합격할 것이라 믿었던 시험에서 한 과목을 놓치고 멘탈을 수습하기도 전에 다음 계획을 세워야 했습니다. 슈페리어뱅커스 블로그에서 지난 합격자들의 후기를 찾아보며 이게 나한테 적합할까? 고민하던 중 한 CPA 유탈생의 후기를 읽게 되었고 바로 금융논술 총론부터 수강하기 시작했습니다. 같은 공부만 오랫동안 해온 CPA 준비생들이 금융공기업으로 전환할 때 가장 어려운 것은 '무엇을 어디까지 해야 하는가?'에 대한 감을 잡는 부분이라고 생각합니다. 물론 미리 준비해서 가능한 많은 부분을 챙기는 것이 좋겠지만, 저와 같이 9월 초부터 준비하시는 분들을 위해 제가 준비하며 체득한 노하우를 최대한 공유해보겠습니다.

금융논술 준비

금융논술 총론반은 금융논술 공부의 기틀을 잡아주는 강의라고 생각합니다. 저는 긴 기간 CPA 수험 생활을 했기 때문에 시사에 관한 부분에 베이스가 없는 수준이었습니다. 금융공기업을 준비하겠다고 마음을 먹었다면 고민하지 말고, 일단 무엇이라도 시작하는 것이 중요합니다. 고민하기보다 무작정 서점이라도 가보는 것도 좋습니다. 저는 그렇게 나갔던 서점의 수험서 코너에서 『이것이 금융논술이다』를 발견하였고 슈페리어뱅커스 블로그를 방문하게 되었습니다. 어떻게 시작해야 할지 감도 오지 않는

'이것이 금융논술이다' 시리즈와 함께한

상황에서 전문가의 도움을 받는 것이 가장 효율적일 것이라고 생각했고, 바로 9월 초 시작하는 총론 강의를 신청하였습니다. 강의를 수강하면 시사 전반에 대한 이해도와 기본 상식을 쌓을 수 있습니다. 주제에 대한 중요도와 추세도 알려주시기 때문에 회차가 늘어날수록 어떻게 해야 할지 감을 잡을 수 있었습니다. 저는 금융감독원 금융논술을 준비할 때 총론반에서 얻은 지식을 바탕으로 그 해에 중요하게 나올 법한 주제를 6개 정도 추려서 논문을 찾아보고 경제신문을 매일 읽었습니다. 논문은 0000000에서 찾았고 수업을 듣다가 추천해 주셔서 알게 된 사이트 입니다. 금융감독원은 굵직굵직한 주제에서 출제하는 경향이 있기 때문에 한 선택이었고 결과적으로 가장 중요하게 여겼던 3고 현상이 논술 주제로 나오면서 어렵지 않게 금융논술을 작성했습니다. 이때 금융에 관한 배경지식과 기관에 대한 지식 역시 큰 폭으로 상승하기 때문에 면접 준비에도 큰 도움이 됩니다. 금공준비를 전혀 해보지 않은 사람이 스스로 공부할 수 있는 능력을 키워주는 것이 총론반의 가장 큰 이점이라고 생각합니다.

▶ 2022년 '한국증권금융' 합격 후기

저는 작년 자기소개서 첨삭을 시작으로 슈페리어뱅커스를 알게 되었고, 선생님의 첨삭 뒤 급격하게 서류 합격률이 오르는 경험을 할 수 있었습니다. 받아보신 분은 알겠지만, 알맹이는 놓아두고 글 맵시만 다듬어주는 방식이 아닌, 근본적으로 어떻게 창의적으로 접근해야 하는지 그 방식을 알려주셔서, 저만의 창의적이고 '읽는 재미가 있는' 자기소개서를 만드는 데 큰 도움을 받았습니다. 실제로 스터디를 할 때도 매번 스터디원들에게 자기소개서 관련해 칭찬을 듣기도 했습니다. 그 뒤로 믿음이 생겨 논술 총론 및 각론 수업을 들었고, 필기 합격 후엔 실무면접, 임원면접 수업도 한 번씩 들었습니다. 먼저, 논술 수업을 통해서는 논술을 구성하는 방식을 배웠을 뿐 아니라, 최근 이슈 논제들을 체계적으로 배울 수 있어 경제논술뿐만 아니라 PT 준비 때에도 내용 면에서 큰 도움이 되었습니다. 또한, 선생님께서 자기소개서와 마찬가지로 논술에서도 (좋은 쪽으로) 눈에 띄는 방식에 대한 팁들도 많이 전수해주셔서 이것들도 많은 도움이 되었습니다. 다음으로, 면접수업 역시 선생님이 늘 자기소개서와 논술에서 강조하신 내용과 큰 뼈대와 맥락은 비슷했습니다. 다만, 면접 때가 되면 그 강조하신 내용들을 까먹게 되어 실전 연습을 하면서 이를 다시금 떠올리고 체득하는 데 도움이 된 것 같습니다. 자기소개서 첨삭이든, 논술 수업이든, 면접수업이든 선생님이 항상 강조하고 "꼭 이렇게 해라"라고 말씀하시는 부분들이 있는데, 정말 이 부분만 열심히 지킨다면 모든 전형을 무사히 통과할 수 있을 것으로 생각합니다. 저 또한 면접은 올해가 처음이었고, 선생님께서 강조하신 부분들을 한 귀로 흘려 넘기지 않고 최대한 체득하면서 임했던 것이 큰 도움이 되었다고 느꼈습니다.

▶ 2022년 '한국부동산원' 합격 후기

2020년 선생님을 처음 뵙고 직접 논술 수업을 들었을 당시는, 제가 취업에 대해 감이 없는 상태라 선생님께서 가르쳐주신 방향을 잘 이해하지 못했고 최대한 따라가려고만 노력했었던 것 같습니다. 하지만 시간이 지나, 추후 실력이 쌓인 후부터는 선생님 말씀의 의도를 점점 깨닫게 되었습니다. 그 이후부터는 A매치 금공 2곳 및 B매치 1곳에 필기 합격하며 논술 시험이 존재하는 회사의 입사시험에 대한 자신감과 방향성을 찾을 수 있었습니다. 이렇게 다져진 논술 실력은 추후 면접을 준비하는 데도 많은 도움이 되었습니다.

▶ 2022년 'IBK기업은행' 합격 후기

선생님께 2021년도 하반기 논술 수업을 수강하고, 이번 면접 강의도 수강하며 많은 도움을 받을 수 있어서 후기 작성과 함께 다시 한번 감사의 인사를 드립니다. 저는 처음 공기업을 목표로 취업준비를 시작했으며 점차 준비를 하며 금융 공기업 취업을 목표로 했었습니다. 하지만 00 전공이기에 경제 관련 지식이 많이 부족했습니다. 이러한 계기로, 선생님께서 진행하신 금융 논술 수업을 수강하며 금융산업에 대해 볼 수 있는 눈을 뜰 수 있었고 이러한 기반을 활용해 경제 뉴스들을 스크랩하며 스스로 더욱 고도화된 생각을 해볼 수 있었습니다. 이러한 지식들을 겸비해 2021년도 하반기 기업은행 최종면접까지 갈 수 있었습니다. 당시 선생님 수업을 통해 지식은 쌓았지만, 제 스스로 면접에 대한 경험과 스킬이 부족하여 최종면접에서 탈락을 했습니다. 그래서 이러한 부분들을 보완하기 위해 선생님께 2022년 기업은행 최종면접 관련 컨설팅을 지도 받았고, 지도해주신 부분들을 통해 최종면접에서 합격을 하게 되었습니다.

▶ 2022년 '우리은행' 합격 후기

저는 2022년 상반기 우리은행 1차 면접 준비를 시작으로 선생님과 처음 만났습니다. 당시 국민은행에서 디지털 서포터즈를 하고 있었는데 멘토였던 대리님께서 정환쌤을 추천해주셨고, 우리은행 서류 붙자마자 바로 강의 수강했습니다. 선생님 강의로 면접준비를 시작한 덕분에 뭘 준비해야 좋을지에 대한 감을 잡을 수 있었습니다. 비록 상반기엔 부족해서 잘 안 됐지만, 그 이후에 자격증 취득, 인턴 면접, 공채 면접 등 취업의 모든 과정에서 많은 도움이 됐다고 생각합니다. 선생님 강의에서 추천하고 싶은 부분은 면접 직전에 듣는 00은행 대비 강의와 금융논술 총론반/각론반 강의, 1:1코칭 입니다. 특히 각론반 강의는 긴 시간 진행되는 만큼 다양한 주제에 대해 깊이 있게 알아갈 수 있고, 그에 파생되어 스스로 공부할 점이 많이 생겨서 좋았습니다. 공부하다 보면, '아 여기까지 알아야 되나?' 싶을 때가 많은데, 그런 부분도 파고들어서 해두면 나만의 깊이와 논리가 생기고, PT에 흔하게 나오는 '~~현상에 대한 금융권/은행의 해결 방안'을 만들어내는 데 많은 도움이 되는 것 같습니다. 저는 7개 은행에 제출했던 모든 서류는 다 합격했고, 그 중 4개는 최종까지 다녀왔습니다. 많은 시행착오가 있었지만, 결국 다 과정이라는 데 너무 동의합니다. 정말 힘들어도 울고 다시 일어나면 다 할 수 있습니다. 이런 글을 쓸 수 있게 만들어 주신 김정환 선생님, 다시 한번 감사 드립니다.

'이것이 금융논술이다' 시리즈와 함께한

▶ 2021년 '산업은행/SGI서울보증' 합격 후기

논술은 매우 중요합니다. 2020년 하반기 예탁결제원을 급하게 준비하면서 선생님 수업 수강 전에 책만 몇 번 읽어보고 필기시험을 쳤고, 단 3점 차이로 불합격하면서 논술 수업을 조금만 빨리 들었더라면, 글을 조금만 짜임새 있게 썼더라면 하는 후회가 지금도 큽니다. 전공시험 비중이 크지만, 전공시험은 경영 직렬의 경우 회계사가 아닌 지원자들도 충분히 대비할 수 있는 난이도로 출제되었습니다. 또한 NCS 경우도 사전에 준비가 어려운 분야이기 때문에 결국 논술에서 필기시험 합격이 좌우될 수 있다고 강조하고 싶습니다.

또한 논술은 글을 쓰고 퇴고하고 첨삭하는 과정들 때문에 생각보다 준비하는 데 시간이 많이 소요됩니다. 아는 만큼 보인다고 논술을 위해 시사 공부를 하고 글을 쓰다 보면 보이지 않던 것들이 보이게 되면서 실력이 늘지만, 그 과정까지 많은 시간이 소요됩니다. 채용공고가 뜨고 나서는 마음이 조급해지면서 더욱 전공 공부에 시간을 투입하게 됩니다. 자연스럽게 논술 준비에 소홀하게 되고 이는 필기 결과에도 분명 영향을 줄 것입니다. 사전에 <이것이 금융논술이다>와 선생님 강의를 활용하여 논술 준비를 철저히 하셔서 좋은 결과를 얻으시길 바랍니다.

▶ 2020년 하반기 '금융감독원' 합격 후기

금융논술을 준비하면서 금융과 경제에 대한 기본적인 지식이 많이 쌓아두는 것이 필요한데, 그렇지 않으면 3종류의 면접(집단면접 1회, 실무진 면접1회, 임원면접 1회)을 대비하기가 매우 어려워집니다. 그래서 미리미리 금융논술을 제대로 공부하는 것이 필요합니다. 금감원은 IT 직렬이라고 해도 IT 외 여러 다른 부서에서 일하게 되는 일이 많기 때문에 더욱 그렇습니다.

저는 금융이라고는 공부를 해본 적이 없었습니다. 그래서 혼자 공부하기에는 무리라고 생각해서 강의를 수강했습니다. 슈페리어뱅커스 강의의 장점은 금융을 볼 수 있는 전체적인 틀을 제공하고, 그것을 금융논술과 연결시킬 수 있도록 주제별로 정리해준다는 것이 가장 큰 장점입니다.

▶ 2020년 하반기 '캠코' 합격 후기

논술 준비에 대한 막막함으로 걱정하던 찰나에, 감사하게도 슈페리어뱅커스를 알게 되었습니다. 덕분에 짧은 시간 동안 논술 준비의 방향성과 핵심 시사 이슈를 숙지하고, 결코 적지 않은 분량의 논술 교재 3권을 효율적으로 공부할 수 있었습니다. 아쉽게도 캠코의 경우에는 금융논술 시험이 없었으나, 1차 PT 면접을 준비하는 과정에서 특히 큰 도움이 되었습니다. 논술시험이 없는 기업을 준비하시는 분들도 논술 수업은 꼭 수강하시기를 추천합니다.

➤ 2020년 하반기 '신용보증기금' 합격 후기

공인회계사 시험 2차 유예 탈락 후 금융공기업 취업으로 전환하였습니다. 신용보증기금 필기 시험은 NCS와 전공시험, 논술시험으로 구성되는데, NCS는 상대적으로 비중이 적기 때문에 전략적으로 힘을 뺐고, 전공시험은 다 년 간 수험 생활로 자신 있었습니다. 하지만, 논술 시험은 경험이 없었고, 그 동안 수험 공부만 해왔기 때문에 금융상식과 시사 쪽이 약해 어떻게 준비해야 할지 가장 막막하였습니다.

주변 지인을 통해 슈페리어뱅커스의 '이것이 금융논술이다' 책 시리즈를 추천 받았고, 혼자서 공부하기보다 선생님의 논술 수업을 함께 듣는다면 짧은 시간에 훨씬 큰 효과를 볼 수 있을 것으로 판단하여 주저하지 않고 수강 신청하였습니다. 그리고 그 효과는 생각했던 것 이상으로 좋았습니다.

➤ 2020년 하반기 'IBK기업은행' 합격 후기

저는 금융논술이 없는 시중은행을 목표로 하고 있었고, 유일하게 논술시험이 있는 농협은행도 지원하지 않았습니다. 그럼에도 금융논술 수업을 수강한 이유는, 차별성을 극대화할 수 있다고 생각했기 때문입니다. 그래서 본격적으로 공채 일정이 시작되기 전, 3월에 해당 수업을 수강했습니다.

금융논술 수업을 통해 금융 및 경제 이슈에 대해 다양한 관점에서 생각해 볼 수 있었습니다. 또한, 한 가지 주제에 대해서 좀 더 짜임새 있게 의견을 전달하는 방법을 배웠습니다. 비록 저는 금융논술 시험을 치르지 않았지만, 모든 은행의 자기소개서 항목에 논술형 질문이 있었습니다. 만약 금융논술 수업을 듣지 않았더라면, 해당 항목의 내용을 적을 때 많은 어려움을 겪었을 것입니다. 하지만 선생님의 수업 덕분에 비교적 쉽게, 그리고 더욱 논리적인 흐름으로 내용을 채울 수 있었습니다.

➤ 2020년 상반기 '한국금융연수원' 합격 후기

슈페리어뱅커스가 가장 좋았던 점은 단기간에 최소한의 필요한 학습량을 충족할 수 있었다는 점이었어요. 저는 금융공기업 준비를 급하게 하게 돼서 거의 전공필기만 공부하다가, 시험 두 달을 남기고서야 논술을 시작했거든요. 정말 한 번도 논술을 제대로 써본 적이 없었고, 뉴스만 간간히 보면서 대략적인 경제 흐름만 파악하고 있던 정도였어요. 급한 마음에 이것저것 찾아보다가 슈페리어뱅커스의 막판 단기 강의를 수강했는데, 그게 정말 큰 도움이 됐습니다.

슈페리어뱅커스의 논술 교재는 대부분이 알듯이 바이블이라고 할 만큼 좋은 책이고요. 강의는 경제논술, 토론 입문자인 분, 그리고 단기에 실력을 확 끌어올리고 싶은 분께 강력 추천합니다.

'이것이 금융논술이다' 시리즈와 함께한

▶ 2019년 '무역보험공사' 합격 후기

안녕하세요. 저는 이번 2월 논술반을 들었고, 올해 한국무역보험공사에 최종 합격했습니다. 한국무역보험공사는 논술전형을 보지 않는 기관입니다. 그럼에도 저는 이번 상반기 최종 합격할 수 있었던 가장 큰 이유를 꼽으라면 슈페리어 뱅커스의 논술수업을 수강한 일을 꼽고 싶습니다. 그 이유는, 저는 이 클래스가 단지 논술을 위한 클래스가 아니라, 최고의 면접 대비반이라고 생각했기 때문입니다.

면접을 잘 보기 위해서는 무엇이 필요할까요? 세 가지를 꼽고 싶습니다.

첫째, 내용적 측면에 있어서는, PT 면접 및 토론면접에서 나올만한 주제를 정확히 알고 있어야 하겠습니다. 둘째, 형식적 측면에 있어서는 구조화된 내용을 00식으로 말할 수 있어야 합니다. 셋째, 필기시험에 합격하고 벼락치기로 준비하는 것이 아니라, 평소 꾸준히 생각하고 연습해야 합니다.

▶ 2019년 'SGI서울보증' 합격 후기

저는 금융 논술을 써본 적이 없었기 때문에 8월부터 논술 수업을 수강했습니다.

수업을 들으면서 논술을 작성하는 방법뿐만 아니라 한국 금융 산업에 관한 전반적인 지식을 배웠고, 논술과 면접에서 요긴하게 활용할 수 있었습니다. 특히 수업에서 어떤 주제에나 적용할 수 있는 만능 결론을 배우는데, 말 그대로 만능이기 때문에 꼭 숙지하시길 추천 드립니다. 수업 마지막 시간에 선생님께서 중요한 주제를 몇 가지 뽑아주셨고 관련해서 글도 보내주셨는데, 실제 시험에서 그 중 한 주제가 출제되어 무난하게 작성할 수 있었습니다.

금융 관련 경험이 없는 제가 합격할 수 있었던 것은 슈페리어뱅커스의 수업 덕분이라고 생각합니다. 막연히 금융권 취업을 원하지만 무엇부터 공부해야 하는지 모르거나 저처럼 관련 경험이 없으신 분들께서는 꼭 수업을 듣고 학습 방향을 설정하는 기회로 삼으셨으면 좋겠습니다.

▶ 2019년 '금융감독원' 합격 후기

직장생활과 병행하여 금융감독원 입사지원을 하였기 때문에 시간이 절대적으로 부족하였으므로, 조금 더 효율적인 준비방법을 고민하다가 슈페리어뱅커스 선생님의 금융논술 강의(주말 저녁반)를 수강하게 되었습니다. 평일 쌓인 근무 피로 때문에 주말에는 지칠 수 있었음에도, 선생님의 강의 덕분에 긴장을 유지할 수 있었습니다.

특히, 선생님의 강의를 통하여 금융관련 지식의 큰 흐름을 익힐 수 있었다는 점이 유익하였습니다. 2차 필기시험을 위해 선생님의 강의를 수강하면서 금융지식을 잘 쌓아왔기에, 면접 준비과정에서는 인성, 역량 답변에 집중할 수 있었습니다. 실제로 1차 토의 면접에서는 2차 필기시험 때 공부했던 금융지식을 그대로 활용할 수 있었습니다.

❥ 2019년 'SGI서울보증' 합격 후기

평소 시사상식이 부족했기에 '한 달 안에 논술을 준비할 수 있을까'라는 불안감을 가지고 10월 논술특강을 수강하였습니다. 하지만, 선생님의 수업을 통해 막연한 걱정은 사라졌고 '복습만 열심히 해도 좋은 점수를 받을 수 있겠다'라는 확신이 들었습니다. 선생님께서 어떠한 주제가 나와도 결론을 쓸 수 있도록 키워드를 정리해주셨고 시험장에서 정말 큰 도움을 받았습니다. 저처럼, 신문을 잘 읽지 않고 논술이 처음인 분들은 꼭 선생님의 논술 수업을 듣는 것을 추천합니다.

❥ 2019년 '기술보증기금' 합격 후기

지난 8월 말 ~ 9월 말 경에 선생님께서 강의하신 금융논술 강좌를 수강했던 OOO이라고 합니다. 기억이 잘 안 나실 수도 있지만, 앞쪽에 앉아서 잘 웃던 단발머리 여학생입니다. 선생님 강의를 재미있게 들어서 주제를 잘 예측해서 준비할 수 있었고, 논술 준비도 수월하게 할 수 있었답니다. 선생님 덕분에 이번에 목표로 했던 농협중앙회와 기술보증기금 두 곳에 합격하게 됐습니다.

농협중앙회 같은 경우 R의 공포, 농가소득 방안, 블록체인 중 하나를 택해서 서술하는 것이었는데, 보내주신 자료에서 ○○○와 관련된 내용을 참고해서 ○○○○에 흥미와 관심을 가지고 있던 부분을 서술할 수 있었어요. 감사 드립니다. 특히 전반적으로 OO 과정을 하다 보니 논술형식의 글쓰기에 어려움을 느꼈었는데 간결하게, 핵심만 쓰려고 자료를 토대로 연습을 많이 하면서 좋은 결과를 거둘 수 있었습니다.

❥ 2019년 '신용보증기금' 합격 후기

과제수행의 경우 경제 전반에 걸쳐서 주제가 나올 뿐 아니라 시사 주제도 나왔습니다. 제가 속한 조의 경우에는 미중 무역전쟁이 주제였는데, 전 선생님께서 말해주셨던 방안이나 미국의 카드와 우리나라의 대중 대미 무역비중 등의 퍼센트를 외워가서 직접 발표한 부분이 유효했던 것 같습니다. 사실 면접과 논술을 준비하면서 느낀 건데, 토론이나 과제수행 류의 면접은 기존에 상식과 기존에 미리미리 대비해야 하는 것 같습니다. 전 선생님께서 보내주신 자료만 보고 갔는데 그게 정말 유효했던 것 같습니다.

❥ 2018년 '금융감독원' 합격 후기

금융감독원 시험에서 논술이 차지하는 비중이 매우 큽니다. 학술 200점 중 60점을 차지하고 있고(이번 시험의 경우 그림자 금융을 포함하면 90점) 일반논술 또한 별도로 존재합니다. 사실 주제 자체들은 관심을 가진다면 전부 접할 수 있는 주제들이 대부분이기 때문에 금감원 시험에서 중요한 것은 모두가 아는 주제를 어떻게 하면 차별화하여 심도 깊고, 논리성 있게 작성하는 가라고 생각합니다.

금융기관 · 금융공기업 합격 후기

'이것이 금융논술이다' 시리즈와 함께한

이러한 관점에서 김정환 선생님의 논술 수업과 피드백은 매우 큰 도움이 되었습니다.
특히 1년 간의 피드백 과정을 통해서 글의 논리성과 완결성을 크게 향상시킬 수 있었고 이는 단순히 일반논술뿐만 아니라 금융감독원 시험 서술자체에도 큰 도움이 되었습니다. 또한 이러한 지식들은 토대로 1차 실무면접에서도 큰 도움이 되었습니다.

▶ 2018년 '금융감독원' 합격 후기

금공을 체계적으로 준비할 수 있도록 자소서 첨삭, 논술특강, 면접 컨설팅 등의 프로그램들이 슈페리어뱅커스에 있는 것을 확인하였고, 다른 분들의 후기들을 보며 2018년 8월 말 경에 퇴사 결심 후, 바로 선생님께 금융감독원 자소서 첨삭을 받고서 부족한 부분을 보완하였습니다. 9월에는 회사를 다니면서 필기준비를 하고, 주말에는 선생님의 논술 특강을 듣고서 혼자서 논술 써보는 연습을 했습니다. 특히, 논술 특강 시에 선생님께서 주요 이슈에 대하여 설명해주실 때 쉽게 이해하기 쉽게 설명해주셨고, 조금 더 넓은 시야로 볼 수 있도록 포인트를 잡아주셔서 너무 좋았습니다.

▶ 2018년 '기업은행' 합격 후기

일단 저는 논술 강의와 면접 강의 두 가지를 들었습니다. 논술 강의는 논술 쓰는 방법도 도움이 됐지만, 무엇보다 배경지식이 부족한 저에게 도움이 많이 됐습니다. 혼자 공부하다 보면 금융권의 경우 조금 이해하기 어려운 부분들이 많았는데, 선생님께서 그런 부분들을 쉽고 재미있게 알려주셨습니다.

▶ 2018년 'SGI서울보증' 합격 후기

저는 지식이 너무 부족하다고 생각해서 금융 상식 수업을 들었지만, 은행은 시험을 한 곳 밖에 치지 않았기 때문에 논술에 집중해서 말하겠습니다. 일단 결과적으로 하반기 논술이 포함되었던 필기는 전부 통과했습니다. 선생님 논술 수업에서 제가 가장 큰 도움을 받았던 것은

1) 가장 첫 수업 때 우리나라 경제 상황의 근본적인 문제들, 혹은 강점들을 잡아주셨던 것
2) 결론 부분 키워드
이 두 가지였습니다. 선생님께서 어떠한 주제가 출제되어도 적어도 결론은 쓸 수 있게 해주신다고 하셨는데 정말로 시험장에서 만능으로 쓰입니다.

개인적으로는
1)번 항목만 제대로 수업을 들어도 결론을 쓰는 게 어렵지 않을 것이라고 생각합니다. 결국 경제나 금융 문제는 모두 연결되어 있기 때문에 어떤 주제가 나와도 선생님께서 잡아주셨던 우리나라 경제의 큰 틀

에 맞추어 글을 풀어나갈 수 있었습니다. 또한, 제가 굳이 외우려고 하지 않아도 지금 가장 중요한 이슈들을 수업 중에 계속 반복해주셔서 논술 시험장에 들어가서 자연스럽게 기억이 모두 떠올랐습니다. 그리고 사실 워낙 많은 주제들을 다 커버해주셔서 수업 때 배운 내용과 전혀 관련 없는 문제가 나올 일은 아예 없다고 보셔도 될 것 같습니다. 단순히 시험을 위한 공부를 떠나서 저는 선생님 수업이 경제에 대한 공부 자체로 참 좋았습니다. 선생님 수업을 들으면서 제가 평소에 가지고 있던 편견들, 잘못 알고 있던 부분들을 많이 인지하게 되었는데, 특히 금리에 관한 부분에서 제가 당연하게 생각하던 것들을 수업을 들으면서 잘못 알고 있었다는 걸 알았고 개인적으로 그게 굉장히 흥미로워서 따로 공부를 많이 했었습니다. 그런데 논술에서 금리와 관련하여 풀 수 있는 문제들이 나왔고 덕분에 막힘 없이 쓸 수 있었습니다. 금융권을 준비하시는 분들이라면 시험뿐만 아니라 기본적인 지식을 갖추기 위해서라도 선생님의 논술 수업을 들어보라고 추천하고 싶습니다.

▶ 2018년 '한국자산관리공사(캠코)' 합격 후기

선생님, 안녕하세요. 드디어 제가 후기라는 것도 써보는 그런 날이 오네요. 물론, 제가 가장 원하던 1순위 기업에 취업을 한 건 아니지만, 그래도 캠코를 준비하시는 분, 금공을 준비하는 분들에게 조금이나마 도움이 되길 바라며 적습니다. 2017년도 여름, 처음 논술수업을 수강하고자 선생님을 뵈었을 때, 사실 강의만 듣는다고 다이내믹한 효과가 있을까? 싶었습니다. 논술수업 자체가 워낙 방대한 주제를 압축적으로 다루기에 사실 저는 수업을 들으면서 수업 따라가기도 힘들었으니까요. 하지만 결과적으로는 저는 덕분에 제 취준 기간이 1년 반 만에 끝나지 않았나 싶습니다. 비단 필기뿐만 아니라 면접에서도 엄청 도움이 돼요.

수업시간에 설명해주신 것들 최대한 소화하려고 노력했고, 집에 와서는 수업을 바탕으로 보고서 같은 걸 찾아보면서 저만의 논술답안을 작성해 보았는데, 이 점이 정말 필기와 면접(특히 PT)에 있어서 많은 도움을 받았습니다. 이렇게 수업을 바탕으로 주제별로 나름의 생각을 정리해놓으니, PT면접 준비할 때도 그냥 기업과 연결만 하면 되니까 엄청 수월하게 준비했었거든요. 사실 캠코의 경우, 미금리인상, 보호무역, 블록체인, 가계부채 등 현재 경제 · 사회 이슈들과 공사를 연결하는 것들이 PT로 나왔기에, 배경지식을 알고 있냐 없느냐가 사실상 PT의 퀄리티를 좌우하는 중요한 요소라고 생각합니다. 저 또한 1차 면접에서 면접관님들께 PT칭찬을 받은 것도 사실 논술준비로 저만의 생각을 미리 정리해 두었던 게 큰 도움이 되었습니다. 그리고 너무 재미 있었던 게, 2017년도에 수업을 수강하고, 2018년도에 준비할 때는 수업을 바탕으로 논술스터디를 꾸려서 준비했는데, 논술스터디원 4명이 모두 선생님 논술수업을 수강해서 웃겼습니다. 그분들 중에 저랑 동기가 된 분도 있습니다. 아무튼 다들 올해 잘 되어서 정말 다행이에요.

금융기관 · 금융공기업 합격 후기

논술학습법

기본 편

chapter 01

논제선정 및 논제분류

01 사전작업 – Category 선정작업

공부해야 할 논제의 선정과 관련하여 많은 학생들이 난감해 하는 첫 번째 난관이 수많은 논제들을 어떻게 선정하고 어떻게 정리해야 할 지 엄두가 나지 않는 다는 것이다. 일반신문, 경제신문과 수많은 연구보고서들 등 정보들의 홍수 속에서 금융논술, 공기업논술 준비를 위한 논제를 선정하기는 물론 쉽지 않아 보인다. 또한 이 과정에서 학생들이 범하는 실수 중 하나는 새로운 이슈거리들을 어떻게 저장하고 활용할지 몰라서 좋은 논제를 발견해도 한 번 읽어만 보고 지나치고 있다는 점이다.

이에, 논제의 선정을 위한 준비작업부터 제시하기로 한다.

1. **본인만의 대(大) 카테고리를 만들어야 한다. 필자는 기본적으로 우리나라를 둘러싼 각종 이슈들에 대하여 5가지로 카테고리를 선정하였다.**

2. **국제 / 거시경제 / 금융 / 국내 제도·경제 / 국내 사회·문화가 바로 그 각각의 카테고리 이름이다.**

3. **다음의 도표는 대(大) 카테고리 별로 논제들을 분류한 표이다.**(2021년 기준)

국제	거시	금융기관 · 금융공기업
		• 논제선정 및 논제분류
		• 금융논술, 공사논술 작성을 위한 기본 자세
		• 금융/공기업 논술 작성법
		• 논술공부는 언제 시작해야 하는가?
		• 자료 수집 방법(심화)
		• 금융논술, 어떻게 공부해야 하는가?
		• 금융논술 사례 학습
		• 넓혀 나가기
		• 구슬이 서 말이라도 꿰어야 보배
		• 인플레이션과 은행의 방향성
		• 서비스형 뱅킹(Banking as a Service)과 기업금융
		• 메타버스(Meta Verse)
		• NFT(Non-Fungible Token)
		• AI와 금융
• 미국의 출구전략		• 테라 – 루나 사태와 폰지 사기
• 일본의 아베노믹스		• 조각투자
• 엔저현상과 한국경제의 방향		• 프롭테크(Prop-Tech)
• 한국과 일본경제 평형이론	• 환율전쟁	• Post Corona, 2022년 은행의 정책적 방향
• 리커노믹스	• 경기부양을 위한 통화정책	• 은행의 주요지표 분석 및 방향성
• 중국의 구조조정	• 그림자금융	• ESG경영과 금융의 역할
• 한중일 영토분쟁과 한일 통화 스왑 파기	• 기준금리인하와 동결	• 경기불안과 금융안정
• 신흥국 리스크	• CD금리문제/대안지표금리	• 가계부채 규제 완화와 금리인상, 그리고 금융권
• 한국–베트남 신뢰회복	• 가계부채 디플레이션	의 방향
• 한미 FTA	• 외환위기와 외환보유액	• 경기불안과 금융안정
• 한중 FTA		• 빅테크의 금융업 진출
• CMIM, AMRO, APTERR		• 임베디드 금융(embedded finance)
• 3대 FTA : TPP, TTIP, RCEP		• 구독경제(Subscription Economy)와 금융권 방향성
		• 디지털화와 은행의 혁신
		• 디지털 화폐와 CBDC
		• 가상자산(Virtual Asset)
		• 볼커룰과 바젤, 그리고 SIFIs – 금융기관의 안정
		• 은행세와 토빈세 – 금융기관의 안정
		• 은행의 중소기업 지원 및 정책적 방안
		• 은행 리스크 관리(Risk management)
		• 금융의 공공성
		• 정책금융의 방향(산은, 수은, 신보, 기보 등)
		• 지식재산(IP) 금융
		• 기후변화와 대출규제
		• 금융감독 규제의 방향(금융감독원 감독체계의
		방향)
		• 글로벌 디파이(De-fi) 규제

국내경제/법	국내사회/문화	기타
• 코로나19와 향후 과제		
• 2021 한국경제		
• 금융–실물경제의 불균형		
• 금리인상		
• 코로나19와 서비스산업 혁신		
• 사회적 경제		
• 긱(Gig) 경제		
• 공유경제		
• 언택트경제(Untact Economy)	• 불평등 확대와 금융위기	
• 코로나19와 서비스산업 혁신	• 출산율 감소	
• 공정경제 3법	• 고령화와 1인가구 증가	• 신문 읽기
• 부동산 정책과 역사	• 사회양극화와 은행의 방향	• 경제연구소
• 임대차 3법	• 비정규직의 정규직 전환 문제	
• 2.4 부동산 대책과 부동산 딜레마		
• 토지공개념		
• 최저임금 인상		
• 주 52시간 근무제		
• 기본소득제		
• 4차 산업혁명		
• 가업상속세 개편안		

4. 새롭게 찾아냈거나 그 내용이 바뀐 이슈들을 이처럼 항상 카테고리 표 안으로 정리하여 등재를 시켜 놓으면 주요 이슈들의 흐름을 놓치지 않게 된다.

5. 각각의 논제들을 신문기사와 연구소 자료들을 바탕으로 공부를 한 후, 카테고리에 채워나가는 방법이다.

02 　본 작업 - 논제 선정을 위한 자료수집

이제는 선정된 카테고리를 채우기 위해 논제들을 선정하여야 한다. 많은 학생들은 경제신문을 활용하여 현안들과 이슈들을 파악하고 공부를 하는 편이다. 물론 경제신문은 그 자체로 훌륭한 논제들이 매일 넘쳐나고 있으며 또한 현재의 주요 이슈들이 반영된 훌륭한 자료의 보고다. 하지만 최근 주요 금융기관들과 공기업들의 논술 이슈들이 '경제' 부문에서 '사회/문화' 부문으로 다소 이동하고 있다는 점에서 경제신문만으로 시사를 익히는 것은 부족하다.

이에, 적절한 논제를 선정하기 위해 선행되어야 할 자료수집 방법에 대하여 제시하기로 한다.

1. 경제신문도 좋지만 일반신문을 구독하는 것을 추천한다. 일반신문을 권하는 이유는 두 가지이다.

첫째, 상술했던 것처럼 이제 논술의 주제가 비단 경제 부문에만 국한되지 않는다는 현재의 논술 기출 트렌드 때문이다. 사회현상과 문화에 대해서도 광범위한 고찰이 필요한데 이를 위해서는 일반신문이 보다 효과적이다.

둘째, 일반신문의 경제 섹션은 경제신문의 다이제스트이다. 매일 경제신문으로 싫게 공부하는 것도 방법이지만 시간의 효율성 면에서는 일반신문이 유리할 수 있다.

2. 그러나 일반신문만을 구독할 경우 상대적으로 경제지식이 부족할 수 있다는 우려가 생긴다.

일반신문은 그냥 정보 수집용 정도로 읽어 볼 것을 권한다. 오히려 이제는 경제연구소 자료들을 함께 숙지할 필요가 있다. 각 대기업들의 경제연구소뿐 아니라 금융기관들의 연구소 자료들까지, 공부해야 할 내용들은 연구보고서 자료들만으로도 차고 넘친다. 따라서 금융권을 지원하는 학생들의 경우 은행들의 경제연구소 자료들에 대한 공부도 필수적이다. 일반적으로 경제연구소 자료들은 논제에 대한 보고서 작성이 더디지만, 신문들의 기사들에 비하면 그 깊이나 신뢰도는 우수하다. 꼭 기억하자. 신문은 정보수집용, 연구소 자료는 학습용이다.

chapter 02
금융논술, 공사논술 작성을 위한 기본 자세

01   논술시험은 반드시 정해진 시간 안에 완성되어야 한다

금융기관과 공기업 논술은 기관마다 다르지만, 60분 내외의 시간이 주어진다. 즉, 정해진 60분 내에 [서론 – 본론 – 결론]의 완성된 논술을 작성해야 합격의 확률이 높아지는 것이다. 학생들이 가장 많이 범하는 오류는 정해진 시간 안에 논술을 완성하지 못하는 경우이다. 이는 논술 채점에서 상당히 감점되며 따라서 합격 역시 어려워진다. 학생들이 시간 내 완성을 못하는 이유는 다음 두 가지가 대부분이다.

1. 장황한 서론

정해진 시간 안에 서론과 본론 그리고 결론을 전부를 작성하기 위해 시간과 분량을 각각에 적절히 배분하여야 하지만, 상당수의 학생들이 서론에 너무나 많은 시간을 할애하고 있다. 장황한 서론을 작성하여 결론까지 제대로 끝 맺지 못하는 경우가 발생하는 것이다. 또한 첫 문장을 어떻게 시작하여야 할지 정하지 못해서 꽤 많은 시간을 손해보기도 한다.

서론의 목적은 두 가지이다.

첫째, 흥미유발이며

둘째, 글 작성의 방향성 제시이다.

서론은 위 두 가지의 역할에 충실하면 된다. 서론에서 해당 이슈에 대한 '의미와 배경'을 쓰는 것에 대하여 나는 반대한다. 의미와 배경이 서론에 들어가면 전형적으로 용두사미 논술이 되며 방향성을 잃을 확률이 높아지기 때문이다.

2. 복잡한 인과관계

해당 이슈에 대하여 복잡한 인과관계를 장황하게 모두 다 설명하려 한다면 이른바 '인과관계의 늪'에서 헤어나오지 못하게 된다. 숲을 보고 나무를 확인해 나가야 하는 데 정작 나무들만 확인하다가 숲에서 못 빠져 나온 형국이다. 이론적인 설명을 또는 현상적인 설명을 너무 깊게 할 필요는 없다. 이를 위해서는 항상 구조적인 목차작업을 통하여 배분된 양만큼으로 논지의 흐름을 압축시킬 필요가 있다.

02 논술은 형식보다는 내용이 우선이다

학생들은 논술 작성에서 글의 형식에 얽매이는 경우가 많다. 기억해두자. 논술은 형식보다 내용이 우선이다. 형식은 그 이후의 부차적인 문제이다. 만약 형식을 지키지 않았지만 내용이 우수한 논술이 있다면 그 논술을 불합격시키지는 않을 것이다. 논술 작성시 형식을 따지기 보다는 좋은 구조와 글의 내용에 더 많은 공을 들일 것을 권장한다. 실제 학생들을 지도하면서 형식과 관련해 많이 받는 질문들은 다음과 같다.

Q1   논술을 꼭 형식적으로 index 없이 풀어서 줄 글로만 작성해야 하나요?

Answer   예를 들면, 'Ⅰ. 서론 / Ⅱ. 본론 / Ⅲ. 결론'의 형태로, 목차와 소제목들을 생략하고 계속 이어지는 산술문으로 글을 작성해야 하냐는 질문을 많이 받았다. 나의 대답은 "꼭 물 흐르듯한 줄글로 작성 안 해도 된다"는 것이다. 물론 최근의 금융권, 공기업의 논술의 대세는 산술문으로 글을 작성하는 것이다. 하지만 작성자가 목차를 활용하고 싶다면 활용해도 좋다. 또한 소제목을 써주고 싶다면 써주도록 하라. 논술의 핵심은 내용임을 다시 한 번 더 상기하자.

Q2   논술을 꼭 두괄식으로 작성해야 하나요?

Answer   채점자를 위해서 문단이나 단락에서 두괄식으로 작성하면 글의 가독성이 높아진다. 하지만 글을 작성하다보면 미괄식으로 작성해야 자연스러운 형태의 내용들도 상당히 많이 존재한다. 그러므로 나는 "굳이 두괄식으로의 작성을 권하지는 않는다." 은행이나 공기업의 논술 채점관은 두괄식의 문장들만 보고 채점할 정도로 설렁설렁하게 일하지 않는다. 반드시 두괄식을 고집해야 한다고 생각하지는 않는다. 두괄식은 자소서나 면접에서 필요한 방식이다.

Q3   여백을 많이 두는 것이 좋은가요?

Answer   단락이 바뀔 때에 여백을 두는 것에 대한 질문도 많다. 이에 대하여 나는 "가급적 여백을 두라"고 권한다. 물론 답안지 수량을 제한하는 논술도 있지만 그렇지 않은 경우에는 적절하게 여백을 활용하자. 그 이유는 다음의 두 가지 이다.
첫째, 빽빽이 작성된 논술보다는 적절한 여백을 두면 채점관의 가독성이 높아진다.
둘째, 적절한 여백은 마지막 퇴고단계에서 정정하고 수정할 수 있는 공간이 될 수 있다.

Q4 — 숫자, 영어, 한자는 활용하는 것이 좋은가요?

Answer 가급적 활용해주도록 한다. 특히 한자의 경우는 동음이의어 부분에서 사용해주면 글의 의미가 명확해진다. 예를 들면 '대중국수출'의 경우 '對중국수출'로 작성하면 채점관이 글을 내용을 파악하기에 훨씬 수월하다. 또한 숫자도 활용하면 논술의 신뢰도가 높아질 수 있다. 다만, 너무 많이 활용하거나 부정확한 수치를 쓰게되면 오히려 역효과를 줄 수도 있으니 강조할 부분 위주로 정확한 숫자를 활용해주자.

Q5 — [서론–본론–결론]을 댓구 형식, 즉 서론 20%내외, 본론 60%내외, 결론 20% 내외로 작성하는 것이 좋을까요?

Answer 꼭 비율을 맞추어 글을 작성할 필요는 없다. 다시 말해 형식적으로 형식에 맞추기 위해 내용을 포기하거나 억지로 늘릴 필요는 없다는 것이다. 각 항목 당 비율이 맞으면 보기는 좋을지 모르나, 그 비율을 강제로 맞추기 위하여 내용을 희생시키는 우를 범해서는 안 된다. 여러 학생들의 논술을 검토하다 보면 결론이 훌륭한 학생의 논술이 확실히 돋보인다. 여기서 결론이 훌륭하다는 말은, 바꿔서 이야기하면 본론에서 해당 현상과 관련 이론들에 대한 수준 높은 파악과 이해를 보여주고 있으며 이를 바탕으로 결론에서 창의적인 아이디어와 방향성을 제시한다는 것이다. 반드시 기억해두자. 논술에서 가장 중요한 부분은 결론이다. 결론의 양이 서론보다 많다고 문제가 되지 않는다.

Q6 — 논술은 정답이 있나요?

Answer 논술에는 정답은 없다. 본인의 주장에 따른 논거가 명확하고, 인과관계가 설득력이 있으면 우수논술이 될 수 있다. 예를 들면, <경제민주화>가 논제로 주어졌을 때 많은 학생들이 중소기업지원, 서민금융지원으로 포커스를 맞추어 글을 작성한다. 하지만 이와는 완전히 다르게 대기업에 대한 일방적 규제강화가 아닌 시장참여자에 대한 균등한 기회제공을 위한 정책 마련으로 초점을 맞추어 논술을 작성한다 하더라도 논거에 타당성이 명확하다면 경쟁력 있는 논술이 될 수 있다.

chapter 03
금융/공기업 논술 작성법

01 Frame 작업(구조화 작업)

1. 구조화 작업의 의의

만약 논술 시험 시간이 60분으로 주어진다면 시간배분은 구조화 작업에 5분, 논술작성시간에 50분, 퇴고시간에 5분으로 배분하는 것이 이상적이다. 그런 의미에서 본다면 논술의 시작, 즉 구조화 작업은 글 작성을 시작하는 최초의 활동으로서 이에 따라 그 이후의 논술작성의 여부가 달린 만큼 가장 중요한 작업이라 할 수 있다. 구조화 작업이 필수적인 이유는 다음과 같다.

첫째, 일관적이고 방향성 있는 논술의 작성이 가능해진다. 구조화 작업을 생략하고 바로 글 작성에 들어가면 용두사미 논술이 되거나, 서론에서의 방향과는 전혀 엉뚱한 결론으로 도달하는 과녁 잃은 횡설수설 논술이 되기 쉽다.

둘째, 결론의 도출이 쉽다. 결론과 본론이라는 이정표를 세우는 구조화 작업 없이 논술을 생각과 의식의 흐름대로 작성하다 보면 마지막 결론 부분에서 어떤 말을 쓸지 몰라 머뭇거리는 경우가 많다. 이정표 없이 되는대로 글을 작성하면 일분 일초가 중요한 시험 시간에 결론의 도출을 위해 다시 서론과 본론을 읽는 답답한 짓을 해야 한다.

셋째, 목차작업부터 선행하여야만 연역적이고 논리적인 논술의 완성이 가능해진다. 일반적으로 의식 또는 생각의 흐름에만 의존해서 논술을 작성하게 되면 중언부언을 하거나 인과관계를 제대로 설명하지 못하는 경우가 많게 된다.

그러므로 논술에서 구조화 작업은 필수적이다. 구조화 작업 자체를 어렵게 생각하는 학생들이 많다. 하지만 구조화 작업은 결코 어려운 것이 아니다. 이는 글의 목차를 정하고 목차에 맞는 키워드들을 도출해 내는 작업이다.

2. 구조화 작업 순서 : 결론 → 본론의 순서로 진행한다. 이때 서론은 구조화 작업 할 필요가 없다.

📈 결론

시험장에서 논제를 받아보고 나서 시작할 구조화 작업의 첫 단계는 "결론의 Keywords들부터 도출하는 것"이다. 키워드가 바로 생각나지 않는다면 구조화 작업시간을 연장해서라도 결론의 key word들을 반드시 생각해 내야 한다.

논제에 적합한 결론을 1번 key Word, 2번 Key Word, 3번 key word 순으로 미리 정리해야 한다. 구조화 작업에서 결론부터 먼저 구조를 잡고 키워드를 도출해내야 하는 이유는 다음과 같다.

첫째, 결론은 논술에서 가장 중요한 부분이기 때문이다. 결론은 논고의 생각과 주장이 펼쳐지는 부분으로 논술의 백미이다. 그러므로 가장 중요한 부분을 가장 먼저 도출하여 논술을 채점할 때 가장 비중 있게 다루어지는 결론에서 점수를 챙겨야 한다. 일반적으로 논술 채점 시 결론의 배점이 가장 높다. 당연히 높은 평가를 받기 위해서 가장 비중이 높은 결론의 구조와 키워드 도출을 제일 먼저 하여야 할 필요가 있다,

둘째, 논술시험 마지막 10분이 남으면 학생들은 당황하기 시작한다. 아마 대부분의 학생들은 결론까지 도달하지 못하고 본론의 작성에 열중하고 있었을 것이다. 이런 상황에서 남겨

진 10분이라는 시간 내에 급하게 결론을 떠올려 도출하는 것 자체가 쉽지 않을 뿐만 아니라, 설령 결론을 도출한다고 하더라도 급하게 작성한 만큼 불분명하고 추상적인 결론으로 용두사미 형태의 논술로 흘러갈 확률이 높아진다. 논술에서 가장 중요한 결론을 가장 시간이 많은 논술시험의 시작 시간에 떠올리고 정리를 해 놓아야 한다. 이렇게 진행되어야 마지막 10분이 남아도 당황하지 않고 차분히 본론을 마무리 짓고, 미리 구상한 구조화 작업에서 도출해 낸 체계적인 결론의 작성까지 가능하게 된다. 다시 한 번 강조하지만, 결론을 작성하지 못한 논술은 합격과는 거리가 멀어지게 된다는 점을 명심하자.

📈 본론

결론의 구조화 작업이 끝나면 그 다음으로 해야 할 부분이 본론의 구조화 작업이다. 즉, 구조화 작업은 논술의 작성과는 거꾸로 진행되는 셈이다. 결론의 구조화 작업이 끝나고 다음으로 본론의 구조화 작업을 하는 이유는 다음과 같다.

첫째, 서론은 구조화 작업을 할 필요가 없기 때문이다. 서론은 구조화 작업 없이 바로 실전 작성으로 들어가면 된다. 서론에 대해서는 추후 설명하겠다.

둘째, 본론은 키워드보다는 "글의 골격을 세우는 것"에 초점을 맞춰 구조화 작업이 진행되어야 하며, 이는 결론 다음으로 중요한 작업이므로 구조화 작업의 두 번째로 배치되는 것이다.

일반적으로 본론의 골격은 세 부분으로 나눌 수 있다.

| **본론의 골격** | 1. 배경과 의미 | 2. 본론의 본론 | 3. 본론의 소결론 | ◢ |

본론의 골격 중 논제에 대한 배경과 의미를 먼저 언급할 것을 권한다. 그러나 이에 대하여 '의미와 배경은 서론에 배치하여야 하는 것이 좋다'는 이견도 있다. 하지만 의미와 배경은 본론의 시작에서 다루어주는 것이 효과적이다. 그 이유는 다음과 같다.

첫째, 서론에서 의미와 배경을 서술하면 서론 자체가 복잡해질 수 있다. 서론은 가급적 깔끔하며 명료하여야 한다. 서론을 쉽게 끝맺지 못한다면 본론과 결론에서 상당한 시간압박을 받게 될 것이다.

둘째, 서론은 현상, 인용, 근거 등 흥미를 끌 수 있는 내용으로 구성되는 것이 좋다. 본격적으로 이론이 시작되는 본론에서 논제에 대한 의미와 배경을 기술하는 것이 훨씬 안정적이다.

본론의 본론은 말 그대로 논술에서의 몸통부분이다. 이론과 지식, 그리고 이를 뒷받침하는 인과관계가 명확하게 드러나야 하는 부분이다. 본론의 본론, 즉 본론의 몸통 부분에서의 목차 작업은 크게 세가지 정도로 구성 가능하다.

1) 비교 또는 대조의 논제인 경우 : 단순 전개

이런 유형의 논제들의 경우 목차의 작업이 어려워 보인다. 예를 들면 과거 기업은행 논술문제였던 '싸이와 원더걸스를 비교하여 싸이의 성공요인에 대하여 논하라" 같은 경우 목차 작업에서 혼선이 올 수 있다. 이러한 경우 구조화 작업은 단순히 전개하면 된다.

① 싸이의 특성과 원더걸스의 특성

② 싸이와 원더걸스의 공통점

③ 싸이와 원더걸스의 차이점

즉, 비교와 대조 논제는 항상 비교대상 각각의 특성과 공통점 및 차이점을 착안함으로 논술을 작성하면 좋다.

2) 일반적인 논제의 경우: 나열식 서술

본론에서 사용되는 대부분의 전개형식이며 구조다. 예를 들면, 미국의 양적긴축이 한국경제에 미치는 영향에 대해서 서술하고자 할 때에

1. 환율   2. 금리   3. 주가   4. 실물경제

상기 방식으로 나열시키는 방법이다. 이는 가장 보편적인 전개이다.

3) 슈페리어뱅커스에서 권하는 방식: 긍정적인 면 vs. 부정적인 면

어떤 현상이든 사건이든, 무조건 좋기만 하거나 무조건 나쁘기만 한 것은 없다. 모든 현상과 사건에는 긍정적인 면과 부정적인 면이 상존한다. 논술 작성에서는 이러한 긍정적인 면과 부정적인 면을 고루 서술하는 것이 좋다.

첫째, 긍정과 부정을 잘 고찰한 논술의 경우 논고의 사고가 어떠한 현상을 바라볼 때 여러 측면으로 분석할 수 있는 시야를 가진 객관적이고 합리적인 사고의 소유자라는 인상을 준다. 자신의 주장을 펼칠 때에 좀 더 신중하다는 이미지를 심어줄 수 있다는 것이다.

둘째, 이는 채점관에게 익숙한 글의 구조다. 여러분들이 원하는 금융기관이나 공기업의 경우, 대부분의 여신품의서나 보고서에는 긍정적인 면과 부정적인 면을 함께 고찰하는 형태의 내용들이 포함되어 있기 마련이다. 따라서 이렇게 작성된 글을 읽는 채점관의 입장에서는 익숙함으로 인해 가독성이 높을 뿐 아니라 해당 논술에 대해 호감을 갖게 될 수 있다.

> **TIP**
>
> 다만, 긍정적인 면과 부정적인 면을 고찰해서 본론에 서술할 때에는 이를 정확히 5:5의 비중으로 작성하기 보다는 본인의 주장과 일치하는 쪽에 높은 비중을 두어 7:3 이나 8:2 정도로 서술하면 좀 더 나의 주장이 돋보일 수 있다.

본론의 소결론 작성은 지금까지 작성되었던 본론의 내용들을 요약하는 것이다. 경우에 따라서는 본론의 소결론 작성을 생략해도 무방하다. 다만, 본론의 소결론을 작성할 때 결론의 내용과 동일하게 구성해서는 안된다. 본론의 소결론 내용이 다시 결론에 나오게 되면 중언부언의 느낌을 주며 채점관으로 하여금 논술의 양을 늘리기 위하여 억지로 결론을 작성한 듯한 인상과 작성자의 생각의 한계가 여기까지라는 부정적인 이미지를 심어줄 수 있다. 그러므로 본론의 소결론에서는 결론의 내용과는 다른 방향의 글을 작성해주어야 할 것이다. 예를 들면 본론의 소결론에서는 '한국 경제에 미치는 영향'을 언급하였다면, 결론에서는 '은행 또는 정부의 역할'을 언급하는 형태로 방향성을 바꾸는 방법이 적절하다.

📈 서론

서론은 상술한대로 별도의 구조화 작업이 필요 없다. 바로 논술 작성을 시작하면 된다. 문제는 대다수의 학생들이 서론의 첫 문장을 작성하는 데 많은 고민을 하며 아까운 작성 시간을 낭비한다는 점이다. 그러나 서론의 첫 문장을 고민하고 있기에는 논술시험 시간이 절대적으로 부족하다. 따라서 만일 서론의 첫 문장이 떠오르지 않는다면 아래의 형태를 고려해 주도록 한다.

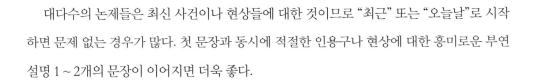

최근(오늘날) ○○에 대한 문제가 ○○으로 인하여
상당한 논란이 되고 있다(문제가 되고 있다).

대다수의 논제들은 최신 사건이나 현상들에 대한 것이므로 "최근" 또는 "오늘날"로 시작하면 문제 없는 경우가 많다. 첫 문장과 동시에 적절한 인용구나 현상에 대한 흥미로운 부연 설명 1 ~ 2개의 문장이 이어지면 더욱 좋다.

PART 02

논술학습법

심화 편

chapter
01

논술공부는
언제 시작해야 하는가?

근 10년간 금융논술을 지도하면서 금융기관 취업준비생에게 가장 많이 듣는 질문 중에 하나는 "금융논술은 언제부터 준비해야 하나는?" 것이다.

물론 금융논술 준비는 오늘 이 순간부터 바로 준비하시는 것이 가장 좋다. 왜냐하면, 금융 논술 책을 열기 시작하는 순간, 예상보다 훨씬 공부해야 할 내용들이 많다 보니, 지원자들이 준비가 늦으면 늦을수록 당황하게 되며, 주제별 심도 있는 공부가 불가능해지기 때문이다.

그런 이유로 차일피일 금융논술 공부를 미루기 시작하고, 막판에 가서야 찍기 공부를 시작한다. 10여개 주제를 찍어서 공부해보고, 실전에서 알면 쓰고 모르는 것이 나오면 내년을 기약하는 것이다.

상술했듯 원론적인 내 생각은 금융논술 준비의 최적기는 현재 이 시점부터 바로 금융논술 준비를 하라고 권하지만, 금융논술 전형의 시기를 고려해 답변을 하자면 하반기 전형의 경우, 늦어도 금융논술 공부를 시작하셔야 하는 시점은 6월 아니면 늦어도 7월이며, 상반기 전형의 경우, 늦어도 금융논술 공부를 시작하셔야 하는 시점은 1월 아니면 늦어도 2월이다. 그 이유는

1. 하반기 금융공기업 A매치 같은 경우, 매년 10월 중순 필기전형이 있었지만, 2020년 코로나 사태를 계기로 9월 중순으로 필기전형일이 1개월 정도 앞당겨 졌기 때문이다. 한국은행, 산업은행, 수출입은행, 한국거래소 등 주요 금융공기업은 2년째 9월 전형을 운영하고 있다. 따라서 최소한 전형 3개월전부터는 금융논술 준비를 시작해야 한다.

2. 즉, 6월부터 금융논술 준비를 시작하고, 7월 말 정도까지는 최소한 기본 논제들에 대한 학습은 마무리 지어야 한다. 소위 말하는 기출 빈도가 높고, 한국 경제와 금융상황을 고려했을 때, 상당히 중요한(물론 좀 오래된 논제들이 될 것이다) 논제들은 미리 공부해 놓을 필요가 있기 때문이다. 왜냐하면, 기본논제들에 대한 출제빈도는 시대를 막론하고 꾸준히 출제되고 있다.

3. 그리고 최소한 7월 말부터는 최신 논제들을 공부해야 한다. 최신 논제들은 확실히 금융논술전형에서 잘 출제된다.

4. 상반기 전형의 경우, 정해진 A매치 데이 같은 개념이 없다. 금공기관별로 전형일정을 자유롭게 선정하는 편이다. 따라서, 언제인지 알 수 없기 때문에 미리 금융논술을 준비해야 한다. 예상보다 일찍 필기전형을 볼 수도 있다. 1월 또는 늦어도 2월에는 금융논술 공부를 시작해야 하는 이유이다.

5. 리스크 관리는 엄밀히 말하면 "시간 관리"를 의미한다. 금융기관의 리스크 관리에서의 핵심이 "조기경보시스템 구축"임을 감안한다면, 금융기관 또한 리스크를 사전에 감지하고 미리 대비함을 중요시 여김을 알 수 있다.

6. 이렇듯 금융논술 준비 또한 미리 준비하는 것이 왕도이다. 그리고 이러한 금융논술 준비는 최소 6월과 1월에는 시작해야 소기의 성과를 낼 가능성이 높아진다.

chapter 02

자료 수집 방법(심화)

슈페리어뱅커스의 금유논술 교재 [이것이 금융논술이다] 시리즈의 각 논제들은 매년 금융공기업이나 은행의 금융논술 전형에서 단골로 금융논술 주제들로 출제되었다. 최근 금융논술전형에서도 이러한 높은 적중율은 이어지고 있다.

2024년 상반기 금융논술 기출 분석

- **2024년 상반기 주요 금융공기업 금융논술 기출은 다음과 같다.**

  ▶ **2024 상반기 '수출입은행' 금융논술 주제**

  8. 일반논술(20점)

  (A) 공급망 3법, 한국이 핵심광물자원 보호를 위한 법 제정 관련 지문

  (B) 자유무역주의, 무역 시장 개방을 주장하는 자유무역주의 입장 관련 지문

  (C) 보호무역주의, 보호무역주의 입장과 미국의 IRA법 관련 지문

  8-1. A의 법 제정이 기업, 국가, 소비자가 받을 이익 2개 서술

  8-2. 위 (A) (공급망 보호 예시)는 B와 C중 어느 의견을 택하고 있는지 다음의 단어 3

가지 이상을 써서 서술하고

[민영화, 고용안정, 신자유주의, 탈규제, 자국산업보호, 다국적기업 성장, 보호무역, 리쇼어링 등]

8-3. (B) (자유무역주의), (C) (보호무역주의) 중 현 정세에 더 적합한 의견은 무엇인지 자신의 생각을 적고, 이 과정에서 수은의 역할을 사례를 들어 설명하시오.

　→『이것이 금융논술이다 8.0 – 국제거시 편』관련 주제

　　- Chapter 14. 보호무역주의

　　- Chapter 7. 미 IRA과 이차전지 산업

　　- Chapter 8. 미-중 반도체 전쟁

　　기술_토목직렬 논술

　　　• 주제 : 미-중 무역 갈등 관련하여 반도체에 필요한 산업금속 관련 법안 개정

　　　• 형식 : 위 주제 관련 지문 1개와 관련하여 2가지 상반된 이론 지문 2개 제시

　　　• 문제 : 총 3가지 문제로 1) 개정 법안 관련 자신의 의견, 2) 어느 이론에 더 부합하는지(제시된 단어 3가지 사용), 3) 수출입은행이 취해야 할 자세(예시포함)

　→『이것이 금융논술이다 8.0 – 국제거시 편』관련 주제

　　- Chapter 8. 미-중 반도체 전쟁

▶ **2024년 상반기 '산업은행' 금융논술 주제**

가. 이오니아섬 환경이 달라서 소통의 다양함 → 우주 등 원리와 발전

나. 디지털 환경. 모두 AI에 맡겨야

　1. 가와 나를 비교

　2. 자신의 입장을 밝혀라

　　다양성 및 획일성 관련 논술지문으로 연관 주제는,

→『이것이 금융논술이다 8.0 – 국제거시 편』관련 주제

　　- Chapter 03. 현금 없는 사회

→『이것이 금융논술이다 8.0 금융기관 · 금융공기업 편』관련 주제

　　- Chapter 12. AI와 금융

　　- Chapter 18. 디지털화와 은행의 혁신

→『이것이 금융논술이다 8.0 국내이슈 편』관련 주제

　　- Chapter 10. AI와 일자리

■ **2024년 상반기 금융논술 기출의 경향 및 함의점은 다음과 같다.**

1. 복합논제의 출제이다. 금융기관별로 차이는 있지만 단일 논제는 점점 줄어들고 있다.

　→ 10~15개 논제를 찍어서 암기하며 공부하는 방법은 실패의 가능성이 높아짐을 의미한다. 몇몇 분들은 족집게 방식으로 이것들만 공부하면 된다는 식으로 접근하지만 이는 상당히 위험한 방식이다.

　→ 이미 슈페리어뱅커스에서는 [이것이 금융논술이다] 시리즈 개정을 통해 매년 70여 개 이상의 논제를 수업과 책에서 다루고 있다. 최소한 이 정도는 공부를 해야 금융논술뿐만이 아니라, 면접에서 효과를 발휘할 수 있다. 예를 들면 2024년 상반기 '수출입은행' 면접에서 <주 4일 근무제>가 주제로 주어졌다. 이 주제는 이미 [이것이 금융논술이다] 시리즈에서 다룬 논제이다. 그리고 2024년 '신한은행' 면접에서는 [이것이 금융논술이다 - 국내이슈 편]에서 다룬 <자사주 소각> 문제가 주어졌다. 2024년 '새마을금고중앙회' PT주제는 <저출산 대책>이고, 이는 [이것이 금융논술이다 - 국내이슈 편]에서 다룬 논제이다. 한편 '새마을금고중앙회' 1차 면접 중 토론면접 주제는 <촉법소년 찬반>이었다. 이 또한 [이것이 금융논술이다 – 국내이슈 편]에서 다룬 논제이다.

　→ 기초지식부터 채운 후, 최대한 다양하게 쌓아가는 방식의 금융논술을 해야 한다.

　→ 특히, 기초지식의 경우 금융지식이 중요하다.

금융규제, 금융시스템, 금융실무에 대한 공부는 확실히 다져놓아야 한다. 이러한 토대가 금융논술이나 면접에서 큰 차이를 만든다. 금융지식은 금융권 출신 선생님들의 강의나 교재를 선택하는 것이 중요하다. 금융권에서 실제 여신이나 수출입 업무를 해보지 않은 경우, 여러분 수준에서 피상적으로 금융적 해결책을 도출하게 되고 이는 논술뿐만 아니라 면접에서 큰 손해를 보게 될 가능성이 높기 때문이다.

2. 통찰력이 중요하다. 다양한 논제들을 깊이 있게 공부했을 때 논제간 연결고리와 통찰력이 생긴다.

→ 통찰력으로 문제를 해결해야 한다.

→ 답정너 방식의 암기는 더 이상 금융논술에서 고득점을 받기 어렵게 바뀌었다.

3. 족집게 방식은 더 이상 경쟁력이 없어지고 있음을 강조하고 싶다.

한편, 2024년 상반기 '신용보증기금', '금융투자협회', 'IBK캐피탈', '예탁결제원'의 금융논술 기출 질문들은 다음과 같다.

▶ **2024년 '신용보증기금' 기출문제**

1. 워크아웃 제도의 의미와 특징, P-CBO 의미와 특징, 신보가 P-CBO 손실을 최소화할 수 있는 방안 및 예방 방안

→ 워크아웃 제도는 슈페리어뱅커스의 금융논술 각론반에서 PF금융 파트에서 태영건설 사례를 수업하면서 강조한 바 있다. P-CBO는 이미 신용보증기금 자소서 약식논술에서 자주 출제된 내용이다.

2. DSR 제도의 의미, DSR이 금융소비자에게 미치는 영향

→『이것이 금융논술이다 8.0 – 국내이슈 편』<Chapter 8. 가계부채 종합대책>에 DSR의 의미가 실려있다.

▶ **2024년 '금융투자협회' 기출문제**

주제 : 코리아디스카운트

→ 『이것이 금융논술이다 8.0 – 국내이슈 편』 <Chapter 1. 코리아디스카운트>에 실려 있다.

▶ **2024년 'IBK캐피탈' 기출문제**

주제 : 20년 후 주력산업 3가지

→ 『이것이 금융논술이다 8.0 – 국제거시 편』 <Chapter 7. 이차전지>, < Chapter 8. 반도체산업>등에서 다루고 있다. 이미 금융논술 강의를 통해 최근 논술이나 면접에서의 흐름이 특정산업에 대한 지식들을 요한다고 강조한 바 있다.

▶ **2024년 '예탁결제원' 기출문제**

주제 : 기술특례상장

→ 기술특례상장 제도는 슈페리어뱅커스의 금융논술 총론반에서 2019년 이후 꾸준히 장점과 단점을 명쾌하게 해설하는 부분이다.

2023년 하반기 금융논술 기출 분석

■ **2023년 하반기 주요 금융공기업과 은행의 금융논술 출제 문항은 다음과 같다.**

1. 금융논술 기출은 최신 이슈들이 곧 잘 출제되지만, 늘 최신이슈만 출제되는 것은 아니다. 2023년 금융기관 금융논술 논제들만 보더라도, ESG나 초고령 사회, 가계부채, 기준금리 같은 논제가 또 나왔고 상당히 오래된 논제들이다.

2. 많은 지원자들이 최신 이슈들만 챙기지만, 중요한 것은 기초 지식과 과거의 흐름들이다. 그래서 찍기식 금융논술준비는 좋은 방법이 아니다는 점을 강조하고 싶다. 전체를 알고 기초를 닦는 것이 중요하다. 그리고 그러한 학습을 위한 첫 걸음은 연역법적 논제

접근법이라고 말하고 싶다.

3. 실제 슈페리어뱅커스의 금융논술 총론반 수업을 수강한 지원자들의 경우, 여러 논제들의 연계성과 결론 도출방법 수업 덕분에 다양한 금융논술 논제에 대한 대응력이 높아졌다고 평가한다. 실제 총론반에서 다루는 많은 내용들이 논제로 출제되는 경우가 많다. 또한 [이것이 금융논술이다] 시리즈는 전 권을 꼼꼼히 공부하면 복합논제나 응용논제가 나와도 어렵지 않게 접근할 수 있게 된다.

4. 금융논술 공부는 넓게 하고 원리와 연계점을 잘 도출해야 하는 이유를 다음 2023년 금융기관별 금융논술 기출문제들을 보면서 확인하면 좋겠다. 특히, 산업은행 논제들 같은 경우, 단일논제가 아니라 복합논제이다. 찍어서 공부하는 것이 큰 의미가 없음을 알 수 있게 된다.

▶ **2023년 '금감원' 논술 택 1 기출문제**

1. 탄소세 도입이 기업에너지 사용에 미칠 영향과(대기업에 면죄부가 된다는)제시문을 바탕으로 기업의 비용편익 판단에 의해 효과적일 것. 탄소배출권이 거래의 대상으로 전락한다는 제시문을 기반으로 비판하라.

   → 『이것이 금융논술이다 8.0』 관련 논제 수록

      국제거시 편 Chapter 11. 글로벌 탄소중립과 전환금융

      국제거시 편 Chapter 17. 탄소중립세

      금융기관·금융공기업 편 Chapter 29. 기후변화와 환경규제

      국내이슈 편 Chapter 14. 신재생에너지

2. 우리나라가 초고령 사회에 진입한 상황에서, 보험료율은 낮고, 소득대체율은 그에 비해 높다. 그러나 실질적인 체감이 높지 않으니, 소득대체율을 더 높이는 개혁을 하자. 이에 관해 복수의 근거를 바탕으로 자신의 주장을 개진할 것.

   → 이것이 금융논술이다 8.0 관련 논제 수록

      국내이슈 편 Chapter 19. 고령화와 1인 가구 증가

→『이것이 금융논술이다 5.0』관련 논제 수록

　　금융기관 · 금융공기업 편 Chapter 13. 국민연금개혁

▶ **2023년 '신보' 논술 택 1 기출문제**

1. 부실채권과 연체율이 급증하고 있다는 기사를 주고, 부실기업을 다양하게 정의하고 부실기업을 예측할 수 있는 여러 방안을 제시해보라.

2. ESG 중 G는 잘 실현되지 못하고 있는데, 중소기업의 G에 대해 논하고 기업의 대리인 문제와 엮어서 논하라.

　→ 이것이 금융논술이다 8.0 관련 논제 수록

　　금융기관 · 금융공기업 편 Chapter 19. ESG경영과 금융의 역할

　→ 이것이 금융논술이다 7.0 관련 논제 수록

　　국제이슈 편 Chapter 13. 글로벌 금융기관의 ESG경영과 그린워싱

▶ **2023년 '한국증권금융' 기출문제**

1. SVB 사태 과정을 미국채권시장을 이용해서 설명. 예금보호 한도상향을 은행에서 위험을 감수하며 하려는지?

　→ 이것이 금융논술이다 8.0 관련 논제 수록

　　금융기관 · 금융공기업 편 Chapter 2. SVB사태와 우리의 대응방안

　　금융기관 · 금융공기업 편 Chapter 9. 디지털 런

2. 가계부채 증가 환경 그것이 거시경제에 미치는 영향 금융기업의 대응책. 한국과 일본의 잃어버린 30년 유사점과 차이점은?

　→ 이것이 금융논술이다 8.0 관련 논제 수록

　　국내이슈 편 Chapter 8. 가계부채 종합대책

▶ **2023년 '농협손보' 논술 기출문제**

- 한 · 미 경제당국은 2022~2023년 기준금리를 조정하였다.

  뉴스 도표(한 · 미 최근 2년 기준금리 변화)를 보고,

  1) 기준금리가 의미하는 바는 무엇인지 기술하시오.

  2) 한 · 미가 2022~2023년 기준금리를 올린 이유는 무엇인지, 영향은 무엇인지 기술하시오.

  3) 향후 한국의 금리 변화가 어떻게 변화할 것 같은지 작성자의 의견을 기술하시오.

    → 이것이 금융논술이다 8.0 관련 논제 수록

      국제이슈 편 Chapter 1. 2023 미국경제

      국제거시 편 Chapter 12. 한 · 미 금리역전

      국제거시 편 Chapter 2. 부채위기

      국내이슈 편 Chapter 2. 한국경제의 하방리스크

    → 이것이 금융논술이다 7.0 관련 논제 수록

      국제이슈 편 Chapter 1. 인플레이션

▶ **2023년 '농협은행' 5급 논술주제 기출문제**

- 미국과 한국의 금리인상 원인 및 배경과 한국의 금리전망.

  → 이것이 금융논술이다 8.0 관련 논제 수록

    국제거시 편 Chapter 1. 2023 미국경제

    국제거시 편 Chapter 12. 한 · 미 금리역전

    국제거시 편 Chapter 2. 부채위기

    국내이슈 편 Chapter 2. 한국경제의 하방리스크

  → 이것이 금융논술이다 7.0 관련 논제 수록

    국제거시 편 Chapter 1. 인플레이션

▶ **2023년 하반기 '산업은행' 논술 기출문제**

가)와 나)의 시사점과 다)의 관점에서 해결책을 제시하시오.

가) 지문의 내용 : 일과 가정의 양립을 위해 노동자들은 유연한 근로형태를 요구한다.

나) 지문의 내용 : 생산성의 저하로 기업은 재택근무를 축소하고 있다.

다) 지문의 내용 : (이스라엘과 이집트의 사나이 반도 협정 내용) 갈등의 해결을 위해서
　　　는 표면적인 갈등 내용보다는 본래의 목적과 이해관계에 집중해야 한다.

　　　→ 이것이 금융논술이다 8.0 관련 논제 수록

　　　국내이슈 편 Chapter 15. 주4일 근무제와 재택근무

　　　사실, 지문 다) 시나이 반도 사태는 금융논술 총론반에서 그 의미를 명쾌히 설
　　　명한 바가 있다. 이스라엘 시나이 반도의 이집트 반환의 의미는 "실리"의 중요
　　　성을 강조한 것이라 설명했는데, 이 부분이 그대로 나와서 수강생들의 감사하
　　　다는 문자를 많이 받았다.

▶ **2023년 'SGI서울보증' 기출문제**

1. 한국의 가계부채 현황을 설명하는 지문.

　1-1) 가계 부채 증가의 원인을 설명하고 이것이 거시경제에 미치는 영향을 서술하
　　　라. 그리고 이에 대한 금융기관의 대처방안은?

　　　→ 이것이 금융논술이다 8.0 관련 논제 수록

　　　국내이슈 편 Chapter 8. 가계부채 종합대책

　1-2) 일본의 잃어버린 30년 진입 시 경제 상황과 우리나라의 현재 경제 상황을 비교
　　　해 공통점과 차이점을 서술하라.

　　　→ 한 · 일 경제비교는 2014년 <이것이 금융논술이다>에 수록되었다. 10년이
　　　지난 논제였다. 총론반에서는 일본경제와 한국경제를 꼭 비교한다. 공통점
　　　도 많지만 차이점도 극적이기 때문이다.

2. 서울보증이 할 수 있는 비금융생활플랫폼을 제시하라.

→ 이것이 금융논술이다 8.0 관련 논제 수록

금융기관·금융공기업 편 Chapter 11. 생활금융 플랫폼

1. 그러면 슈페리어뱅커스의 <이것이 금융논술이다> 교재에서 출제빈도가 높은 이유는 무엇일까?

그 이유는

첫째, 금융기관 12년 경력자(특히 여신업무와 특수금융)의 시각에서 논제 선정부터 남다른 고민을 하기 때문이다. 최근 여타 금융논술을 공부하시는 분들을 보면, 필자가 볼 때 출제 가능성이 현저히 떨어지는, 지엽적인 주제들을 가지고 공부하고 있는 모습을 많이 보았다. 과거 10년간 기관별 논술기출들의 흐름과 당시 시대상을 고찰해보면, 나올 가능성이 높은 주제들은 의외로 잘 예측되며, 집약 되어진다.

둘째, 구체적으로는

1) 이슈가 미칠 여파의 영속성

2) 이슈가 미칠 여파의 기관별 차별성

3) 이슈가 미칠 여파의 대응가능성

4) 이슈 자체의 명료함

5) 이슈 자체의 중요성

순으로 논제를 분류한 후, <이것이 금융논술이다>에 수록할 주제인지 선정하기 때문이다.

쓸데없는 주제, 죽었다 깨어나도 금융논술로 출제되어지지 않을 주제들로 씨름하는 일을 줄였으면 하는 바램이다. 그리고 이러한 주제들은 논술뿐만이 아니라, 면접에서도 거의 다뤄지지 않는 경우가 많다. 좋은 논제를 제대로 공부하는 것이 중요하다. 사람들은 자기가 자신 있는 분야, 그리고 흥미로운 분야부터 공부하고 싶어하고, 출제되어지기를 바라지만, 현실은 그렇지 않다. 냉철한 주제선정이 중요하다.

셋째, 중요한 주제가 꼭 금융논술에 잘 출제 되는 것만은 아니다. 2014년과 2022년은 유사한 해이다. 바로 미국 금리정책의 전환기라는 점이다. 상당히 중요한 주제임에도 불구하고, 2014년과 올해 상반기에 거의 논술로 출제되지 않은 이유에 대하여 고찰하실 필요가 있다. 금융논술은 중요성과 출제시기 사이에 일종의 기간 사이클이 존재하기 때문이다. 금융논술은 시계가 존재하며, 면접은 적시성이 지배하는 경우가 많다.

2. 그러면 어떤 자료들로 금융 논술 공부를 하시는 것이 좋을까? 물론 개인적으로는 <이것이 금융논술이다>시리즈를 추천한다.

그리고 그 외

1) 경제신문이나 신문으로만 공부하는 것은 결코 좋은 방법이 아니다. 물론, 신문을 보는 것은 권한다. 하지만 신문으로만 공부하면 안 된다는 의미이다.

그 이유는

- 쓸데없는 것까지 공부하게 만드는 주범이 신문이기 때문이다. 수많은 기사들을 공부하는 것은 스트레스만 가중되면 헛고생의 결과를 낳기 때문이다.
- 신문은 기자들이 독자를 위해서 쓴 글이다. 따라서 금융논술을 준비하는 취준생에게는 맞지 않는 글이다.
- 기사라는 특성상 문제제기 단계 또는 현상 설명 단계에서 끝나는 경우가 대부분이다.
- 사건이나 정책에 대한 편향성을 키울 우려가 높다

2) 신문 구독은 금융논술 공부를 하시는 분에게는 안테나 같은 역할로써 충분하다. 이를 바탕으로 심화 학습을 하는 것은 효과적이지 못하다. 다만, 어떤 정보들이 어떻게 진행되고, 탄생되는지 정도만 인식하면 된다. 기사 스크랩. 노력 대비 크게 의미 없는 준비로 보인다.

3) 그러면 어떤 자료가 좋은가?

정답을 말하자면 연구소 자료들을 위주로 공부할 것을 권한다.

신문 기사가 가지고 있는 한계점들을 연구소 자료들은 대부분 극복하기 때문이다.

chapter 03 | 금융논술, 어떻게 공부해야 하는가?

1. 체계화 하라

사실 <체계화>는 비단 금융논술 준비에만 적용되는 것은 아니다. 자소서, 필기, 면접 전형 등 모든 전형에서의 가장 큰 핵심은 체계화에 있다고 할 수 있다. 여기저기 뿌려대면서 공부하는 지원자가 있고, 한 곳으로 모으면서 공부하는 지원자가 있다. 그리고 그 차이는 나중에 당락을 결정지을 정도로 격차가 커지게 된다. 체계화는 그만큼 중요하다.

그렇다면 금융논술에서의 체계화는 어떤 방식으로 하는 걸까?

1) 논제의 분류 및 체계화

• 논제의 분류

　　1단계 : 국제 / 거시경제 / 금융 / 국내제도 / 국내경제 / 국내사회

　　2단계 : 국제 – 핵심이슈 / 배경이슈

　　　　　거시경제 – 긍정적 현상 / 부정적 현상

　　　　　금융 – 편의성 / 안정성 /정책성

국내제도 – 법적 파급력 / 경제적 파급력 / 금융적 파급력

국내경제 – 거시경제 측면 / 신규제도 측면

국내사회 – 주요이슈 / 최신이슈

이런 방식으로 카테고리를 설정한 후, 논제들을 학습할 때마다 해당 카테고리에 포지셔닝 한다.

- 성격적 분류 : 논술출제용 / 면접대비용 분류
- 목적의 분류 : 논리 / 논거 분류

예를 들면, 한국의 재정건정성과 관련된 논제라고 한다면

거시경제이슈 – (긍정에서 부정으로 이동 중) – 면접대비용 – 논거

이런 식으로 분류하는 것이다. 물론 재정건전성은 지금 변화중인 이슈이다. 주로 면접용으로 또는 논거로 많이 활용되지만, 중요도가 증가함에 따라 논술전형에 나올 가능성이 높아지고 있는 이슈이기도 하다. 이렇게 논제별로 분류를 하시며 중요도를 rating하시는 습관을 들일 것을 권한다.

2) 체계화의 편익

- 카테고리별 분류를 통한 카테고리 이슈들의 상관관계와 중요도 여부가 판단 가능하다.
- 카테고리별 학습은 공부의 효율을 높인다. 예를 들면 금융이슈 중 편의성과 관련된 카테고리 내의 논제들은 유사점이 높기 때문에, 한번에 다양한 논제를 독파할 수 있다.
- 논리와 논거를 구분함으로써 논술작성에서 명쾌한 문장을 가능케 한다.
- 논술용과 면접용 주제들이 분리되어 있어 마지막 학습에서 최대한의 효과를 내게 된다.

2. 다르게 생각하기(Think different)

　　많은 금융논술 준비생들은 금융논술이 정답이 있다고 생각한다. 그러다 보니 획일적이고 정형적인 글들이 많이 나온다. 정답만 추구하다 보니 생기는 문제이다. 하지만 금융논술은 <상당 부분 정답을 지향하는 전공논술>과는 그 성격이 확연히 구분된다. 과거 수립된 이론이나 정설을 주로 다루는 전공논술들과는 달리, 금융논술은 현재의 이슈들이 출제된다. 즉, 현재의 문제점들을 어떻게 인식하고 있으며, 어떤 통찰력을 가지고, 어떤 대안을 제시할 수 있느냐의 싸움인 셈이다.

　　따라서, 현재 부각된 이슈들에 대해서 천편일률적인 방식으로 접근하는 것은, 스스로 경쟁력이 떨어지며 구성의 오류에 빠지는 맥 빠진 논술이 되는 경우가 많다.

　　예를 들면, 탄소중립이라는 논제가 제시되었다고 한다면,

　　많은 지원자들이 탄소중립은 항상 좋은 것, 그리고 이를 위해서라면 무엇이든 포기해야 할 것만 같은 절대 맹신의 대상으로 탄소중립을 인식하고 천편일률적인 논리를 많이 전개한다. 전형적인 획일적인 사고 방식이다.

　　탄소를 나쁘게만 보고, 악마화 하는 분위기에 경도된 것이기 때문이다.

　　탄소가 나쁘기만 한 것일까? 지구온난화는 탄소가 주범일까?

　　공부를 해보면 반대 논리들도 상당히 많음을 알 수 있다.

– 과거 80만 년간 지구 기온과 대기 분석 결과를 보면, 지금이 오히려 저탄소시대라는 점

– 지구의 기온과 탄소량의 상관관계를 명쾌히 과학적으로 증명한 논문이 없다는 점

– 오히려 태양의 흑점활동이 지구의 해빙기와 간빙기를 설명함에 더 일치한다는 점

– 탄소는 오히려 식물의 생장과 밀접한 연관이 있어, 저탄소가 되면 식량난이 생긴다는 점

– 코로나로 과거 2년 간 전 세계 공장이 상당 부분 멈추며 탄소배출을 줄였음에도 지구기온 상승이 멈추지 않는다는 점

등 반대논리들도 만만치 않다.

뿐만 아니라, 탄소중립은

– 기업들의 통제수단으로 악용될 수 있다는 점

– 무역장벽으로 선진국들이 후진국들을 통제하기 위한 수단이 될 수 있다는 점

– 그린플레이션을 야기시킬 수 있다는 점

등의 문제점들도 내재되어 있다.

한 쪽의 시각으로만 사건을 바라보는 편협함은 논술작성자, 더 나아가 여신과 투자업무를 주로 하는 금융인들은 지양해야 할 중요한 덕목이다.

어떤 주제들을 접하더라도 여러분 스스로 반론과 다른 시각을 고민해 보아야 한다. 어떤 사건이나 현상도 긍정적인 면과 부정적인 면이 상존한다. 이를 꿰뚫는 시각이 금융논술을 공부하는 취준생들에게는 꼭 필요한 요소이다. 모두의 생각이 같다면 이는 한 명도 생각하지 않은 것이라는 말을 되새기기 바란다.

체계화 작업, 그리고 항상 이견들 또는 소수의견들에 대한 내용까지 숙지한 후, 각각의 논제들을 공부해 나가면 된다. 각각의 논제들을 공부하는 왕도는 결국 꼼꼼히 실제 논술들을 작성해 보는 것이다. 그러면 어떤 방법으로 작성해보시는 것이 좋을까?

3. 본격적으로 작성하기

1) 연습은 오픈북으로

많은 금융공기업이나 은행 취준생들의 학습방법은

첫째, 한 가지 논제를 선정한 후 공부를 한다.

둘째, 연습논술 작성을 마치 모의논술 보듯이 작성하는 경우를 많이 보았다. 즉, 시험 보듯이 공부했던 각종 자료들을 덮어놓고 작성해 나간다.

하지만 이런 모의 논술식 작성 방법은 좋지 않다,

그 이유는

- 논술실력 중 표현력과 어휘력은 상당히 중요하기 때문이다. 공부했던 자료들을 덮어 놓고 작성을 하면, 본인들이 잘 쓰는 표현력과 어휘력만이 논술에서 공전하게 된다. 즉, 문장력의 개선은 거의 기대하기 어렵다.(당연히 어휘력과 표현력도 정체된다)
- 지식 축적의 효과가 반감되기 때문이다. 필사도 내용에 대한 공부의 한 방법이다. 한 번 공부하고 이를 완벽히 쓰는 것은 쉽지 않다. 내용을 다시 확인한다는 마음가짐으로 오픈북으로 필사하는 연습도 필요하다.

따라서 "모의논술식 연습"은 시험 1~2주일 전 정도에 1~2회 정도 연습하면 충분하다.

2) 논술작성 시간 측정은 어느 정도 실력이 올라왔을 때 시작하자

금융논술 실전에서 가장 중요한 것 중 한 가지는 시간관리다 즉, 제한된 시간 내에 완성논술을 써야 한다. 많은 지원자들의 논술의 한계점은 용두사미 논술이라는 점이다. 서론은 장황하고, 결론은 빈약하다. 금융논술의 핵심은 결론이다. 왜냐하면, 금융논술은 현재의 이슈에 대한 방향성이라는 통찰력을 요구하는 경우가 많기 때문이다. 통찰력은 본론이 아닌, 결론에서 꽃을 핀다.

따라서, 완성논술을 쓰느냐 아니냐는 채점에서 중요하게 보는 요소가 된다.

완성논술의 방해요인은 장황한 서론과 복잡한 본론에서 기인한다. 장황함과 복잡함은 금융논술에서 절대 피해야 할 것이다.

- 논리의 반듯함
- 논거의 명쾌함

이 2가지가 금융논술에서의 핵심요소다

금융논술 첨삭을 진행하다 보면, 대개는 8회~10회 정도 글을 쓰면 상당히 글이 좋아진다. 따라서, 8 ~ 10회 연습 때까지는 시간제한 없는 글 써보기, 8 ~ 10회 이상부터는 제한시간을 정하고 글을 써보는 것이 중요하다.

3) 금융논술 약속시간을 정하라

금융논술 작성은 최소 매주 1 ~ 2회 정도 연습하시는 것이 좋다. 매주 요일과 시간대를 정한 후, 그 시간이 되면 논술을 작성하는 방법을 권한다. 예를 들면, 매주 목요일 저녁 7시부터는 금융논술작성 시간으로 정하고, 그 시간만큼은 무조건 금융논술 연습에 집중하길 바란다.

chapter 04

금융논술 사례 학습

이제는 실제 완성된 금융논술 사례를 통해, 금융논술을 준비하는 취준생들이 꼭 알고 유의해야 하는 사항들에 대해 공부해 보자.

01 주제1

논제는 <조선·해운업 구조조정과 관련한 산업은행의 정책적 방향에 대하여 논하라.> 이다.

당시 이 논술은 언론계 기자 출신의 금융공기업 지원자가 작성한 논술이다(2016년 완성본).

이 논술의 경우, 구조조정 전문기관으로 자리매김하고 있는 산업은행을 대비한 논술로써, 소재가 다소 산업은행에 국한된 주제이긴 하지만, 작성 기법과 관련 긍정적인 부분과 부정적인 부분이 극단적으로 나뉘는 논술이라, 금융논술 작성 요령을 숙지하시기 좋은 사례이다.

조선 · 해운업 구조조정과 관련한 산업은행의 정책적 방향에 대하여 논하라.

서론

이익의 사유화, 손실의 사회화는 없었다. 이번 한진해운 법정관리의 한줄평이다. 채권단을 만족시킬 자구안이 마련되지 않았기 때문에, 수천억 원이 넘는 국민 혈세를 투입하지 않기로 결정됐다. 재량대로 한진해운 손을 들어줄 수도 있었지만, 정부와 산업은행은 원칙과 준칙에 충실했다. 결국 국내 1위의 해운사는 법정관리 수순을 밟게 된 것이다. 그에 따라 40년 넘게 쌓아온 해운사 전통도 역사의 뒤안길로 사라졌다. 구조조정 원칙에 따라 대마불사도 통하지 않게 된 것이다.

물론 아쉬움도 있었지만 정부와 산업은행은 형평성에 따라 국민 혈세를 낭비하지 않겠다는 의지를 끝까지 관철시켰다. 이번 선례는 기업인들의 역선택과 도덕적 해이에 따끔한 회초리가 될 것으로 보인다. 이에 본고는 앞으로의 문단을 통해 구조조정 원칙의 중요성과 산업은행의 역할론을 논의해 보고자 한다.

본론

1. 구조조정 원칙의 중요성

정부 재량이 아닌 준칙과 원칙에 따라 구조조정을 해야 하는 이유가 있다.

첫째, 최적정책의 동태적 비일관성이다. 노벨 경제학상을 받은 프레스캇은 정부정책이 시시각각 바뀔 유인이 있다고 주장했다. 테러범과의 협상 사례는 이를 뒷받침 한다. 문제는 재량에 따른 비일관적인 정책이 경제주체들의 신뢰를 잃게 만든다는 것이다. 구조조정에도 일정한 원칙이 없다면 도덕적 해이만 키울 우려가 있다.

둘째, 경제주체들의 합리적 기대가설 때문이다. 민간이 합리적 기대를 한다고 가정하면 정책당국이 긴축적 통화정책을 실시할 때, 고통 없이 디스인플레이션을 할 수 있다. 구조조정도 같은 맥락이다. 이번 한진해운 사태에서도 구조조정 원칙을 신뢰했었다면 채권단이 내놓은 자구책을 마련해왔을 가능성이 있다. 해운계 안팎에서 이번에도 대마불사를 운운했다는 사실은 널리 알려진 내용이었다.

마지막으로 자기실현적 요인에 따른 불확실성 증가다. 정부가 준칙이 아닌 재량에 의존할수록 정책 결과를 예측하기 어려워진다. 이는 민간의 기대부가 변동성을 확장시키는데, 정책 결과의 불확실성을 높일 수 있다. '루카스 비판'의 내용과 같이 전통적인 정책모형은 무력화될 수 있다. 변동성과 불확실성의 증가는 정부정책의 실효성을 낮출 우려가 있다. 위와 같은 이유들 때문에 구조조정 매스에는 일정한 원칙이 필요하다.

2. 산업은행의 역할론

첫째, 산업은행은 기업 구조조정의 산증인이자 산파이다. 국가 산업 육성을 위해 출범한 산업은행은 지난 1960년부터 국내 주요 기업들에 자금을 대출해주면서 우리 경제의 고도성장을 이끌었다. STX부터 한진해운까지 수십 여건에 달한다. 외환위기 이후에는 채권단을 이끌며 기업 구조조정을 진두지휘하고 있다. 재무구조가 부실한 기업은 재무구조 개선을 유도하고, 회생 불가능한 부실기업은 퇴출시키고 있는 것이다. 그 중에서도 대우중공업은 성공사례로 꼽히고 있다.

둘째, 산업은행은 국가 성장 동력을 예측하고 산업 재편에 앞장서야 한다. 앞서 정부와 산업은행은 3단계 구조조정 트랙을 내놓았다. 조선과 해운 등 1단계의 경기 민간업종은 채권단 위주로 개별처리하고, 신용등급이 C, D 등급인 부실징후 기업은 상시 구조조정을, 철강과 석유화학 등 공급과잉업종인 3단계는 선제적으로 구조조정에 나서겠다는 취지다. 미래가 불투명한 전통 주력 산업들을 정리하는 한편 미래 먹거리 산업 분야에 대한 지원을 늘리겠다는 것이 주요 내용이다. 앞서 산업은행은 기업은행과 7,200억 원 규모의 '글로벌파트너십 펀드'를 조성해 벤처생태계를 지원하고 있는데, 앞으로의 귀추가 주목된다.

셋째, 산업은행은 기업과 정부와 소통하며 경제발전의 마중물이 돼야 한다. 산업은행은 한국산업은행법에 따라 1954년 설립된 특수법인이다. 기업대출과 정책금융 등이 주요업무로 건전한 신용할당을 바탕으로 경제 곳곳에 유동성을 공급하고 있다. 정책금융의 맏형으로 경제 흐름을 읽고 성장 동력에 아낌없이 투자해야 한다.

📈 결론

바둑 위기관리 10계명에는 '동수상응'이란 단어가 있다. 국지적으로 악수인 것이 판 전체적으로 호수가 될 수도 있고, 그 반대로 국지적으로 호수인 것이 결국 악수가 될 수 있다. 중요한 것은 작은 일에 일희일비하지 않고 판 전체를 조망하며 원칙에 충실해야 한다는 점이다. 해운업계 구조조정 역시 동수상응의 지혜로 풀어야 한다. 국민 혈세를 낭비하지 않겠다는 원칙하에 자체적으로 생존할 수 있도록 조력자의 역할에 앞장서야 한다.

전반적으로 보았을 때, 높은 점수를 받을 수 있는 논술이다.

그러면 긍정적인 부분부터 살펴보자.

1. 간결체 문장

서론을 위주로 전체적으로 간결체의 비중이 높다. 간결체는 만연체에 비해 상당히 많은 장점이 있다.

- 내용 전달이 용이하다.
- 문법적 오류를 줄인다.
- 역동적인 글이 되게 한다.

2. 병렬식 구조

증점식 구조인 [우선, 그리고, 또한]으로 글을 산개하지 않고, 병렬식 구조인 [첫째, 둘째, 셋째]로 체계적으로 본론과 결론을 구성했다.

- 가독성을 높인다.
- 형식이 내용을 보완한다.
- 논리와 논거의 구조가 깔끔하다.

3. 논거에 대한 군더더기가 없다.

본론을 보면, 주 논리는 [구조조정에도 원칙이 필요하다] 이며 3가지 논거를 제시했다. 논거에서 프레스캇이 누구인지. 합리적 기대가설이 무엇인지. 디스인플레이션이 무엇인지. 루카스 비판이 무엇인지. 굳이 불필요한 설명을 하지 않았다.

- 논리는 논거를 보완하는 내용으로, 논거에 집중하다 보면 자칫 논리에서 멀어지는 글이 될 수 있다.
- 본론에서 복잡한 논거들까지 해설하고, 그 과정에서 인과관계까지 모두 설명하려 하면 결론 쓸 시간을 뺏기게 된다.

반면 부정적인 부분은

- 서론이 양이 많다.
- 서론은 실제 이것보다 더 줄이시는 것이 좋다. 항상 안 좋은 글은 서론이 길다.
- 서론에서 미리 의견을 한 마디 정도로 제시하는 것은 나쁘지는 않지만, 굳이 감정적 표현이 들어갈 필요는 없다.

4. 구조의 모호성

- 이 논술의 전체구조를 보면 글쓴이가 <본론 2>로 주장한 것은 실질적인 결론이다. 산업은행의 정책정 방향성이므로 이를 본론으로 보기는 쉽지 않다.
- 그런 경우, 본론은 <본론 1>만 구성되는데, 이런 경우 본론이 빈약하다는 문제가 생긴다. 실제 본론이 논리와 논거 3개로만 구성되어 있다 보니, 좀 더 많은 쟁점들을 다루지 못했다.
- 일반적인 구조가 아니라 이형적인 구조이다.

5. 요약형 결론

- 시간을 다투는 금융논술 전형에서는 굳이 요약형 결론을 제시할 필요가 없다.
- 중언부언의 느낌만 강하다.
- 주의환기 쿠션 문장들이 필요해지므로 번거로워진다.

02   주제 2와 3

두 편의 논술 사례를 공부할 것이다. 이번 논술은 금융감독원 대비 논술 주제이며, 한 명이 작성한 글이다.

먼저 말할 것은

1. 이 글을 작성한 학생은 근 1년 간 필자와 함께 논술첨삭을 진행했던 지원자이다. 매주 1편씩 논술을 작성한 후, 검토를 받는 형식으로 진행되었다. 강조하고 싶은 바는, 금융 논술 준비는 꾸준함이 중요하다는 점이다. 최근 시중에서는 마치 금융논술을 단시간에 준비 가능하다는 식의 주장들과 글들을 보았는데, 이는 큰 오산이라 말하고 싶다. 철학자 헤겔은 질적 개선은 양적 투입이 선행되어야 한다고 했다. 금융논술 또한 마찬가지이다. 꾸준함이 <뛰어남>을 견인한다. 합격의 확률을 최대한 끌어 올리기 위해서는 경쟁자들보다 뛰어난, 그리고 차별화를 극대화시키려는 노력과 의지가 강해야 한다. 그냥 남들 수준으로 쫓아가겠다는 전략은 상당히 위험한 전략이라고 말하고 싶다.

   참고로 이 학생은 1년 이상 시간 동안 금융감독원 관련 논문들과 학술지까지 여기저기를 모두 뒤지며 공부를 했다. 스스로 합격의 의지를 불태웠다고 생각한다.

2. "남들도 나 정도로 준비하고 있을 것이다. 경쟁자도 나처럼 대응할 것이다." 상당히 안일한 생각이다. 실제 전쟁사를 공부하면, 패전하는 모든 장군들이 보이는 공통적인 생각이, 상대방도 나처럼 생각하고 준비할 것이라는 안일함에 빠져있다는 점이다. 패전하는 장군들이 하나같이 바보들이라서 졌을까? 그렇지가 않다. 그저 평범하게 대응했기 때문이다. 반면에, 승리자는 패전하는 사람들의 평이한 대응, 이 정도면 된다는 안일함을 항상 뛰어 넘는다. 금융논술 준비도 마찬가지이다. 대부분 금융공기업을 준비하는 지원자들은 전공필기를 공세적으로 준비하며, 여기서 격차를 벌리겠다고 생각하고 금융논술 준비는 수세적으로 준비한다. 안일한 대응 방안이라 생각한다. 합격에 대한 열망이 강한 지원자들일수록 반대로 생각한다. 금융논술 준비를 공세적으로 준비해 최대한 격차를

벌린다. 그리고 전공필기 공부를 남들 수준으로 준비한다. 누구의 생각이 옳을 것 같은 가? 우리는 쉽게 점수화되고 명확한 결과가 나오는 전공필기가 당락을 결정지을 것 같지만, 금융공기업을 준비하는 친구들의 전공필기 성적은 표준 돗수분포표에서 벗어나지 않는다. 편차가 크지 않다는 말이다. 반면, 수치화가 어려울 것 같은 금융논술이다 보니, 점수가 명확하지 않을 것이라는 애매모호함으로 인해 논술에서의 편차는 작을 것이라 착각하지만, 실상은 직접적 효과(점수의 편차)와 간접적 효과(자소서 + 면접 대응)까지 감안한다면 금융논술에서의 편차는 절대 무시할 수 없다는 것을 알아야 할 것이다.

> 미국과의 금리역전현상이 한국경제에 미칠 수 있는 영향과 정책당국(금융감독원)의 대응방향을 논하시오.

📈 서론

2018년 03월 미국 연방준비제도(FED)가 출구전략의 일환으로, 기준금리를 1.50 ~ 1.75%로 인상하면서 한국은행 기준금리 1.50%를 초과하는 한미 금리역전 현상이 발행했다. 한국은행은 올해 두 차례 정도의 금리인상만을 예고하고 있어 금리역전 현상의 장기화에 대한 우려의 목소리가 높은 상황이다. 따라서 본고는 1. 금리역전 현상의 배경, 2. 한국경제에 대한 영향, 3. 금융감독원의 대응방향에 대해 분석하겠다.

📈 본론

1. 금리역전현상의 배경과 한국경제에 미치는 영향

가. 한미 금리역전현상의 배경 – 출구 전략(Exit Strategy)

2008년 글로벌 금융위기에 대한 대응방안으로 미국 연준은 ① 양적완화 ② 오퍼레이션 트위스트 ③ 공개구두정책으로 대표되는 비전통전(new normal) 통화정책을 시행하였다. 특히 주택담보부증권(MBS) 매입을 포함하는 양적완화 정책의 시행은 중앙은행의 최종대부자 기능에 대한 신뢰 촉진으로 조속한 자산시장 안정화를 가져왔다는 평가와 함께, 향후 인플레이션에 대한 우려와 중앙은행 대차대조표 상 위험노출 증대를 가져와 출구전략의 조속한 시행 필요성을 높이는 유인으로 작용했다. 출구전략은 양적완화의 축소(테이퍼링 : tapering) → 금리인상 → MBS 매각 의 3단계로 이루어지며, 현재의 금리 인상은 2단계에 해당한다.

2. 한미 금리역전현상이 한국경제에 미치는 영향

미국의 금리인상은 크게 ① 단기외화 유출리스크 증대 ②총 수요 위축 측면에서 한국경제에 위협요인으로 작용할 수 있다.

첫째, 미국 금리 인상은 한국 외환시장에서 단기외화 유출리스크를 증대시킨다. 비록 높은 수준의 재무건전성, 지속적 경상수지 흑자에 따른 상당한 규모의 외환보유고 축적, 민간과 국가의 대외순자산 증가로 인한 순채권국가로의 지위확보 등을 이유로 자본유출 가능성이 크지 않다고 판단하더라도, 세계 경기흐름의 변경과 달러-캐리 트레이드의 지속적 청산에 따른 해외 국가들의 금리 인상 등과 같은 세계적 추세에 한국경제가 영향을 받지 않을 수는 없다. 단기외화 유출리스크 증대는 만기불일치(maturity mismatch)와 유동성불일치(Liquidity mismatch) 문제를 심화시켜 유동성 위기와 나아가 지급불능위기 가능성을 증대시킨다. 이는 거시경제 기초변수에 이상이 없음에도 경제주체들의 기대변화만으로도 금융위기가 발생 가능한 자기실현적(Self-fulfilling) 금융위기 가능성이 증대했음을 의미한다. 따라서 미국 금리 인상은 금융의 효율적 자원배분기능을 약화시키고, 실물경제에 악영향을 초래할 수 있는 시스템리스크로의 전이 가능성이 존재한다.

둘째, 미국 금리 인상은 한국경제에 총수요 위축을 가져올 수 있다. 유위험이자율평가설(UIRP)이 성립한다는 가정 하에 미국 금리 인상은 한국의 금리 인상과 환율 상승으로 이어진다. 금리 인상은 비거치식 변동금리부 가계대출의 이자부담을 증대시켜 가계의 소비감소와, 한계기업의 자금조달 및 원리금 상환에 애로사항으로 이어져 투자의 감소를 가져올 수 있다. 이는 부채축소(디레버리징)을 위한 자산매각을 부추겨, 자산가격 하락에 따른 부동산 시장의 붕괴와 실질적 채무부담이 증가하는 부채-디플레이션(debt deflation)을 유발할 수 있다. 환율 인상은 로빈슨-메츨러 안정조건이 충족되는 상황에서 경상수지의 증가를 가져오지만, 수입 원자재 및 생필품 가격 상승으로 인한 기업 생산성 저하 및 취약계층의 소비부담으로 이어질 수 있다. 또한 금융기관과 기업의 외화채무 원리금 부담을 증대시키는 외채잔고 효과를 유발하게 된다.

결론적으로, 미국 금리인상은 거시경제기초변수의 조그만 변화에도 경기변동을 크게 유발하는 와블링 이코노미 현상과 금융시스템의 경기순응성 문제를 심화시킬 것으로 판단된다.

3. 금융감독원의 대응방안

금융감독당국은 미국금리 인상이 시스템리스크로 전이되지 않도록 다음 4가지 측면에서 선제적 대응방안을 마련할 필요가 있다.

첫째, 거시위기상황분석(Macro stress test)의 실시가 필요하다. 현재 은행을 비롯한 금융기관에서 시행하는 위기상황분석은 단순 충격이 미치는 효과를 거시계량지표를 통해 분석하는 단순민감도 분석이다. 따라서 금융감독원은 시나리오 상황을 설정하여 금리인상 충격이 금융기관과 금융시장에 총체적으로 미칠 수 있는 영향을 분석하는 시나리오 분석을 통해, 금융기관의 비상대응체계(Contingency Plan) 재정비를 보조할 필요가 있다. 이러한 위기상황분석을 하향식(Top-down) 스트레스 테스트라고도 하는데, 이는 위기 발생시 군집행동(herding)으로 인한 구성의 오류(fallacy of the composition) 완화에 기여할 수 있다.

둘째, 파생상품에 대한 관리 및 감독을 강화해야 한다. 지난 KIKO 사태는 잘못된 환헷징 기법을 사용할 경우, 오히려 기업의 도산확률을 증대시킬 수 있음을 보여주었다. 따라서 파생상품의 복잡성, 거래 규모 등에 따라 차등화된 관리 및 감독 방안을 마련하여 이와 같은 위험을 사전에 방지하여야 한다.

셋째, 중소기업의 자금조달 애로사항을 적극적으로 해결할 필요가 있다. 금리 인상에 따른 자금 조달에 문제가 생길 것으로 예측되기 때문에, 은행과의 관계형 금융(Relationship finance)이 지속될 수 있도록 상시적인 점검이 필요하다. 또한 중소기업 애로상담센터를 활용하여 자금조달과 관련된 문제를 해결할 수 있도록 보조하며 금융기관이 합리적인 금리산정 체계를 갖추고 있는지 점검하도록 한다.

마지막으로, 외화LCR 규제(규제비율 : 80% 이상)의 준수가 필수적이다. 외화 LCR은 바젤은 행감독위원회(BCBS)의 바젤 Ⅲ에서 권고하는 외화유동성 관리지표로써, 스트레스 상황(신용 등급 3단계 이상 하락, 담보할인율 증가, 무담보 도매자금 조달능력 감소 등)에서 외화유동성 상황을 점검 하기 위한 것이다. 즉, 30일간 발생할 수 있는 외화유출액 대비 고유동성 자산을 80% 이상, 금 융기관이 확보하도록 함으로서 단기외화유출 리스크를 관리해야 한다.

📈 결론

2008년 글로벌 금융위기를 최전방에서 진화하는 역할을 수행한 티모시 가이트너는 그 의 저서 '스트레스 테스트'에서 금융위기를 화재에 비유하며, 금융감독당국을 언제든 그러 한 화재를 진압할 수 있는 도구를 갖춰야 하는 소방관에 비유하였다. 사실 화재는 발생하지 않는 것이 최선이다. 더욱이 그 것이 예측 가능하고 선제적 대응이 가능한 경우는 특히 그 러하다. 그린스펀 풋으로 대표되는 사후청소전략이 2008년 글로벌 금융위기라는 세계적인 대화재를 일으킨 주요 원인 중 하나라는 사실을 잊지 말아야 한다. 따라서 금융감독당국은 여러 관계기관들과 선제적으로 대응체계를 조율해가는 Policy mix를 시행함과 동시에 필 요한 경우 적절하게 대응하되, 그것이 과잉 또는 과소대응이 되지 않도록 주의를 기울일 필 요가 있다.

첫 번째 논술주제는 [한-미 금리 역전 현상]과 관련된 주제이다.

[금리역전] 현상은 보통 2가지 측면에서 주제를 잡고 공부를 한다. 첫 번째는 [한-미 금리 역전]이고 두 번째는 [장-단기 금리역전]이다. 둘 다 중요한 주제이긴 하다. 하지만 [장-단기 금리역전]은 일시적 현상일 가능성이 높고(논제의 영속성이 떨어진다는 의미이다) 미래경제에 대 한 예측의 가늠자 정도의 역할이기 때문에 실전 논술에서 나올 가능성은 낮다. 다만, 면접이

나 논술에서의 논거로 활용 가능성이 있기 때문에 공부하면 좋은 논제이다. 반면, [한-미 금리 역전]은 파급의 영속성이 길며(금리정책은 원래 단기정책이지만 변곡의 주기는 상당히 길다는 특징 때문에 장기정책으로 착각을 하기도 한다) 파급의 정도도 큰 편이기 때문에 공부를 해야 하는 주제이다. 다만, 이 또한 현재 벌어진 상황이 아니라, 2022년 말이나 2023년 예상되는 사안이기 때문에 여유를 가지고 공부를 해도 되는 논제이다.

한-미 금리역전 현상은 역사적으로 이미 3번이나 있었던 일이다. 새로운 사건은 아니라는 점이다. 가장 최근의 한-미 금리 역전은 2018년에 시작되었다. 그리고 이 논술은 그 당시의 논술이다. 상술했지만 2022년 말이나 2023년 현실화 될 가능성이 높은 주제이기 때문에 주목할 만하다.

이번 논술에서 보이는 두드러짐은

첫째, 지식량이 깊을 뿐만 아니라 넓다는 점이다. 이 한 편의 논술에 들어간 배경 지식들만 하더라도

– 2008 글로벌 금융위기 전체 공부

– 통화정책

– 경제이론

– 와블링 이코노미와 구성의 오류(경기순응성 문제)

– 스트레스 테스트

– 관계형 금융

– LCR

등이 자연스럽게 녹아 있으며, 그 중심에는 각각의 리스크들이 모여 시스템 리스크로의 전이를 억제해야 한다는 주장이다.

단기간에, 몇 가지 논제를 별도로 공부를 한 학생들은 이런 글을 쓸 수가 없다는 것을 말하고 싶다.

둘째, 금융감독원이 가장 주목할 만한 논리들을 펼쳤고, 그에 대한 논거로 경제이론부터 현행 제도들까지 다 끌고 들어 왔다는 점이다. 상당히 목표지향적인 공부를 했으며, 이를 다

양한 방향으로 글을 펼쳤다.

셋째, 주제 1에서 검토했던 형식적 작성방법들을 모두 지켰다. 깔끔한 서론, 연역적인 글 전개 등이 그것이다.

다만, 아쉬운 점은 굳이 요약형 결론은 필요는 없다고 생각한다.

공부를 잘 하는 사람의 특징은 무엇일까? 고민을 많이 하는 사람일까?

그렇지 않다. 행동력이 좋은 사람이 정답이다. 행동력은 공부뿐만 아니라 여러 업무에서도 중요하다. 매번 고민만 하면 무엇을 이룰 수 있겠는가?

이 지원자의 가장 큰 장점은 행동력이었다. 나랑 처음 만났을 때부터 무조건 금감원 입사라는 목표를 향해, 당시 가르치고 내주었던 숙제들을 모두 소화했다.

그리고 요약형 결론의 불필요성을 깨닫고, 바로 글들을 수정했다.

두 번째 논술도 읽어 볼 것을 권한다.

> 가상통화에 대해 논하시오.

📈 서론

가상통화 투기 근절을 위한 특별대책

지난 17년 12월 28일 정부는 가상통화 관련 특별대책을 발표하였다. 이는 가상통화가 법정화폐가 아니며, 금융투자상품으로 인정받지 못 하여 투자자 손실이 크게 발생할 수 있음에도, '묻지마식 투기'가 증가함에 따른 대응이었다. 따라서 본고는 가상통화 생태계 흐름 – 가상통화의 긍정적 영향 및 부정적 측면 – 정책당국의 대응방안에 대해 논하겠다.

1. 가상통화 생태계 – 하이먼 민스키의 신용사이클 모델

가상통화 생태계 흐름은 하이먼 민스키의 '신용사이클 모델'로 분석 및 예측 가능하다. 이 이론에 따르면 가상통화 가격은 ① 대체 ② 호황 ③ 도취 ④ 금융경색 ⑤ 대폭락의 단계를 밟게 된다. 대체 단계는 가상통화와 블록체인 기술과 같은 혁신적 기술 개발이 발생시 형성된다. 이후 다수의 투자자들이 투자에 참여함에 따라 가격흐름은 호황-도취 단계의 순서를 밟게 된다. 도취 단계에서는 일반 투자자들이 막연히 투자수익을 낼 수 있다는 비합리적 기대에 편승하여 투자에 참여한다. 이러한 추세는 '더 큰 바보 이론(the great fool theory)'에서와 같은 자기강화적(self-reinforcing) 속성을 지닌다. 이후 규제가 강화되고 투자에 의구심을 갖기 시작한 투자자들이 가상통화를 매각하기 시작하면서 금융경색 단계가 시작된다. 동 단계에서는 투자자들이 투자수익을 내기가 매우 어려우며, 공급이 수요를 초과하기 시작하면 대폭락의 단계에 들어선다. 대폭락 단계에서는 가격하락이 가격상승시보다 더 큰 속도로 하락하는 민스키 모멘트가 발생한다. 현재 가상통화는 작년 2017년 11월 기준으로 도취 단계에 놓여 있었으며, 2018년 6월 기준으로 4단계인 금융경색 단계에 근접해 있다는 평가를 받고 있다.

2. 가상통화의 긍정적 영향

가. 가상통화를 이용한 금융혁신

가상통화는 금융서비스를 혁신적으로 발전시킬 것으로 평가된다. 예를 들어 가상통화를 이용한 해외송금서비스는 기존에 비해 저렴한 수수료로 1시간 이내 거래를 완결할 수 있다. 또한 코인지갑을 이용하는 지급결제서비스는 은행 계정 없이도, ATM 서비스를 이용할 수 있게 해준다.

나. 가상통화와 부패방지

관치금융이 심한 나라일수록 금융을 매개로 한 정경유착과 부패의 문제가 심각한 것으로 알려져 있다. 하버드대 로고프 교수는 그의 저서 '현금의 저주'에서 가상통화는 신뢰를 기반으로 하는 거래시스템, 즉 블록체인을 활용한 쌍방거래의 방식이므로, 금융의 중개가 필요 없어 이러한 부패의 고리를 끊을 수 있을 것이라 주장한다.

다. 가상통화와 포용적 금융

가상통화는 금융계정 이용이 불가능한 계층에게도 금융거래 기능을 제공하여, 포용적 금융을 뒷받침할 수 있을 것으로 기대된다. 포용적 금융이란 평소 금융서비스 제공이 어려운 금융소외계층에게도 금융서비스를 제공함으로써, 경제적 자립을 돕도록 하는 취지의 금융개념이다. 실제로 미국의 한 기업은 금융계정이 없는 아프카니스탄 여성들에게 모바일폰으로 비트코인을 송금해 그들의 교육을 돕는 프로그램을 운영한 예가 있다.

3. 가상통화의 부정적 측면

가. 투자자 손실 발생 및 범죄에의 이용

IMF에 따르면 가상통화는 높은 가치 변동성과 불안정성으로, 통화의 3대 기능인 교환의 매개수단, 가치저장기능, 가치의 척도를 수행하는 것이 불가능하다. 이에 많은 국가에서 가상통화를 법정통화로 인정하지 않고 있으며 우리나라 역시 예외는 아니다. 때문에 가상통화 투자는 예금자 거래 보호법의 적용을 받지 못 한다. 또한 금융투자 상품으로도 인정받지 못 하므로 투자손실에 대한 책임은 전적으로 투자자에게 있는 상황이다. 가상통화는 시세조정이나 가상통화분리 (하드포크), 규제변경 등에 의해 투자자 손실이 언제든 발생 가능하다. 게다가 가상통화 관리업자의 시스템 해킹 (최근 사례 : 빗썸) 이나 마약거래, 자금세탁 등의 범죄 역시 꾸준히 발생 중인 상황이다. 이에 정책당국의 관련된 대응 (가상통화 거래소 관리 강화, 자금세탁 방지의무 강화 등)이 필요한 상황이다.

나. 민스키 모멘트의 발생 가능성 증대

하이먼 민스키의 신용 싸이클 모델에 의하면 가상통화 가격이 대폭락 단계에 진입할 경우 민스키 모멘트가 발생한다. 민스키 모멘트는 금융의 구조적 취약성이 발생한 상황에서는, 평소라면 문제가 되지 않을 자산가격 하락이나 경기침체에도 커다란 금융위기가 오는 것을 말한다. 즉 가상통화 생태계의 불안은 곧 금융위기 발생 가능성을 증가시키는 시스템리스크로 작동한다.

📈 결론

정책당국 대응방안

가. 규제 패러다임의 전환

현재의 규정중심 규제방식(rule-based regulatory)에서 원칙중심 규제방식(principle-based regulatory)로 전환이 필요하다. 새로운 현상으로 정의되는 가상통화 생태계는 사전에 합리적인 규정리스트를 작성하는 것이 거의 불가능하다. 따라서 금융소비자 피해가 발생하지 않았음에도 규제를 하는 규제과잉과 그 반대의 경우인 규제누락 모두가 발생 가능하다. 이에 금융소비자 보호와 금융산업 발전 촉진에 적합하지 않다. 반면 원칙중심 규제는 금융소비자 보호를 목적으로 인과성 원칙(금융피해 발생의 인과관계에 따른 규제)과 비례성 원칙(금융피해 발생 규모에 비례하는 규제수준)에 의거해 규제하므로, 규제과잉 및 누락 모두 방지 가능하다. 최근에 발생한 가상통화 시세조정에 따른 투자자 피해발생에도 정책당국이 제대로 대응하지 못 한 것은 규제 패러다임의 전환이 시급함을 보여주는 예이다.

나. 거래소 등록제도 확립

현재 가상통화 거래소는 등록이 필요하지 않은 상황이다. 대규모 해킹 피해가 발생한 일본의 경우 해당 거래소는 등록되지 않은 거래소였으며, 비대칭 암호키를 다수가 아닝 하나만 사용하고, 전체 암호화폐의 97%를 콜드월렛이 아닌 외부인터넷과 연결되는 핫월렛에 저장하여 해킹에 취약한 상태였다. 즉 관련된 사고가 예견된 사고라고 해도 과언이 아니었다. 이러한 사례를 교훈 삼아 국내 역시 건전한 거래소 운영기준을 확립하여 해당 기준을 활용한 등록제도를 운영할 필요가 있다.

다. 거래소 전용 FDS 구축 및 고도화 지원

이상전자금융거래탐지시스템 (FDS)는 빅데이터를 이용해 평소 고객의 거래패턴을 분석하고, 이와 다른 유형의 거래가 발생시 해킹으로 간주하여 거래를 차단하는 시스템이다. FDS 도입은 전자금융범죄 감소에 혁신적 기여를 할 수 있을 것으로 기대되고 있다. 이에 정책당국은 거래소 전용 FDS를 구축 및 고도화를 지원하여, 거래소를 대상으로 하는 전자금융범죄 발생을 미연에 방지할 필요가 있다.

물론, 금융공기업을 준비하는 지원자들에게 한 곳만을 목표로 설정하는 이른바 '배수진' 지원은 지양하라고 권한다. 개인적인 의견으로, 배수진은 가장 바보 같은 생각이라고 믿기 때문이다. 우리는 항상 PLAN -A 이후의 PLAN-B, C 를 대비해야 한다. 이 지원자가 마치 금감원만 준비한 것처럼 보이지만 실상은 그렇지 않았다. 이 지원자는 이 문제를 비중으로 해결했다. 금감원 비중을 50%, 나머지 몇 곳 기관을 나누어 배분하고 준비했다. 지원 전략에 있어서의 '파이컷', 세밀함이 성공의 열쇠이기도 하다.

금공논술, 이른바 A매치 논술은 수많은 괴물들이 참여한다. 여기서 괴물들이란, 금융논술 마스터 들을 의미한다. 스스로 괴물이 될지, 수세적으로, 방어적으로 준비하는 사슴이 될지는 본인의 선택에 달려있다. 괴물들은 닥치는 대로 공부하고 섭취한다. 사슴들은 주어진 공간에서 주어진 풀만 먹는다.

항상 좋은 글들을 많이 접해야 한다. 배울 것이 많고, 자극이 되기 때문이다.

평범한 수준의 글들, 신문에서 나올만한 내용들을 마치 금융논술 준비의 열쇠라고 생각하면 곤란하다.

03 주제 4와 5

이번 논제는 CBDC(중앙은행 디지털 화폐)의 긍정적인 면과 부정적인 면, 그리고 한국은행 및 정책당국의 대응방안에 대해 논하는 주제다.

CBDC는, 사실 한국은행에서 태스크포스를 구성할 정도로 상당히 관심을 받고 있는 주제다. 그리고 단순히 생각한다면 한국은행 또는 금융감독원에서 나올 가능성이 높은 주제이다. 하지만, 한국은행의 논술은 특성상 "학술적"이고 "인문학"적인 주제들이 자주 출제되고 있고, 금융감독원의 경우, 현실적으로 아직 출범이 되지 않는 CBDC에 대해 감독의 대상으로 보기에는 이른 감이 있어서 인지, 아직 출제된 적이 없다. 오히려 2021년 상반기 새마을 금고중앙회 논술주제로 CBDC가 출제되었고, 2022년 상반기 신용보증기금 논술주제로 출제되었다.

확증편향이라는 단어가 있다.

많은 지원자들이 논제를 선정할 때 잘 빠지는 것이 이 확증편향이다. '금융공기업별로, 은행별로 이 주제가 이 기관에서 중요하게 생각할 것이다.'라고 생각하기 시작하면, 실제 출제될 것만 같고, 이 주제가 나와야만 하는 믿음으로까지 스스로 몰고 간다. 그리고 다른 논제는 잘 들어오지 않는다. 자기가 보고 싶은 것만 보고 싶어하고, 기대하는 대로 이루어질 것이라 확신하기 시작하면, 실패의 문이 활짝 열린 것이나 마찬가지라 생각한다.

금융논술을 공부하는 지원자는 항상 겸손해야 한다고 생각한다. 자신감을 없애라는 말이 아니라, 다양한 현상들을 바라보며 중요한 것들 위주로 최대한 많은 것들을 공부하겠다는 마음가짐이 중요하다는 것을 강조하고 싶다.

나는 지금까지 A매치 며칠 전이면 논제들을 찍어달라는 요청을 많이 받는다. 찍기 좋아하시는 분들은 점집을 가라고 권하고 싶다. 예측의 영역은 현재의 영역과는 완전 다른 개념이다. 치밀한 분석으로 예측이 가능하다면 모든 증권사의 트레이더들은 부자들이 되어 있어야 한다. 모든 경제학자들은 자국을 선진국으로 이끌었어야 한다. 2차세계대전 후 후진국에서 선진국으로 올라온 국가는, 200여 개 국가 중 10여 개 국가도 되지 않는다. 그 많은 경제학자들과 금융학자들, 자본시장 참여자들의 분석력은 다 어디로 갔는가?

금융논술의 영역도 마찬가지이다. 과거 4년동안 예탁결제원에서 토지공개념이 2회나 출제된 것은 어떤 분석력에 의해 어떻게 예측이 가능이나 했을까?

최근 올해는 이것만 공부하면 금융논술 준비는 끝이라는 광고나 홍보성 글들도 많이 보았다. 확증편향의 사회적 동조화 현상이 어디까지 파급되는지 모르겠다.

왜 금융논술 책을 매년 3권이나 쓰냐는 질문을 받은 적이 있다. 하지만 나는 반대로 생각한다. 3권이 오히려 부족하다고 느낄 때가 많기 때문이다. 힘이 닿는 다면 매년 5권 정도로 늘리기 싶은 것이 솔직한 심정이다. A매치 전형 전에 꼭 알았으면 좋겠다고 생각하는 핵심논제들에 더해, 면접에서 이러한 지식들을 강조하면 최종합격의 가능성이 높을 것이라고 생각하는 논제들, 자소서에서도 이런 부분들을 언급하면 차별화되는 글이 될 수 있게 만드는 논제들 그리고 더 나아가 나중에 현업에서도 이 주제들을 미리 알고 있었다면 실수를 줄일만한 주제들까지 다 싣고 싶지만, 현실적인 이유로 그러지 못함을 안타깝게 생각한다.

미래를 예측하는 가장 좋은 방법은 무엇인가?

과거를 분석하는 것인가? 현재를 파고 드는 것인가?

세계적 석학 피터 드러커는 "내가 미래를 창조하는 것이 미래를 예측하는 가장 좋은 방법이다"라고 했다.

그리고 미래를 창조하는(즉 미래를 예측하는) 방법은 현재의 변수들을 상수화시키는 것이라 생각한다.

변수의 상수화. 상당히 중요하다. 그런 이유로 내가 매년 3권의 책을 내고 있는 것이다. 출제 가능성이 높을 논제라는 예측의 영역에서 변수를 최소화하기 위한 나만의 전략인 것이다.

많은 것을 공부하는 것이 효율성이 떨어진다고 불평할 수도 있다.

금융으로 비유하면 효율은 이자의 개념이고 효과는 보험의 개념이라 생각한다. 고객에게 은행은 효율을 주는 곳이고, 보험사는 효과를 주는 곳이다. 그리고 금융공기업이나 은행의 채용전형에서 합격하는 학생의 전략은 이자율 같은 효율을 추구하는 것이 아니라, 보험액이라는 효과를 지향하는 전략이어야 한다.

알량한 시각으로 감히 노력 없이 예측하는 것은 삼가라고 권하고 싶다. 변수를 변수로 남겨 두는 것이다. 오히려 예측의 시간에 상수를 늘려나가라. 상수를 늘리는 것이 변수를 줄이는 최선의 방향성이다. 그리고 변수를 줄이는 것 자체가 예측도를 높이게 되는 첫 걸음이 된다.

아래의 두 가진 논술 A와 B는 동일 주제에 대하여 2명의 한국은행 지원자가 쓴 금융논술 사례들이다. 읽어보며 스스로 이 글의 장점들과 단점들을 체크해 보며 어떤 논술을 더 높게 평가할지 스스로 고민해 볼 것을 권한다.

> 중앙은행 디지털 화폐(Central Bank Digital Currency) 발행에 따른 긍·부정적 영향을 구체적인 논거를 들어 기술하고, 이에 대한 중앙은행 및 정책당국의 대응방안에 대해 논하시오.

📈 서론

CBDC의 논의 배경

최근 디지털 경제로의 이행과 코로나 19 확산으로 인한 비대면 – 비접촉결제 등의 전자지급수단에 대한 관심이 증대하고 있다. 또한, 리브라 등과 같은 민간 스테이블 코인(Stablecoin)이 중앙은행 고유의 지급결제 영역에 영향을 미칠 가능성이 제기되고 있고, 중국은 위안화의 국제적 지위를 향상하기 위한 세계 최초의 CBDC를 발행할 계획이다.

이처럼 다양한 배경을 원인으로 CBDC에 대한 관심이 증대하고 있다. 그러나 현재 CBDC의 발행이 국내외 금융시장에 미칠 영향에 대해서는 충분한 논의가 이루어지지 못한 상황이며, 관련 법률 및 규제도 정비되지 않은 상태이다. 이에 본고는 CBDC의 발행으로 인해 예상되는 긍정적-부정적 효과와 이에 대한 중앙은행 및 정책당국의 대응방안에 대해 논하고자 한다.

📈 본론

CBDC 발행에 따른 긍·부정적 영향

첫째, CBDC 사용이 확대될 경우 비공식 경제(Informal economy)의 규모를 축소할 수 있다. 특히 정보 추적이 가능한 계좌 기반의 CBDC(↔ 익명성 보장 : 토큰 기반 CBDC)의 경우 완전한 익명성을 보장하는 현금에 비해 거래 추적이 용이하다. 이는 개인이나 법인이 금융서비스에 활용할 수 있는 거래정보 이력 형성을 가능하게 하고, 불법자금 및 지하경제 문제를 완화하는데 기여할 수 있다. 또한, CBDC의 거래데이터가 금융서비스에 대한 감독, 세금징수, 법 집행, 사회 보호 등의 정책 집행을 효율적으로 수행하는 데 활용될 수 있다.

둘째, CBDC의 발행에 따른 금융 불안의 우려가 있다. 신용 창출이 일어날 수 있는 M1, M2에 CBDC를 도입할 경우, CBDC와 상업은행의 요구불예금이 경쟁 관계에 놓이게 된다. 즉, CBDC가 상업은행의 요구불예금을 대체하면서 신용공급이 축소되고, 이에 따라 대출금리가 상승하며, 상업은행의 유동성 부족 현상의 발생 가능성 또한 높아질 수 있다. 또한, CBDC가 은행 예금에 비해 가용성 – 안정성 – 유동성이 높기 때문에, 은행시스템 위기 발생 시 은행 예금에서 CBDC로의 뱅크런을 가속화할 우려가 있다.

셋째, 지급결제의 디지털 전환(Digital transformation)에 따라 디지털 소외계층의 발생 가능성이 우려된다. 주로 고령층과 장애인, 저소득층을 중심으로 디지털 소외가 발생할 가능성이 있다. 이들은 디지털 기기 – 서비스에 대한 접근성과 활용도가 낮아 현금을 주로 이용하는 편이다. 이에 CBDC의 도입에 따른 현금 사용과 ATM이 감소하면서 지급수단 선택권에 제약을 받을 수 있다.

📈 결론

중앙은행 및 정책당국의 대응방안

첫째, 중앙은행의 책무인 금융안정에 유의하여 CBDC를 설계해야 한다. CBDC를 M0(유통 중인 현금)에만 도입함으로써, 금융시스템에 대한 부정적 영향을 최소화하는 방안이 있다.

또한, CBDC를 M1, M2에 도입할 경우 CBDC로 대체되는 요구불예금 만큼 상업은행에 대출하여 신용공급 축소를 방지할 수 있다. 이에 더해, CBDC 보유액에 대해 상업은행의 중앙은행 예치금보다 낮은 금리를 지급하는 방안이나, 중앙은행이 가계-기업의 CBDC 보유 상한을 설정하는 방안 등이 있다.

둘째, 디지털 소외계층에 대한 선제적 지원책을 마련해야 한다. 전자지급서비스 관련 교육과 실습 프로그램을 제공함으로써, 디지털 소외계층의 전자지급수단에 대한 접근성과 활용도를 제고할 수 있다. 또한, 소비자의 지급수단 선택권이 보호될 수 있도록 ATM 관련 통계를 추가 편제하고, 관련 기관과의 협의를 통해 소비자의 현금 접근성 제고 방안을 마련할 필요가 있다.

셋째, 정책 당국 간 – 국가 간의 협력을 강화해야 한다. 중앙은행은 정책 목적을 달성하기 위해 금융감독원, 금융보안원 등의 관련 기관과 협력할 필요가 있다. 이는 다양한 정책목표 간의 균형과 법적-전문적-윤리적 표준의 정립을 목표로 삼아야 한다. 또한, BIS CPMI 활동 등을 통해 지급결제와 관련한 국제적 논의에 적극적으로 참여하고, 관련 정보를 정책 수립, 지급결제제도 감시, 조사연구 등의 업무 수행과정에 활용해야 한다.

끝으로 위와 같은 중앙은행의 대응방안은 궁극적으로 안전성(safety)과 무결성(integrity)을 고려할 필요가 있다. 특히 소액결제용 CBDC의 경우 모든 경제주체가 이용대상인 만큼 중앙은행의 통화정책과 금융안정 등에 미치는 영향에 대한 면밀한 검토가 필요하다.

중앙은행 디지털화폐에 대하여 논하라.

서론

디지털화폐에 대한 관심

최근 페이스북이 빠르면 2020년 상반기에 디지털화폐 리브라를 출시할 계획을 발표하면서, 디지털화폐에 대한 관심이 높아지고 있다. 이처럼 분산원장기술의 발전과 민간 발행 암호자산의 확산으로 인해, 각국 중앙은행은 변화된 환경에 대응하여 중앙은행 디지털화폐에 대한 논의를 활발히 진행 중이다. 이에 본고는 중앙은행 디지털화폐의 정의와 도입 경과, 한국은행의 통화정책 운용체계에 미치는 영향, 정책적 대응방안에 대하여 논하고자 한다.

📈 본론

1. 중앙은행 디지털화폐의 정의

중앙은행 디지털화폐(Central Bank Digital Currency, 이하 CBDC)는 중앙은행 내 지준예치금이나 결제성 예금과는 별도로 중앙은행이 전자적 형태로 발행하는 새로운 화폐이다. CBDC는 현금 등의 법화(法貨)와 일대일 교환이 보장되는, 중앙은행의 직접적인 채무이다. CBDC는 현금과 다르게 익명성이 제한되고 이자가 지급될 수 있으며, 보유한도나 이용시간의 설정이 가능하다. CBDC는 이용목적에 따라, 모든 경제주체들의 일반적 거래에 사용되는 소액결제용 CBDC와 은행 등 금융기관 간 거래에 사용되는 거액결제용 CBDC가 있다. CBDC는 구현 방식에 따라, 중앙관리자가 하나의 거래원장을 전담하여 관리하는 단일원장방식과 블록체인기술 등을 활용해 다수의 거래참가자가 공유된 원장을 관리하는 분산원장방식으로 나누어지기도 한다. 현재 지준예치금이나 은행 예금에는 단일원장방식이 사용되며, 비트코인이 대표적인 분산원장 플랫폼을 이용하는 디지털화폐이다. 이후의 모든 논의는 단일원장 또는 분산원장 방식의 소액결제용 CBDC를 중심으로 한다.

2. CBDC 도입 경과

현재 CBDC 도입에 가장 적극적인 나라들은 스웨덴, 우루과이, 튀니지 등이다. 이 국가들의 CBDC 도입 동기는 조금씩 다르다. 스웨덴은 최근 현금 이용이 크게 감소하면서 민간 전자지급수단에 대한 의존도가 심화되었고, 이에 중앙은행이 지급서비스시장의 독점 문제를 해결하고자 CBDC 도입을 고려 중이다. 스웨덴은 현재 CBDC 발행에 관한 연구 프로젝트를 진행 중이며, 2020년까지 기술적 검토와 테스트를 완료하고 2021년 여론 수렴 후 발행 여부를 결정할 예정이다. 우루과이와 튀니지 등의 개발도상국들은 지급결제인프라가 구축되지 않아 금융서비스 접근성이 낮으며, 금융포용의 관점에서 CBDC 발행을 고려 중이다. 동카리브국가기구는 현금유통비용을 감축하기 위해 CBDC 발행 및 지급결제 플랫폼 개발을 위한 프로젝트에 착수했으며, 중국 또한 CBDC 개발을 진행 중이다.

3. CBDC 도입이 한국은행 통화정책 운용체계에 미치는 영향

가. 통화정책의 신용경로 약화

이하의 모든 논의에서는 CBDC가 현금, 은행 예금 등과 함께 통용된다고 가정한다. 확장적 통화정책의 신용경로는 화폐공급이 증가하면서 화폐공급의 일부가 예금의 증가로 이어지고, 이에 따라 기업 대출이 늘어나 투자가 증가하는 경로이다. CBDC에 이자를 지급할 경우, 은행 예금의 일부가 CBDC로 대체될 가능성이 있다. 이는 은행 예금의 감소로 이어져 은행의 대차대조표가 축소되고, 은행의 대출이 감소하게 된다. 결국 통화정책의 신용경로가 약화될 가능성이 있다.

나. 은행 자금중개기능 약화와 시스템리스크 증대

CBDC에 이자를 지급할 경우, 은행 예금의 일부가 CBDC로 대체되어 은행 예금이 감소할 수 있다. 이에 대응하여 은행은 시장성 수신을 통한 자금 조달을 늘리기에 자금 조달 비용이 상승한다. 한편으로 예금을 통해 수집 가능한 고객 정보가 감소해, 은행은 고객의 신용도를 보수적으로 평가하게 된다. 이는 은행의 대출 감소로 이어져 은행의 자금중개기능이 약화된다. 또한 은행의 대출 감소는 투자 위축으로 이어지며, 자본시장 접근이 어려워 은행 대출 의존도가 높은 개인 및 자영업자에 가장 큰 영향을 미친다.

다. 시스템리스크 증대 및 자본시장 변동성 확대

은행 예금의 감소로 시장성 수신을 통한 자금조달이 증가하는 과정에서, 금융기관 간 상호연계성이 확대되어 시스템리스크가 증대된다. 또한 분산원장방식에서 비거주자의 CBDC 보유를 허용할 경우, 기존의 감시, 감독 체계로는 CBDC의 관리와 통제가 어려워진다. 특히 CBDC는 국제통화 전환이 용이해 금융불안 시 국내 금융시장과 외환시장의 변동성이 크게 확대될 수 있다.

📈 결론

정책적 대응방안

가. 새로운 파급경로 이용

CBDC에 이자가 지급된다면, CBDC의 금리수준은 은행 여수신금리의 하한과 시장금리의 기준으로 작동할 가능성이 높다. 따라서 한국은행은 CBDC 금리수준을 조정하여 은행의 여수신금리와 시장금리를 CBDC 금리와 동일한 방향으로 움직일 수 있다. 경기침체 시에는 내수를 촉진하기 위해 CBDC에 마이너스 금리까지 부과할 수 있으며, CBDC를 모든 계좌(전자지갑)에 일괄공급(helicopter money) 하여 민간 구매력에 직접적인 영향을 줄 수도 있다.

나. 은행의 정보 수집 비용 축소

은행의 예금이 감소할 때 자금 조달 비용의 증가와 정보 수집 비용의 증가로 인해 대출이 감소한다. 따라서 시중 은행과 한국은행이 협력하여, 은행에서 대출심사 시 차입자로부터 한국은행 CBDC 계좌(전자지갑) 거래 내역 활용에 대한 정보공개동의서를 받을 수 있다. 그리고 은행은 이를 차입자에 대한 정보로써 활용한다면, 은행이 정보 수집에 들이는 비용이 제로가 되어 대출이 늘어날 수 있다. 또한 정부와 협조하여 소상공인에 대한 지원대출을 강화한다면, 예금이 CBDC로의 전환될 때 대출 축소의 정도가 완화될 것이다.

다. 자본시장 모니터링 확대 및 환리스크 해지

스트레스 테스트를 통해 자본시장의 변동성을 면밀히 모니터링해야 한다. 특히 조기경보 시스템의 구축과 실행 능력에 대한 점검이 필요하다. 환리스크에 노출되어 있는 중소기업을 위해서는 금융기관의 전문적인 금융지도와 외화유동성에 대한 관리 서비스를 제공해야 한다. 예를 들어 무역보험공사의 환변동 보험에 대한 안내를 할 수 있다. 그리고 지속적인 통화스와프 확대를 통해 외환 안정성을 확보해야 한다.

04 주제 6

이번에 논술 사례는 문제점이 많은 논술이다.

물론 금융논술을 공부하는 학생들은 최대한 우수한 논술들을 자주 읽고 접하는 것이 좋다. 그럼에도 불구하고, 좋지 않은 논술사례를 가지고 온 이유는, 잘못을 알아야 스스로의 글에 발전을 기할 수 있기 때문이다.

이 논술은 2020년 작성된 논술이고, 이 논술을 작성한 지원자는 기본적인 지식의 양이 많고, 학부시절에도 많은 글을 쓴 지원자이다. 하지만 논술을 쓰는 데 있어서 형식적인 흠결이 많다. 그리고 이러한 형식적인 흠결은 목차작업을 제대로 수행하지 않은 것에서 기인한 것으로 보인다.

포용적 금융의 활성화 방안

📈 서론

2017년 문재인 정부는 "기회는 평등하고, 과정은 공정하며 결과는 정의로운 나라"라는 슬로건을 내세우며 여러 국가발전전략을 제시하였다. 그 일환으로 '포용적 금융'을 활성화 하여 금융 소외계층을 보호하고, 혁신 산업을 육성하겠다는 청사진을 제시하였다. 포용적 금융은 세계적 추세이며 5G가 도래한 디지털 시대와도 부합하는 정책으로, 성장과 분배라는 두 마리 토끼를 잡을 수 있는 우리 사회가 당면한 중요한 과제라 할 수 있다. 이에 본고에서는 포용적 금융의 개념 및 현황을 알아본 후, 활성화 방안을 중국과의 비교를 통해 살펴보겠다. 동시에 포용적 금융이 오용될 경우 발생 가능한 문제점들에 대해서도 고찰하겠다.

본론

1. 포용적 금융의 개념 및 현황

포용적 금융은 2000년대 초 일부 선진국에서 '금융포용(Financial Inclusion)'의 용어로 처음 등장하게 되었다. 당시에는 빈곤층의 금융소외 현상을 해소하자는 취지에서 출발하였지만, 점차 세계적인 이슈로 확산되며 적용범위가 넓어지고, 그 의미도 기존의 '분배'의 관점에서 '성장'의 키워드로 이어지는 모습을 보이고 있다. 세계은행은 포용적 금융을 '빈곤을 줄이고 경제적 번영을 촉진하는 열쇠'라고 표현하고 있다.

쉽게 말해, 분배적 관점에서의 포용적 금융은 사용자에게 접근성과 편의성을 높임으로써 금융서비스의 양적 측면을 제고한다고 볼 수 있으며, 성장의 관점에서의 포용적 금융은 혁신 기술을 도입함으로써 금융서비스의 질적 측면을 높여 경쟁력을 강화함으로써 산업의 발전을 견인할 수 있다고 볼 수 있다..

전 세계 148개국의 성인을 대상으로 조사한 글로벌 핀덱스(Global Findex) 자료를 보면, 2017년 기준 한국의 금융계좌보유 현황은 94.9%로, 세계 평균 68.5%를 현저히 웃도는 수준이다. 즉, 접근성과 편의성의 관점에서 본다면, 즉 양적 측면에서 한국의 포용적 금융은 상당 부분 긍정적인 모습을 보이고 있다. 그러나 질적 측면까지 살펴 본다면 국내 상황이 그렇게 달갑지만은 않다. 소득 하위 40% 성인을 대상으로 하는 금융기관 대출 서비스 이용 현황을 살펴보면 선진국의 평균은 16%인 반면, 우리나라는 12%로 선진국 가운데 하위권을 차지하고 있다. 또한, 서민금융진흥원의 분석 결과 연리 20% 이상의 고금리 대출 이용자가 2018년 말 기준 236만 8000명에 이르며, 총액은 15조 3000억 원에 달하고 있다. 이에 더해 불법 사금융 이용자는 52만 명, 규모는 약 6조 8000억 원으로 추정된다.

2. 우리나라가 나아가야 할 방향

　이러한 현황은 우리나라의 포용적 금융의 관점을 접근성과 편의성의 '양적 측면'이 아니라, 실질적으로 도움을 줄 수 있는 '질적 측면'의 발전으로 나아가야 함을 시사한다.

　일례로 중국의 경우, 한 국가 내에서 제도권 금융에 대한 접근성이 지역간, 계층간, 세대간에 상당한 격차를 보인다. 이에 따라 물리적 거리를 줄이고, 편의성을 높일 수 있도록 과감한 규제 완화와 적극적인 지원 정책으로 인터넷 전문은행을 육성함으로써 소외계층에게 금융서비스를 제공하며 글로벌 금융 포용의 핵심 사례로 꼽힐 수 있게 되었다. 그러나 이는 우리나라의 실정과는 맞지 않다. 중국이 처한 환경과 우리나라가 처한 환경이 다르기 때문이다. 인터넷 전문은행이 지닌 강점은 접근성과 편의성이다. 이미 접근성과 편의성에 있어서 상당 부분 진척되어 있다면, 오히려 인터넷 전문은행을 도입하였을 때 나타날 수 있는 약점에 대한 논의가 충분히 이루어져야 한다.

　인터넷 전문은행의 약점은 안정성과 리스크 관리가 어렵다는 것이다. 현재 인터넷 전문은행 같은 경우 대출 형태가 대부분 개인 신용위주이다. 이를 긍정적으로 보면, 제도권 금융에서 소외 되었던 계층에 대해 하나의 터전을 마련해 주었다고 볼 수 있지만, 달리 보면 기존의 제도권 금융에서 부실화될 수 있는 여신을 대신 껴안게 되었다는 측면도 있다. 즉 현재 인터넷 전문은행이 기존 제도권 금융의 축적된 신용평가모델을 능가하는 시스템을 구축하였는지에 대한 세밀한 검토가 필요하다.

　우리나라가 나아가야 할 방향은 여수신 구조의 질적 개선에 있다. 기존 제도권 금융의 체제에서 대출서비스를 받지 못하는 계층에 대한 포용이 필요하다는 것이다. 이는 단지 정부 주도의 정책만으로 달성할 수 있는 문제가 아니다. 또한 기존 제도권 금융은 제로금리 시대에 더해 다양한 규제와 리스크 관리 및 이해관계로 인해 포용적 금융이라는 미명 아래 쉽게 대출 구조를 변경할 수 없는 상황이다.

　결국, 혁신적인 아이디어를 도입해 디지털 시대에 부합하는 신용평가모델과 플랫폼을 구축해야 한다. 기존의 대출 형태는 정량적인 신용평가와 부동산 담보 위주의 안정성 중심의 여신구조였다. 그러나 이는 산업구조가 바뀌면서 정량 데이터로는 나타나지 않는 무형 자산에 대한 가치 평가를 담아내지 못하고 있다. 가령, 유튜버의 경우 가장 큰 자산 가치는 구독자와 댓글의 수이다. 지금 당장 매출로는 나타나지 않지만, 구독자의 수와 댓글의 품질 이 하나의 신용평가 척도가 될 수 있다. 경쟁력이 있는 개인에게 차별화된 혁신적인 대출 서 비스를 제공할 수 있는 게 곧 우리나라가 나아가야 할 포용적 금융의 방향이다. 빅데이터와 AI 기반의 신용평가모델을 구축하여 금융 서비스의 품질을 높이는 것이 궁극적인 지향점 이라 할 수 있다.

📈 결론

포용적 금융을 실현하기 위해 다양한 방안들이 모색되고 있다. 정부의 적극적인 재정지 원, P2P 금융, 인터넷 전문은행, 고령층을 위한 디지털 이해 교육, 생체 인식, 대출 구조 규 제와 은행 줄 세우기 등 정책의 목소리는 각양각색이다. 키워드들은 다 훌륭한 방향이지만, 우리나라에 필요한 방향은 접근성과 편의성이나 정부의 압력 보다는 기존의 제도권 금융이 포용하지 못한 금융서비스의 질적 제고에 있다. 정부가 포용적 금융을 강조하며 중금리대 출 확대를 강조하고 있지만 국내 주요 시중은행의 중금리대출 시장은 갈수록 줄어들고 있 는 것으로 나타났다. 최근 은행연합회에 따르면 5대 시중은행의 중금리대출(연 6~10%)이 차 지하는 평균 비중은 5.42%에 그쳤다. 이는 2019년 5월(11.52%)과 비교해 절반 넘게 줄어든 수준이다.

시장이 합리적이라고 판단할 수 있는 근거를 마련해 주어야 한다. 빅데이터를 활용할 수 있는 규제를 완화하면 기업이 새로운 신용평가모델을 구축하고, 그것을 바탕으로 플랫폼 시 장을 장악해 나갈 것이고, 금융권의 중금리대출은 자연스럽게 늘어날 것이라 전망한다.

읽어 보았을 때 어떤 생각이 드는가?

첫째, 글의 목차와 구성에 있어서 일관성이 결여되었다. 그 이유는 여러 기사들을 조합을 하다 보니 생긴 결과로 보인다. 금융논술에서는 일관적인 논리와 이를 방증하는 논거의 전개가 중요하다. 하지만, 이 글은 이것저것 많이 다루고 있지만, 무슨 말을 하려는지 명쾌하게 이해하기 어렵다. 결론이 왜 결론이지 모를 글이 도출된 셈이다. 기사로만 공부하는 방식의 한계점이 보인다.

둘째, 병렬식 글이 아니라 산술식 글이다 보니 현저히 가독성이 떨어진다는 점이다. 형식의 중요성도 한 번쯤은 되새겨 봐야 할 것이다. 산술식 글은 정말 글을 잘 쓰는 사람들만이 사용해야 하는 나열방식이다. 예를 들면 신문에서의 사설 같은 경우가 대표적인 것이다. 산술글을 고집하려는 분들은 접속어, 조사 인과관계를 정확히 구사해야 한다

셋째, 포용적 금융에 대한 정확한 이해가 부족하다. 금융소외 계층을 금융포용 계층을 끌어들이는 접근성의 확대를 의미하는지 단순한 사회적 금융으로 인식하는지 불분명하다.

넷째, 중국과의 비교가 주요 전개의 핵심이라면 좀더 정교한 목차작업을 했어야 한다. 여기저기서 중국사례가 나오는 느낌이다.

다섯째, 중국과의 비교를 하려면 명쾌하게 중국의 양적 포용적 금융과 우리의 질적 포용적 금융에 대한 환경적 차이, 방법론적 차이, 우리의 방향성이 명쾌해야 하지만, 단순히 숫자들만 열거된 느낌이다. 문장 하나하나의 인과관계가 느껴지지 않는다.

이러한 문제점 외에도 표현이 정교하지 못하다. 이는 글을 많이 안 써본 학생들에게서 보이는 전형적인 문제점이다.

chapter

05

넓혀 나가기

스피노자는 말했다.

"나는 깊게 파기 위해 넓게 파기 시작했다."

금융논술 준비도 마찬가지라고 생각한다. 넓게 파기 시작하다 보면, 스스로 깊게 파게 된다.

많은 취준생들이 여기저기 급하게 파는 모습들을 많이 보았다. 그 이유는 결국 미리 준비하지 못했기 때문이다. 다양한 논제들을 미리 준비하다 보면, 지식의 승수효과가 나타나기 시작한다. 1+1 = 3 이상의 효과가 현실화 된다. 따라서, 우리는 시간에 쫓기는 일이 없어야 할 것이다. 중요한 일을 항상 급한 상황을 만들고, 허둥지둥 대는 모습. 실패하는 사람들의 전형적인 모습이다. 중요한 일들일수록 미리 하는 것은 모든 성공한 사람들의 공통적인 행동 방식이다. 이제 나는 여러분들에게 단순히 깊게 파는 것을 뛰어넘어, 넓게 접목시키라고 말하고 싶다. 금융논술에 쏟아 부은 노력과 지식을 단순히 금융논술전형에서만 적용하는 것은 상당히 아깝다고 생각한다.

독일인 역사가 몸젠이 언급한 "로마가 나은 유일한 천재" 율리우스 카이사르의 경우, 항상 1가지 사안을 결정할 때 1가지의 효과만 보고 결정하지 않았다고 한다. 최소한 2개 이상의 효과를 염두에 두고 1가지 사안을 결정한 것이다. 우리도 율리우스 카이사르의 사고방식을 접목해야 할 것이다.

1. 금융논술 한 편을 작성할 때에는, 기관별 결론을 각각 구상해 보는 습관을 들이는 것이 좋다. 예를 들면 내가 목표로 하고 있는 금융공기업이 산업은행, 신용보증기금, 기업은행이라고 가정하면,

산업은행의 결론 / 신용보증기금의 결론 / 기업은행의 결론

을 각각 제시하는 습관을 들이는 것이 좋다.

2. 금융논술 한 편을 공부하고 작성해 보았다면, 그것으로만 끝내지 말자. 작성된 논제를 끝냈다고 덮지 말고, 발표 연습을 해 볼 것을 권한다. 꽤 많은 금융공기업들이 면접 때 발표면접, 소위 말하는 PT면접을 진행한다. 이에 대한 준비를 미리 조금씩 준비하자는 의미이다. PT면접은 확실히 미리 준비하고, 많이 발표해본 사람이 잘하게 되어있다. 이왕에 논술을 한편 작성해본 김에, 이 주제를 가지고 3~5분짜리 PT커리큘럼으로 전환하여 말하기 연습을 꾸준히 하면, 나중에 분명 면접에서 큰 도움이 될 것이다

3. 금융논술 한 편을 작성하고 나면, 금융논술을 작성하면서 활용했던 이론이나 원칙, 학설 등은 별도로 정리해두는 습관을 들이면 좋다. 이러한 이론이나 원칙, 학설은 나중에 자소서 작성에도 활용가능하며, 면접에서도 접목 가능하다. 논리적 근거로써, 이론, 학설, 원칙만큼 좋은 것이 없다는 것을 명심하고, 좀 귀찮더라도 하나씩 하나씩 정리해 나가면, 넓게 활용할 수 있다.

chapter

06

구슬이 서 말이라도
꿰어야 보배

1. 모른다고 시작을 미루지 마라. 누구나 처음에는 모른다.

　금융공기업이나 은행지원자들이 금융논술과 관련해서 가지는 가장 큰 고민은 "나는 기초 지식이 부족하다"이다. 그래서 기초가 없는데 금융논술 준비를 잘 할 수 있을까라는 두려움이 크다. 그 결과, 금융논술 준비에 대한 압박만 큰 상태에서 머뭇거리거나, 미루고 있는 것이다. 사람들은 크게 2가지 이유로 스트레스를 받는다.

　첫째는 무엇을 해야 할지 모를 때 받는 스트레스이다.
　둘째는 해야 할 것이 너무 많아서 받는 스트레스이다.

　같은 스트레스 같지만 첫 번째 스트레스는 상당히 좋지 않은 스트레스이다. 왜냐하면 내가 무엇을 모르는지도 모르고 있는 상황이기 때문이다. 그냥 대책 없는 불안감이다. 반면, 해야 할 것이 너무 많아서 받는 스트레스는 긍정적인 스트레스이다. 그 이유는
　① 시작을 했기 때문이다. ② 무엇을 해야 할지 알게 되었기 때문이다.

"시작이 반이다."

경제학과나 경영학과 학생들이 배경지식이 많고, 왠지 논술도 잘 쓸 것이라 생각하기 쉽지만 이는 오산이다. 다른 전공자들보다 조금 더 배경적 지식이 있을 뿐, 금융논술은 누구에게나 새롭다. 왜냐하면, 결국 금융논술은 현재 이슈를 다루지만, 우리는 지금까지 학교에서 과거를 많이 배워왔기 때문이다. 오히려 공대생들이 배경지식만 갖추면, 상경대 학생들보다 더 구조적이고 논리적은 글을 쓰는 경우도 많다.

두려워하지 말고 바로 금융논술 준비를 시작하라고 말하고 싶다.

2. 구슬이 서 말이라도 꿰어야 보배

금융공기업이나 은행지원자들을 많이 가르쳐 오면서 가장 안타까운 점은, 논제들을 논제별로만 공부를 하고 있을 때이다.

하나의 논제는 하나의 nod 점으로 비유하고 싶다. 여러 개의 논제들이 각각의 nod 점에 위치하고 있다. 논제를 하나의 분리된 논제로만 인식하고 공부한다면, 논제끼리의 Link가 없게 된다. 그러면 그냥 흩뿌려진 점들에 불과하다. 논제들은 모두 유기적인 연결선들이 있다. 금융논술의 통찰력은 이러한 논제들 사이의 Link들을 고민하고, 방안들을 복합적으로 제시하는 데 있다. 그리고 이러한 Link에 대한 고민이 결국 사고력으로 연결된다.

주 52시간과 가계부채와의 Link가 무엇일까?
금리인상과 산업은행의 혁신금융 사이에서의 Link는 무엇일까?
인플레이션과 관세는 어떤 관계일까?

이런 식의 구슬들을 꿰어보려고 고민하는 것이 금융논술 마스터가 될 수 있는 중요한 과정이 될 것이다.

PART

03

논술사례
국내편

chapter

01

역동경제

01 논제 개요 잡기[핵심 요약]

| 서론 | 이슈언급 | 정부는 2024년 7월 3일 정부서울청사에서 최상목 경제부총리 겸 기획재정부 장관 주재로 관계부처 합동브리핑을 열어, 우리 경제의 지속가능성을 강화하기 위한 역동경제 로드맵을 발표했다. 금번 역동경제 로드맵 추진 배경은, 대대적 구조개혁 없이는 1%대 저성장 고착화와 사회이동성 지속 약화 우려 등 한국 경제의 성장 엔진이 꺼져가고 있다고 판단했기 때문이다. 경제의 기초체력이라 할 잠재성장률이 1%대로 추락한 것은 구조개혁을 외면하고 단기 땜질식 정책을 일삼아 온 결과로 볼 수 있다. 그나마 미국발 금리 인상 랠리가 마무리되는 국면인 건 다행이지만, 고물가·고금리 후폭풍이 몰아치는 등 온갖 악재가 도사리고 있다. 고금리 탓에 내수 회복이 늦어져도 기업들이 적극 투자에 나서면 그나마 활력을 되찾을 것으로 기대할 수 있는데, 지금은 거의 불가능한 상황이다. 세계 곳곳에서 벌어지는 전쟁과 미국 대통령 선거 등 대외 불안 요소들이 해소(解消)되지 않고 있는 가운데, 국내 정치마저 민생과는 담을 쌓는 형국(形局)이다.

즉 이번 로드맵은 이러한 대내외적 환경을 극복하고, 성장과 사회이동성이 선순환하는 역동경제 구현을 통해 국민 삶의 질 개선 및 경제의 지속가능성 강화를 목적으로 하고 있다. |
| 본론 | 1. 역동경제 | 1) 배경 | ① 빠르게 식어가는 성장 엔진
② 사회이동성 약화 |

본론	2. 역동경제 내용	1) 혁신생태계 강화	① 생산성 높은 경제시스템 구축 ② 생산요소 활용도 제고 ③ 글로벌 네트워크 확장
		2) 공정한 기회 보장	① 균등한 기회 ② 정당한 보상 ③ 능동적 상생
		3) 사회이동성 개선	① 가계소득 · 자산 확충 ② 핵심 생계비 경감 ③ 교육 시스템 혁신 ④ 약자보호 · 재기지원 강화
	3. 논란	1) 세제개편관련 효과 및 세수 감소 문제	
		2) 부자감세 논란	
		3) 소상공인 대책	

결론	의견제시	앞으로의 국내외 경제 여건은 녹록지 않다. 무엇보다 우리의 양대 교역국인 미국과 중국 경제의 불확실성이 커지고 있다. 2024년 11월 미국 대선에서 도널드 트럼프 전 대통령, 카멀라 해리스 부통령 중 누가 당선되든 보호무역주의 강화가 예상된다. 중국 경제는 성장 둔화와 부동산 시장 침체, 개인 소비 위축 등으로 심각한 상황을 맞고 있다. 우리나라의 내수 불황도 깊어지고 있다. 고금리 · 고물가 · 고환율 장기화와 가계부채에 짓눌린 소비자들은 지갑을 닫았다. 영세 자영업 위기, 건설 경기 침체 등도 경제의 발목을 잡고 있다. 우리 경제를 본격적인 회복 궤도로 올려놓으려면 사업하기 좋은 환경을 만들어 기업의 활력을 제고하고 투자 의욕을 북돋워야 한다. 노동 · 교육 · 연금 등 구조 개혁의 속도를 높이고 '모래주머니' 규제를 조속히 제거해야 한다. 또 우리 기업들이 초격차 기술 확보로 시장을 선도할 수 있도록 전방위 지원도 속도감 있게 추진해야 한다. 내수 부진을 타개할 대책도 고민해야 할 것이다. 건설 경기 진작 등 기존의 내수 활성화 대책을 뛰어넘는 적극적 대안을 마련해야 한다. 대형마트 영업 제한 등 규제도 확 풀어 서비스 분야의 역동성을 높이고 민간 소비를 자극할 필요가 있다. 급증하는 해외여행 수요를 국내로 돌리는 방안도 필요하다.

02 논제 풀이

서론

이슈 언급 정부는 2024년 7월 3일 정부서울청사에서 최상목 경제부총리 겸 기획재정부 장관 주재로 관계부처 합동브리핑을 열어, 우리 경제의 지속가능성을 강화하기 위한 역동경제 로드맵을 발표했다. 역동경제란, 우리의 내재된 역동성이 최대한 발현되도록 제도와 정책이 설계된 개념이다. 정부는 ▲혁신생태계 강화, ▲공정한 기회보장, ▲사회이동성 개선 등 3가지 방향으로 10대 과제 달성을 목표로 역동경제를 구현할 계획이다. 구체적인 10대 과제는 1. 생산성 높은 경제 시스템 구축, 2. 생산 요소 활용도 제고, 3. 글로벌 네트워크 확장, 4. 균등한 기회, 5. 정당한 보상, 6. 능동적 상생, 7. 가계소득 · 자산확충, 8. 핵심 생계비 경감, 9. 교육시스템 혁신, 10. 약자보호 · 재기지원 강화 등이다.

금번 역동경제 로드맵 추진 배경은, 대대적 구조개혁 없이는 1%대 저성장 고착화와 사회이동성 지속 약화 우려 등 한국 경제의 성장 엔진이 꺼져가고 있다고 판단했기 때문이다. 경제의 기초체력이라 할 잠재성장률이 1%대로 추락한 것은 구조개혁을 외면하고 단기 땜질식 정책을 일삼아 온 결과로 볼 수 있다. 그나마 미국발 금리 인상 랠리가 마무리되는 국면인 건 다행이지만, 고물가 · 고금리 후폭풍이 몰아치는 등 온갖 악재가 도사리고 있다. 고금리 탓에 내수 회복이 늦어져도 기업들이 적극 투자에 나서면 그나마 활력을 되찾을 것으로 기대할 수 있는데, 지금은 거의 불가능한 상황이다. 세계 곳곳에서 벌어지는 전쟁과 미국 대통령 선거 등 대외 불안 요소들이 해소(解消)되지 않고 있는 가운데, 국내 정치마저 민생과는 담을 쌓는 형국(形局)이다.

즉 이번 로드맵은 이러한 대내외적 환경을 극복하고, 성장과 사회이동성이 선순환하는 역동경제 구현을 통해 국민 삶의 질 개선 및 경제의 지속가능성 강화를 목적으로 하고 있다.

이에 본지에서는, 역동경제 로드맵 내용과 이에 대한 정책적 방향에 대해 논하기로 한다.

본론

1. 역동경제
<출처:기재부>

1) 배경

① 빠르게 식어가는 성장 엔진.
　가. 1990년 이후 잠재성장률이 주요국 대비 빠른 속도로 둔화, 현재 2%대 초반 수준.
　　* 한국 잠재성장률 추정(%, OECD): (1990년대)7.8 (2000년대)4.7 (2010년대)3.1 (2020년대)2.0 (2030년대)1.4
　나. 현 상황 지속 시 성장률은 조만간 1%대 진입, 2035년 이후에는 0%대로 하락, 1인당 GDP 증가율도 1%대로 하락 우려.

[잠재성장률 및 1인당 GDP 전망]

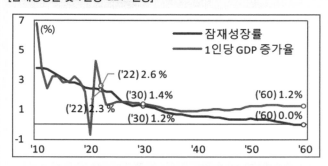

<출처: KDI>

② 사회이동성 약화

가. 외환위기 이후 악화되던 소득분배는 사회안전망 강화정책(기초연금 도입(2014년), 기초생보 부양의무자 기준 폐지(2017년~) 및 선정기준 상향, 기준 중위소득 인상 등), 고용률 상승 등으로 2010년대 이후 점진적 개선 추세.

나. 그럼에도 불구, 양질의 일자리 부족, 부의 대물림 등에 따른 소득·자산격차 확대 등으로 계층이동 가능성 인식이 약화.

* 월평균 소득격차(5분위 – 2~4분위 평균 소득, 만원): (2010년) 475 → (2015년) 577 → (2020년) 754 → (2023년) 833
* 순자산격차(5분위 – 2~4분위 평균 자산, 억 원): (2010년) 6.2 → (2015년) 6.8 → (2020년) 9.0 → (2023년) 10.9

1. 역동경제
<출처:기재부>

1) 배경

[지니계수 추이]

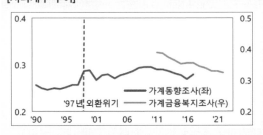

<출처: 통계청>

[계층이동 가능성 인식]

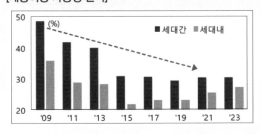

<출처: 통계청 (계층이동 가능성' 매우높다'+비교적 높다' 응답률)>

경제 성장은 일자리 · 소득 창출, 복지재원 확보 등을 통해 사회이동성, 삶의 질 개선의 필요조건. 생산연령인구가 빠르게 감소하는 상황에서 혁신은 잠재성장률 제고의 필수조건.

우리의 혁신역량은 높은 수준이나, 글로벌 공급망 분절화 · 재편, 디지털 대전환, 서비스무역 급성장 등 여건 변화에 전략적 대응 긴요함. 산업혁신, 생산요소 활용도 제고, 글로벌 네트워크 확장 등 혁신생태계 강화 필요.

[국가별 과학기술혁신역량지수]

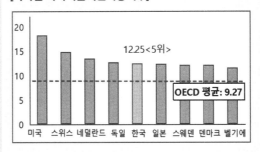

<출처: 국가 과학기술혁신역량 평가(COSTII, '22년)>

[우리나라 경제성장의 요인별 기여도]

2. 역동경제   1) 혁신생태계
     내용   강화

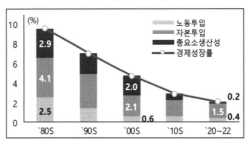

<출처: 한국은행 BOK 경제영구('23.12월)>

① 생산성 높은 경제시스템 구축

▶ 왜 필요한가?

> 그간 우리 경제는 노동 · 자본 등 자원투입 중심의 성장구조*였으나, 인구감소 가속화 등으로 잠재성장률이 빠르게 하락 → 지속가능한 성장 위해 생산성 중심 성장구조로의 전환이 시급.
> * 2001년~2020년 총요소생산성의 부가가치 기여율(%, 생산성본부): (한국) 14.7 (미국) 27.3 (독일) 43.7 (일본) 87.2
> 그러나, 우리경제 생산성은 경제 내 높은 비중을 차지하는 중소기업 및 서비스업의 생산성 부진, 디지털전환 미흡 등에 따라 증가율이 둔화*되고 있으며 주요국과 비교해도 낮은 수준**
> * 총요소생산성 증가율 추이(%, 생산성본부): (2001년~2005년) 0.73 → (2006년~2010년) 0.66 → (2011년~2015년) 0.90 → (2016년~2020년) △0.18
> ** 2016년~2020년 총요소생산성 증가율(%, 생산성본부): (한국) △0.18 (미국) 0.54 (일본) 0.25 (프랑스) 0.28 (독일) 0.13

가. 진단

　A. 생산연령인구 감소, 투자여력 약화 등으로 요소투입 중심 성장의
　　한계상황에서 경제 시스템의 생산성 향상도 지속 둔화.
　　* 2016년~2020년 총요소생산성[1] 증가율(%, 생산성본부):
　　　(韓)△0.2 (美) 0.5 (日) 0.3 (佛) 0.3 (獨) 0.1

　B. 기업 성장 정체, 중소기업·서비스업 저생산성 등이 경제 시스
　　템 전반의 생산성을 낮추고, 디지털 전환도 속도를 내지 못하고
　　있음.
　　* 제조업 대기업 대비 중소기업 노동생산성(%, `21년): (韓) 32.7
　　　(佛) 58.5 (獨) 51.1 (스페인) 56.7
　　* 서비스업 노동생산성(천달러<PPP>, 취업자 1인당, `21년): (韓)
　　　65.7<OECD 27위> (OECD) 86.6

[제조업 기업규모별 노동생산성('22)]

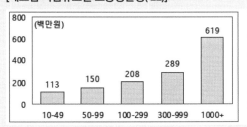

<출처: 한국생산성본부>

[서비스업 생산성 국제비교('21)]

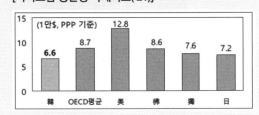

나. 대응

　기업 성장사다리 구축*, 서비스 新산업 육성, 디지털 전환 선도국가
　도약(3대 게임체인저(AI-반도체/양자/바이오) 집중 투자).
　* 기업규모별 지원체계 개편 및 규제 전반에 대한 재검토, 합리적 개선
　　방안 마련(2024년 하반기 연구용역 → 2025년 이후 공론화 추진).
　　5대 핵심 산업에 집중 투자. 반도체·이차전지·바이오·미래 모
　　빌리티·수소 등 5대 하이테크에는 향후 3년 간 150조 원 정책금
　　융을 공급한다. 5대 하이테크 분야 연구개발(R&D)·시설투자 촉진
　　을 위해 R&D 세액공제율도 높인다.

2. 역동경제
　내용

1) 혁신생태계
　강화

② 생산요소 활용도 제고

▶ 왜 필요한가?

> 자본: 모험자본 미성숙 속 자본시장 저평가 등으로 혁신 투자자금 조달 곤란.
> 토지: 지역 투자 부진, 엄격한 토지이용 규제 등으로 국토의 효율적 활용 저해.
> 노동: 생산연령인구 감소*가 가속화되는 가운데, 특히 첨단분야 인력난 가중.
> * 생산연령인구 전망(만명, 15-64세): (2019년)3,763 → (2023년)3,657 → (2027년)3,518
> → (2031년)3,381 → (2035년)3,188

가. 진단 : 자본시장 선진화 지연, 수도권 집중과 비효율적 토지이용규
제, 저출산 등으로 3대 생산요소의 성장 기여도 지속 하락.

* 성장기여도(%p, 1990년→2000년→2010년→2020년~2022년) :
[자본] 3.5→2.1→1.7→1.5 [노동] 1.4→0.6→0.6→0.4

나. 대응 : 생산요소 질적 고도화, 유휴부문 활용도 제고 등 주력.

A. 자본 : 기업 밸류업*, 민간 모험자본 유입 등 통해 자본시장 선
진화.

* (법인세) 주주환원 증가금액(예: 직전 3년 대비 5% 초과분) 5%
세액공제

(배당소득세) 배당 증가금액 등 저율 분리과세(14 → 9%, 최대
45 → 25%)

(상속세) 최대주주 할증평가 폐지, 가업상속공제 대상(중견 매
출액 기준 폐지)·한도(600 → 1,200억 원) 확대.

B. 토지 : 국토(토지·농지·산지)이용체제 및 기업투자유치제도*
개편방안 마련.

* 투자보조금간 연계·통합, 지역별 보조금 배분체계 재설정, 지
역 재량 인센티브 한도 완화 등 검토

- 노동 : 첨단인재 양성, 첨단분야 우수인재 특별비자 등 외국인
재 유치·활용전략 마련(2024년 하반기).

③ 글로벌 네트워크 확장

▶ 왜 필요한가?

> - 주요국 전략경쟁이 심화되는 가운데 글로벌 공급망이 분절화·재편되며 대외의존도가
> 높은 우리 경제의 리스크 확대.
> - 글로벌 기업들의 아시아·태평양 본부 이전 움직임 등 기회요인.

가. 진단 : 수출시장, 원자재 확보 등 주요국간 전략경쟁이 심화되는 가
운데, 글로벌 공급망이 분절화·재편되며 대외의존도 높은 우리 경
제의 리스크 확대. 반면 글로벌 기업들의 아시아·태평양 본부 이전
움직임 등 기회요인도 발생.

나. 대응 : FTA 1위 국가 달성(통상정책로드맵 수립, 2024년 하반기), 공
급망 안정화(기본계획수립, 2024년 하반기), 글로벌 아태지역 본부
유치 위한 맞춤형 전략(3대 거점 도약) 등 마련.

**2. 역동경제
내용**

1) 혁신생태계
강화

균등한 기회 보장과 정당한 보상체계 구축. 기회 균등과 정당한 보상은 지속가능한 혁신과 사회이동성의 기반. 그러나, 독과점, 경쟁제한적 규제, 불공정행위가 여전하고, 대ㆍ중소기업, 노사간 상생 구조ㆍ문화도 취약.

* OECD 상품시장규제지수(PMR): (1998년) 21위 → (2008년) 29위 → (2018년) 33위<38개국 중>

* 담합 등 공정거래법 위반행위 접수건수(건, 공정위) : (2020년)455 (2021년)459 (2022년)498 (2023년)584

2. 역동경제 내용

2) 공정한 기회 보장

① 균등한 기회

▶ 왜 필요한가?

- 모든 경제 주체에 균등한 기회가 주어지는 공정한 경제 → 우리 경제의 지속 가능한 성장 가능.
- 그러나, 과도한 규제 등 진입장벽, 시장 내 경쟁을 저해하는 불공정행위 등이 여전히 존재.
 * 상품시장 규제지수(2018년, OECD): 33위/38개국, 담합 등 공정거래법 위반행위 접수 건수(2023년, 공정위): 584

가. 진단 : 진입장벽*, 경쟁제한적 규제, 불공정행위 등이 혁신 제약, 소비자권익 침해.

   * 스타트업 64.3%가 규제 애로 경험, 스타트업 절반이 개선이 시급한 규제분야 1위로 진입규제 선택(경총, 2024년)

나. 대응

   A. 경제 분야 진입ㆍ경쟁제한적 규제 실태조사(2024년 하반기) 통한 개선방안 마련.

   B. 불공정거래 피해자 구제 위한 법ㆍ제도 개선 및 지원체계 확충 (2024년 하반기).

② 정당한 보상

▶ 왜 필요한가?

- 공정한 보상 체계, 노동약자 권익 보호 강화 등을 통해 상생의 선순환과 경제 역동성 제고 필요.
- 장시간 근로 완화 등 일ㆍ생활 균형을 도모하면서 다양한 산업수요 등 대응을 통한 노동생산성 향상 필요.

가. 진단 : 근속연수 등에 따른 높은 임금격차 및 노동시장 이중구조 지속, 일-생활 균형 미흡.

나. 대응 : 직무ㆍ성과 중심 임금체계 확산 및 계속고용 로드맵 마련, 노동약자 지원에 관한 법률 제정 추진, 선진국 수준의 일ㆍ생활 균형*.

   * 휴일제 개선방안(대체ㆍ요일제공휴일 등) 검토.

2) 공정한 기회 보장

③ 능동적 상생

▶ 왜 필요한가?

- 경제주체의 자발적인 사회적 책임* 강화 및 사회자본 확충**은 시장기제 및 정부정책의
  사각지대를 해소하고 지속가능·포용적 성장의 원동력.
  * 사회적 책임(IMD 국가경쟁력 세부지표) : (2019년) 35위 (2020년) 29위 (2021년) 29위
  (2022년) 32위 (2023년) 36위
  ** 국가번영지수(英 레가툼硏, 2023년, 167개국) : (종합) 29위, (경제) 9위, (사회자본)
  107위

가. 진단 기업간 상생협력, 자발적 기부* 등 상생의 사회자본 취약

　* 기부 경험자 비중(%, 사회조사): (2011년)36.4 → (2017년)26.7 →
　(2023년)23.7

나. 대응 : 기업의 사회적 책임·연대 강화*, 공익신탁 등 기부 활성화.

　* 하도급·가맹사업·플랫폼 등 부문별 상생협력 촉진 위한 제도
　개선.

**2. 역동경제
내용**

원활한 사회이동은 경제주체들의 혁신동기 촉발, 분배개선·사회통합의
기반. 그러나, 최근 양질의 일자리 부족, 교육 격차, 부의 대물림 등으로 사
회이동성 기대 약화 → 혁신동기 저해, 사회 갈등 심화.

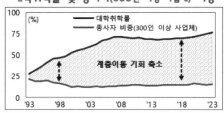

• 출처: 교육부, 통계청

**3) 사회이동성
개선**

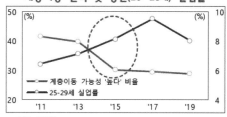

• 출처: 통계청

① 가계소득·자산 확충

▶ 왜 필요한가?

- 경제활동참가율(15~64세) 지속 상승하고 있으나, 여전히 OECD 평균 대비 낮은 수준.
  (우리나라와 OECD 평균과의 경제활동참가율 격차: 2010년 4.7%p → 2023년 2.6%p)
- 중산층 확대 및 계층이동성 제고를 위해 세대별 자산형성 사각지대 보완 필요.

가. 진단 : 청년·여성 등 경제활동참가율이 OECD 평균 하회*, 생애주기별 자산형성 기반 부족으로 청년-중장년층 격차 확대, 노인빈곤 (2023년 40%) 지속.

* 경제활동참가율(%, 2023년) : [청년] (한국)49.4 (OECD)60.5 / [여성 <35~44세>] (한국)63.7 (OECD)75.3

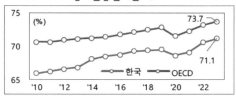

경제활동참가율 추이

73.7

(%)

71.1

'10 '12 '14 '16 '18 '20 '22

─○─ 한국 ───● OECD

· 출처: OECD

성·연령대별 경활률('23년, %)

	연령	15-29세	30대	40대	50대	60대+
OECD	남	64.9	93.0	92.5	86.5	33.7
	여	56.0	75.9	76.5	70.5	20.9
	계	60.5	84.4	84.4	78.3	26.7
한국	남	47.2	91.1	92.5	88.9	57.4
	여	51.6	70.0	67.4	69.1	37.7
	계	49.4	81.0	80.1	79.1	46.7

* 출처: OECD

2. 역동경제 내용

3) 사회이동성 개선

나. 대응 : OECD 평균 수준 경제활동참가율 달성*, 생애주기별 자산형성 지원**

* 한국형 신속졸업 지원트랙 발굴·확산(2025년~), 외국인 가사관리사의 돌봄서비스 전반 확대 검토(2025년~) 등 계층별 맞춤형 일자리대책 추진

** 청년도약계좌-ISA 등 연계 강화(2025년~), 퇴직연금 제도개선(2024년 하반기) 추진

② 핵심 생계비 경감

▶ 왜 필요한가?

> 인구구조 변화·기후변화 등 구조적 요인으로 먹거리·주거·의료 등 서민 생계비 상승 우려

가. 진단 : 농업 저생산성, 높은 관세율 등 구조적 먹거리 물가 상승 요인 작용, 서민·중산층 선호 주택공급 부족, 고령화에 따른 의료·간병비 증가 등 지속.

나. 대응 : 거리 물가 안정(농업 스케일업 및 먹거리 중심 관세율 조정), 주거서비스 혁신*, 의료비 부담 경감(간호·간병 통합서비스 혜택 인원 확대).

* 도심 임대주택 최대 5만 호 추가공급(~2035년) / 신유형 장기임대 서비스 도입 → 10만 호 이상 공급(~2035년)

③ 교육 시스템 혁신

▶ 왜 필요한가?

> 경제사회구조 변화에 대응한 인적자원 경쟁력 강화와 함께 교육격차 완화와 다양한 성장 경로구축 등 전주기 교육 시스템 혁신 필요.
> * 우리나라 인적자원 경쟁력은 OECD 38개국 중 21위(세계인적자원 경쟁력지수, 2023년, INSEAD)

대학교육 경쟁력 및 국가경쟁력('24, IMD평가)

	대학교육지수	대학교육경쟁력	국가경쟁력
중국	3위	14위	14위
미국	1위	28위	12위
인도네시아	54위	25위	27위
영국	2위	37위	28위
인도	9위	34위	39위
한국	12위	46위	20위

연령별 역량수준 국제비교('13)

2. 역동경제 내용

3) 사회이동성 개선

가. 진단 : 높은 사교육비 부담*으로 부모의 경제력이 자녀 교육에 미치는 영향이 확대되고, 고교-대학-평생교육 등 교육을 통한 양질의 인적자원 양성도 미흡.

　* 상대적 교육비 부담 증가(2016년~2023년, %, 통계청): (학생1인당 사교육비 증가율) 8.1 (물가상승률) 2.2

나. 대응 : 늘봄학교[2] 무상지원 확대 추진, AI · SW 마이스터고 지정*(2024년 하반기~), 대학 규제 완화, 평생 직업교육 활성화 방안 (2025년) 마련

　* 2027년까지 반도체, 디지털(SW · AI 등) 첨단산업 중심 10교 이상 추가 지정 예정

④ 약자보호 · 재기지원 강화

▶ 왜 필요한가?

> - 취약계층에 대한 지원을 강화하는 한편 근로능력이 있는 저소득층에 대한 근로유인 제고 병행 필요
> - 과밀화 등 구조적 요인, 내수회복 지연 등이 복합 작용하여 소상공인 · 자영업자의 어려움 심화

2. 역동경제 내용	3) 사회이동성 개선	가. 진단 : 빈곤 사각지대가 여전하고, 사회서비스 양과 질 모두 부족. 코로나 이후 부채 급증, 고금리 장기화 등으로 소상공인 어려움 가중. 나. 대응 : 약자복지 지속 확대 및 근로유인 제고*, 사회서비스 질 제고, 소상공인 디지털화·스케일업 지원 등 경쟁력 강화. * 기초연금액 단계적 인상(월 33.5 → 월 40만 원, ~2027년) / 소득보장체계 근로유인 효과 연구용역(2024년 하반기)

3. 논란	1) 세제개편관련 효과 및 세수 감소 문제	① 정부는 2024년 8월 8일 상속세를 25년 만에 뜯어고치는 2024년 세법개정안을 내놨다. 최상목 경제부총리는 "변화된 경제여건을 반영할 수 있도록 낡은 세제를 정비해 경제의 효율성을 높이겠다"고 했다.
		 가. 상속세 최고세율이 50%에서 40%로 낮아지고 과세표준도 단순화된다.
		 나. 자녀 공제 금액은 1인당 5000만 원에서 5억 원으로 10배가 확대된다.
		② 정부의 이번 개편안은 경제 활력을 불어넣으려는 목적이 있다.
		 가. 상속세 세율·과표조정과 공제확대 등으로 8만 3,000명이 4조 원가량의 세금부담을 덜 수 있게 됐다.
		 나. 주주환원을 늘린 상장사는 법인세 세액 공제 혜택을 받는다.
		 다. 만능통장이라 불리는 개인종합자산관리계좌(ISA)의 납입, 비과세 한도가 두 배 이상 늘어난다.
		 라. 국가과제인 저출생 등 인구위기를 막기 위해 혼인신고 부부에게 최대 100만원의 세액공제가 신설되고 기업 출산지원금도 전액 비과세된다
		③ 문제점
		 가. 경제 역동성 지원과 민생경제회복, 조세체계 합리화에 방점이 찍혔다지만 글로벌 추세와 거리가 멀고 세제 경쟁력도 처진다는 비판을 피하기 어렵다. 하지만 이런 정도로는 고액 자산가의 이탈과 해외증시 투자 열기를 가라앉히고 경제회복에 보탬을 주기 힘들다.
		 나. 이중과세 논란을 빚어온 종합부동산세 개편이 빠진 것도 아쉽다. 최근 불붙고 있는 부동산시장에 기름을 끼얹을 수 있다는 판단이 깔린 듯한데 다음 세법개정안에 포함하는 게 옳다.
		 다. 기획재정부는 이번 세법 개정으로 향후 5년간 18조 4,000억원의 세수가 줄어들 것으로 추정했다.
		   A. 지난 2년간의 세제 개편 영향까지 합치면 세수감소분이 80조원을 웃돈다. 2023년 역대 최고인 56조 원대의 세수펑크가 난 마당에 세입기반까지 약화하면 나라 곳간이 거덜 나는 게 아닌지 우려하지 않을 수 없다.
		   B. 2024년 2분기 성장률이 -0.2%로 1년 6개월 만에 역성장을 했다.
		   C. 핵심은 무수한 감세를 지탱할 정도로 세원 확보에 문제가 없는지, 입법의 통과의례나 다름없는 거대야당과의 협치가 가능할지다.

3. 논란	2) 부자감세 논란	① 국회 다수당인 야당이 세제개편안 발표 단 하루 만에 정면으로 반대함.

3. 논란

2) 부자감세 논란

① 국회 다수당인 야당이 세제개편안 발표 단 하루 만에 정면으로 반대함.

가. 대주주와 투자자에게 세금을 깎아준다고 서민 경제가 활성화한다는 건 '주술'에 불과하다. 2024년 세수 펑크가 확실한데도 감세를 정책 핵심으로 떠받드는 경직성도 도를 넘었다. 2024년 1분기 중산층 가구 다섯 중 하나는 '적자 살림'을 하고 있다. 서민들은 투자할 돈은 고사하고 하루하루 생계를 잇기도 빠듯한 상황인데 '부의 대물림' 문턱을 낮추는 부자 감세는 계층 간 양극화만 부추길 뿐이다.

나. 코리아 디스카운트'의 주요 원인으로 알려진 불합리한 기업 지배구조 개편을 유도하는 상법 개정 계획은 빠졌다.

다. 2024년 세법 개정안은 과도한 재벌·부자 감세정책으로 경제력 집중 야기, 자영업자를 외면한 개정안.

② 하지만 야당의 부자 감세 주장은 자기모순적이다. 이재명 전 대표는 최근 당 대표 후보 TV토론에서 종부세에 대해 "집 한 채 갖고 평생 돈 벌어서 가족들이 오손도손 살고 있는 집인데 그 집이 좀 비싸졌다는 이유로 징벌적 과세를 하는 것에 대한 반발이 심하다."고 말했다. 집값이 뛰면서 세금을 왕창 물게 된 건 상속세도 마찬가지다. 종부세는 바꾸고 상속세는 그냥 두자는 논리는 설득력이 떨어지기 때문이다.

3) 소상공인 대책

정부 발표에서 자영업·소상공인 대책이 단순 지원 중심에 그침. 자활을 위한 구체적 대책 부재.

 결론

의견 제시 정부가 내세운 경제정책방향을 보면 산업에 활력을 불어넣고 민생경제에도 온기를 줄 수 있는 정책이 대거 포함됐다. 하지만 이를 실현하기 위해서는 난관이 있다.

첫째, R&D 세액 공제나 각종 정책의 규제완화는 국회 문턱을 넘어야 한다.

둘째, 핵심 분야 투자는 사회적 합의가 필요한 사안이다. 이를 해치고 정책이 성공하기 위해서는 국회를 설득하고 함께 미래를 약속해야 한다.

셋째, 역동 경제 로드맵에서도 높은 국가채무 비율, 세수 불확실성 등 취약한 재정 기반에 대한 해법이 빠졌다. 게다가 최대주주 할증평가 폐지 등 대책의 상당수는 국회의 입법 뒷받침이 있어야 한다. 하지만 여야는 극한 정쟁에 매몰돼 경제 살리기 입법을 방치하고 있다.

특히 거대 야당은 말로만 '민생'을 외칠 뿐 잇단 '탄핵'과 '방탄'으로 국정 발목 잡기에 주력하고 있다. 여당도 경제 회복 비전을 내놓고 야당을 설득하기는커녕 내부 권력 싸움으로 시간을 허비하고 있다.

역동경제는 정부나 정치의 혁신적인 변화 없이는 기대하기 어려운 작업이다. 정부와 국회는 혁신을 위해 창조적인 파괴가 필요하다는 조지프 슘페터의 말을 되새길 필요가 있다.

현실에 맞지 않는 낡은 세제는 합리화해야 하지만 건전재정의 기조를 훼손하지 않도록 균형을 잡아야 한다. 정부는 과세 사각지대를 찾아 세원을 확충하는 방안을 강구해야 한다. 국회를 장악한 야당도 '부자 감세', '대기업 특혜'와 같은 시대착오적 인식에서 벗어나야 한다. 소모적 정쟁을 접고 합리적인 세제개편에 머리를 맞대야 한다. 인력과 자본, 기술이 아무 장벽 없이 이동하는 글로벌 경제 환경에서 우리만 대세를 거슬러선 안 될 일이다.

앞으로의 국내외 경제 여건은 녹록지 않다. 무엇보다 우리의 양대 교역국인 미국과 중국 경제의 불확실성이 커지고 있다. 2024년 11월 미국 대선에서 도널드 트럼프 전 대통령, 카멀라 해리스 부통령 중 누가 당선되든 보호무역주의 강화가 예상된다. 중국 경제는 성장 둔화와 부동산 시장 침체, 개인 소비 위축 등으로 심각한 상황을 맞고 있다. 우리나라의 내수 불황도 깊어지고 있다. 고금리·고물가·고환율 장기화와 가계부채에 짓눌린 소비자들은 지갑을 닫았다. 영세 자영업 위기, 건설 경기 침체 등도 경제의 발목을 잡고 있다.

우리 경제를 본격적인 회복 궤도로 올려놓으려면 사업하기 좋은 환경을 만들어 기업의 활력을 제고하고 투자 의욕을 북돋워야 한다. 노동·교육·연금 등 구조 개혁의 속도를 높이고 '모래주머니' 규제를 조속히 제거해야 한다. 또 우리 기업들이 초격차 기술 확보로 시장을 선도할 수 있도록 전방위 지원도 속도감 있게 추진해야 한다. 내수 부진을 타개할 대책도 고민해야 할 것이다. 건설 경기 진작 등 기존의 내수 활성화 대책을 뛰어넘는 적극적 대안을 마련해야 한다. 대형마트 영업 제한 등 규제도 확 풀어 서비스 분야의 역동성을 높이고 민간 소비를 자극할 필요가 있다. 급증하는 해외여행 수요를 국내로 돌리는 방안도 필요하다.

<출처: 신문 사설 요약>

 용어해설

1) **총요소 생산성** : 생산량 증가분에서 노동증가에 따른 생산증가분과 자본증가분에 따른 생산증가분을 제외한 생산량 증가분을 말한다. 즉 정해진 노동, 자본, 원자재 등 "눈에 보이는"생산요소 외에 기술개발이나 노사관계 경영혁신 같은 "눈에 안 보이는" 부문이 얼마나 많은 상품을 생산해 내는가를 나타내는 생산효율성지표다. 총요소 생산성은 노동생산성뿐 아니라 근로자의 업무 능력, 자본투자금액, 기술도 등을 복합적으로 반영한 수치로 생산성을 분석하는데 널리 활용되고 있다.

2) **늘봄학교** : 정규수업 외에 학교와 지역사회의 다양한 교육자원을 연계하여 학생 성장·발달을 위해 제공하는 종합 교육프로그램. 기존의 초등학교 방과후와 돌봄을 통합·개선한 단일체제를 말한다.

chapter 02

기업밸류업 지원방안

01 논제 개요 잡기[핵심 요약]

서론 － 이슈언급

주요국 대비 우리 기업의 자본효율성이 낮은 가운데 우리 증시의 저평가현상은 지속되고 있다. 지난 5~6년간 주요국 증시는 큰 폭 상승에도 코스피는 2,000pt 중반 수준을 횡보하고 있기 때문이다. 이러한 코리아디스카운트의 주유 원인으로는 미흡한 주주환원, 취약한 기업 지배구조, 국내 증시 투자부족 등에 기인했다. 그 결과, 우리나라는 부동산 자산으로 편중 등 자본시장을 통한 기업 성장과 중산층 자산증식은 미흡하다. 지금은 경제성장 동력 확보를 위한 자본의 효율적 활용 및 생산성 향상이 긴요한 시점이며, 국민들 입장에서도 근로소득 외에 자산소득을 통한 안정적현금흐름 확보 필요성도 커진 상황이다. 이에 기업 경쟁력 제고를 위한 구조적인 (structural) 대응과 함께, 기업은 원활한 자금조달을 토대로 성장하고, 국민은 그 성과를 향유하고 재투자하는 선순환적 자본시장을 구축할 필요가 커졌다.

본론 － 1. 코리아 디스카운트 － 1) 현황

우리 주식시장은 양적성장에도, 기업의 낮은 자본 효율성 등으로 주요국 대비 저평가되고 있는 상황.

① 우리 주식시장은 지난 10년간 양적인 측면에서 지속 성장하며, 기업의 주요한 자금조달 인프라로 기능.

② 시장평가 : 그간의 양적 성장에도 순자산(PBR) 또는 순이익(PER) 대비 주가 수준은 주요국 대비 낮은 상황.

본론	1. 코리아 디스카운트	2) 원인	① 상장기업들의 배당성향이 낮고. 자사주를 통한 주주환원도 미미 ② 기업의 주요 의사결정이 지배주주 중심으로 이뤄져 일반주주에 대한 보호 미흡 ③ 해외 증권투자*가 급증하는 가운데, 국내 증시 투자는 단기 매매차익 성향
	2. 기업 밸류업 프로그램 운영방안	1) 기본 방향	① 상장기업이 「현황진단 → 목표설정 → 계획수립 → 이행·소통」하는 자발적인 기업가치 제고 노력 강화. 주주가치 존중 기업이 투자자들의 선택을 받도록 적극 지원. ➡ 기업가치 제고와 주주가치 존중 문화가 확산될 수 있도록, 「기업 밸류업 프로그램」을 지속 보완·발전.
		2) 주요내용	① 상장기업의 자발적 기업가치 제고. ② 기업가치 우수기업에 대한 시장평가 및 투자 유도. 주요 투자 지표 공표. ③ 밸류업 지원체계 구축.
		3) 해외 사례	① 일본은, 2014년부터 기업 지배구조 개선*을 본격화하고, 2023년 3월 자본효율성·주가 고려 경영 요청** 시행. 그 결과, 주주 환원율 지속 상승 등으로 니케이 지수 큰 폭 상승. ② 중국은 2024년 4월 배당률 낮은 기업 대주주 지분매각 제한, 자사주 소각 확대 등 국무원 9조 발표.
	3. 평가	1) 기업 밸류업 3종 세제 혜택 발표 外	① 2024년 7월 7일 정부가 기업 밸류업(가치제고)을 위해 법인세·배당소득세·상속세 등 3종 세제혜택을 추진한다. 특히 상속·증여 시 20% 추가되는 최대주주 할증을 폐지하겠다고 예고하며 본격적인 상속세제 개편에 첫발을 내딛는다. ② 일단 평가는 긍정적이다. 여야가 첨예하게 대립하고 있는 상황에서 입법부 의결이 선결돼야 하고 세수 부족분에 대한 해결방안도 모색해야 하는 등 해결해야 할 문제가 많기는 하지만 투심에는 긍정적이라는 것이다. ③ 그러나 넘어야 할 산도 높다. "법인세 세액공제, 배당소득세 분리과세 등은 입법부 의결이 선결돼야 한다는 점에서 낙관적으로 평가하기 어렵다. 세제 지원에 따른 부족한 세수 보충 방안에 대한 문제제기도 이어질 수 있다. 이전 녹색성장 펀드, 통일 액티브 펀드 등의 경험을 볼 때 코리아 밸류업 지수에 대한 무분별한 패시브 효과 기대도 낮출 필요가 있다. ④ 소통 원하는 외국인 투자자 : 자본시장연구원이 내놓은 '한국 자본시장의 시장접근성(Market Accessibility): 해외 금융기관의 시각'에 따르면 시장과 소통 없는 일방적인 제도 발표, 투명하지 않은 거래 가이드라인, 정보가 제한적인 영문 공시 등 개선돼야 할 많은 문제점들이 제기됐다.

결론	의견제시	증시가 활성화돼야 가계 여유 자금이 기업의 생산 활동에 유입되고 경제 성장 동력이 높아진다. 국민 자산 형성에도 도움이 된다. 한국 주식이 제값을 받으려면 기업 지배구조 개선, 주주 환원 확대, 소액 주주 권익 강화, 장기 투자자에 대한 인센티브 강화 등 증시 매력도를 높이는 과감한 제도 개혁이 이뤄져야 한다. 그래야 증시의 허약 체질도 바꿀 수 있다. 1. 배당투자의 활성화 2. 국제정합성에 맞는 제도와 MSCI 선진국지수 편입 3. 노동 시장의 유연성 확보 4. 유의점

02 논제 풀이

📈 서론

이슈 언급 주요국 대비 우리 기업의 자본효율성이 낮은 가운데 우리 증시의 저평가현상은 지속되고 있다. 지난 5~6년간 주요국 증시는 큰 폭 상승에도 코스피는 2,000pt 중반 수준을 횡보하고 있기 때문이다.

* 지수 상승률(%, 2017년 말 → 2024년 6월) : (코스피)12.8 (S&P 500)104.2 (유로)39.7 (니케이)73.9 (대만 가권)116.4

이러한 코리아디스카운트의 주유 원인으로는 미흡한 주주환원, 취약한 기업 지배구조, 국내 증시 투자부족 등에 기인했다. 그 결과, 우리나라는 부동산 자산으로 편중 등 자본시장을 통한 기업 성장과 중산층 자산증식은 미흡하다.

* 전체 가계자산 중 비금융자산 비중(%, 2022년) : (한국)63.2 (미국)33.8 (일본)37.3 (영국)49.4

지금은 경제성장 동력 확보를 위한 자본의 효율적 활용 및 생산성 향상이 긴요한 시점이며, 국민들 입장에서도 근로소득 외에 자산소득을 통한 안정적 현금흐름 확보 필요성도 커진 상황이다. 이에 기업 경쟁력 제고를 위한 구조적인 (structural) 대응과 함께, 기업은 원활한 자금조달을 토대로 성장하고, 국민은 그 성과를 향유하고 재투자하는 선순환적 자본시장을 구축할 필요가 커졌다.

이에, 정부가 2024년 2월 4일 발표한 한국증시의 도약을 위한 "기업 밸류업 지원방안"에 대해 알아본 후, 그 이후 기업밸류업을 위한 보완 및 경과 제도들에 대해 논해보기로 한다.

우리 주식시장은 양적성장에도, 기업의 낮은 자본 효율성 등으로 주요국 대비 저평가되고 있는 상황.

① 우리 주식시장은 지난 10년간 양적인 측면에서 지속 성장하며, 기업의 주요한 자금조달 인프라로 기능.

가. 시가총액 : 2023년 말 한국 주식시장 시가총액은 2,558조 원으로 주요 13위 수준. GDP 대비 시가총액도 116.2%로, 주식시장이 실물경제를 상회하는 수준까지 성장.

[주요국 시가총액(조 원), GDP 대비 시가총액]

구 분	신흥				선진		
	한국	대만	중국	인도	미국	일본	영국
'23년말 시총	**2,558.2**	2,679.7	12,349.8	5,437.0	65,334.9	8,077.9	4,000.1
(시가총액/GDP)	**(116.2%)**	(221.0%)	(57.1%)	(90.8%)	(166.4%)	(123.1%)	(113.2%)
연평균증가율	**+7.0%**	+8.4%	+11.0%	+13.9%	+8.5%	+3.1%	△2.6%

* 출처: Bloomberg·IMF, 한국은 거래소, '23.12월말 환율로 환산(₩1,294.53/$)

1. 코리아 디스카운트

1) 현황

나. 상장기업 수 : 2023년 말 한국 주식시장 상장기업 수는 2,558개로 주요국 중 7위 수준(미국 · 중국 · 인도 · 일본 · 캐나다 · 홍콩 · 한국 順). 최근 10년간 상장기업 수 증가율도 주요국 중 높은 수준으로, 기업의 주식시장 접근성이 제고되고 있음을 시사.

② 시장평가 : 그간의 양적 성장에도 순자산(PBR) 또는 순이익(PER) 대비 주가 수준은 주요국 대비 낮은 상황.

가. (PBR) 2023년 말 1.05, 10년 평균 1.04로, 순자산(자본)의 장부 가치 수준에서 주가 형성.

* 현행PBR 1미만 기업 수(2023년 말 기준): 코스피 526개(65.8%), 코스닥 533개(33.8%)

나. (PER) 2023년 말 19.78, 10년 평균 14.16으로, 주요국과 비교 시 기업이 벌어들이는 이익 대비 주가 저평가.

[주요국 현행 PBR · PER(배)]

구 분		한국	대만	중국	인도	신흥평균	미국	일본	영국	선진평균
PBR	'23년말	**1.05**	2.41	1.13	3.73	1.61	4.55	1.42	1.71	3.10
	10년평균	**1.04**	2.07	1.50	3.32	1.58	3.64	1.40	1.71	2.50
PER	'23년말	**19.78#**	19.93	11.61	28.61	15.32	23.68	16.52	11.02	20.23
	10년평균	**14.16**	15.95	13.09	25.62	14.32	21.78	16.86	16.09	19.69

* 출처: Bloomberg / # '23년의 경우, 분모(당기순이익)가 감소하며 높은 PER(시가총액/당기순이익) 기록

1. 코리아 디스카운트	**2) 원인**	① 상장기업들의 배당성향*이 낮고, 자사주를 통한 주주환원도 미미. 　* 주요국 배당성향(%, 배당금/당기순이익, 2022년): (韓)20.1 (美)40.5 　　(英)45.7 (獨)40.8 (日)36.5 　- 기업들은 주주환원 확대 및 밸류업 세제지원* 등 인센티브 부족 호소. 　　* (법인세)주주환원 확대 시 법인세 감면 　　　(배당소득세)배당 확대 시 저율 분리과세 　　　(상속세)최대주주 할증평가 폐지 등 ② 기업의 주요 의사결정이 지배주주 중심으로 이뤄져 일반주주에 대한 　보호 미흡. 　* 예) 핵심 사업부문을 물적 분할 후 상장 → 모회사 주가하락 등 일반 　　주주 피해 　- 국내외 투자자·전문가들은 주주 권익 제고 등 기업 지배구조 개선 요구 　　* 아시아 기업 지배구조 평가 순위(ACGA, 아시아 12국 대상): (2016 　　년) 8 (2018년) 9 (2020년) 9 (2023년) 8 ③ 해외 증권투자*가 급증하는 가운데, 국내 증시 투자는 단기 매매차익 　성향** 　* 평균 주식 보유기간(2019년~2023년 평균, 개월): (코스피)8.6 (S&P)25 　　(니케이)12.9 (DAX)17.1 (FTSE)24.5 　** 개인의 해외 증권투자 잔액(억 달러): (2015년)69.6 (2017년)139.9 　　(2019년)196.0 (2021년)703.5 (2023년)771.0 　　- 개인 투자자 중심으로 장기 투자에 대한 세제 유인 부족*을 지적 　　　* 배당소득은 이자소득과 함께 14% 분리과세(2천만 원 한도), 2천만 　　　원 초과분은 누진적 종합과세(최대 45%)
2. 기업 밸류업 프로그램 운영방안	**1) 기본 방향**	상장기업이 「현황진단 → 목표설정 → 계획수립 → 이행·소통」하는 자발적인 기업가치 제고 노력 강화. 주주가치 존중 기업이 투자자들의 선택을 받도록 적극 지원. ➡ 기업가치 제고와 주주가치 존중 문화가 확산될 수 있도록, 「기업 밸류업 프로그램」을 지속 보완·발전. 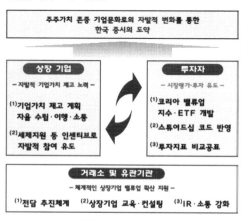 <center><출처: 정부 유관기관 합동></center>

		① 상장기업의 자발적 기업가치 제고

① 상장기업의 자발적 기업가치 제고

    가. 코스피·코스닥 상장기업이 기업가치 제고 계획을 스스로 수립·이행 기업이 자율적으로 ▲기업가치 현황을 평가 분석*하여, ▲기업가치 제고 계획을 수립 공시 이행하고, ▲주주와 소통.

        A. 공시방법 : 연 1회 상장기업 홈페이지 및 거래소를 통해 자율 공시. 연 1회가 기본이며, 2년 차부터는 전년도 계획·이행 평가를 포함(계획 등 변경 시 연중에도 추가 수시 공시).

        B. 해외 투자자에게도 널리 알리기 위한 영문 공시도 적극 권고.

    나. 세제 지원 등 인센티브 강화 : 기업가치를 제고하고 기업이익의 주주 환원을 유도 하기 위해 다양한 세제지원 방안 마련.

        A. 표창 : 목표설정의 적절성, 계획수립의 충실도, 이행 및 주주와의 소통 노력 등을 종합평가하여 매년 5월 "기업 밸류업 표창"*

            * 예) 경제부총리상, 금융위원장상, 거래소 이사장상 등 약 10여 개사

        B. 표창이 실질적 유인으로 작용할 수 있도록 모범납세자 선정 우대 등 세정지원*, "코리아 밸류업 지수" 편입 우대 등 혜택 제공.

            * 5종 세정지원(모범납세자 선정 우대, R&D 세액공제 사전심사 우대, 법인세공제·감면 컨설팅 우대, 부가·법인세 경정청구 우대, 가업승계 컨설팅)

        C. 수상 기업은 거래소 홈페이지 증권사 MTS 등을 통해 홍보하고, 거래소 공동IR* 개최 시 우선 참여 기회 제공.

            * 희망기업 대상으로 투자자에 대한 기업 홍보기회 제공

        D. 평가우대 : 적극 참여 기업에 대해 거래소 공시 우수법인* 선정 및 코스닥협회 코스닥대상 시상기업 선정 시 가점 부여.

            * 상장수수료 면제, 불성실 공시법인 지정유예 등 혜택 제공

        E. 백서발간 : 매년 5월 밸류업 지원방안 참여 이행 현황을 종합 점검하고, 실제 투자지표 개선으로 이어졌는지 분석(2025년~, 거래소).

② 기업가치 우수기업에 대한 시장평가 및 투자 유도.

    가. 코리아 밸류업 지수, ETF 개발.

        A. 목표 : 지속적 수익 창출 및 주주 환원을 통한 기업가치 성장이 예상되는 상장기업으로 구성된 지수 개발["코리아 밸류업 지수"].

        B. 특징 : 주요 투자지표* 등을 종합 고려해 종목 구성.

            * PBR, PER, ROE, 배당성향, 배당수익률, 현금흐름 등

        C. 기업가치 우수 기업*을 중심으로 하되, 계량·비계량 항목에 대한 종합평가를 통해 기업가치 제고가 기대되는 기업**도 편입.

            * 수익성·시장평가 양호 기업 ** (예) "기업 밸류업 표창" 기업 등

2. 기업 밸류업 프로그램 운영방안   2) 주요내용

2. 기업 밸류업 프로그램 운영방안	**2) 주요내용** D. 활용 : ETF 펀드 등 금융상품 출시에 활용될 수 있으며, 연기금 등 기관투자자도 벤치마크 지표로 참고 · 활용할 것으로 기대. F. 계획 : 자산운용사 기관투자자 전문가 등의 의견수렴을 거쳐, 시뮬레이션을 토대로 지수 개발(2024년 3분기), ETF 출시(2024년 4분기). 나. 스튜어드십 코드 반영 : 연기금 등 기관투자자가 기업가치 제고 노력을 투자판단에 활용하도록 스튜어드십 코드에 반영.

<스튜어드십 코드 개요 및 관련원칙>
- [개요] 기관투자자가 타인의 자산을 관리하는 수탁자로서의 책임을 다하기 위해 이행해야 할 행동지침(우리나라는 2016년 12월 민간 자율규범으로 도입, 총 7개 원칙)
- [관련원칙] 기관투자자는 투자대상회사의 중장기적인 가치를 제고하여 투자

다. 주요 투자지표 공표.

    A. 대상 : 코스피 · 코스닥 상장기업 전체(2023년 말 코스피 809사, 코스닥 1,598사)

    B. 공표내용 : 거래소 홈페이지에 투자판단에 널리 활용되고, 공시 내용을 토대로 산출 가능한 주요 투자지표 비교 제공. 분기별로 PBR PER ROE(5월 초, 6, 9, 12월말)를 공표하고, 연간 배당성향 배당수익률(5월 초)은 연 1회 공표.

③ 밸류업 지원체계 구축.

    가. 전담 추진체계 마련 : 전담부서, 자문단, 통합 홈페이지 등.

    나. 상장기업의 자발적 공시 지원.

    다. 참여유도를 위한 IR지원 및 소통 강화.

3) 해외 사례

① 일본은, 2014년부터 기업 지배구조 개선*을 본격화하고, 2023년 3월 자본효율성 · 주가 고려 경영 요청** 시행.

    * 스튜어드십 코드 도입, 사외이사제 도입, 기업지배구조 코드 도입 등

    ** 자본효율성 · 주가 개선 계획 공시, 공시 현황별 기업 명단 공개, 주주친화 기업 중심으로 구성된 프라임 150 지수 도입

      그 결과, 주주 환원율 지속 상승 등으로 니케이 지수 큰 폭 상승

      [(2023년 2월 말)27,446 → (2024년 6월 말)39,583]

    * 주주 환원율(%): (2014년)35 (2018년)41 (2022년)50 (2023년)56

② 중국은 2024년 4월 배당률 낮은 기업 대주주 지분매각 제한, 자사주 소각 확대 등 국무원 9조* 발표.

    * 배당 · 자사주 소각 확대, 시가총액 관리, 배당률 낮은 기업 대주주 지분매각 제한, 우량 배당기업 인센티브 등

3. 평가

1) 기업밸류업 3종 세제혜택 발표 外

<출처: 브릿지경제 사설, 파이낸셜 뉴스>

① 2024년 7월 7일 정부가 기업 밸류업(가치제고)을 위해 법인세 · 배당소득세 · 상속세 등 3종 세제혜택을 추진한다. 특히 상속 · 증여 시 20% 추가되는 최대주주 할증을 폐지하겠다고 예고하며 본격적인 상속세제 개편에 첫발을 내딛는다.

② 일단 평가는 긍정적이다. 여야가 첨예하게 대립하고 있는 상황에서 입법부 의결이 선결돼야 하고 세수 부족분에 대한 해결방안도 모색해야 하는 등 해결해야 할 문제가 많기는 하지만 투심에는 긍정적이라는 것이다. "보다 구체적이고 실효적인 인센티브가 필요하기는 하지만 일단 기업가치 향상과 투자자 신뢰 회복에 긍정적인 역할을 할 것으로 기대된다."면서 "밸류업 프로그램에 반영된 기업 지배구조와 투명성 제고는 중요한 시작점"이라며 "법적, 정치적, 경제적 환경 조성이 함께 이뤄져야 한다." [이하진 한미재무학회 회장]

③ 그러나 넘어야 할 산도 높다. "법인세 세액공제, 배당소득세 분리과세 등은 입법부 의결이 선결돼야 한다는 점에서 낙관적으로 평가하기 어렵다. 세제 지원에 따른 부족한 세수 보충 방안에 대한 문제제기도 이어질 수 있다. 이전 녹색성장 펀드, 통일 액티브 펀드 등의 경험을 볼 때 코리아 밸류업 지수에 대한 무분별한 패시브 효과 기대도 낮출 필요가 있다." [고경범 유안타증권 애널리스트]

④ 소통 원하는 외국인 투자자 : 국내 투자자뿐 아니라 글로벌 투자자들의 신뢰를 얻기 위해서도 나서야 한다는 주장도 나오고 있다. 글로벌 주식시장에서 우리 주식시장은 경제규모에 비해 저평가되고 있다. 자본시장연구원에 따르면 2022년 기준 한국 주식시장 시가총액은 2조 2,000억 달러로 세계 11위, 상장기업 수는 2,318개로 세계 8위 자리를 차지하고 있다. 그럼에도 우리나라는 MSCI 선진(DM)지수 가입에 번번이 탈락하고 있다. 그래도 지난 2013년까지는 편입 관찰국으로 지정됐지만 이후에는 관찰국 지위에서도 탈락한 상황이다. 이는 양적 평가에서는 충분한 자격을 갖고 있지만 신뢰도 등의 질적인 기준에서 인정받지 못하고 있기 때문이다.

⑤ 자본시장연구원이 내놓은 '한국 자본시장의 시장접근성(Market Accessibility): 해외 금융기관의 시각'에 따르면 시장과 소통 없는 일방적인 제도 발표, 투명하지 않은 거래 가이드라인, 정보가 제한적인 영문 공시 등 개선돼야 할 많은 문제점들이 제기됐다.

"한국 자본시장의 선진시장 격상은 시장접근성 제고에 달려 있다. 시장접근성을 제고하기 위해서는 절차와 관행이 포함돼야 하고 외국인 투자자 및 해외 금융기관과의 소통이 중요하다." [최순연 자본시장연구원 선임연구위원]

"밸류업 프로그램은 주식시장의 공급자 측면을 강화하는 효과가 있을 것. 수요자 측면에서도 코리아 디스카운트의 해소방안의 일환으로 외국인 투자를 더 촉진시킬 환경을 조성해야 한다." [유세현 미국 벨몬트대 경영대학 교수]

3. 평가

1) 기업밸류업
3종 세제혜
택 발표 外

<출처: 브릿지경
제 사설, 파이낸셜
뉴스>

⑥ 그렇다고 내년 이후 중장기 과제로 미뤄둘 수는 없다. 밸류업 원조 격인 일본이 기업 가치를 올리는 데 도합 10년은 걸렸다고 해서 우리가 그렇게 따라갈 수는 없다. 밸류업처럼 다수 부처가 얽힌 정책을 풀려면 꾸준한 정책적 뒷받침을 할 사령탑이 절대적이다. 우린 지금 그것이 없다. 기시다 후미오 일본 총리는 '국민자산소득 2배 증가' 구호를 내걸고 경제 체질을 개선하면서 '자산운용입국(資産運用立國)'을 폈다. 그런 정책 그립감이 우리 대통령실이나 금융위원회에는 보이지 않는다.

⑦ 무엇보다 밸류업 불씨를 살리는 데 야당 협조 없이는 불가능하다. 상속세, 금투세, 배당세 등 자본시장 선진화 과제가 국내 정치에 함몰되면 안 된다. 조세특례제한법과 소득세법, 상속세 및 증여세법 입법화가 가시밭길이라고 판명되면 호재로 반영되기 어렵다. 국내 주식투자 인구가 1,400만 명이 넘는다. 정부가 공언한 정책이 국회만 가면 없던 일이 되는 얄궂은 운명을 기업 밸류업 프로그램은 겪지 않아야 한다. 주식시장 활성화의 대명제에 야당이 동참하도록 공감 정부·여당도 총력전을 펼쳐야 할 것이다.

⑧ 한편, 금투세 관련, 미국의 경기 침체 우려, 엔캐리 트레이드 청산, 중동 확전 위기 등이 겹치며 증시가 살얼음판을 걷고 있다. 최근 증시 폭락 사태로 '한국 증시는 오를 때는 찔끔, 내릴 때는 털썩 주저앉는다.'는 자조가 쏟아지고 있다. 이런 데도 투자자의 부담을 가중시키는 금투세 시행을 강행하는 것은 바람직하지 않다. 대만도 1988년 금투세와 유사한 주식양도세 도입을 발표했다가 주가가 한 달 새 36%가량 떨어진 후 철회했다. 23개 자산운용사 최고경영자(CEO)들도 이날 이복현 금융감독원장을 만나 금투세가 펀드 환매 대란, 자금 해외 유출, 거래 위축 등을 초래할 수 있다며 폐지를 건의했다.

📈 **결론**

**의견
제시**
'블랙 먼데이'로 불린 지난 2024년 8월 5일 아시아 증시 폭락 사태는 한국 증시가 얼마나 허약한 체질인지 한 번 더 드러냈다. 2024년 들어 미국·유럽·일본·대만 등 주요국 증시가 호황을 누리는 동안 한국 증시는 답보 상태였다. 그러다 충격이 오자 많이 올랐던 다른 나라보다 오히려 더 큰 폭으로 떨어졌다. 폭락 이후 회복력도 다른 나라 시장보다 약하다. 일본 증시는 다음 날 10% 이상 급등하며 강한 회복 탄력성을 보였지만, 한국 증시 상승폭은 전날 낙폭의 절반도 안 됐다. 남들 오를 땐 못 오르고, 떨어질 땐 더 떨어지는 체질이 되다 보니 투자자들 사이에 "한국 증시 탈출은 지능순"이라는 자조까지 나온다.

한국 증시가 제대로 평가받지 못하는 '코리아 디스카운트(저평가)' 문제는 어제오늘 일이 아니다. 공매도 일시 금지 조치에서 드러났듯이 글로벌 기준과 거리가 먼 제도와 관행이 외국 투자자들을 실망시키는 구조적 요인으로 작용하고 있다. 여기에다 세계 꼴찌권의 배당률, 대주주를 위한 쪼개기 상장 남발, 낮은 자기자본 이익률(ROE) 등 주주 이익을 등한시하는 상장 기업들의 경영 행태가 주가를 억누르고 있다. 무거운 상속 · 증여세 부담을 줄이려 대주주가 주가 상승을 막는다는 지적도 있다. 이런 불합리한 제도와 경영 방식을 바꿔야 한국 증시가 정당한 평가를 받을 수 있다.

정부가 2024년 초 정부가 코리아 디스카운트 해소를 위해 밸류업(기업 가치 제고) 프로그램을 추진하겠다고 발표했을 때만 해도 투자자 기대감이 높았다. 주가도 상승세를 탔다. 하지만 막상 정부 대책이 나오자 기대는 실망으로 바뀌었다. 주주 환원에 참여하는 기업에 대한 인센티브가 약하고, 참여하지 않아도 벌칙이 적어 당근과 채찍이 모두 기대 이하였기 때문이다. 현재 주식 투자자 수가 1,400만명으로 주식 투자 대중화 시대가 열렸는데, 이젠 실망한 투자자들이 대거 미국 증시로 떠나고 있다.

증시가 활성화돼야 가계 여유 자금이 기업의 생산 활동에 유입되고 경제 성장 동력이 높아진다. 국민 자산 형성에도 도움이 된다. 한국 주식이 제값을 받으려면 기업 지배구조 개선, 주주 환원 확대, 소액 주주 권익 강화, 장기 투자자에 대한 인센티브 강화 등 증시 매력도를 높이는 과감한 제도 개혁이 이뤄져야 한다. 그래야 증시의 허약 체질도 바꿀 수 있다.<출처: 조선일보 사설>

1. 배당투자의 활성화

기업들에게 배당성향을 높일 것을 강제할 수는 없다. 따라서 배당투자의 활성화를 통해 배당에 대한 주주들의 관심을 확대시킨다면 기업은 배당성향 제고에 노력할 것으로 예상된다. 실제로 이를 위해 올해 금융위원회는 '깜깜이 배당'으로 지적되어 온, 배당액 확정 이전에 배당주주가 확정되는 현행 제도 개선을 발표했다. 전자투표제 활성화 역시 기업의 주주환원에 대한 관심을 증가 시킬 것이다. 2023년 3월 정기주주 총회에서 전자투표 행사율은 10%에 그쳤다. 증가세는 빠르지만 여전히 낮은 수준이다. 예탁결제원의 전자투표제 수수료의 한시적 인하와 홍보 등이 요구된다. 더불어 기업의 공시 내용에 향후 배당 계획, 배당수익률 등 배당과 관련된 정보를 의무적으로 포함시키도록 하는 방법도 사용 가능하다.

2. 국제정합성에 맞는 제도와 MSCI 선진국지수 편입

외국인 투자자들의 편의성을 저해했던 규제들은 국제정합성에 맞추어 대폭 완화, 개선될 예정이다. 다만, 외국어 공시 의무화는 상장기업에게 비용으로 작용하고, 오번역의 우려가 존재한다. 따라서 제도 안착과정에서 금융감독원과 한국거래소 등 유관기관의 지원이 요구된다. 또한 주요국에서 결제주기의 단축(T+1) 논의, 고빈도 알고리즘 매매에 대한 대응 등 새로운 논의가 지속되고 있는 바, 우리의 자본시장 제도가 향후에도 국제정합성에 뒤처지지 않도록 꾸준한 관심이 요구된다. 이러한 제도의 개선은 외국인 투자자들의 접근성 개선은 물론, MSCI 선진국지수 편입 역시도 가능케 한다. 선진국지수 편입 시 관련 패시브 자금의 유입이 기대되는데, 이는 장기투자 자금의 성격이 짙으므로 한국 기업의 가치 평가에 긍정적 요인으로 작용할 것이다.

3. 노동 시장의 유연성 확보

노동시장 유연성 확보는 보다 거시경제적이고 장기적 측면에서의 노력이 요구된다. 최근 노동의 부문 간 이동이 경직된 원인은 어려운 구조조정 여건도 있겠지만, 부문 간 이동 시 노동자에게 요구되는 지식과 기술 수준이 과거보다 상승하였고, 동시에 노동자가 부담해야 하는 새로운 기술 습득 비용 역시도 상승하였기 때문이다. 경직성 완화를 위해선 직업능력개발 지원 확대 등을 통해 구인-구직자간 기술 미스매치를 완화가 필요하다. 이 때, 보편적인 직업능력 향상을 위한 정책지원보다는 산업별, 직무별 기술진보에 발맞춘 직무 중심의 직업능력 개발 프로그램 지원이 적합하다.

4. 유의점

외국인 투자자들의 편의성이 증가한다는 것은 변동성 증가와 리스크 증가도 함께 발생할 수 있음을 의미한다. 정책당국은 향후 외환시장에서 환율의 변동성을 유의주시 해야 하며, 금융기관 및 금융당국은 자본시장에 자본의 급격한 유출입과 비정상적인 거래를 즉시 감지할 수 있도록 위기경보 시스템을 구축에 힘써야 할 것이다.

주요 투자 지표

투자지표	산출기준		
PBR : 주가순자산비율 (Price Book value Ratio)	시가총액	:	공표 직전일 종가 반영
	순자산	:	최근 분기말 기준

• **순자산(자기자본)에 대한 상대적 주가수준 → 재무상태 대비 시장평가** 판단에 참고가능
- 특히 1 미만일 경우, 회사 **청산시 주주가 받게 되는 자산가치보다 현재주가가 낮다는** 뜻이므로 통상 **저평가 상태**로 인식

투자지표	산출기준		
PER : 주가이익비율 (Price Earnings Ratio)	시가총액	:	공표 직전일 종가 반영
	순이익	:	최근 4개 분기 합산 (ex. '24.9월 공표시 '23.3Q - '24.2Q 순이익 합계)

• **순이익에 대한 상대적 주가수준 → 수익성 대비 시장평가** 판단에 참고가능

투자지표	산출기준		
ROE : 자기자본이익률 (Return on Equity)	순이익	:	최근 4개 분기 합산 (ex. '24.9월 공표시 '23.3Q - '24.2Q 순이익 합계)
	자기자본	:	최근 1년 평균 기준 (ex. '24.9월 공표시, '23.6월말과 '24.6월말 평균)

• **자기자본**을 활용해 1년간 얼마나 많은 **순이익을 창출**했는지 판단하는 지표
→ 대표적인 수익성 지표로서 **경영효율성**을 가늠하는 척도

투자지표	산출기준		
배당성향 (Dividend Payout Ratio)	배당금	:	최근 사업연도 기준
	순이익	:	최근 사업연도 기준

• 당기순이익에 대한 현금배당금의 비율로 **주주환원** 관련 참고지표
- 배당성향이 높을수록 회사가 벌어들인 이익을 주주에게 많이 돌려줌을 의미

투자지표	산출기준		
배당수익률 (Dividend Yield)	배당금	:	최근 사업연도 기준
	시가총액	:	공표 직전일 종가 반영

• 기업 주가로 매입하여 1년간 보유할 경우의 배당수익을 가늠하는 지표

chapter

03

고금리와 고환율

01 논제 개요 잡기[핵심 요약]

서론

이슈언급

글로벌 복합위기 극복과정에서 고금리 · 고환율이 장기간 지속되고 있다. 그 결과 기업은 매출 · 영업이익 감소 등 부담이 가중되고 있으며, 소비도 침체되고 있다. 물가는 점차 하향 안정세(물가상승률(%): (2022년) 5.1 (2023년) 3.6 (2024년 현재) 2.6), 경기는 수출중심으로 회복세 전환(수출증가율(전년 동월비, %) (2022년 12월)△9.7 (2023년 6월)△6.0 (2023년 12월) +5.0)되는 등 위기는 진정국면에 진입할 것으로 평가되고 있으나, 여전히 금리가 높고, IT · 반도체 등 특정 수출산업에 집중된 업황 회복으로 인해 전반적 체감경기는 좋지 않은 상황이다. (은행권 기업대출 금리(%, 연도 말): (2020년) 2.84 (2021년) 3.14 (2022년) 5.56 (2023년) 5.29)

주요 선진국들이 미국 연방준비제도(Fed · 연준)의 피벗(통화정책 방향 전환) 이전에 금리를 인하할 수 있었던 반면, 우리나라는 그러지 못한 이유는 무엇일까? 그 이유는 1,400원에 근접한 원 · 달러 환율, 재차 상승하는 부동산 가격과 2024년 상반기 들어 25조 원 넘게 증가한 가계부채는 도저히 금리 인하를 할 여건이 아니라는 것이 금통위의 판단이기 때문이다. 즉 최근의 경기와 물가 동향을 보면 금리 인하 필요조건이 충족됐지만 집값과 환율이 발목을 잡고 있다.

본론

1. 고금리 · 고환율

1) 고금리가 경제에 미치는 영향

① 경제의 변동성 증가.
② 신용 규모가 위축.
③ 자본의 효율적 배분 측면에서 부정적인 영향.
④ 자산 가격 변동성 증가.

1. 고금리 · 고환율	2) 고환율이 경제에 미치는 영향	고환율은 수출 경쟁력 강화, 국내 생산 촉진, 경제 성장 등의 긍정적인 영향을 줄 수 있지만, 생활비 상승, 기업 비용 증가, 해외여행 및 유학 비용 상승, 금융 시장 변동성 증가 등의 부정적인 영향도 동반될 수 있다. ① 교역조건 악화와 수입물가 상승. ② 고환율 및 수입 원자재 가격의 상승으로 인한 경상수지 악화가 발생한다. ③ 인플레이션 압력 증가. ④ 외화 부채 부담 증가. ⑤ 달러/원 환율 상승은 시차를 두고 해외시장에서 국내 기업들의 달러 등 해외 통화 수출 금액 확대를 만들어낼 수 있다.
본론 **2. 정책적 대응방안**	1) 정책 당국	① 시장의 변동에 대해 적극적 미세조정 방안을 강구해야 하며, 시장을 안정시킬 수 있는 방안을 적시에 마련하는 것이 중요하다. ② 가계의 재정부담 삭감을 위해 가계부채의 관리방안이 필요할 것이다. ③ 기업의 경쟁력 강화를 위해 강력한 컨트롤타워가 필요할 것이다. ④ 경제 위기에 대처하기 위한 선제적인 대응체계가 필요할 것이다.
	2) 금융기관	① 고금리 　가. 신용리스크 관리 강화 　나. 시장리스크 관리 강화 　다. 유동성리스크 관리 강화 　라. 조달 코스트를 낮춰 여신 금리 인하 노력 　마. 고정이하 여신에 대한 대손충당금 적립비율 상향 ② 고환율 　가. BIS자기자본 비율 관리 　나. 외화 유동성 리스크를 수시로 재점검 　다. 보유중인 외화채권에 대한 별도의 환리스크 관리 　라. 수입기업 신용리스크 관리 　마. 수출기업 영업확대 및 지원
결론	의견제시	고금리, 환율 시대에 우리 경제가 나아가야 할 방향은 아래와 같다. 첫째, 선제적인 대응체계 구축이다. 둘째, 구조적인 원인을 파악하여 이를 개선함으로써 경제의 체질을 바꾸어야 한다. 셋째, 전방위적인 정책적 공조를 위한 전담 컨트롤타워를 구축해야 할 것이다.

02　논제 풀이

📈 서론

글로벌 복합위기 극복과정에서 고금리 · 고환율이 장기간 지속되고 있다. 그 결과 기업은 매출 · 영업이익 감소 등 부담이 가중되고 있으며, 소비도 침체되고 있다. 물가는 점차 하향 안정세(물가상승률(%): (2022년) 5.1 (2023년) 3.6 (2024년 현재) 2.6), 경기는 수출중심으로 회복세 전환(수출증가율(전년 동월비, %) (2022년 12월)△9.7 (2023년 6월)△6.0 (2023년 12월) +5.0)되는 등 위기는 진정국면에 진입할 것으로 평가되고 있으나, 여전히 금리가 높고, IT · 반도체 등 특정 수출산업에 집중된 업황 회복으로 인해 전반적 체감경기는 좋지 않은 상황이다. (은행권 기업대출 금리(%, 연도 말): (2020년) 2.84 (2021년) 3.14 (2022년) 5.56 (2023년) 5.29)

이에, 2024년 7월 금융통화위원회를 앞두고 채권시장은 한국은행이 빠른 금리 인하 시그널을 줄 것이라는 기대에 휩싸였다. 이미 금통위를 맞기 이전에 선진국 중 스위스 · 스웨덴을 비롯해 유럽중앙은행(ECB)이 기준금리를 내렸고 영국도 7월 들어 코로나19 팬데믹 이후 4년 만에 인하했다. 하지만 결과적으로 기준금리는 동결되었다. 내수만 보면 조기 금리 인하가 필요하지만 조기 금리 인하가 자칫 가계부채를 자극할 우려가 있어 한은이 딜레마에 빠진 상황이 그 이유다. 7월 금통위에서는 단 한 명의 '금리 인하' 소수 의견조차 나오지 않았다. 미국의 금리 인하 가능성이 더욱 확실시되며 대외여건은 충족됐지만, 2024년 8월 금통위의 깜짝 인하 가능성은 낮을 것으로 보인다. 물론 최근 소비자물가 상승률이 2%대로 안정되는 등 물가 둔화 기조가 확인된 만큼 과감한 통화정책 전환에 나서야 한다는 조언도 나온다.

한편, 최근 고환율 역시 무시못할 요인이다. 자원 부족으로 에너지와 원자재 등을 수입에 의존해야 하는 한국 입장에서는 원화 가치가 떨어지는 고환율은 물가 상승을 부추길 수밖에 없다. 고환율은 미국이 5.25~5.50%의 고금리를 2년여간 유지하면서 강(强)달러 현상이 이어진 게 가장 큰 원인이지만, 같은 기간 한미 금리차가 사상 최대인 2%까지 벌어진 채 유지되고 있는 것도 한 원인이다. 또한, 개인투자자와 공적기금 등을 중심으로 가파르게 늘고 있는 해외증권 투자가 원 · 달러 환율 상승을 부추긴다는 연구 결과도 나왔다. 이러한 강 달러 기조가 늦가을까지 이어질 것으로 내다봤다(우리은행 보고서). 2024년 8월 중 유로화와 엔화가 강세를 보였던 것이 제자리를 찾아가면서 달러화가 재차 상승할 것이란 판단이다.

주요 선진국들이 미국 연방준비제도(Fed · 연준)의 피벗(통화정책 방향 전환) 이전에 금리를 인하할 수 있었던 반면, 우리나라는 그러지 못한 이유는 무엇일까? 그 이유는 1,400원에 근접한 원 · 달러 환율, 재차 상승하는 부동산 가격과 2024년 상반기 들어 25조 원 넘게 증가한 가계부채는 도저히 금리 인하를 할 여건이 아니라는 것이 금통위의 판단이기 때문이다. 즉 최근의 경기와 물가 동향을 보면 금리 인하 필요조건이 충족됐지만 집값과 환율이 발목을 잡고 있다.

이에 본지에서는 지속적인 고금리, 고환율 상황이 우리 경제에 미치는 영향을 분석한 후, 정책당국과 금융기관의 대응방안에 대하여 논하기로 한다.

1. 고금리 · 고환율	1) 고금리가 경제에 미치는영향	

① 경제의 변동성 증가

가. 지속적인 고금리는 기업 및 가계에 상환부담을 가중한다. 이미 막대한 부채를 보유하고 있는 가계 및 기업은 추가로 차입하는 것이 어려워 투자 및 소비를 줄이고, 경제 전체의 상환부담 및 부채규모가 커질수록 거시 충격이 소비 위축을 통해 실물경기 침체로 이어질 가능성이 높다.

나. 특히 고물가를 통제하기 위한 통화긴축정책은 자산가치 하락을 가져와 부동산담보대출 등 자산을 담보로 실행한 대출의 부실위험을 높여 금융기관 건전성에도 영향을 미친다.

다. 부도 상황에 처하게 되는 한계차주나 기업이 생긴다면, 불안감이 가중되어 신용공급이 위축되게 되고, 금융시장에서 패닉성 자금유출이 증가하는 등의 부정적인 군집행동(herding effect)가 발생할 수 있다. 이는 레버리지 효과를 통해 투자효과를 극대화시키는 금융 시장의 중개 기능을 약화시켜, '생산적 금융'으로서의 역할을 수행하지 못하게 하고, 시장 전체의 효율을 떨어뜨린다.

② 신용 규모가 위축

가. 고금리로 대출 수요가 줄고 은행의 신용 창조효과가 감소함에 따라 통화 승수가 감소하여 총수요를 위축시킨다.

나. 고금리 기조는 상환 부담의 누증으로 연결된다. 가계대출의 경우 그 절대적 규모가 GDP 대비 104.5%로 여전히 부담스러운 수준이다. 그리고 이자보상배율 1미만의 기업(이른바, 한계기업)의 비중이 약 50% 임을 감안할 때, 금리 인상이 가계 및 기업에 주는 실질적 부담은 상당할 것이다.

③ 자본의 효율적 배분 측면에서 부정적인 영향

가. 한계차주나 기업들은 성장가능성에도 불가하고 부도 위험에 처해 차세대 경제성장에 기여하지 못하게 된다.

나. 자산 보유 유무에 따른 양극화가 심화하는 현상을 가져온다. 또한 경제 취약계층은 필수 생계비 지출 여력 감소로 인해 기본적인 삶의 영위에 어려움을 겪게 된다. 이러한 부의 불균형은 정부의 복지부담으로 작용하여 장기적으로 경제성장에 악영향을 끼칠 수 있다.

④ 자산 가격 변동성 증가 : 자산 가격 변동성이 커져 금융기관의 건전성과 실물 소비/투자에 악영향을 미친다.

가. 은행의 경우, 자산가치 하락 시, 자산 규모 자체가 줄거나 위험 가중치가 높아져 BIS 자기자본비율이 낮아질 우려가 있다. 실제로 금융감독원의 보도자료에 의하면 BIS 자기자본비율이 다소 낮아지는 추세를 보이고 있으나, 그 절대적 수치는 약 13%를 상회하는 수준이어서 아직 크게 우려할 단계는 아닌 것으로 보인다.

1) 고금리가 경제에 미치는영향	나. 기업/가계의 경우, 주가 및 부동산 가격의 하락이 자산효과에 의해 소비/투자를 감소시키며, 불확실성에 대해 예비적으로 대응하게 된다. 이는 딕싯의 투자옵션가설(투자는 불확실성의 감소함수이다)에서도 주장하고 있는 파급경로이다.

1. 고금리 · 고환율

2) 고환율이 경제에 미치는 영향

고환율은 수출 경쟁력 강화, 국내 생산 촉진, 경제 성장 등의 긍정적인 영향을 줄 수 있지만, 생활비 상승, 기업 비용 증가, 해외여행 및 유학 비용 상승, 금융 시장 변동성 증가 등의 부정적인 영향도 동반될 수 있다.

① 교역조건 악화와 수입물가 상승

　가. 환율상승으로 인한 원화가치 하락은 교역조건 악화와 수입물가 증가를 야기한다. 기업은 수익성 개선을 위해 비용절감 및 새로운 수출 판로 모색에 대한 부담을 추가로 갖게 된다. 이는 기업이 개발과 혁신에 투자하여 미래의 부를 재생산하는 긍정적인 기능을 저해한다. 글로벌 GVC 개편 환경 속에서, 원재료 조달의 어려움을 가중시켜 기업경영에 차질을 준다. 고금리 상황 역시, 높은 자본비용으로 인해 기업이 성장 가능성 있는 사업에 투자하기 어렵게 한다. 이는 결과적으로 기업이 수익을 창출하여 개발과 혁신에 투자하여 미래의 부를 재생산하는 긍정적인 기능을 저해한다.

　나. 국가 차원에서도 교역조건 악화로 인한 무역수지 적자는 경제성장의 걸림돌이 되며, 기업이 오프쇼어링 등으로 원가절감을 시도했을 시 상대국으로 인력과 핵심기술, 자본이 유출되어 경제안보에 부정적인 영향을 미치게 된다.

② 고환율 및 수입 원자재 가격의 상승으로 인한 경상수지 악화가 발생한다. 마샬-러너 조건에 의하면 고환율은 수출국의 수출 가격 경쟁력에 유리한 효과가 있다. 그러나 우리나라의 경우, 원자재 수입 의존도가 매우 높고, 기업들의 외화 부채(매입채무) 부담이 커서 고환율에 의한 디메리트를 더욱 크게 체감하는 측면이 있다.

③ 인플레이션 압력 증가 : 수입 물가 상승은 전반적인 물가 상승으로 이어질 수 있어 인플레이션 압박이 커진다.

④ 외화 부채 부담 증가 : 외화로 부채를 가지고 있는 기업들은 환율 상승으로 인해 원리금 상환 부담이 커진다.

⑤ 달러/원 환율 상승은 시차를 두고 해외시장에서 국내 기업들의 달러 등 해외 통화 수출 금액 확대를 만들어낼 수 있다.

**2. 정책적
대응방안**

1) 정책 당국

① 시장의 변동에 대해 적극적 미세조정 방안을 강구해야 하며, 시장을 안정시킬 수 있는 방안을 적시에 마련하는 것이 중요하다(구두개입/직접개입). 이를 위해, 거시위기상황분석을 통해 각 경제요소들의 상호 관계 속에서 위기의 파급 경로와 영향도를 총체적으로 분석함으로써 시나리오 별 대응방안을 구축할 수 있다. 특히, 스트레스 VaR 계산하고, 한계차주와 한계 기업을 등급별로 세분화하여 영향도와 대응책을 선제적으로 분석함으로써 경제의 취약점이 위기에 무너져 혼란이 가중되는 것을 방지할 수 있다. 이는 위기에 대한 비용을 최소화하고 시장 혼란을 방지하여 금융시장의 효율성과 안정성에 기여하게 한다. 또한 환율의 안정을 위해 거시건전성 3종세트(선물환 포지션 규제, 외환 건전성 부담금, 외국인 채권 투자 과세)를 완화한다. 해당 규제들은 외화의 유입을 막는 효과가 있으므로, 이를 한시적으로 완화하여 외환 시장의 유동성 공급에 영향을 미칠 수 있을 것이다.

② 가계의 재정부담 삭감을 위해 가계부채의 관리방안이 필요할 것이다. 관리 가능한 가계부채는 문제가 되지 않으므로, 부채 자체의 건전성과 증가속도를 직접적으로 관리하는 방안을 생각해볼 수 있다. 안심전환대출이나 은행들의 건전성 규제 강화 등이 이러한 접근법에 해당한다고 할 수 있다. 부채는 결국 소득과 소비에 의해 결정되므로, 가계의 소득 증가를 통해 부채를 간접적으로 관리하는 방안도 생각해볼 수 있다.

③ 기업의 경쟁력 강화를 위해 강력한 컨트롤타워가 필요할 것이다. 소규모 개방경제이자 대기업 중심의 경제구조를 갖고 있는 우리나라는 대외변동에 취약하며, 성장가능성을 가지고 있는 뛰어난 벤처기업들이 구조적 요인으로 빛을 보기 어려운 상황에 놓여 있다. 따라서 고금리/고환율 현상으로 인해 피해를 본 기업들에 긴급경영안정자금 등 신속한 지원이 필요하다. 장기적으로는 유망기업에 대한 이해를 바탕으로 포지티브 규제로의 전환이 필요하며, 필요시 성장단계(growth cycle)에 따라 인력 알선, 기술금융 지원, 민관협력 기회 제공 등으로 기업경쟁력 및 내수경제 활성화를 꾀해야 할 것이다.

④ 경제 위기에 대처하기 위한 선제적인 대응체계가 필요할 것이다. 무엇보다 고금리, 고물가 현상이 문제가 되는 이유는 이 현상이 일시적인 것이 아니라, 그동안 한국 경제가 가지고 있던 문제점과 맞물려 장기적으로 경기침체를 가져올 가능성이 크기 때문이다. 따라서 앞으로 생길 문제까지 예방하기 위한 선제적인 대응체계를 구축할 필요가 있다. 이를 위해서는 '시나리오 확립'에 힘을 써야 할 필요가 있다. 거시위기상황분석을 통해 경제요소들의 상호 관계 속에서 위기의 파급 경로와 영향도를 총체적으로 분석함으로써 시나리오별 대응방안을 모색하는 것이다. 시나리오 확립은 각 경제주체들에 맞춘 스트레스 테스트와 정부, 금융기관, 민간의 체계적인 소통을 바탕으로 구체화되어야 할 것이다. 또한 대응방안을 만들고 이를 일방적으로 꾸준히 추진해야만 한국 경제의 혼란 가중을 막을 수 있을 것이다.

2. 정책적 대응방안	2) 금융기관	① 고금리 　가. 신용리스크 관리 강화 – 부실기업과 회생가능한 기업 분류 및 기업별 선제적 채무 재조정 작업, 특히 PF금융의 경우 미시적으로 사업장별로 사업성 재평가와 거시적으로 지역별 미분양 추이 분석 → 선별 및 조정 　나. 시장리스크 관리 　　- 보유중인 채권평가 손실에 대한 리스크 관리 　　- 보유중인 부동산담보 가치 하락에 대한 리스크 관리 – 부동산담보재평가 및 여신 재조절 　다. 유동성리스크 관리 　　- 외화 LCR에 대한 지속적 모니터링 및 외환 유동성 확보 　라. 조달 코스트를 낮춰 여신 금리 인하 노력 　　- 요구불 예금 유치 확대 　　- 커버드본드 발행 확대 　마. 고정 이하 여신에 대한 대손충당금 적립비율 상향 ② 고환율 　가. BIS자기자본 비율 관리 　　- 분모인 위험가중자산은 외화여신을 감안하면 환율 상승 시 BIS 자기자본비율 하락요인 – 자본확보 　나. 외화 유동성 리스크를 수시로 재점검하고 적정 수준을 유지할 수 있도록 모니터링해야 한다. 환헷지 전략의 시계를 단기에서 중 장기로 전환하도록 유도하고, 적정 수준의 외화 보유를 통해 변동성에 대한 완충력을 확보해야 한다. 　다. 보유중인 외화채권에 대한 별도의 환리스크 관리 시스템을 가동해야 할 것이다. 　라. 신용리스크 관리 : 특히 수입 기업의 환차손 확대에 대비한 여신 조절. 　마. 영업확대 및 지원 : 수출기업에 대한 여신지원.

📈 결론

고금리, 고환율 시대에 우리 경제가 나아가야 할 방향은 아래와 같다.

첫째, 선제적인 대응체계 구축이다.

2008년 글로벌 금융위기를 극복하는 데 앞장선 티모시 가이트너는, 외과의사와 금융위기 관리자를 비교하여, 위기에도 진단과 대응, 예방과 치료, 분류나 수술이 존재함을 강조하였다. 이처럼 모든 위기 상황에는 대응 방안이 존재하며, 과잉 대응과 과소 대응 모두 사회적인 비용을 초래한다.

따라서 시장의 변동에 대해 미세조정 방안을 강구해야 하며, 시장을 안정시킬 수 있는 방안을 적시에 마련하는 것이 중요하다. 이를 위해, 거시위기상황분석을 통해 각 경제요소들의 상호 관계 속에서 삼고 현상이 초래할 수 있는 위기의 파급 경로와 영향도를 총체적으로 분석함으로써 시나리오별 대응방안을 구축할 수 있다. 특히, 스트레스 VaR 계산하고, 한계차주와 한계 기업을 등급별로 세분화하여 영향도와 대응책을 선제적으로 분석함으로써 경제의 취약점이 위기에 무너져 혼란이 가중되는 것을 방지할 수 있다. 이는 위기에 대한 비용을 최소화하고 시장 혼란을 방지하여 금융시장의 효율성과 안정성에 기여하게 한다.

둘째, 구조 개선을 통한 실질적인 경제성장을 유도해야 할 것이다.

최근 고금리. 고환율 현상이 실질적인 위기가 될 가능성이 높은 이유는 우리나라 경제의 구조적인 취약점 때문이다. 2,000조 원을 초과하는 가계부채와 해외 의존적인 경제 구조는 거시경제 변수의 변화에 민감하게 반응할 수밖에 없다. 이에 다라 나라의 실질적인 부가 감소할 위험을 초래하며, 결과적으로 최종 경제주체인 국민들의 실질 소득을 감소시키고 삶의 질을 떨어뜨린다. 이는 헌법 제 34조에 명시된 바, '모든 국민은 인간다운 생활을 할 권리'를 적극적으로 수호하지 못하게 한다. 정부는 이러한 구조적인 원인을 파악하여 이를 개선함으로써 경제의 체질을 바꾸어야 한다. 방안으로는, 가계부채의 분할상환을 독려하고 상환능력 중심의 대출심사 규정을 정비한다. 더불어, 외부에 의존적인 경제 구조를 개선하기 위해 편중된 공급망을 다변화하고 원재료 의존적인 생산 구조에서 서비스나 컨텐츠를 고도화하는 고부가가치 산업을 육성해야 한다. 기업과 각 경제주체의 노력도 필요하다. 개인은 변동금리 대출구조를 고정금리로 변경하고, 분할 상환 노력을 기울여 파산 위험을 줄여야 한다. 기업은 R&D 투자를 활발히 함으로써 실질적인 성장을 통해 내실을 다질 필요가 있다. 이처럼 경제의 구조개선을 통한 실질적인 경제 성장을 유도하는 것은, 우리나라 국민이 대한민국 헌법에서 명시하는 '인간다운 생활'을 누리는 데 기여한다.

셋째, 전방위적인 정책적 공조를 위한 전담 컨트롤타워를 구축해야 할 것이다.

최근 고금리 · 고물가 현상은 우리나라 경제만의 현상이 아니라, 거시적인 국제 경제흐름의 한 현상이다. 이러한 지속적인 고물가, 고금리, 고환율 상황의 외생적인 충격이 큰 만큼, 이를 경제 재난이나 위기의 요소 중 하나로 인식하고, 내/외부와 정책적인 공조를 맞추어 대응할 필요가 있다. 내부적으로는, 정부의 각종 지원책과 유관 기관의 경제 정책 간의 일관성이 중요하다. 거시경제 변수의 변화이므로 한국은행의 통화정책, 재정정책, 환율정책이 정부의 법규 및 지원 정책과 일관되어 경제에 효과적인 파급효과를 주어야 한다. 이는 정부, 금융기관, 민간이 협력하여 우리 경제가 나아가야 할 방향에 대해 합의점을 도출하고 하나의 목표를 향해 발맞추어 달려감으로써 그 효과를 극대화할 수 있다. 외부적으로는, 주변국과의 정책적인 공조를 위해 소통의 채널을 확대하고 전담 컨트롤타워를 구축해야 한다. 이는 거시경제 상황 변화에 대해 이해당사 간 상생함으로써 국제 사회에서 하나의 파워를 형성하게 하고, 소규모 개방경제인 대한민국의 상황을 적극 보완할 수 있게 한다.

chapter

04 일자리 양극화와 극복 방안

01 논제 개요 잡기[핵심 요약]

서론	이슈언급	일반적으로 청년들은 중소기업 일자리보다 대기업 일자리를 선호한다. 대한상공회의소(2023년)의 설문조사 결과에 따르면, 대학생들이 취업하기 원하는 기업 가운데 중소기업은 16%에 불과했다. 반면, 대기업은 64%, 공공부문은 44%를 차지했다. 문제는 현실에서 존재하는 대부분의 일자리가 대기업 일자리가 아닌 중소기업 일자리라는 점이다. 사업체 규모별로 파악할 때, 우리나라는 대규모 사업체의 일자리 비중이 OECD에서 가장 낮은 국가이다. 대기업 일자리로 대변되는 좋은 일자리의 부족은 우리 사회에서 대학 입시경쟁의 과열과 사회적 이동성의 저하, 출산율 하락과 여성 고용률 정체, 수도권 집중 심화 등의 중요한 원인이 되고 있다.
본론	1. 현황 및 문제점	1) 사업체 규모별 일자리 비중

① 국내현황
  가. 2021년, 300인 이상 사업체에서 근무하는 사람의 비중은 전체 종사자 기준으로 14%, 임금근로자 기준으로 18%에 불과했다.
  나. 추세적으로도 대기업의 일자리 비중은 그리 많이 늘지 않았다.
  다. 임금 외의 다른 근로조건에 있어서도 중소기업의 근로자들은 상대적으로 열악한 상황에 있다.

본론	1. 현황 및 문제점	1) 사업체 규모별 일자리 비중	② 글로벌 현황 : 이러한 비중은 다른 나라에 비해 매우 낮은 것이다. 250인 이상 기업이 전체 일자리에서 차지하는 비중은 OECD 최하위인 것으로 나타난다. 즉, 이 비중이 우리나라에서는 14%인 데 반해 독일에서는 41%에 달하며, 스웨덴(44%), 영국(46%), 프랑스(47%), 미국(58%)은 독일보다도 높은 비중을 보이고 있다.
		2) 대기업 일자리 부족에 따른 문제점	① 대학 입시경쟁의 과열. ② 좋은 일자리의 부족과 낮은 출산율 및 낮은 여성 고용률. ③ 좋은 일자리의 부족과 국가균형발전.
결론	의견제시		중소기업에 대해 여러 가지 지원이 제공되는 반면 대기업에 대해 여러 가지 규제가 부과된다면, 기업은 대기업으로 성장할 유인이 적어 규모를 키우지 않고, 중소기업으로 남으려 할 것이다. 또한 중소기업 중에서도 생산성 낮은 기업이 도태되어야 생산성 높은 기업이 중견기업 내지 대기업으로 성장할 수 있고, 산업 전체의 생산성을 끌어올릴 수 있는데, 과도한 정책지원은 이러한 역동성을 저해할 수 있다. 한편, 대규모 사업체 에서는 노동조합의 결성이 쉬울 수 있는데, 이러한 우려 때문에 기업은 고용규모를 키우는 대신 핵심적이지 않은 사업을 하청기업에 외주화(outsourcing)할 수도 있다. 이 경우 적대적이고 전투적인 노사관계는 기업규모의 확대를 막는 요인이 된다. 사업체 규모가 커야 양질의 일자리가 만들어질 수 있다는 점을 전제로 한다면, 정부는 기업의 규모화(scale-up)가 원활히 진행될 여건을 마련해야 한다. 첫째, 정부는 무수히 많은 중소기업 지원정책을 실시하고 있는데, 이들의 효과성을 점검하고 혹시 기업의 규모화를 저해하고 있다면 개선해야 할 것이다. 둘째, 중소기업 적합업종제도, 대형마트 영업시간 제한 등의 정책과 대기업 경제력 집중 관련 정책도 이런 측면에서 재검토할 필요가 있다. 셋째, 노사관계에 있어서도 선진국의 사례를 참고하여 생산적이고 합리적인 방향으로 관련 제도를 수정·보완할 필요가 있다. 넷째, 중앙정부뿐 아니라 지방정부도 가능한 범위에서 이러한 방향으로 노력을 기울일 필요가 있다. <출처: KDI>

02 논제 풀이

 서론

**이슈
언급**　불확실한 경영 환경으로 대기업의 취업 문도 갈수록 좁아지고 있다. AI(인공지능), 반도체 등 특정 분야에선 연구 · 개발(R&D) 인력 위주로 구인난이지만, 일자리 창출 비중이 높은 유통 · 제조업 불황이 길어지고 있기 때문이다. 신규 채용 대신 인력 감축이 이어지는 곳도 많다. 작년 적자를 기록한 이마트가 2024년 3월 창사 이래 첫 희망퇴직을 단행했고, 이커머스 업계에서도 11번가, SSG닷컴, 롯데온에서 희망퇴직이 이어졌다. 철강 · 배터리 · 정유 업종은 대규모 장치 산업이라 인력 규모는 크지 않지만, 불황으로 신규 채용도 어려운 상황이다. 주요 기업이 해외에 공장을 확대하고, 국내에선 자동화 시스템 도입이 빠르게 늘어난 점도 채용 한파에 영향을 미쳤다.

일반적으로 청년들은 중소기업 일자리보다 대기업 일자리를 선호한다. 대한상공회의소(2023년)의 설문조사 결과에 따르면, 대학생들이 취업하기 원하는 기업 가운데 중소기업은 16%에 불과했다. 반면, 대기업은 64%, 공공부문은 44%를 차지했다. 문제는 현실에서 존재하는 대부분의 일자리가 대기업 일자리가 아닌 중소기업 일자리라는 점이다.

대기업 취업자는 2024년 6월 말 기준 311만 5,000명이다. 1년 전과 비교하면 4,000명 늘어난 수치다. 하지만 증가 폭으로 보면 5년 4개월 만에 가장 작다. 물론 대기업 일자리는 좀처럼 줄지 않지만 2022년 8월 이후 증가 폭은 줄어드는 추세다. 전체 취업자에서 대기업 취업자가 차지하는 비중도 감소세다. 전체 취업자 2,890만 7,000명 중 대기업 취업자 비중은 10.8%다. 2024년 3월 11.1%를 찍은 후 하향 곡선을 그리는 중이다.

사업체 규모별로 파악할 때, 우리나라는 대규모 사업체의 일자리 비중이 OECD에서 가장 낮은 국가이다. 대기업 일자리로 대변되는 좋은 일자리의 부족은 우리 사회에서 대학 입시경쟁의 과열과 사회적 이동성의 저하, 출산율 하락과 여성 고용률 정체, 수도권 집중 심화 등의 중요한 원인이 되고 있다.

이에 본지에서는 일자리 양극화 현황 및 원인 그리고 이를 극복하기 위한 정책적 방안에 대해 논하기로 한다.

본론

1. 현황 및 문제점

<출처: KDI>

1) 사업체 규모별 일자리 비중

① 국내현황

가. 2021년의 경우 300인 이상 사업체에서 근무하는 사람의 비중은 전체 종사자 기준으로 14%, 임금근로자 기준으로 18%에 불과했다. 반면, 10인 미만 사업체의 일자리 비중은 전체 종사자 기준으로 46%, 임금근로자 기준으로 31%에 달했다.

[사업체 규모별 일자리 비중(2021년)]

(단위: %)

	1~4인	5~9인	10~29인	30~99인	100~299인	300~499인	500인이상	계
전체종사자	33.0	12.6	16.0	15.4	9.2	3.2	10.6	100.0
	45.6		40.6			13.8		
임금근로자	15.5	15.2	20.1	19.1	11.8	4.2	14.2	100.1
	30.7		51.0			18.4		

<출처: 통계청>

나. 추세적으로도 대기업의 일자리 비중은 그리 많이 늘지 않았다.

[사업체 규모별 일자리 비중 추이]

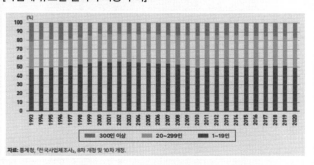

자료: 통계청, 「전국사업체조사」, 8차 개정 및 10차 개정.

A. 1993~2020년의 사업체 규모별 일자리 비중을 보여준다. 이에 의하면 1998년의 외환위기를 전후해 대규모 사업체의 일자리가 줄어들었고, 그 후에 다시 늘어나기는 했으나 그 추세가 뚜렷하지는 않았다.

[사업체 규모별 임금 격차]

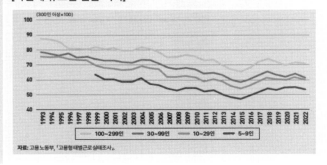

자료: 고용노동부, 「고용형태별근로실태조사」.

B. 사업체 규모에 따라 근로조건은 큰 차이를 보인다. 상기 표는 300인 이상 사업체를 기준으로 사업체 규모에 따른 임금격차를 그린 것이다. 이에 따르면, 2022년의 경우 5~9인 사업체의 임금은 300인 이상 사업체의 54%에 불과하다. 비교적 큰 규모인 100~299인 사업체의 임금도 71%에 그친다. 이러한 임금격차는 1990년대 초부터 꾸준히 커지다가 2015년경 이후에는 다소 줄어들었으나 여전히 높은 수준을 유지하고 있다.

다. 임금 외의 다른 근로조건에 있어서도 중소기업의 근로자들은 상대적으로 열악한 상황에 있다. 출산 전후휴가 및 육아휴직의 예를 살펴보면, 사업주는 근로자에게 이러한 모성보호 관련 휴가·휴직을 제공해야 할 법적 의무를 진다(「근로기준법」 제74조 제1항, 「남녀고용평등과 일·가정 양립 지원에 관한 법률」 제19조 제1항). 그러나 실제로 이러한 제도를 자유롭게 사용할 수 있는 근로자는 대기업 근로자들이며, 소규모 기업의 근로자는 상당한 제약을 겪고 있다.

1. 현황 및 문제점

<출처: KDI>

1) 사업체 규모별 일자리 비중

[기업규모별 출산전후휴가제도와 육아휴직제도 활용 현황(2022년)]

규모 (인)	출산전후휴가					육아휴직				
	5~9	10~29	30~99	100~299	300이상	5~9	10~29	30~99	100~299	300이상
전체	100.0	100.0	100.0	100.0	100.0	100.0	100.0	100.0	100.0	100.0
필요한 사람은 모두 사용 가능	66.1	76.9	83.0	89.8	83.0	47.8	50.8	71.9	88.4	95.1
필요한 사람 중 일부만 사용 가능	22.3	17.1	11.4	10.0	16.5	29.2	30.0	13.6	0.9	3.0
필요한 사람도 전혀 사용 불가능	11.6	5.9	5.6	0.2	0.5	23.0	19.2	14.5	10.6	1.9

자료: 고용노동부(2023).

30인 미만 사업체의 경우 출산전후휴가제도가 필요한 사람 중 일부 또는 전부가 사용하지 못한다고 응답한 비율이 약 30%였으며, 육아휴직제도의 경우에는 이 비율이 약 50%에 달했다. 우리나라는 임금근로자의 약 절반이 30인 미만 사업체에서 근무하고 있는데, 이들 가운데 상당수가 모성보호제도를 제대로 사용하지 못하고 있는 것이다.

② 글로벌 현황 : 이러한 비중은 다른 나라에 비해 매우 낮은 것이다. 경제협력개발기구(OECD)에서는 300인이 아닌 250인을 기준으로 대기업과 중소기업을 구분하는데, 이에 의하면 250인 이상 기업이 전체 일자리에서 차지하는 비중은 OECD 최하위인 것으로 나타난다. 즉, 이 비중이 우리나라에서는 14%인 데 반해 독일에서는 41%에 달하며, 스웨덴(44%), 영국(46%), 프랑스(47%), 미국(58%)은 독일보다도 높은 비중을 보이고 있다.

[OECD 국가의 1~249인 및 250인 이상 기업 일자리 비율]

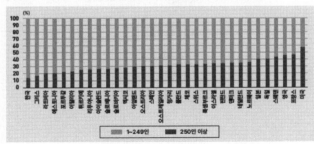

1) 사업체 규모별 일자리 비중

1. 현황 및 문제점

<출처: KDI>

2) 대기업 일자리 부족에 따른 문제점

① 대학 입시경쟁의 과열.

　가. 대기업 일자리가 부족함에 따라 여러 문제가 나타나고 있다. 특히 좋은 대학에 입학하고자 하는 입시경쟁이 대표적인 예이다. 입시제도를 아무리 고쳐도 입시경쟁은 줄지 않고 있다. 문제는 입시제도에 있지 않고 대기업 일자리의 부족에 있을 가능성이 크다.

[대학 서열의 임금 프리미엄]

주: 수능성적(1998~2000년)을 활용해 4년제 대학의 서열을 정한 후 이들을 5개 분위로 구분하고 각 분위 대학 졸업자들의 임금자료
(한국노동패널, KLIPS, 98표본)를 활용하여 임금격차를 추정한 결과.
자료: 이지영·고영선(2023).

　나. 상기 그래프는 대학서열의 임금 프리미엄을 추정한 결과이다. 추정을 위해 4년제 일반대학을 수능성적에 따라 5개 분위로 구분한 후, 각 분위 대학 졸업생들의 평균 임금을 연령에 따라 계산하였다. 그리고 최저분위인 1분위와의 차이를 구하였다. 그림에 따르면, 1분위 대비 5분위의 임금 프리미엄이 40~44세 구간에서는 50%에 달하기도 한다. 이처럼 임금 프리미엄이 높으니 상위권 대학에 진학하려 치열한 입시경쟁을 치르는 것이다. 상위권 대학 졸업자들은 임금뿐 아니라 정규직 취업, 대기업 취업, 장기근속 등에 있어서도 유리한 것으로 나타난다.

다. 이러한 입시경쟁은 사교육의 원인이 된다. 정부가 아무리 노력을
　　해도 사교육이 사라지지 않는 이유는 결국 좋은 일자리의 부족에
　　있을 가능성이 높다. 이는 또한 사회이동성(social mobility)도 제
　　약하게 된다. 부모의 경제력이 높을수록 사교육 지출도 크고 자
　　녀의 학업성취도도 높은 경향이 있기 때문이다(민인식, 2022). 부
　　모 세대에서 자녀 세대로 교육을 통한 부(富)의 대물림이 이루어지
　　고 있는 것이다.

→ 상위권 대학 졸업생과 하위권 대학 졸업생 간의 임금격차가 크
　기 때문에 대학 입시경쟁이 치열.

② 좋은 일자리의 부족과 낮은 출산율 및 낮은 여성 고용률.

가. 우리 사회의 화두인 저출산 문제도 대기업 일자리의 부족과 관
　　계가 있다. 중소기업에서는 모성보호제도를 제대로 활용하기 어
　　렵다. 제도나 정책이 있더라도 현장에서 집행되기 어렵다는 것이
　　다. 이는 대기업 일자리를 늘려 여성 근로자가 실제로 모성보호
　　제도의 혜택을 받을 수 있는 환경을 조성하는 일이 매우 중요함
　　을 의미한다.

[경력단절 전후 일자리 변화]

**1. 현황 및
문제점**

<출처: KDI>

**2) 대기업 일자
리 부족에 따
른 문제점**

	경력단절 이전대비 비중 하락	경력단절 이전 대비 비중 상승
산업	제조업(-13.2%p), 교육서비스업(-2.6%p)	숙박·음식점업(9.0%p), 도·소매업(5.9%p)
직업	사무직(-23.7%p), 전문가(-5.2%p)	판매직(14.0%p), 서비스직(12.5%p)
지위	상용근로자(-36.7%p)	임시근로자(9.4%p), 고용원 없이 일하는 자영업자(16.4%p)
근로형태	전일제 일자리(-16.9%p)	-

자료: 여성가족부(2023).

나. 한편, 여성가족부의 설문조사 결과에 따르면, 경력단절 이후 재
　　취업했을 때 일자리의 질은 대체로 하락하는 것으로 나타난다(예
　　컨대 상용근로자 비중은 36.7%p 하락하고, 임시근로자 비중은
　　9.4%p 상승하며, 고용원 없이 일하는 자영업자 비중은 16.4%p
　　상승한다. 이처럼 경력단절 후 재취업할 때 좋은 일자리를 얻기 어
　　렵기 때문에 여성 근로자는 출산을 미루고 계속 일하거나, 출산하
　　고 난 다음에는 재취업하지 않는 것으로 보인다. 이러한 측면에서
　　볼 때, 출산율이 낮은 문제와 여성 고용률이 낮은 문제는 상당 부
　　분 좋은 일자리의 부족에 기인할 가능성이 높다.

다. 이와 더불어 출산·육아와 무관하게 안 좋은 일자리 자체가 여성
　　의 퇴직을 유도하고 이들의 재취업을 방해하는 역할도 하고 있는
　　것으로 보인다. 상기 표에 의하면, 경력단절 여성이 일을 그만둔
　　이유 중 임신(21.3%), 출산(19.8%), 육아(13.9%)가 55.0%를 차지
　　했으나 근로조건도 26.1%를 차지했다. 근로조건의 비중은 특히
　　25~29세(77.5%) 및 30~34세(43.4%)에서 매우 높은 수준을 보였
　　다. 열악한 근로조건은 젊은 여성들의 퇴직을 유도하는 중요한 요
　　인으로 작용하고 있는 것이다.

1. 현황 및 문제점 <출처: KDI>	2) 대기업 일자 리 부족에 따 른 문제점	→ 좋은 일자리가 부족하기 때문에 모성보호제도의 활용도가 낮으 며, 여성들의 취업도 저조. ③ 좋은 일자리의 부족과 국가균형발전. 　우리 사회가 당면한 또 다른 중요한 문제인 수도권 집중도 결국은 비 수도권에서 대기업 일자리가 상대적으로 부족하기 때문으로 보인다. 지금과 같이 수도권 집중이 지속되는 것은 결국 비수도권에 생산성이 높고 규모가 큰 사업체가 적은 것이 중요한 이유일 수 있다. 시 · 도 단 위에서도 사업체 규모가 클수록 노동생산성이 높은 것으로 파악된다.

📈 결론

의견 제시

사업체 규모는 여러 요인의 영향을 받아 결정된다.

첫째, 산업의 기술적 특성이 중요한 영향을 미칠 수 있다. 상대적으로 큰 자본투자와 기술투자가 필요한 제조업, 건설업, 정보통신업 등에서는 사업체 규모가 클 수밖에 없다. 반대로 도소매업이나 음식숙박업에서는 사업체 규모가 작을 수 있다.

둘째, 경영자의 경영능력도 중요한 요인일 수 있다. 대규모 조직을 운영할 능력을 갖춘 경영자가 얼마나 많은가에 따라 경제 전체에서 대기업이 차지하는 비중이 달라질 것이다.

셋째, 지역 특성도 사업체 규모에 영향을 미칠 수 있다. 예를 들어 인구가 많은 지역에서는 상품에 대한 수요도 크고, 노동공급도 많아 대규모 사업체를 유지할 수 있지만, 인구가 적은 지역에서는 대규모 사업체를 유지하기 어렵다.

넷째, 정보통신기술(ICT)의 발전도 사업체 규모에 영향을 미칠 수 있다. 생산활동에 참여하는 여러 주체들 간의 거래에는 비용이 발생한다. 이러한 거래비용이 높을 때는 기업이 생산활동을 기업 내부에서 위계적(hierarchical) 관계를 통해 수행하는 것이 유리한데, 이 경우 기업규모는 커지게 된다. 이런 맥락에서 ICT의 발달은 거래비용을 낮추어 생산활동의 외주화를 촉진할 수 있고 기업규모의 축소를 유도할 수 있다. 이와 더불어 로봇 등 자동화 기기의 도입도 종사자 수 기준의 기업규모를 줄이는 요인이 될 수 있다.

이러한 요인들은 정부가 영향을 미치기 어려운 부분이다. 그러나 정부가 영향을 미칠 수 있는 부분도 많은 것으로 판단된다. 중소기업에 대해 여러 가지 지원이 제공되는 반면 대기업에 대해 여러 가지 규제가 부과된다면, 기업은 대기업으로 성장할 유인이 적어 규모를 키우지 않고, 중소기업으로 남으려 할 것이다. 또한 중소기업 중에서도 생산성 낮은 기업이 도태되어야 생산성 높은 기업이 중견기업 내지 대기업으로 성장할 수 있고, 산업 전체의 생산성을 끌어올릴 수 있는데, 과도한 정책지원은 이러한 역동성을 저해할 수 있다. 한편, 대규모 사업체에서는 노동조합의 결성이 쉬울 수 있는데, 이러한 우려 때문에 기업은 고용규모를 키우는 대신 핵심적이지 않은 사업을 하청기업에 외주화(outsourcing)할 수도 있다. 이 경우 적대적이고 전투적인 노사관계는 기업규모의 확대를 막는 요인이 된다.

사업체 규모가 커야 양질의 일자리가 만들어질 수 있다는 점을 전제로 한다면, 정부는 기업의 규모화(scale-up)가 원활히 진행될 여건을 마련해야 한다.

첫째, 정부는 무수히 많은 중소기업 지원정책을 실시하고 있는데, 이들의 효과성을 점검하고 혹시 기업의 규모화를 저해하고 있다면 개선해야 할 것이다.

둘째, 중소기업 적합업종제도, 대형마트 영업시간 제한 등의 정책과 대기업 경제력 집중 관련 정책도 이런 측면에서 재검토할 필요가 있다.

셋째, 노사관계에 있어서도 선진국의 사례를 참고하여 생산적이고 합리적인 방향으로 관련 제도를 수정 · 보완할 필요가 있다.

넷째, 중앙정부뿐 아니라 지방정부도 가능한 범위에서 이러한 방향으로 노력을 기울일 필요가 있다. 이러한 노력은 사회 전체에 적지 않은 영향을 미칠 것이다. 과도한 입시경쟁을 줄이고 사회적 이동성을 제고하며, 여성 고용률과 출산율을 높이고, 비수도권의 발전을 도모하기 위해서는 개별 정책 분야 각각의 노력만으로는 부족하며, 이들 문제 전반에 공통적으로 영향을 미치는 기업의 규모화가 필수적이라는 점을 정책당국과 일반 국민이 인식할 필요가 있다. 기업의 규모화(scale-up)를 저해하는 정책적 요인들을 파악하고, 이를 개선하려는 노력이 필요할 것이다.

또한 다른 방법도 모색해야 한다.

대기업 일자리 부족을 메꿀 수 있는 게 중견 제조업체다. 중견기업의 경우 각종 우대조치를 받기 위해 중소기업으로 위장한 사례가 많다. 이들 기업에 설비투자를 지원하고, 이들이 인수합병(M&A)이나 임금을 인상하면 세제 혜택을 주는 방안을 모색해야 할 때다. 중소기업은 자영업자 · 소기업 · 중견기업 등 범위가 넓다. 모두 중소기업을 우대하는 각종 지원을 받기 위한 편법에 지나지 않는다. 중견기업을 육성하는 정책을 펼치면 경제성장 동력 확보는 물론 대기업 취업 쏠림현상도 극복할 수 있다.

<출처: 글로벌이코노미 사설>

2024년 OECD 및 3대 신평사 한국보고서 검토

01 논제 개요 잡기[핵심 요약]

서론	**이슈언급**	OECD는 2024년 7월 11(목)에 「2024 한국경제보고서(OECD Economic Surveys: Korea 2024)」를 발표했다. OECD는 매 2년 주기로 회원국의 경제동향을 점검하고 정책 분석과 권고를 골자로 한 국가별 검토보고서 발표한다. 보고서는 우리 경제가 코로나 이후 글로벌 고물가, 수출 부진 등에 따른 일시적 성장 약화에서 벗어나 성장이 재개되었으며(Growth resumes after asoft patch), 그간 누적된 고물가 · 고금리 영향에도 2024년 하반기부터 내수가 강화될 것이라고 평가했다(Domestic demand should strengthen from the second half of 2024). 이러한 평가를 토대로 2024년 성장률을 2.6%로 전망하고, 특히 물가상승률을 2024년 5월 대비 △0.1%p 낮춘 2.5%로 전망했다. 한편, 3대 국제신용평가사들도 한국 경제에 대한 전망을 발표했다. 우리가 우리의 경제를 자체 평가 후, 예측 및 방향성 제시도 중요하지만, 외부 국제기구나 평가기관의 우리 경제에 대한 시선도 상당히 중요하게 검토해야 할 것이다.
본론	**1. OECD 보고서**	**1) 거시경제 전망 및 정책평가**	① 거시경제 전망 및 정책 평가 : 한국경제는 코로나 이후 글로벌 고금리, 수출부진의 일시적 성장 약화에서 벗어나 성장이 재개되는 모습. - 리스크 : 미-중 무역분쟁 심화 우려 등 지정학적 리스크에 따른 공급망 우려, 가계부채 · 부동산PF 등.

1. OECD 보고서	1) 거시경제 전망 및 정책평가	② 중소기업 생산성 향상 : 한국의 성장 동력을 보완하기 위해 중소기업 부문 생산성 증대와 시장에서 공정 경쟁을 보장하는 광범위한 개혁 필요. ③ 탄소 감축. ④ 인구감소 대응. ⑤ 출산율.
	2) 정부의 대응	OECD의 정책권고는「역동경제 로드맵」과 구조개혁 방향성·과제를 공유하고 있는 것으로 평가되며, 정부는 이를「역동경제 로드맵」등 정책 추진에 참고할 예정이다.
2. 3대 신평사 보고서	1) S&P 평가 (2024년 4월 30일)	S&P는 2016년 8월 이후 한국의 국가신용등급을 유지하고 있다. 향후 전망도 '안정적'으로 보고 있다. S&P는 배포한 보도자료에서, - 향후 3~5년 동안 한국 경제가 대부분의 고소득 국가들보다 높은 평균 성장률을 유지할 것 - 이에 힘입어 재정적자 수준도 향후 3년 동안 낮은 수준을 유지할 것이라고 밝혔다.
	2) 피치 평가 (2024년 3월 6일)	2024년 경제성장률 전망치도 2023년 10월에 제시한 2.1%를 유지했다. 피치는 수출 반등을 주도하고 있는 반도체 부문에 대해 인공지능(AI) 관련 수요에 힘입어 2025년까지 긍정적 추세를 이어갈 것으로 봤다.
	3) 무디스 평가(2024년 5월 9일)	한국의 국가신용등급을 기존과 같은 'Aa2'로, 등급 전망도 '안정적'으로 각각 유지한다고 밝혔다. 이번 결정은 한국의 경쟁력 있는 경제, 기민한 정책 대응, 강한 재정적 역량 등을 반영한 결과"라고 설명했다. 고령화, 생산성 둔화, 대북 리스크 등은 하방요인으로 꼽혔다.
3. 한국 경제의 강점과 약점	1) 강점	① 위기에 강한 경제 체질. ② 주력 섹터인 제조업의 성장성. ③ 미래를 위한 연구개발투자의 확대. ④ K-컬쳐의 글로벌 소프트 파워 확산. ⑤ 높은 인적 자본 수준.
	2) 약점	① 세계 경제의 중장기 저성장 국면 진입. ② 서비스업의 취약한 생산성. ③ AI 사회에 대한 불충분한 대비. ④ 그린 전환 트렌드에 불리. ⑤ 저출산·고령화로 인한 노동력의 부족.

*(왼쪽 여백: **본론**)*

결론	의견제시

첫째, 통화정책은 당분간 완화적인 기조가 바람직할 것으로 생각되나, 미 연준의 초긴축적 통화정책과 글로벌 자금흐름에 긍정적인 변화가 나타나기 시작한 만큼 국내 경기상황이나 금융안정성을 고려해 가며 탄력적으로 결정하는 것이 바람직하다.

둘째, 재정정책은 소비 및 투자가 작년보다 부진할 것으로 예상되는 만큼 민간의 투자 촉진과 기업의 생산성 향상을 위한 재정지출을 확대하고 이를 뒷받침하기 위한 규제혁신 노력을 지속해야 할 것이다. 또한 재정준칙을 조속히 확립하고 재정건전성을 확보함으로써 대외불확실성에 대응하여 국가신인도를 유지할 필요가 있다.

셋째, 아울러 경제안보 확립에도 적극 노력할 필요가 있다. 미중 무역갈등, 우크라이나 전쟁 지속 등으로 에너지 및 핵심 소재부품에 대한 안정적인 확보 필요성이 커지고 있는 점에 유념하여 적극적인 국제협력 및 국가간 공조 노력을 통해 이를 극복해 나가야 할 것이다.

02 논제 풀이

서론

이슈 언급

OECD는 2024년 7월 11(목)에 「2024 한국경제보고서(OECD Economic Surveys: Korea 2024)」를 발표했다. OECD는 매 2년 주기로 회원국의 경제동향을 점검하고 정책 분석과 권고를 골자로 한 국가별 검토보고서 발표한다. 보고서는 우리 경제가 코로나 이후 글로벌 고물가, 수출 부진 등에 따른 일시적 성장 약화에서 벗어나 성장이 재개되었으며(Growth resumes after asoft patch), 그간 누적된 고물가·고금리 영향에도 2024년 하반기부터 내수가 강화될 것이라고 평가했다(Domestic demand should strengthen from the second half of 2024). 이러한 평가를 토대로 2024년 성장률을 2.6%로 전망하고, 특히 물가상승률을 2024년 5월 대비 △0.1%p 낮춘 2.5%로 전망했다.

한편, 3대 국제신용평가사들도 한국 경제에 대한 전망을 발표했다.

1. 국제신용평가사 S&P는 2024년 4월 30일 한국의 국가신용등급을 AA로 평가하며 향후 전망을 유지했다. 8년째 같은 등급이다. 한국은 영국과 벨기에, 아일랜드 등과 같은 등급으로 묶였다. 중국과 일본(이하 A+)은 한국보다 국가신용등급이 2단계 낮다.

2. 국제 신용평가사 피치는 2024년 3월 6일 한국의 국가 신용등급을 'AA-'로, 국가신용등급 전망도 '안정적'(Stable)으로 유지했다. 피치는 2012년 한국의 국가신용등급을 'A+'에서 'AA-'로 상향 조정한 뒤 같은 등급을 유지하고 있다. 2024년 경제성장률 전망치도 2023년 10월에 제시한 2.1%를 유지했다.

3. 국제신용평가사 무디스는 2024년 5월 9일 한국의 국가신용등급을 Aa2로 유지했다. 신용등급 전망도 종전과 같이 '안정적'이라는 평가를 받았다. Aa2는 무디스의 신용등급에서 Aaa, Aa1에 이어 세 번째로 높은 등급이다. 무디스는 2024년 한국의 경제성장률을 2.5%로 상향조정했다. 우리가 우리의 경제를 자체 평가 후, 예측 및 방향성 제시도 중요하지만, 외부 국제기구나 평가기관의 우리 경제에 대한 시선도 상당히 중요하게 검토해야 할 것이다. 이에 본지에서는 OECD 및 3대 신용평가사의 2024년 하반기 한국경제에 대한 진단 및 평가에 대해 알아본 후, 우리의 정책적 대응방안에 대하여 논하기로 한다.

📈 **본론**

1. OECD 보고서

<출처: 기획재정부>

1) 거시경제 전망 및 정책평가

① 거시경제 전망 및 정책 평가
  가. 동향·전망 : 한국경제는 코로나 이후 글로벌 고금리, 수출부진의 일시적 성장 약화에서 벗어나 성장이 재개되는 모습.
    A. 반도체 수출개선에 힘입어 성장 강화, 인플레이션은 점차 둔화.
    B. 고물가·고금리로 민간소비가 제약되었으나, 하반기부터 내수 회복 전망.
    C. 고용시장은 견조, 가계부채·부동산PF 등 금융·주택시장 혼란에 신속 대처로 시장 안정화됨.
  나. 리스크 : 미-중 무역분쟁 심화 우려 등 지정학적 리스크에 따른 공급망 우려, 가계부채·부동산PF 등.
  다. 구조개혁 : 제조업 수출 중심 성장전략을 유지하면서도, 구조개혁(재정준칙 등을 통한 향후 지출압력 대비, 중소기업의 생산성 향상, 탄소 감축,출산 장려·노동인구 확보 등을 통한 고령화 대비 등)으로 성장을 지속할 수 있는 업그레이드된 성장 모델 구축 긴요.
  라. 상기 개혁 등을 성공적으로 이행 시, 성장률 증가 효과가 10년 후 누적 +10.1%p, 2060년까지 +42.1%p로 예상.
② 중소기업 생산성 향상
  가. 한국의 성장 동력을 보완하기 위해 중소기업 부문 생산성 증대와 시장에서 공정 경쟁을 보장하는 광범위한 개혁 필요.
    - 세제혜택·보조금 등 정부 지원의 엄격한 관리(Red light)와 동시에 규제혁신을 통한 경쟁환경 조성(Green light) 권고.
      * "Limit the scope for aid to companies in any form except in explicitly allowed cases... 'Green light' regulatory regime in which activities are generally allowed except if explicitly prohibited."
  나. Red light : 중소기업에 관용적인 정부 지원이 대기업과의 생산성 격차 야기 → 지원 분야를 법으로 제한* + 지원정책 통합관리 강화**
    * 시장실패 보완 등을 위해 반드시 필요한 경우에 한해, 법적으로 명시된 경우만 지원

** 특정 기업에 대한 정부지원 상한 설정 + 제한적으로 활용중인 '졸업제도' 적용 확대

다. Green light : 총요소생산성 개선을 위해 반경쟁적 규제 철폐.

  - 네거티브 규제로 전환, 외국인 진입장벽(서비스업 분야, 외국인 직접투자 등) 제거, 기업 규모별 차등 적용되는 규제 철폐 등.

③ 탄소 감축

가. 「2030 NDC, 2050 탄소중립」 달성을 위해 정부의 적극적이고, 비용효과적 노력 필요.

  A. 유상할당 확대, 배출권 이월제한 폐지 등 배출권제를 개선하고, 가격입찰제 도입 등으로 전력시장의 시장 메커니즘 강화.

  B. 저탄소 전력 생산을 확대하고, 기업·가정 등 경제주체의 에너지 절약을 유도.

  C. 저탄소 전환비용 절감 노력(탄소중립 핵심기술 개발)과 함께 전환에 따른 경제주체의 피해를 사회가 분담하는 등 정의로운 전환 추진.

④ 인구감소 대응

가. 인구감소에 따른 노동력 부족 및 재정부담 확대를 방지하기 위해, 출산율 제고 및 노동인구 확대 추진.

* "Supporting people to have the number of children they desire ..., while lengthening working lives and welcoming more foreign workers would counteract the adverse effects of ageing."

⑤ 출산율

가. 심리적·경제적 부담 없이 출산할 수 있는 환경 조성.

  A. 출산·육아와 경제활동이 병행 가능하도록 '일-생활 균형' 개선.

    - 국공립·직장 보육시설 확대 및 민간 보육시설 관리·감독 강화 등을 통해 질 높은 보육 서비스를 부족함 없이 제공.

    - 휴직급여 상향, 대체인력 채용 시 정부 지원 확대 등으로 육아휴직 활용도를 제고하고, 근로자의 유연근무 활용 장려

  B. 출산·육아비용(주거·교육 등) 경감 및 양질의 일자리 제공.

    - 수요기반 고품질 공공주택 공급, 공교육(정규·방과 후) 질 제고 등을 통해 가족형성에 필요한 비용 부담 완화.

    - 노동시장 이중구조를 개선해 양질의 일자리 고용기회 확대.

나. 노동인구 : 고령자 경제활동 참가 확대 및 외국인력 활용도 제고.

  A. 노동·연금 구조개혁을 통해 고령자 경제활동 참가 확대.

    - 연공급 위주 임금체계 개선, 명예퇴직 관행 축소, 연금 수급 개시연령 상향 조정 등을 추진해 근로 기간 연장.

  B. 고숙련 외국인력 이민 촉진 등 외국인력 활용도 제고.

    - 유학생·기업가·고소득자 등에 적용되는 비자 규제를 완화하고, 장기근속 미숙련 근로자의 숙련인력비자 취득요건 완화.

---

1. OECD 보고서

<출처: 기획재정부>

1) 거시경제 전망 및 정책평가

1. OECD 보고서

<출처: 기획재정부>

1) 거시경제 전망 및 정책평가

[북한 경제 (OECD는 매년 리스크 요인으로 북한경제를 포함)]
① 북한 경제는 코로나19 당시 강력한 봉쇄조치를 단행한 결과, 2020~2022년 3년간 역성장*
→ 남·북간 1인당 GNI 격차 대폭 확대**
   * GDP 성장률: (2020년) △4.5%, (2021년) △0.1% (2022년) △0.2%, ** (2016년)22배 →
   (2022년)30배
② 北무력도발시 우리 주가가 단기 변동 후 회복한 점 등으로 미루어 볼 때, 무력도발 등에 따른
리스크 요인은 제한적.
③ 만일 통일이 현실화될 경우, 북한 인프라 구축 등을 위한 재정지출*로 우리 경제 및 재정의
지속가능성에 상당한 영향.
   * 동-서독 통일 시 서독은 동독의 인프라 투자 등에 GDP의 4.5% 수준(1991년~1999년)을
   투입
④ 북한의 출산율 하락 추세 등 고려 시, 북한인력이 유입되더라도 노동력 부족현상이 어느 정
도 완화할 수 있을지 불분명.

2) 정부의 대응

OECD 정책 권고	「역동경제 로드맵」 해당 부분	
숙련 외국인력 비자 규제 완화	혁신생태계 강화	생산요소 활용도 제고
연공급 위주 임금체계 개선, 유연근무 활성화	공정한 기회 보장	정당한 보상
육아휴직 활용도 제고		가계소득·자산 확충
주거 부담 완화	사회이동성 개선	핵심 생계비 경감
보육서비스 질 제고		교육 시스템 혁신

OECD의 정책권고는 「역동경제 로드맵」과 구조개혁 방향성·과제를 공유하고 있는 것으로 평가되며, 정부는 이를 「역동경제 로드맵」 등 정책 추진에 참고할 예정이다.

2. 3대 신평사 보고서

1) S&P 평가 (2024년 4월 30일)

① S&P는 2016년 8월 이후 한국의 국가신용등급을 유지하고 있다. 향후 전망도 '안정적'으로 보고 있다. S&P는 배포한 보도자료에서,
   - 향후 3~5년 동안 한국 경제가 대부분의 고소득 국가들보다 높은 평균 성장률을 유지할 것
   - 이에 힘입어 재정적자 수준도 향후 3년 동안 낮은 수준을 유지할 것이라고 밝혔다.
② S&P가 전망한 한국의 2024년 성장률 전망치는 2.2%다. 한국 정부의 전망치와 동일하다. S&P는 한국의 1인당 GDP(국내총생산)가 2027년까지 4만 3,000달러를 넘어설 것으로 전망했다.
③ S&P는 "한국의 연간 가계부채 증가율이 2018~2021년 동안 평균 6%를 상회했던 것과 비교해 2022~2023년 동안에는 1% 수준 이하로 하락했다."며 "이러한 추세가 지속된다면 고금리 장기화에 따른 민간소비 위축 우려도 완화될 수 있다."고 평가했다.
④ S&P가 판단한 한국 국가신용등급의 가장 큰 취약점은 북한 정권 붕괴 시 발생할 수 있는 통일 비용에 따른 우발채무 위험이다. 통일 과정에서 발생하는 정치적 불확실성도 국가신용등급에 부정적으로 작용할 수 있다고 진단했다.
⑤ 다른 고소득 국가 대비 현저히 낮은 소득을 장기간 지속하고 있다는 점 역시 하향요인으로 제시했다.

	2) 피치 평가 (2024년 3월 6일)	① 2024년 경제성장률 전망치도 2023년 10월에 제시한 2.1%를 유지했다. ② 피치는 수출 반등을 주도하고 있는 반도체 부문에 대해 인공지능(AI) 관련 수요에 힘입어 2025년까지 긍정적 추세를 이어갈 것으로 봤다. ③ 피치는 이번 평가에서 "견고한 대외건전성, 거시경제 회복력, 수출 부문의 역동성과 함께 지정학적 리스크 및 거버넌스 지표 부진, 고령화에 따른 구조적 문제 등을 반영한 결과"라고 밝혔다. ④ 한국의 재정 수지에 대해선 적자 폭이 줄어들 것으로 전망하면서도 "재정준칙 법제화가 아직 국회에서 논의 중인 상황으로, 이번 정부의 재정정책 추진동력에 영향을 미칠 수 있을 것"이라고 말했다. ⑤ 피치는 금융안정성과 관련해선 "고금리 위험에도 불구하고 리스크가 잘 관리되고 있다."며 "은행의 프로젝트파이낸싱(PF) 대출 익스포저는 낮은 수준이며, 비은행도 PF 손실에 대비한 충당금을 확충했다."고 설명했다.
2. 3대 신평사 보고서	**3) 무디스 평가 (2024년 5월 9일)**	① 한국의 국가신용등급을 기존과 같은 'Aa2'로, 등급 전망도 '안정적'으로 각각 유지한다고 밝혔다. ② 이번 결정은 한국의 경쟁력 있는 경제, 기민한 정책 대응, 강한 재정적 역량 등을 반영한 결과"라고 설명했다. 고령화, 생산성 둔화, 대북 리스크 등은 하방 요인으로 꼽혔다. 　가. 재정부담 요인으로 인구 고령화에 따른 의료 및 사회복지 분야 지출 증가 등을 지적했지만, 한국투자공사(KIC) 및 사회보장기금 등의 상당한 수준의 재정적 자원이 완충 장치 역할을 할 것이라고 설명했다. 　나. 북한 관련 지정학적 리스크는 여전히 부담 요인으로 작용하고 있으나 실질적으로 한국의 경제, 재정, 결제 시스템 등에 미치는 영향은 크지 않은 것으로 보인다고 부연했다. ③ 무디스는 2024년 한국의 경제가 반도체 호조 및 설비투자 회복 등을 바탕으로 2.5% 성장할 것으로 전망했다. 향후 수년 동안 생산성 둔화 등 영향으로 다른 선진국과 비슷한 수준인 2% 내외 성장률에 머무를 것이라고 분석했다. ④ 무디스는 또한 반도체 산업을 중심으로 나타나는 미·중 무역 갈등에도 불구하고 글로벌 공급망에서 한국의 지위는 크게 영향 받지 않을 것으로 예상했다. ⑤ 중소기업과 대기업, 제조업과 서비스업 간 생산성 격차 해소와 노동시장 이중구조 개선을 위한 정책 노력이 필요하다는 제언도 내놨다.
3. 한국 경제의 강점과 약점 <출처: 현대경제연구원>	**1) 강점**	① 위기에 강한 경제 체질 　가. 세계은행 통계를 이용하여 분석해 보면, 금융위기와 코로나 위기의 글로벌 경제 위기 직후 한국의 GDP 복원력은 주요 선진국은 물론 세계 평균보다 강한 것으로 분석된다. 통상 글로벌 경제위기가 발생하면, 특정 연도의 경제성장률이 크게 하락하고, 그 다음 연도의 경제성장률은 충격에 대한 복원력이 작용하면서 반등하게 된다.

	나. 글로벌 경제위기로 충격을 받았던 2009년의 금융위기와 2020년의 코로나위기를 전후로 국가별 경제의 복원율을 계산해 보면, 우선 금융위기 전후(2008년 대비 2010년)의 GDP 복원율은 한국이 107.7%로 OECD 평균(99.5%)과 G7 평균(98.5%)은 물론 세계 평균(103.1%)을 크게 상회하는 수준이다. 다음으로 코로나위기 전후 (2019년 대비 2021년)의 GDP 복원율도 한국이 103.6%로 OECD 평균(101.5%)과 G7 평균(99.3%) 그리고 세계 평균(103.1%)보다도 높다.

② 주력 섹터인 제조업의 성장성

　　가. 경제 성장력의 강도를 결정짓는 핵심 산업인 제조업의 물적자본축적(설비투자)과 지식자본축적(R&D 투자)의 강도가 약화되지 않고 있어 미래에도 높은 경쟁력을 유지할 것으로 전망된다. 해외 시장 의존도가 높은 제조업 비중이 G7보다 상대적으로 높다는 점은 한국 경제의 강점이라고 생각한다.

　　나. 한국 경제에 있어서 제조업은 제한된 내수 시장의 한계를 극복하고, 해외 시장에서 부가가치를 창출할 수 있다는 관점에서 중요한 산업이다. 한국 경제 내 제조업의 부가가치 비중은 2021년 기준 35.6%로 G7 국가들(평균 23.7%)에 비해 크게 높은 수준이다. 또한 한국 경제에 있어서 제조업은 성장잠재력의 원천인 자본축적(투자)과 기술혁신(R&D 투자)의 핵심이며, 여전히 제조업에서 물적 자본과 지식 자본의 지속적 축적이 빠르게 진행 중이다.

3. 한국 경제의 강점과 약점
　　<출처: 현대경제연구원>

1) 강점

　　다. 설비투자 규모는 명목 가격 기준으로 2022년 총 199조 9,000억 원에 달하며, 이중 제조업 설비투자 규모는 118조 4,000억 원으로 전체 설비투자의 약 59.2%를 차지하고 있다. 또한 지식 자본축적을 위한 R&D 투자 규모는 2021년 현재 산업 부문에서 총 80조 8,000억 원이며, 이 중에서 제조업 R&D 투자 규모는 69조 5,000억 원으로 전체의 86.1%를 차지한다.

③ 미래를 위한 연구개발투자의 확대

　　가. 부존자원이 부족한 한국 경제의 한계 속에서 기술이 경제 고도화의 핵심이라는 점을 인식하고, 연구개발투자를 통한 지식 자본축적에 주력하고 있는 점은 긍정적으로 평가된다. 한국 경제는 오랜 기간에 걸쳐 R&D 투자 규모를 빠르게 확대하면서 경제 성장의 핵심 동인으로 물적 자본에서 기술 자본으로의 전환을 모색 중이다.

　　나. 국내 총 R&D 투자(정부 + 민간) 규모는 2000년 13.8조 원에서 2021년 100조 원을 돌파하였으며, 2022년에는 112.6조 원에 달하고 있다. 한편 한국의 경제 규모 대비 R&D 투자 비율은 이스라엘 다음으로 높은 순위이다. 한국의 R&D 투자 /GDP 비중은 통계가 집계된 1963년 0.2%에 불과하였으나, 지속적으로 증가하여 2022년 현재 5.2%를 기록 중이다. 국제 통계 비교가 가능한 2021년을 기준으로 볼 때, 한국의 GDP 대비 R&D 투자 비율은 4.9%로 이스라엘(5.6%)에 이어 세계 2위를 차지하고 있으며, 이는 OECD 평균(2.3%)과 G7 평균(2.6%)을 크게 상회한다.

④ K-컬쳐의 글로벌 소프트 파워 확산

　가. 최근 K-컬쳐의 세계적인 확산이 단순한 문화 유행이 아니라, 국제 사회에 대한 소프트 파워를 크게 신장시켜 한류가 한국 경제의 새로운 성장 동력이 될 것으로 예상된다. 1990년대 말부터 시작된 한류가 1.0시대, 2.0시대, 3.0시대를 거쳐, 현재에는 글로벌 스탠다드를 창조하는 4.0시대에 위치하면서 세계 시장에 막대한 영향 력을 발휘하고 있다.

　나. 특히, 문화컨텐츠 서비스(음향영상 및 관련서비스 + 음향영상 및 관련 지식재산권 복제 및 배포권 사용료) 교역은 2016년 3억 2,000만 달러의 흑자로 전환된 이후, 2023년 현재 수출 규모는 31억 4,000만 달러(수입 규모 18억 3,000만 달러)에 달하여 서비스수지는 약 13억 1,000만 달러의 흑자를 기록 중이다.

　다. 한편 한류의 확산은 서비스 교역에만 긍정적 영향을 주는 것이 아니라, 상품 교역에서 K-소비재(화장품, 의류, 음식 등) 수출의 동력으로 작용하고 있다. 최근 우리 농수산 식품 수출 규모는 2017년 81억 8,000만 달러에서 2023년 108억 5,000만 달러로 급증하였다. 또한 K-뷰티로 대변되는 화장품 수출은 2017년 49억 6,000만 달러에서 2023년 84억 7,000만 달러로 크게 증가하였다.

⑤ 높은 인적 자본 수준

　가. 2000년대 들어 한국의 고등교육 이수율이 빠르게 높아지면서 인적자본의 경쟁력 이 강화되는 모습이다. 한국의 고등교육이수율 (Population with tertiary education)은 2022년 기준으로 69.6%로 OECD 국가 중 1위이며, OECD 평균(47.4%)과 G7 평균(51.2%)보다 월등히 높은 수준이다.

　나. 이를 바탕으로 경제 활동에 대한 이해도가 높아지고 기술에 대한 습득 능력이 강화되면서 인적자본의 질적 수준 상승으로 이어지고 있다고 판단된다. 실제 세계은행의 인적자본지수(HCI, Human Capital Index) 값을 살펴보면, 2020년 기준으로 한국은 0.799포인트로 싱가포르(1위, 0.879), 홍콩(2위, 0.813), 일본(3위, 0.805) 다음으로 4위를 기록하고 있다. 향후 경제 발전 단계가 높아질수록 인적자본이 중요시되는 바, 이러한 인적자본의 높은 경쟁력은 한국 경제 성장의 핵심 동력으로 작용할 것으로 전망된다.

① 세계 경제의 중장기 저성장 국면 진입

　가. 코로나 펜데믹 이후 글로벌 경제가 중장기 저성장 국면으로 진입하면서, 해외 시장 의존도가 높은 한국 경제의 성장력에 부정적 영향을 미칠 것으로 예상된다. 코로나 펜데믹 이후 세계 경제성장률은 펜데믹 이전보다 확연히 낮아지는 장기 저성장 국면이 나타날 것으로 전망된다.

3. 한국 경제의 강점과 약점

　　<출처: 현대경제연구원>

1) 강점

2) 약점

나. IMF의 최근 전망치를 이용하여 계산해 보면, 세계 경제성장률은 펜데믹 이전(2011~2019년) 연평균 3.5%에서 펜데믹 이후 (2022~2029년) 3.2%로 하락할 것이 예측된다. 이는 기술체화(Technological embodiment)기의 도래, 보호무역주의의 확산과 경제블록화(China-exclusive), 중국의 중진국 함정(Peak China) 진입 등의 불안 요인들이 현실화될 가능성이 높아졌기 때문으로 분석된다.

다. 한국 경제가 내수 시장의 한계를 극복할 수 있었던 것은, 수출을 통해 시장의 외연을 확장하는 전략을 추구했기 때문인데, 이러한 글로벌 시장의 구조적 수요 위축은 우리 수출의 부진과 이에 따르는 한국 경제의 저성장으로 이어질 우려가 존재한다.

② 서비스업의 취약한 생산성

가. 경제 내 제조업보다 비중이 높은 서비스산업 노동생산성이 과도하게 낮아 경제 전반의 성장 속도 저하의 원인으로 작용할 가능성이 있다. 한국의 전반적인 노동 생산성은 여전히 선진국 대비 낮은 수준이나, 점차 근접하는 모습이다. 한국생산성 본부의 통계에 따르면 인당 노동생산성(취업자당 노동생산성, PPP 적용 US$)은 2021년 기준 전산업이 OECD 평균의 92% 수준, G7 평균의 86% 수준, 그리고 미국의 62% 수준이다.

나. 제조업의 노동생산성은 2021년 기준 OECD 평균의 121%, G7 평균의 122%, 그리고 미국의 87% 수준으로 비교적 높은 편이다. 반면, 서비스업의 인당 노동생산성은 2021년 기준 OECD 평균의 85%, G7 평균의 77%, 그리고 미국의 51% 수준으로 생산성이 크게 낮다. 특히, 서비스업/제조업 생산성 비율을 보면, 2010년 51.6%에서 2015년 52.9%로 반등하였으나, 2021년 47.5%로 다시 하락 추세로 전환되면서 서비스업의 생산성이 뒤처지고 있다.

③ AI 사회에 대한 불충분한 대비

가. 한국은 글로벌 산업 대전환의 한 축인 디지털 전환(Digital Transformation)에 적합한 IT 친화적 인프라 시스템, 사회적 분위기, 문화 기반을 보유하고 있으나, 정작 디지털 전환의 핵심 기술인 AI와 관련해서 충분한 경쟁력을 확보하지 못하는 것으로 판단된다. 디지털 전환의 전제 조건은 경제의 디지털 경쟁력이 중요한데 한국은 높은 IT 경쟁력을 보유하고 있는 것으로 평가된다.

나. IMD의 2023년 디지털 경쟁력(World Digital Competitiveness) 평가에서 1위인 미국을 100포인트로 했을 때, 한국은 94.8포인트로 전체 순위 6위를 기록하고 있다. 나머지 G7 국가들의 순위를 보면, 캐나다(11위, 91.98포인트), 영국(20위, 83.12포인트), 독일(23위, 80.86포 인트), 프랑스(27위, 78.65포인트), 일본(32위, 75.43포인트), 이탈리아(43위, 64.39포인 트)에 그치고 있다.

좌측 열:

3. 한국 경제의 강점과 약점
<출처: 현대경제연구원>

2) 약점

다. 그러나 IMF의 2023년 AI 준비지수(AI Preparedness Index)에서 한국은 0.727포인트로 조사 대상 174개국 중 15위에 그치고 있으며, G7 국가 중 한국보다 순위가 높은 국가는 미국(3위, 0.771포인트), 독일(9위, 0.753포인트), 일본(12위, 0.733포인트), 영국(13위, 0.731 포인트) 등이다.

라. 한편 HAI의 조사 결과에 따르면 주요국의 AI 민간 투자 규모는 한국이 13.9억 달러로 낮은 수준은 아니나, 미국(672.2억 달러), 중국(77.6억 달러)은 물론 G7 중 영국, 독일, 캐나다, 프랑스 등 보다 작다. 특히, 동 조사에서 한국의 투자 규모는 2022년(31억 달러)보다 감소하였 고, 순위도 2022년 6위에서 2023년에 9위로 하락하였다.

④ 그린 전환 트렌드에 불리

가. 한국 경제·산업 구조는 그린 전환(Green Transformation) 트렌드에 불리하다는 한계점을 가진다. 한국 경제는 화석 연료에 대한 의존도가 높은 편이며, 특히 경제 성장의 석유에 대한 의존도가 높은 편이다. BP에 따르면 2022년 기준 한국의 연간 원유소비량은 연간 약 10억 4,000만 배럴로 추정되는데, 이를 경제의 원유의존도 (GDP 1 만 달러당 원유소비량)로 계산해 보면 6.2배럴로, OECD 38개국 중 1위이며 중국(2.9배럴), 인도(5.6배럴)보다 높다.

나. 이러한 배경으로 한국은 상대적으로 탄소배출도 많은 단점을 가지는 것으로 분석된다. 2021년 한국의 이산화탄소 배출량은 6억 2,680만 톤으로 208개국 중 7위(전세계 배출량의 1.65%)를 기록하고 있다. 한편, GDP 대비 이산화탄소 배출량(톤/억 달러)은 한국이 인도, 중국, 튀르키예에 이어 4위에 해당된다. 한국 경제가 탄소배출이 많은 화석연료를 많이 사용하는 이유는 다른 선진국들에 비해 에너지 소비가 많고, 화석 연료 의존도가 높은 중화학 공업 중심의 산업 구조를 가지기 때문이다.

다. 따라서 그린 전환을 위해 에너지 및 산업의 구조 개편 필요성이 대두되면서, 경제 성장과의 상충 관계를 극복해야 하는 당면 현안에 직면하고 있다.

⑤ 저출산·고령화로 인한 노동력의 부족

가. 저출산·고령화에 따른 생산가능인구의 급감과 고령화의 가속으로 성장잠재력의 약화(물적 생산요소의 감소)와 사회·경제적 부담 증가가 우려된다. 세계은행의 통계에 의하면 2022년 현재 한국의 합계출산율은 0.78명으로 OECD 국가 중 가장 낮은 수준이며, 통계 이용이 가능한 전세계 258개국 중 홍콩 다음으로 낮은 수준이다.

3. 한국 경제의 강점과 약점

<출처: 현대경제연구원>

2) 약점

**3. 한국 경제
의 강점과
약점**

<출처: 현대경제
연구원>

2) 약점	나. 이는 장래 주력 경제 활동 연령층인 생산가능인구가 감소하면서 성장잠재력 하락으로 이어질 가능성을 높여 주고 있다. 통계청의 2023년 12월 기준 「장래인구추계」 결과에 따르면 한국의 생산가능인구/총인구 비중은 이미 2012년(73.4%)에 정점에 도달했으며, 향후 그 비중은 2030년에 66.6%, 2040년에 58.0%, 2050년에는 51.9%로 하락할 것으로 예상된다.
	다. 또한, 생산가능인구가 급감하는 가운데 노령 인구가 급증하면서 사회의 부양 부담이 높아지는 점도, 경제의 성장 감속을 유발하는 요인이 될 우려가 있다. 한국의 노령인구는 지속적으로 증가하여 2025년 사상 최초로 1,000만 명을 상회할 것으로 예상된다. 한국은 2018년에 고령사회(aged society, 노령인구 비중 14%), 2025년에는 드디어 초고령사회(hyper-aged society, 20% 이상)로 진입할 것이다. 나아가 노령인구 비중은 2030년에 25.3%, 2040년 34.3%, 2050년 40.1%로 지속적으로 증가하면서, 한국 사회 전반의 노령인구에 대한 부양 부담을 급증시킬 것으로 예측된다.

📈 결론

**의견
제시**
2024년중 우리 경제는 대외불확실성의 지속으로 물가상승 국면이 이어지는 가운데, 실물경제는 크게 위축되는 스태그플레이션 상황이 고조될 위험에 직면해 있다. 그 결과 국내 금리의 상승세가 당분간 이어지면서 가계부채 상환부담 증가, 기업의 자본조달비용 상승, 부동산가격 하락 등에 따른 금융시장불안이 나타날 가능성이 점차 커지고 있다.

따라서 거시경제 운영 방향은 물가안정을 회복하는 것 못지않게 실물경제의 위축을 최소화하고 금융불안이 나타나지 않도록 해야 하는 어려운 과제를 안고 있다고 생각된다.

따라서

첫째, 통화정책은 당분간 완화적인 기조가 바람직할 것으로 생각되나 미연준의 초긴축적 통화정책과 글로벌 자금흐름에 긍정적인 변화가 나타나기 시작한 만큼 국내 경기상황이나 금융안정성을 고려해 가며 탄력적으로 결정하는 것이 바람직하다.

둘째, 재정정책은 소비 및 투자가 작년보다 부진할 것으로 예상되는 만큼 민간의 투자 촉진과 기업의 생산성 향상을 위한 재정지출을 확대하고 이를 뒷받침하기 위한 규제혁신 노력을 지속해야 할 것이다. 또한 재정준칙을 조속히 확립하고 재정건전성을 확보함으로써 대외불확실성에 대응하여 국가신인도를 유지할 필요가 있다.

셋째, 아울러 경제안보 확립에도 적극 노력할 필요가 있다. 미중 무역갈등, 우크라이나 전쟁 지속 등으로 에너지 및 핵심 소재부품에 대한 안정적인 확보 필요성이 커지고 있는 점에 유념하여 적극적인 국제협력 및 국가간 공조 노력을 통해 이를 극복해 나가야 할 것이다.

<출처: 자본시장연구원>

한편, 한국 경제가 저성장-고물가의 함정에서 신속히 탈출하기 위해서는,

첫째, 가계 실질 구매력 확충을 위한 미시적 물가 안정 노력과 통화정책의 예측 가능성이 확보되어야 한다.

둘째, 기업 투자 활성화를 위해 금융·세제 지원의 확대와 신기술·신시장에 대한 신속하고 획기적인 규제 완화가 시급하다.

셋째, 글로벌 시장의 불확실성에 대응하여 차별적인 수출 시장 접근과 공급망 안정화 노력이 요구된다. <출처: 현대경제연구원>

또한 우리 정부는 우리 경제의 장기적 성장을 위해서,

첫째, 투자활성화를 통해 성장력과 고용 창출력을 개선해야 한다. 이는 경제선순환 구조의 핵심 요인이기 때문이다. 특히 기업 투자에 대한 신속한 규제 완화를 통해 경제 성장력과 고용 창출의 원천인 투자의 활성화 노력이 필요하다.

① 기업 투자 활성화를 위해 기업 친화적 분위기 조성과 투자 관련 규제를 완화하여 투자 심리를 조속히 회복시켜야 함.

② 정부는 미래 신성장 산업 지원 정책의 신속한 구체화를 통해 기업에게 새로운 사업기회를 열어주어야 할 것임.

③ 4차산업 혁명 등 이제까지 없었던 신산업 등장을 가로막지 않기 위해 현재 '포지티브 규제' 방식에서 가급적 많은 것을 허용하되 해서는 안 되는 일만 명문화하는 '네거티브 규제' 방식으로 전환해야 함. 또한 규제샌드박스(Regulatory sandbox) 확대를 통해 기업이 체감하는 규제 수준을 낮추어야 함.

④ 부동산 시장의 급등락을 방지하고 시장 안정을 도모해야 할 것이다. SOC발주의 조기 집행을 통해 수주가뭄 현상을 완화시켜야 한다. 공공주택 발주 확대도 검토해야 하며 부동산 안정화를 위한 정책의 일관성 유지가 필요함.

둘째, 내수 기반 강화를 위해 가계의 소비심리 회복과 가계부채 문제 연착륙에 주력해야 한다.

① 경제성장 둔화로 가계소득 증가가 제한된 상황이지만 소비 여력 확충, 소비심리 안정, 가계부채 연착륙 등 민간소비 확대의 기반이 되는 노력들을 지속적으로 추진해야 함.

② 기업의 고용 창출에 대한 인센티브 확대, 양질의 시간선택제 일자리 확산, 마찰적 실업 축소 등 고용 창출력 극대화로 가계의 소비 여력이 확충되어야 함.

③ 실물자산의 유동화, 가계 부채 만기 장기화 등을 통해 가계 부채 문제가 향후 도래하는 경기 회복기에 걸림돌이 되지 않도록 선제적인 연착륙 노력이 필요함.

④ 정부주도의 고용확대정책만 이루어지고 민간의 참여가 미흡할 경우 실효성에 문제가 생길 수 있음을 인식해, 민간으로 일자리 창출이 확산될 수 있도록 기업과의 소통도 확대하려는 노력이 필요함.

셋째, 국내 수출 회복을 견인할 수 있는 전략을 수립해야 한다. 특히, 전세계적인 보호무역주의 강화 기조에 적극 대응해야 한다. 현재 주력 수출품목인 반도체 산업의 혁신을 통해, 5G, 인공지능 등 첨단기술과의 접목에서 전 세계 비교우위를 갖추기 위한 노력이 필요하다. 특히, 성장잠재력이 높은 인도, 베트남 등 신규시장에 대한 공략을 강화해야 한다. 대중국 중간재 수출 타격 등에는 미리 대비하는 한편, 중국 내수시장 및 미국시장에 대한 공략의 기회로 활용할 수 있도록 해야 한다.

넷째, 실효적인 사회안전망 구축과 무리 없는 산업합리화 정책 추진을 통해 민간 주체들의 심리를 안정시켜야 한다.

① 고용시장 불안과 사회 취약계층의 생활고 문제가 우려되는 바, 기존 사회보장 정책을 점검 및 개선하고 부정 수급 등의 공공자금 누수를 차단하여 실효적인 사회 안전망을 구축해야 할 것임. 특히 청년층 및 저소득층에 대한 사회안전망을 확대하고 노동시장 지원 정책을 강화함으로써 인적자본 손실을 방지해야 함.

② 최근 산업합리화 정책이 자칫 산업기반의 붕괴와 이에 따르는 고용 상황 악화로 이어지지 않도록 구조조정 속도의 완급조절과 고부가 분야 및 신산업으로의 신속한 산업구조 전환과 유휴 인력 방지 노력이 필요함.

다섯째, 중장기적으로도 구조 개혁, 노동공급 확충, 생산성 혁신, 재정건전성강화 등의 『성장잠재력 확충 및 경제체질 개선』노력도 반드시 필요하다.

① 노동, 금융, 교육, 공공부문의 구조 개혁 추진력을 강화하여 경제 체질을 개선해야 할 것임.

② 미래 노동력 부족 현상에 대응하기 위해 출산율 제고, 여성 경제활동 참가율촉진, 고령자의 정년 연장 등의 노력이 필요함.

③ 생산요소의 질적 수준 제고를 위한 인적자본 투자 확대와 경제 시스템 중심의 내연 성장을 위한 R&D 투자 확대 및 효율성 제고에 주력해야 할 것임.

여섯째, ESG경영, 신산업 발굴 등 포스트 코로나 시대의 시대 흐름 변화에 적극적으로 대응해야 한다. 친환경 에너지, IT융합, 자율주행, 전기차 등 민간 부문의 수요에 적합한 국가 R&D 사업전략을 마련할 필요가 있다.

OECD보고서 핵심 권고 사항

① 인플레이션 및 재정 문제 대응(Responding to inflation and fiscal challenges)
· 재정준칙을 채택준수하고, 장기 재정 지속가능성 평가를 위해 정기적 지출검토를 수행할 것
· 현 기조대로 '24~'25년은 재정지출을 억제할 것
· 인플레 하락 추세가 확인되면, '24년 하반기부터 통화정책을 완화할 수 있음
② 中企 생산성 향상을 위한 경쟁환경 조성(Levelling the playing field to boost SME productivity)
· 기업규모와 관계없이 시장이 불완전한 경우에 한해 정부 지원을 할 것
· 기업 지원을 전담하는 공공기관이 운영하는 소수의 지원 프로그램으로 통합
· 포괄적인 네거티브 규제시스템으로 전환할 것
③ 기후 목표 달성(Achieving climate targets)
· 2030 NDC를 고려해 배출권거래제 총량을 정하고, 유상할당 비중을 상향할 것
· 에너지·탄소배출 비용이 전력 공급 및 사용에 온전히 반영되도록 시장 기반 시스템을 강화할 것
· 탄소 관련 수입을 녹색분야 지출에 활용하고, 노동시장 개혁 및 사회안전망 강화를 병행할 것
④ 인구감소 대응(Responding to population decline)
· 공공·직장 보육시설 확대, 민간보육 질 제고, 보육시간 연장 등을 추진할 것
· 육아휴직 대상을 전체 노동력으로 확대할 것
· 육아휴직 수당 상한액을 인상하고, 대체율이 더 높은 단기 휴직제도를 신설할 것
· 재정지원을 통해 육아휴직 시 고용주의 비용 부담을 절감할 것
· 직장 내 차별에 대한 제재를 강화하고 근로감독관의 역량을 강화할 것
· 노동시장 이중구조 개선을 위해 정규직 보호를 완화하고 사회보험 가입을 확대할 것
· 주택공급 확대를 위해 재건축 및 분양가 관련 규제 등을 추가로 완화할 것
· 연공급제에서 벗어나 직무특성에 따라 임금을 결정하는 유연한 임금체계를 도입하고, 명예퇴직을 제한할 것. 같은 맥락에서 기업별 정년의 단계적 폐지도 고려할 수 있음
· 상향조정이 계획된 연금 수급 개시 연령을 현행 계획보다 더 높게 상향조정하고, 이후에는 기대수명과 연계할 것
· 숙련 이민자 비자발급 자격 요건을 완화할 것
· 임시 저숙련 외국인 근로자에서 숙련 근로자로의 비자 전환 요건을 간소화할 것

<출처: 기획재정부>

chapter
06
한국경제 현황과 이슈

01 논제 개요 잡기[핵심 요약]

서론	이슈언급	최근 우리 경제는 반도체를 중심으로 높은 수출 증가세가 지속되었고 제조업이 전반적인 경제 회복세를 견인했으나, 내수는 미약한 수준에 그치며 경기 개선을 제약하는 모습이다. 내수가 부진한 가장 큰 이유는 고금리·고물가 여파로 가계 소비가 위축됐기 때문이다 또한, 서비스업생산이 낮은 증가세에 머무르고 건설투자는 감소세를 지속하는 등 내수 회복세는 가시화되지 못하고 있다. 또한, 최근 중동 지역의 지정학적 위험 고조, 우크라이나- 러시아 전쟁의 확전 기조, 미국의 경기침체 우려 등으로 대외 불확실성은 다소 확대되었다.

본론	1. 한국경제 현황 및 예측	1) 현황 및 예측	- 국내외 주요 기관들이 2024년 우리나라의 경제성장률이 호조를 보일 것으로 전망했으나, 최근 들어 미국경제의 부진 논란 등이 대두된 데다 2분기 경제성장률의 역성장(Δ0.2%) 등이 겹치면서 경제성장 전망에 대한 우려가 대두되고 있다. - 그런데 문제는 최근 KDI가 2024년 8월 수정 경제전망을 발표하면서 경제성장률 전망치를 올해 2.6%에서 0.1%p 감소한 2.5%로 하향조정했다는 점이다. KDI의 수정전망 내용을 구체적으로 살펴보면, 가. 민간소비는 고금리 기조 장기화를 반영하여 기존 전망(1.8%)보다 낮은 1.5% 증가할 것으로 전망하였다.

1. 한국경제 현황 및 예측	1) 현황 및 예측	나. 설비투자는 반도체경기 호조세가 투자로 이어지지 못함에 따라 기존 전망(2.2%)보다 크게 낮은 0.4% 증가할 것으로 예상됐고, 다. 건설투자는 부동산PF 부실의 파급이 제한적인 수준에 그치며 기존 전망(-1.4%)에 비해 감소폭(-0.4%)이 축소될 것으로 전망하였다. 라. 총수출은 반도체경기가 기존 예상을 크게 상회하는 호조세를 보임에 따라 기존 전망(5.6%)보다 높은 7.0% 증가할 것으로 전망하였다. 마. 내수는 하향 조정되면서 경상수지는 기존 전망(703억 달러)보다 흑자폭이 확대된 770억 달러를 기록할 것으로 전망하였다.

본론

2. 국내외 경제 이슈	1) 차별화되는 주요국 통화정책	미국, 유로존 등 주요국이 일제히 금리 인상을 단행하였던 2022년과 달리 2024년 하반기부터는 각국의 통화정책 방향이 엇갈리고 있다. 2022년부터 인플레이션에 대응하기 위해 긴축적인 통화정책 기조를 유지한 주요국은 2024년부터 각국 상황에 따라 기조를 변화시키고 있다. 우리나라의 경우, 물가뿐만 아니라 환율 변동성, 자본 이동성 등의 요인도 감안한다면 통화정책 전환은 상당 기간 지연될 것으로 판단된다.
	2) 점증하는 지정학적 리스크	러시아-우크라이나 전쟁 장기화, 중동정세 불안 심화, 고조되는 미중 갈등 등과 같은 지정학적 리스크가 점증하면서 세계 경제는 물론 국내 경제 회복에도 걸림돌로 작용할 것으로 우려 된다. 최근 국제유가는 월평균 배럴당 70달러 초반대로 하락했던 WTI가 약 80달러대로, 두바이유는 70달러 후반대에서 80달러 중반대로 상승한 가운데, 천연가스 가격도 단기 급등세를 보이고 있다. 따라서, 각종 지정학적 리스크 재확대시 국제상품 가격 및 글로벌 공급망 불안 현상 재현, 글로벌 인플레 현상 장기화 등의 각종 위험이 확대된다면, 세계 경제 및 국내 경기 회복에도 악영향을 줄 수 있어 이에 대한 사전 대응책 마련이 필요해 보인다.
	3) 유출 가속 우려되는 투자	미중 갈등 등의 영향에 의한 기업의 투자 유출뿐 아니라 국내 개인 투자자의 해외투자 증가세가 지속되면서 국내 투자의 해외유출이 경기 회복 지연 및 국내 자본시장 발전에 걸림돌이 될 가능성이 확대되고 있다. 향후에도 국내 투자의 해외유출이 지속된다면 단기적으로는 실물 경기 회복 지연과 중장기적으로는 성장 잠재력 약화를 유발할 수 있고, 환율 불안이나 국내 자본시장 발전에도 걸림돌이 될 가능성이 있는 등 부정적인 영향이 클 것으로 예상됨에 따라 적절한 대응책 마련이 필요해 보인다.

본론	**2. 국내외 경제 이슈**	4) 지연되는 내수 반등 시기	외수 부문이 개선세를 이어가는 것과 달리 내수 부문, 특히 설비투자 및 건설투자는 회복세 가 더딘 상황이다. 고금리 장기화, 인건비 및 원자재가격 상승, 대내외 불확실성 확대에 따른 기업 심리 위축 등으로 인해 설비투자 및 건설투자의 반등은 단기간에 실현되지 않을 가능성이 높다.
		5) 반도체에 의존하는 수출	수출 회복세가 국내 경기 개선을 견인하고 있으나, 반도체 반등 효과를 제외하면 여전히 회복세가 미흡한 것으로 우려되는 상황이다. 수출 증가세가 지속되면서 무역수지도 흑자를 이어가고 있으나, 반도체를 제외할 경우 수출 증가세가 대폭 둔화하는 것으로 나타났다.
		6) 중상주의 위험	중상주의 위험(Mercantalism risk)이 있다. 중상주의 위험은 주요국에서 산업정책과 보호무역주의가 확산되면서 우리나라의 수출과 투자, 그리고 공급망에 미치는 위험을 지칭한다.
		7) 중국 위험(China Risk)	중국 위험(China risk)이 있다. 이 위험은 미국의 중국 견제와 함께 중국 자체의 경제와 무역 성장 정체로 인해 수출입과 해외 투자에서 중국의존도가 높은 우리나라의 무역과 투자, 그리고 공급망에 악영향을 미치는 것을 지칭한다.
		8) 안보 위험 (Security risk)	안보 위험(Security risk)이 있다. 안보 위험은 대만해협 물류 문제와 중국과 대만의 전쟁 가능성이 이 지역 공급망에 영향에 미치고, 국제 무역과 투자의 감소를 야기하는 것을 지칭한다.
결론	**의견제시**		첫째, 차별화되는 주요국 통화정책과 관련, 주요국간 통화정책의 차별화로 글로벌 금융시장 변동성 확대, 달러화 강세 및 고환율에 따른 물가전가율 상승 등이 우려되는 바, 주요국 통화정책 변화 및 금융시장에 대한 모니터링을 강화하여 경제 정책을 적시에 조정할 필요가 있다. 둘째, 점증하는 지정학적 리스크 관련, 우리나라의 경우, 원유 등을 포함 각종 원자재의 대외 의존도가 높다는 점을 고려해 개별 원자재 시장에 대한 모니터링 강화 등을 통해 원활한 원자재 수급 상황을 유지할 수 있도록 해야 한다. 셋째, 유출 가속 우려되는 투자와 관련, 국내 투자 환경에 대한 전반적인 검토와 함께 주요국 투자 유인책 분석 등을 통해 우리 기업의 대내 투자 확대와 함께 외국인직접투자 유입을 촉진시키는 것이 중요하다. 넷째, 지연되는 내수 반등 시기 관련, 내수와 외수의 불균형이 심화되지 않도록 건설 경기 회복을 위한 SOC 투자 확대, 기업친화적 투자 환경 조성 및 규제 개선, 한국으로의 투자 유인 증대 등을 통해 내수 반등을 꾀해야 한다. 다섯째, 반도체에 의존하는 수출문제와 관련, 반도체 경기 흐름에 수출 경기가 좌우될 것으로 전망되므로 이에 대한 철저한 대비가 필요하며, 수출 구조적 측면의 안정적 회복을 위해서는 그 외 품목의 수출 활성화를 위한 대응책도 마련될 필요가 있다.

여섯째, 중상주의 위험과 중국 위험에 대응하기 위해서는 무역과 공급망 다변화 정책을 우선적으로 추진하여야 한다. 우리나라는 이미 2024년 말에 타결된 IPFE((Indo-Pacific Economic Framework for Prosperity) 공급망 협정의 서명국이다. 그러나 이 협정은 시장 개방에 대한 내용을 포함하고 있지 않다. 따라서 중국에 대한 의존도를 줄이고 무역과 공급망을 확대하기 위해서는 CPTPP(Comprehensive and Progressive Agreement for Trans-Pacific Partnership) 가입이 가장 효과적이다.

결론 / 의견제시

일곱째, 한국 경제에 치명적인 안보 위험 대응을 위한 유일한 방안은 외교적 노력이다. 미국과 중국의 갈등, 중국과 대만의 갈등 속에서 우리가 할 수 있는 일은 매우 제한적이다. 다만 우리는 외교적 노력을 통해 미국, 중국, 대만과 소통을 유지하고 정세를 주의 깊게 모니터링할 필요가 있다.

여덟째, 중장기적 변화에 대비하기 위해 R&D 투자와 기술 창업이 필수적이다. 기후 변화 대응과 과학 · 기술 혁명에 따라 향후 세계 경제의 지형이 변화하고 한국의 산업 경쟁력이 결정될 것이다.

02 논제 풀이

📈 서론

이슈 언급

최근 우리 경제는 반도체를 중심으로 높은 수출 증가세가 지속되었고 제조업이 전반적인 경제 회복세를 견인했으나, 내수는 미약한 수준에 그치며 경기 개선을 제약하는 모습이다. 내수가 부진한 가장 큰 이유는 고금리 · 고물가 여파로 가계 소비가 위축됐기 때문이다 또한, 서비스업생산이 낮은 증가세에 머무르고 건설투자는 감소세를 지속하는 등 내수 회복세는 가시화되지 못하고 있다. 또한, 최근 중동 지역의 지정학적 위험 고조, 우크라이나- 러시아 전쟁의 확전 기조, 미국의 경기침체 우려 등으로 대외 불확실성은 다소 확대되었다.

국제통화기금(IMF)에 따르면 한국의 GDP 대비 정부 부채비율은 코로나19 여파로 확장재정에 발동이 걸리기 시작한 2020년 48.7%에서 2029년 59.4%로 10.7%포인트 급증할 전망이다. 해외 다른 기관들도 한국의 재정 악화 속도에 일제히 우려를 표했다. 나라 곳간이 비어가는 가운데 세수 확보를 위해 부가가치세를 인상해야 한다는 주장마저 잇따르고 있다. 2024년 상반기 국세 수입(168조 6,000억 원)이 전년 동기보다 5.6%(9조 9,800억 원) 감소하며 2년 연속 '세수 구멍'이 확실시되는 등 재정 기반이 흔들리고 있어서. 이렇듯, 한국 경제를 둘러싼 환경이 낙관적이지만은 않다.

이에 본지에서는 한국경제 현황 및 예측보고에 대해 알아본 후, 한국 경제를 둘러싼 주요 이슈들 및 정책적 방안에 대하여 논하기로 한다.

📈 **본론**

1. 한국경제 현황 및 예측

1) 현황 및 예측

① 국내외 주요 기관들이 2024년 우리나라의 경제성장률이 호조를 보일 것으로 전망했으나, 최근 들어 미국경제의 부진 논란 등이 대두된 데다 2분기 경제성장률의 역성장(Δ0.2%) 등이 겹치면서 경제성장 전망에 대한 우려가 대두되고 있다. 특히 대표적 국책연구기관인 한국개발연구원(KDI)이 2024년 8월 발표한 경제전망에서 2024년 우리나라 경제성장률 전망을 소폭 하향 조정해 더욱 주목을 끌고 있다.

② 우선 지금까지의 긍정적인 경제전망을 살펴보면,

가. 국제통화기금(IMF)은 2024년 7월 세계경제전망(WEO) 보고서를 통해, 2024년 한국의 경제성장률을 2024년 4월 2.3%에서 0.2%p 증가한 2.5%로 예측하였다. 세계의 경제성장률은 2024년 4월 3.2%에서 3.3%로 0.1%p, 미국은 2.7%에서 2.6%로 -0.1%p, 유로존은 0.8%에서 0.9%로 0.1%p, 중국은 4.6%에서 5.0%로 0.4%p 증가할 것으로 예상하였다.

나. 경제협력개발기구(OECD)가 한국의 경제성장률이 2024년 2월 전망인 2.2%에서 2.6%로 0.4%p 상승할 것으로 전망하였다. 세계의 경제성장률은 2024년 2월 2.9%에서 3.1%로 0.2%p, 미국은 2.1%에서 2.6%로 0.5%p, 유로존은 0.6%에서 0.7%로 0.1%p, 중국은 4.7%에서 4.9%로 0.2%p가 상승할 것으로 예측하였다.

다. 국내의 연구기관들도 낙관적인 성장전망을 내놓았다. 2024년 5월에 한국개발연구원(KDI)은 2024년 우리 경제는 수출이 급증하면서 2.6% 성장할 것으로 전망하였다. 2025년에는 내수 부진은 완화되겠으나 수출 증가세가 조정되면서 2.1% 성장할 것으로 전망한 바 있다. 2024년 2.6%의 경제성장 중에 소비는 1.7%, 총고정투자는 0.5%(설비투자 2.2%, 건설투자 −1.4%, 지식재산생산물투자 2.4%), 수출은 5.6%, 수입은 2.9%로 예상하였다. 소비자물가 상승률은 2.6%로 예상했다.

③ 그런데 문제는 최근 KDI가 2024년 8월 수정 경제전망을 발표하면서 경제성장률 전망치를 올해 2.6%에서 0.1%p 감소한 2.5%로 하향조정했다는 점이다. KDI의 수정전망 내용을 구체적으로 살펴보면,

가. 민간소비는 고금리 기조 장기화를 반영하여 기존 전망(1.8%)보다 낮은 1.5% 증가할 것으로 전망하였다.

나. 설비투자는 반도체경기 호조세가 투자로 이어지지 못함에 따라 기존 전망(2.2%)보다 크게 낮은 0.4% 증가할 것으로 예상됐고,

다. 건설투자는 부동산PF 부실의 파급이 제한적인 수준에 그치며 기존 전망(-1.4%)에 비해 감소폭(-0.4%)이 축소될 것으로 전망하였다.

라. 총수출은 반도체경기가 기존 예상을 크게 상회하는 호조세를 보임에 따라 기존 전망(5.6%)보다 높은 7.0% 증가할 것으로 전망하였다.

1. 한국경제 현황 및 예측	1) 현황 및 예측	마. 내수는 하향 조정되면서 경상수지는 기존 전망(703억 달러)보다 흑자 폭이 확대된 770억달러를 기록할 것으로 전망하였다. ④ KDI는 지난 2월 올해 성장률을 2.1%로 제시한 뒤 5월에 2.6%로 상향 조정했다가 이번에 다시 낮춰 잡은 것이다. 일각에서 경제전망이 오락가락한다는 비판이 나온다. 가. KDI는 이번 수정전망 전망 근거의 하나로 예상보다 길어지는 고금리 상황 때문이라고 평가했다. 나. 경기·물가 상황에 맞춰 금리가 조정(인하)될 것으로 예상했는데, 지금은 금융 안정 등 측면이 더욱 강조되고 있다고 보았고, 금리인하가 생각했던 것보다 지연되는 상황인 데다가, 고금리의 부정적 영향이 생각보다 더욱 강하게 작용하고 있다고 설명했다. 다. KDI는 한국은행이 금리인하 시기를 놓쳤다고도 주장했다. 내수를 제대로 살리기 위한 금리인하 시점은 이미 지났다는 주장이다. 정규철 KDI 경제전망실장은 "5월 전망 때 이미 기준금리를 점진적으로 조정하는 것이 좋겠다고 말했는데 그 시점은 이미 지났다."고 말했다. 라. 다만, KDI에서는 "스트레스 총부채원리금상환비율(DSR) 등 거시건전성 정책을 우선 도입하면서 금융 안정을 추구하고, 한은은 물가·경기를 감안하면 금리를 지금보다는 낮은 수준으로 내릴 수 있을 것"이라 언급했다. 금융당국이 대출 규제를 선제적으로 시행한 뒤에 한은이 금리를 내리면 가계부채 폭증 같은 부작용을 최소화할 수 있다는 의미로 해석된다.
2. 국내외 경제 이슈	1) 차별화되는 주요국 통화정책 <출처: 현대 경제연구원>	① 미국, 유로존 등 주요국이 일제히 금리 인상을 단행하였던 2022년과 달리 2024년 하반기부터는 각국의 통화정책 방향이 엇갈리고 있다. 2022년부터 인플레이션에 대응하기 위해 긴축적인 통화정책 기조를 유지한 주요국은 2024년부터 각국 상황에 따라 기조를 변화시키고 있다. ② 유로존은 완화적인 통화정책으로 전환, 미국은 긴축적인 통화정책을 유지하는 등 국가별로 통화정책 방향이 달라지는 가운데 우리나라의 통화정책 불확실성도 확대되고 있다. 가. 유럽중앙 은행은 2024년 6월 물가 상승 압력 완화, 경기둔화 우려 등을 고려하여 약 2년 만에 통화정책 전환을 결정하였다. 나. 미국 연준(Fed)은 2022년 3월 금리 인상을 시작으로 약 2년 4개월안 긴축 기조를 지속하는 중이다. 3%대의 물가상승률, 견조한 성장세 등으로 인해 금리 인하 시점이 불확실한 상황이다. 다. 일본은행은 2024년 3월 17년 만에 금리 인상을 단행, 본격적인 긴축 통화정책으로의 전환 가능성이 높아지고 있다. 라. 중국인민은행은 경기부양을 위해 금리를 인하할 가능성이 높다. 마. 우리나라의 경우, 물가뿐만 아니라 환율 변동성, 자본 이동성 등의 요인도 감안한다면 통화정책 전환은 상당 기간 지연될 것으로 판단된다.

2. 국내외 경제 이슈

1) 차별화되는 주요국 통화정책
<출처: 현대경제연구원>

[주요국 정책금리]

(단위: %)

구분	'22말	'23말	'24.6
미국	4.25~4.5	5.25~5.5	5.25~5.5
유로존	2.5	4.5	4.25
일본	-0.1	-0.1	0~0.1
한국	3.25	3.5	3.5
캐나다	4.25	5.0	4.75
영국	3.5	5.25	5.25
중국	3.65	3.45	3.45

<출처: 현대경제연구원>

① 러시아-우크라이나 전쟁 장기화, 중동정세 불안 심화, 고조되는 미중 갈등 등과 같은 지정학적 리스크가 점증하면서 세계 경제는 물론 국내 경제 회복에도 걸림돌로 작용할 것으로 우려 된다.

가. 2022년 2월 시작된 러시아-우크라이나 전쟁은 약 2년 5개월째 지속되고 있으며, 이스라엘-하마스 전쟁은 9개월 이상 이어지고 있다.

나. 미중 갈등의 경우는 트럼프 전 대통령의 당선시 현재보다 더 악화될 수 있다는 시장 우려가 확산 중이다.

다. 실제로 최근에는 이러한 우려 때문에 국제유가와 글로벌 공급망 재불안 현상 야기 가능성도 점차 커지는 등 세계 경제의 불확실성이 높아지고 있는 실정이다.

라. 최근 국제유가는 월평균 배럴당 70달러 초반대로 하락했던 WTI가 약 80달러 대로, 두바이유는 70달러 후반대에서 80달러 중반대로 상승한 가운데, 천연가스 가격도 단기 급등세를 보이고 있다.

2) 점증하는 지정학적 리스크
<출처: 현대경제연구원>

[국제 유가 추이]

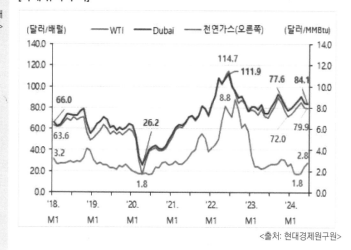

<출처: 현대경제원구원>

2) 점증하는 지정학적 리스크
<출처: 현대 경제연구원>

마. 국제 구리 가격도 월평균 톤당 7,900달러 대에서 9,600달러 대로 급등했고, 국제 금 가격은 동 트로이 온스 당 2,300달러 대를 상회하면서 사상 최고치를 경신 중이다.

② 한편, 코로나19 팬데믹 이후 안정되던 글로벌 공급망의 재불안 가능성이 확대되고 있는 가운데 세계 경제의 불확실성 재고조 우려도 커지고 있는 것으로 보인다.

③ 따라서, 각종 지정학적 리스크 재확대 시 국제상품 가격 및 글로벌 공급망 불안 현상 재현, 글로벌 인플레 현상 장기화 등의 각종 위험이 확대된다면, 세계 경제 및 국내 경기 회복에도 악영향을 줄 수 있어 이에 대한 사전 대응책 마련이 필요해 보인다.

2. 국내외 경제 이슈

3) 유출 가속 우려되는 투자
<출처: 현대 경제연구원>

① 미중 갈등 등의 영향에 의한 기업의 투자 유출뿐 아니라 국내 개인투자자의 해외투자 증가세가 지속되면서 국내 투자의 해외유출이 경기 회복 지연 및 국내 자본시장 발전에 걸림돌이 될 가능성이 확대되고 있다.

② 미중 갈등 등의 영향으로 반도체 등 경제안보와 직결되는 산업 부문을 중심으로 투자의 해외 유출 확대가 우려되는 가운데 국내 주식시장의 상대적 부진으로 주식 등 증권투자의 해외유출 지속 가능성도 배제할 수 없기 때문이다.

가. 실제로 미국을 중심으로 한 해외직접투자가 증가하면서 외국인직접투자와의 대규모 격차가 유지되는 가운데 주식을 포함한 해외증권 투자 유출이 가속화되고 있는 실정이다.

나. 국내 기업 등의 해외직접투자(총투자 기준)가 급증한 반면, 외국인직접투자(도착 기준) 규모가 큰 변동이 없어 이들 간 격차는 2023년 기준 약 452.8억 달러에 달하며, 2024년 1분기에도 123.2억 달러에 달했다.

[외국인직접투자 및 해외직접투자]

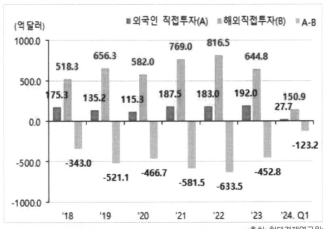

<출처: 현대경제연구원>

2. 국내외 경제 이슈

3) 유출 가속 우려되는 투자
<출처: 현대 경제연구원>

다. 2023년 기준 국내 기업 등의 해외직접투자를 국별로 보면 미국이 277.2억 달러로 전체의 43.0%를 차지해 압도적으로 높은 것으로 나타나, 미중 갈등 향방과 미국의 정책 변화 등이 큰 영향을 미치고 있다는 점을 간접적으로 보여준다.

라. 한편, 이런 현상은 국제수지상 증권투자 유출입에서도 나타나며, 국내 주식시장의 경우는 기타 외국인을 포함한 외국인이 순매수세를 보이고 있는 반면에, 기관투자자와 개인은 순매도세를 보이고 있다. 먼저, 국제수지상 증권투자의 경우, 2024년 5월까지 누적 자산(유출)이 350.4억 달러로 부채(유입) 242.7억 달러를 약 107.7억 달러 상회하는 것으로 나타났다.

마. 투자자별 국내 주식거래도 같은 기간 기관투자자와 개인은 각각 6.7조 원, 10.8조 원 순매도했으나, 기타 외국인을 포함한 외국인은 17.8조 원 순매수한 것으로 집계되었다.

③ 향후에도 국내 투자의 해외유출이 지속된다면 단기적으로는 실물 경기 회복 지연과 중장기적으로는 성장 잠재력 약화를 유발할 수 있고, 환율 불안이나 국내 자본시장 발전에도 걸림돌이 될 가능성이 있는 등 부정적인 영향이 클 것으로 예상됨에 따라 적절한 대응책 마련이 필요해 보인다.

4) 지연되는 내수 반등 시기
<출처: 현대 경제연구원>

① 외수 부문이 개선세를 이어가는 것과 달리 내수 부문, 특히 설비투자 및 건설투자는 회복세 가 더딘 상황이다.

가. 설비투자 및 건설투자의 동반 감소세가 이어지고 있는 가운데, 내수 반등은 단기간에 실현되지 않을 가능성이 높은 것으로 판단된다.

나. 2024년 5월 설비투자는 4개월 연속 감소세를 지속하였으며, 선행지표 또한 향후 부진한 흐름이 이어질 것임을 시사한다.

다. 다만, 제조업 기업심리지수가 상승세를 보인다는 점은 긍정적이다.

라. 건설투자는 감소세가 심화하였으며, 선행지표인 건설수주의 회복세도 나타나지 않았다. 특히, 민간 부문 건설수주의 감소세가 두드러지면서 2025년까지도 건설투자의 회복 가능성이 낮은 상황이다. 건설기업 경기실사지수도 100p보다 현저히 낮은 수준을 지속하고 있어 건설경기 침체 장기화 가능성마저 우려된다.

② 고금리 장기화, 인건비 및 원자재가격 상승, 대내외 불확실성 확대에 따른 기업 심리 위축 등으로 인해 설비투자 및 건설투자의 반등은 단기간에 실현되지 않을 가능성이 높다.

5) 반도체에 의존하는 수출
<출처: 현대 경제연구원>

① 수출 회복세가 국내 경기 개선을 견인하고 있으나, 반도체 반등 효과를 제외하면 여전히 회복세가 미흡한 것으로 우려되는 상황이다. 수출 증가세가 지속되면서 무역수지도 흑자를 이어가고 있으나, 반도체를 제외할 경우 수출 증가세가 대폭 둔화하는 것으로 나타났다.

가. 국내 수출 증가율은 2023년 10월 증가세로 전환된 이후 2024년 5월 11.5%를 기록하며 증가세를 지속 하는 중이며, 무역수지도 흑자를 유지 중이다.

나. 그러나, 총수출에서 반도체를 제외할 경우 수출 증가율은 2월(-3.9%), 3월(-3.0%) 연속 감소세를 기록하였고, 5월은 4.3%에 그치는 등 여전히 부진한 흐름이 이어지고 있는 것으로 우려된다.

다. 특히, 과거 수출은 반도체 외 품목의 기여도가 상당 부분 차지하였지만, 최근 수출 증가의 대부분은 반도체로만 설명되는 등 의존도가 심화하였다.

라. 2024년 5월을 기준으로 수출 증가율 11.5% 중 대부분인 7.7%p를 반도체가 기여하고, 그 외 품목의 기여는 3.8%p에 그친 것으로 나타나 최근의 수출 증가 대부분은 반도체에 의해서만 설명되는 상황이다.

마. 국내 수출의 대부분을 차지하는 대미국, 대중국 수출에서도 반도체를 제외할 경우 증가세가 크게 둔화하는 것으로 나타났으며, 특히 대중국 수출 증가율의 경우 5월 7.7%에서 반도체를 제외할 경우 -6.6%의 감소세로 전환되는 것으로 나타났다.

2. 국내외
경제 이슈

5) 반도체에
의존하는
수출
<출처: 현대
경제연구원>

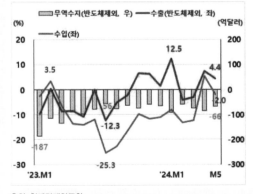

< 총 수출입 및 무역수지 >

< 반도체 제외 수출입 및 무역수지 >

<출처: 현대경제연구원>

2. 국내외 경제 이슈	6) 중상주의 위험 <출처: 하나금융 경영연구소>	중상주의 위험(Mercantalism risk)이 있다. 중상주의 위험은 주요국에서 산업 정책과 보호무역주의가 확산되면서 우리나라의 수출과 투자, 그리고 공급망에 미치는 위험을 지칭한다. ① 1980년대 후반 이후 미국의 정책은 자유시장 경제와 개방적인 국제무역을 중시하고, 정부의 개입을 최소화하며 민간 부문의 역할을 강조하는 정책, 즉 '워싱턴 컨센서스'(WashingtonConsensus)로 요약된다. 그러나 이제 트럼프와 바이든 행정부는 보호무역주의와 산업정책을 통한 미국의 제조업 부흥을 추구하고 있다. 미국의 이와 같은 정책 변화와 함께 중국과 인도 뿐 아니라 EU와 일본 등 주요국에서도 중상주의 기조가 확산되고 있다. ② 2019년 일본 수출 규제 이후 미국의 對中 반도체 장비 수출 제한 조치와 중국의 희토류 수출 제한 조치도 한국의 무역과 투자에 악영향을 미치는 정책이다. 중상주의 위험은 수출의존도가 높은 한국의 경제 성장 전망을 위협하고 있다.
	7) 중국 위험(China Risk) <출처: 하나금융 경영연구소>	중국 위험(China risk)이 있다. 이 위험은 미국의 중국 견제와 함께 중국 자체의 경제와 무역 성장 정체로 인해 수출입과 해외 투자에서 중국의존도가 높은 우리나라의 무역과 투자, 그리고 공급망에 악영향을 미치는 것을 지칭한다. ① 2000년대 이후 한국 경제의 성장에 중국과의 무역이 큰 역할을 한 것은 주지의 사실이다. 특히 우리나라는 전자와 화학 산업에서 중국에 대한 의존성이 크다. 또한 2010년대 초반까지 중국은 국내 기업이 가장 많이 진출한 투자처였다. 그러나 미국의 중국 견제와 디커플링 압박은 우리 수출에 큰 위협이 되고 있다. ② 중국 위험은 수출입과 해외 투자에서 중국의존도가 높은 우리 경제의 기반을 위태롭게 하고 있다.
	8) 안보 위험(Security risk) <출처: 하나금융 경영연구소>	안보 위험(Security risk)이 있다. 안보 위험은 대만해협 물류 문제와 중국과 대만의 전쟁 가능성이 이 지역 공급망에 영향에 미치고, 국제 무역과 투자의 감소를 야기하는 것을 지칭한다. ① 대만 문제로 한국에 직접적으로 대두된 안보 위험은 우리나라의 존망에 커다란 위협이 되고 있다. 설령 이 안보 위험이 현실화되지 않아도, 이 위험의 잔존 가능성만으로도 투자를 저해하는 요인이 된다. ② 특히 대규모 장기 투자는 평화의 지속성과 정부 정책의 예측 가능성 보장이 필요하다. 그러나 지금도 계속해서 고조되고 있는 안보 위험은 이처럼 대규모 장기 투자 실현을 저해하고, 결국 우리 경제의 성장 잠재력을 저해하는 요인이 된다.

결론

의견 제시 첫째, 차별화되는 주요국 통화정책과 관련, 주요국간 통화정책의 차별화로 글로벌 금융시장 변동성 확대, 달러화 강세 및 고환율에 따른 물가전가율 상승 등이 우려되는 바, 주요국 통화정책 변화 및 금융시장에 대한 모니터링을 강화하여 경제 정책을 적시에 조정할 필요가 있다.

둘째, 점증하는 지정학적 리스크 관련, 우리나라의 경우, 원유 등을 포함 각종 원자재의 대외 의존도가 높다는 점을 고려해 개별 원자재 시장에 대한 모니터링 강화 등을 통해 원활한 원자재 수급 상황을 유지할 수 있도록 해야 한다. 또한, 글로벌 공급망 재불안 현상에 대응하기 위해 기존 수출입 시장에 대한 관리 강화는 물론 신규 수출입 시장 발굴 노력을 지속할 필요가 있으며, 경제안보 차원에서 핵심 원부자재 수급 안정화 노력을 견지해야 한다. 아울러, 지정학적 리스크 확대로 글로벌 인플레 현상이 장기화될 경우 주요국 통화긴축 기조가 유지될 가능성이 크고, 글로벌 금융시장 불안 현상 재현 가능성도 배제할 수 없어 파급영향에 대한 사전 대응책 모색도 필요해 보인다.

셋째, 유출 가속 우려되는 투자와 관련, 국내 투자 환경에 대한 전반적인 검토와 함께 주요국 투자 유인책 분석 등을 통해 우리 기업의 대내 투자 확대와 함께 외국인직접투자 유입을 촉진시키는 것이 중요하다. 또한, 국내외 투자자 입장에서 볼 때 투자 매력이 있는 기업 밸류업 프로그램을 지속적으로 추진하는 한편 자본시장의 투명성 확보와 개인투자자에 대한 투자 인센티브 확충 등을 통해 국내 자본시장의 기반을 강화할 필요도 있어 보인다.

넷째, 지연되는 내수 반등 시기 관련, 내수와 외수의 불균형이 심화되지 않도록 건설 경기 회복을 위한 SOC 투자 확대, 기업친화적 투자 환경 조성 및 규제 개선, 한국으로의 투자 유인 증대 등을 통해 내수 반등을 꾀해야 한다.

다섯째, 반도체에 의존하는 수출문제와 관련, 반도체 경기 흐름에 수출 경기가 좌우될 것으로 전망되므로 이에 대한 철저한 대비가 필요하며, 수출 구조적 측면의 안정적 회복을 위해서는 그 외 품목의 수출 활성화를 위한 대응책도 마련될 필요가 있다.

여섯째, 중상주의 위험과 중국 위험에 대응하기 위해서는 무역과 공급망 다변화 정책을 우선적으로 추진하여야 한다. 우리나라는 이미 2024년 말에 타결된 IPFE((Indo-Pacific Economic Framework for Prosperity) 공급망 협정의 서명국이다. 그러나 이 협정은 시장 개방에 대한 내용을 포함하고 있지 않다. 따라서 중국에 대한 의존도를 줄이고 무역과 공급망을 확대하기 위해서는 CPTPP(Comprehensive and Progressive Agreement for Trans-Pacific Partnership) 가입이 가장 효과적이다. CPTPP는 역내 글로벌 가치사슬의 확대를 위해 TPP에서 도입한 누적 원산지 제도를 유지하고 있다. 이에 따라 CPTPP 회원국에서 생산된 모든 중간재는 CPTPP 수출국의 자국 생산품으로 인정된다. 또한 CPTPP의 관세 철폐율은 96%로 매우 높은 시장개방도를 가지고 있다. 결국 중상주의 위험과 중국 위험 완화에 가장 효과적인 수단인데, 이러한 CPTPP 가입을 막고 있는 농어민의 반대를 극복하기 위해 협정 체결 후 발생하는 농어민의 피해를 전액 보상하는 방식을 고려할 필요가 있다.

일곱째, 한국 경제에 치명적인 안보 위험 대응을 위한 유일한 방안은 외교적 노력이다. 미국과 중국의 갈등, 중국과 대만의 갈등 속에서 우리가 할 수 있는 일은 매우 제한적이다. 다만 우리는 외교적 노력을 통해 미국, 중국, 대만과 소통을 유지하고 정세를 주의 깊게 모니터링할 필요가 있다.

또한 미국과 중국을 비롯한 주요 이해관계국과 함께 안보 위험의 확산이 모두에게 큰 피해를 입힌다는 인식을 공유하고 이를 확산시키는 노력이 필요하다. 특히, 북한 문제로 확산될 가능성을 고려할 때, 안보 위험은 한국 경제에 매우 큰 위협으로 다가온다.

여덟째, 중장기적 변화에 대비하기 위해 R&D 투자와 기술 창업이 필수적이다. 기후 변화 대응과 과학 · 기술 혁명에 따라 향후 세계 경제의 지형이 변화하고 한국의 산업 경쟁력이 결정될 것이다. 기후 변화와 과학 · 기술 혁명을 적극 수용하여 이 분야에 R&D를 강화하여야 한다. 또한 AI, 차세대 반도체, 바이오, 에너지 전환, 국방 분야 등에서 기술 창업과 기업 성장을 촉진하여야 한다. 이러한 노력을 통해 향후 한국 경제의 발전 가능성을 확보할 수 있다. 그 가능성을 실현하기 위해서는 이런 첨단 분야로 자본을 집중할 수 있는 금융의 역할이 중요할 것이다.　　<출처: 하나금융경영연구소>

chapter 07

상속세 개편안

01 논제 개요 잡기[핵심 요약]

서론	**이슈언급**	정부는 2024년도 세법개정안을 통해 상속세를 대폭 낮추는 정책을 발표했다. 정부는 상속세 법정 최고세율이 50%로 경제협력개발기구(OECD) 국가대비 높다는 근거를 들어 현재 우리나라 상속세 부담이 지나치게 높다고 주장했다. 최대주주 주식 상속 20% 할증 폐지, 상속세 최고세율 50% → 40% 인하 등을 골자로 하고 있는데, 기존에는 과세표준 1억 원 이하에 10%의 최저세율이 적용되었으나, 개정안에 따르면 과세표준 2억 원까지 10%의 최저세율을 적용 받는다. 이러한 세법개정안에 대해, OECD 최고수준의 우리나라 상속세율을 정상화하는 긍정적 조치라는 의견과 함께 부자감세라는 부정적 평가도 양립되고 있다.
본론	**1. 상속세 개정안**	**1) 내용**
		① 물가 · 자산 등 여건 변화를 반영하고, 과도한 세부담 완화를 위해 상속 · 증여세율 및 과표 · 공제 금액 조정.
		(물가) 1997년 대비 2.0배 상승, (주택가격) 1997년 대비 전국 2.2배, 수도권 2.8배 상승
		② 상속 · 증여세율 및 과표 조정 : 최고세율을 40%로 하향 조정하고, 하위 과표 구간 확대(10% 세율 적용구간: 1억 원 이하 → 2억 원 이하).
		③ 상속세 자녀공제 금액 : 1인당 5천만 원 → 5억 원.

본론	**1. 상속세 개정안**	**2) 이유** <출처 : 하나 금융연구소>	① 우리나라 최고 상속세율은 50%로 OECD 회원국 중 두 번째로 높아 세부담이 큰 편. ② 자산가치 상승으로 상속세 납세 대상자가 일반대중으로 확대되는 추세. ③ 일부 부유층은 세부담으로 상속세가 없거나 세율이 낮은 국가로 이민을 선택하기도 함. ④ 상속세는 개인이 소득세를 계속 지불하고 그것이 남아서 축적이 된 세목. ⑤ 세계적 흐름에 역행.

		3) 반대 의견	① 부자감세. ② 세수감소.

	2. 가업승계 상속세 개정	**1) 가업상속·승계제도 개선**	① 현행 제도 : 10년 이상 가업을 영위한 피상속인이 가업을 상속하는 경우 가업상속재산을 최대 600억 원 한도로 과세가액에서 공제. 　가. 상속개시일로부터 5년간 업종·고용·자산·지분유지 등 사후관리 의무를 부여하고, 사후관리의무 위반 시 상속세 부과. ② 개정 : 기업의 지속 성장 지원 및 지역경제 활성화. 중소·중견기업이 상속세 부담에 얽매이지 않고 지속 성장하고, 지역경제 활성화에 기여할 수 있도록 지원.

		2) 최대주주 등 보유주식 할증 평가 폐지	① 현행 제도. 　가. 최대주주 등* 보유주식을 상속·증여하는 경우 20% 할증평가. 　　* 최대주주 및 그의 특수관계인 　나. 단, 중소기업 및 중견기업(매출액 5천억 원 미만)이 발행한 주식 등은 할증평가 대상에서 제외. ② 개정내용 및 개정 취지 : 경영권 프리미엄은 상속.증여시점에서 측정하기 어렵고, 개별 거래의 특성 등 고려 없이 일률적으로 20% 할증평가하는 문제가 있음.

		3) 글로벌 현황	세계 각국은 법인세와 함께 상속세를 꾸준히 낮춰 가업승계를 유도하는 방향으로 움직임. ① 전 세계 123개 국가 중에서 70여 개국이 상속세를 폐지하였음. 또한 OECD 36개국 중 13개 국가가 상속세를 폐지하였거나 처음부터 도입하지 않았음. ② 상속세율 인하 및 공제 흐름 : 가업승계에 상속세를 과세하는 OECD회원국도 현재 상속세 최고세율은 평균 25% 안팎이다.

본론	**2. 가업승계 상속세 개정**	**4) 찬성의견** ① "상속세율 60%는 사실상 도둑질이자 기업 죽이기에 가까운 수준" <영국 싱크탱크 애덤스미스연구소(ASI)> ② 글로벌 추세. ③ 가업 발전 막는 가업상속공제.
		5) 반대의견 ① 가업승계세제는 자산가의 상속세 면탈 수단으로 전락한 것으로 보인다. ② 현행 가업상속공제 제도는 가업의 요건과 공제대상 기업의 기준이 넓고, 공제한도는 너무 크고, 사후관리 요건이 지속 완화하면서 가업을 변질시킨 채 일부 고액 자산가에게 특혜를 주는 결과를 초래했다. ③ 반드시 최대주주 일가가 공개된 기업을 물려받아야만 기술력이 보존되고 경영 노하우를 전수받을 수 있는 것은 아니다.
결론	**의견제시**	세제에 정통한 김진표 전 국회의장은 얼마 전 "좋은 세금은 부자가 되기 쉽게 만들어야 한다."고 했다. 이제라도 부자 감세와 대기업 특혜라는 낡은 틀과 결별해야 한다. 정치권의 대오각성이 절실한 때이다. 한편, 가업승계 상속세 개정 관련, 한국 사회가 가업상속에 부정적인 시각을 갖게 된 책임의 상당부분은 기업에 있음을 부인할 수 없다. 기업들은 황제경영, 독단경영, 일감몰아주기, 갑질, 세금탈루의 장본인이기 때문이다. 이런 사회에서 가업상속을 통해 부를 세습하는 것은 용납이 쉽지 않다는 점이다. 또한, 시민단체 등은 국세청 자료를 근거로 평균 상속세 실효세율이 17.3%에 불과하다며 상속세 인하에 반대하고 있다. 하지만 현실적인 경제상황도 간과할 수 없다. 오래된 기업이 국민경제에서 차지하는 역할은 적지 않다. 중소벤처기업부에 따르면 30년 이상 된 기업의 비중은 2.1%에 불과하지만 매출액은 전체의 38.7%에 이른다. 그리고 오래된 기업일수록 고용능력지수도 높다. 그런 기업이 상속 문제로 경영권이 위태로워지고, 경쟁력을 위협받는다고 하니 외면할 수는 없는 것이다 정부가 이번에 내놓은 개편안은 국회 논의를 거쳐 2024년 하반기 입법을 추진하게 된다. 가업 상속세 공제는 여러 면에서 찬반 논란이 있어 사회적 합의가 필요한 만큼, 국회에서 기업 활동을 북돋우면서도 부정적 시각은 줄여 줄 수 있도록 충분한 논의가 필요해 보인다.

02 논제 풀이

📈 서론

이슈 언급
정부는 2024년도 세법개정안을 통해 상속세를 대폭 낮추는 정책을 발표했다. 정부는 상속세 법정 최고세율이 50%로 경제협력개발기구(OECD) 국가대비 높다는 근거를 들어 현재 우리나라 상속세 부담이 지나치게 높다고 주장했다. 최대주주 주식 상속 20% 할증 폐지, 상속세 최고세율 50% → 40% 인하 등을 골자로 하고 있는데, 기존에는 과세표준 1억 원 이하에 10%의 최저세율이 적용되었으나, 개정안에 따르면 과세표준 2억 원까지 10%의 최저세율을 적용 받는다. 그리고 기존에는 과세표준 30억 원을 초과의 경우 상속세율이 50%였으나, 개정안에 따르면 50%의 상속세율은 사라지고 10억 원을 초과 시 40%의 세율이 최고세율이 된다. 뿐만 아니다. 상속세 관련하여 자녀공제도 크게 변경된다. 현재 상속공제 중 자녀공제는 5,000만 원이지만 개정안에 따르면 자녀공제가 5억 원으로 늘어날 예정이다.

이러한 세법개정안에 대해, OECD 최고수준의 우리나라 상속세율을 정상화하는 긍정적 조치라는 의견과 함께 부자감세라는 부정적 평가도 양립되고 있다.

이처럼 상속세 개정안에 대해 여러 가지 의견들이 많지만, 세법개정안은 2024년말 국회의 논의를 거쳐 통과돼야 2025년부터 시행이 되므로 향후 결과는 지켜보아야 할 것이다. 세법은 자주 개정이 되고 국민들에게 미치는 영향이 크기 때문에 신중해야 한다.

이에 금번 상속세 개편의 이유와 반대의견을 살펴본 후 정책적 방안에 대해 논하기로 한다.

📈 본론

1. 상속세 개정안

1) 내용

① 물가 · 자산 등 여건 변화를 반영하고, 과도한 세부담 완화를 위해 상속 · 증여세율 및 과표 · 공제 금액 조정.
(물가) 1997년 대비 2.0배 상승, (주택가격) 1997년 대비 전국 2.2배, 수도권 2.8배 상승
② 상속 · 증여세율 및 과표 조정 : 최고세율을 40%로 하향 조정하고, 하위 과표 구간 확대(10% 세율 적용구간: 1억 원 이하 → 2억 원 이하).

현행		개정안	
과세표준	세율	과세표준	세율
1억원 이하	10%	**2억원 이하**	**10%**
5억원 이하	20%	5억원 이하	20%
10억원 이하	30%	10억원 이하	30%
30억원 이하	40%	**10억원 초과**	**40%**
30억원 초과	50%		

③ 상속세 자녀공제 금액 : 1인당 5천만 원 → 5억 원.

<table>
<tr><td rowspan="2" style="text-align:center">1. 상속세
개정안</td><td rowspan="2">1) 내용</td><td>

① 우리나라 최고 상속세율은 50%로 OECD 회원국 중 두 번째로 높아 세부담이 큰 편.

　가. OECD 회원국들의 직계 상속에 대한 최고세율은 평균 15% 수준이며 우리나라는 50%로 일본(55%) 다음으로 높은 수준.

　나. OECD 가입 38개국 중 상속세를 부과하는 국가는 미국, 독일, 일본, 우리나라 등 24개국이며, 7개국은 비과세, 나머지 10개국은 자본이득세, 추가소득세로 과세.

　다. 우리나라 상속세는 과세표준에 따라 10%~50%가 적용되는 초과누진세율 구조로 총 조세수입 중 상속 · 증여세가 2.42%(OECD 평균 0.42%)를 차지.

</td></tr>
</table>

[OECD 상속세에 대한 최고세율 현황]

세율	국가	세율	국가
55%	일본 ●	20%	그리스,네덜란드
50%	대한민국	19%	핀란드
45%	프랑스	15%	덴마크
40%	영국,미국	14%	슬로베니아
34%	스페인	10%	아이슬란드,터키
33%	아일랜드	7%	폴란드, 스위스
30%	벨기에,독일	4%	이탈리아
25%	칠레	0%	스웨덴, 호주 외
OECD 평균 세율		15%	

[출처: 국회입법조사처 (2021년)]

　* 상속세 0%국가 : 룩셈부르크, 호주, 오스트리아, 캐나다, 이스라엘, 뉴질랜드, 노르웨이, 포르투갈, 스웨덴, 헝가리, 체코 등 19개국

　라. 우리나라는 상속세법 제정(1950년) 이래 피상속인의 재산 총액에 세금을 부과하는 유산세[1] 방식을 취하고 있으며 이는 유산취득세 방식 대비 세부담이 큼 → 유산취득세 방식[2]은 상속인 개개인의 유산 취득분에만 상속세를 부과해 총상속재산에 과세하는 유산세 방식 대비 과세표준이 낮아 일반적으로 세부담이 감소.

② 자산가치 상승으로 상속세 납세 대상자가 일반대중으로 확대되는 추세.

　가. 부동산 가격 상승 등으로 상속세 납세인원과 총상속재산가액이 큰 폭으로 증가함.

　　A. 2022년 기준 상속세 납세인원(피상속인 수)은 사망자의 약 5%인 19,506명, 총상속재산가액은 56.5조 원으로 납세인원과 총상속재산가액 모두 5년 전 대비 3배 증가.

　　B. 총상속재산가액 10억 원 초과~20억 원 이하 구간의 납세인원이 8,510명(43.6%)으로 가장 많고, 인별 평균 총상속재산가액은 약 13억 원.

C. 서울 아파트 매매중위가격이 10억 원 정도라는 점을 감안하면 서울에 아파트 1채만 보유해도 잠재적 상속세 대상자.

D. 상속인 구성에 따라 공제 범위가 상이하나 피상속인에게 배우자와 자녀가 모두 있는 경우 최소 10억 원이 공제되어 상속재산가액 10억 원까지는 세금 미발생.

나. 상속 경험이 있거나 향후 상속을 할 의향이 있는 대중을 대상으로 한 설문 결과에서도 70%가 상속세는 더 이상 부자들만의 세금이 아니라고 인식.

1. 상속세 개정안

2) 이유

<출처: 하나금융 경영연구소>

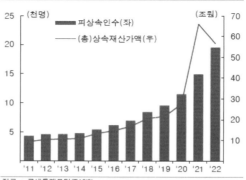

■ 상속세 납세인원 및 총상속재산가액 현황

자료 : 국세통계포털(TASIS)

■ 상속세에 대한 인식

자료 : 하나금융경영연구소

③ 일부 부유층은 세부담으로 상속세가 없거나 세율이 낮은 국가로 이민을 선택하기도 함.

가. 2023년 국내 순자산 100만 달러(약 13억 원) 이상을 보유한 자 중 이민을 간 사람은 800명으로 전 세계 7위를 차지.

나. 국제 투자이민 컨설팅사 헨리앤파트너스에 따르면 타국으로 이주한 부자가 가장 많은 국가는 중국이며 다음으로 인도, 영국 순.

다. 한국은 7위를 차지했으나 총 인구수 대비로는 중국보다 비율이 높으며(중국 1/1000, 한국 2/1000)미국, 캐나다, 호주 등 상속세율이 낮거나 아예 없는 곳으로 이주.

라. 선진국들은 높은 상속세로 인한 자국민 이탈에 따른 자본유출을 막기 위해 상속세 를 낮추거나 없애는 추세로 상속세의 원조격인 영국도 단계적으로 폐지할 계획.

마. 1971년 캐나다를 시작으로 가장 최근에는 노르웨이(2014년), 오스트리아(2008년), 멕시코/스웨덴(2004년)등 OECD국 10곳이 이미 상속세를 폐지.

■ 세계 부자들의 이동 양상

	■2022 순유출	■2023순유출(P)
중국	10,800	13,600
인도	7,500	6,600
영국	1,600	3,200
러시아	8,600	3,000
브라질	1,800	1,200
홍콩	2,400	1,000
한국	400	800
멕시코	800	700
남아프리카	400	600
일본	100	300 (명)

자료 : Henley Private Wealth Migration Report 2023

1. 상속세 개정안

2) 이유

<출처: 하나금융 경영연구소>

④ 상속세는 개인이 소득세를 계속 지불하고 그것이 남아서 축적이 된 세목.

가. 그렇기 때문에 OECD(경제협력개발기구) 국가 중에서도 많은 나라가 상속세를 부과하고 있지 않다.

나. 이것 때문에 우리나라에서 사업을 하겠다는, 고용을 창출하겠다는 인센티브가 굉장히 약화되어 왔던 것. 그래서 많은 나라들이 상속세는 이중적 과세이기 때문에 소득세에서 누진적으로 부과하고, 상속세에 대해 부과하는 것은 적절치 않다는 그런 나라들이 많이 있다.

⑤ 세계적 흐름에 역행.

가. 국내 상속세 최고세율은 1997년 40%에서 45%, 2000년 50%로 오른 뒤 20년 넘게 같은 수준을 유지하고 있다. 또 대기업 최대주주가 지분을 상속하면 '경영권 프리미엄' 명목으로 상속세액(50%)에 20%를 더한 최대 60%를 과세한다.

	2) 이유 <출처: 하나금융 경영연구소>	나. 이는 세계적 흐름과 정반대다. 미국은 2002년부터 2012년까지 상속세율을 55%에서 40%로 단계적으로 인하했고, 2000년 독일은 35%에서 30%로, 이탈리아는 27%에서 4%로 각각 인하했다. 다. 또 우리나라에선 가업상속공제가 중견·중소기업에만 적용된다. 이 때문에 공제·감면 등을 적용한 실효세율도 41.0%로 경제협력개발기구(OECD) 주요 회원국 중 최고 수준이다. 미국의 실효세율은 34.8%, 독일 29.9%, 일본 26.9%, 프랑스 11.0% 등이다.
1. 상속세 개정안	**3) 반대 의견** <출처: 나라살림 연구소>	① 부자감세 가. 2023년에 극최상위 0.03%(100명)가 전체 상속세의 59.6%를 납부했으며, 최상위 1%(3,590명)가 전체 상속세 납부액의 89.1%를 부담한 것으로 나타났다. 따라서 정부가 상속세를 낮추면, 상속세 감세 효과의 60% 이상이 최극상위 100명의 피상속인에 집중되며, 상속세 감세액의 약 90%는 최상위 1%(3,590명)가 그 혜택을 누리게 되는 것. 나. 2024년도 정부 세법개정안에 따른 향후 5년 간 18조 6000억 원의 상속세 및 증여세 감세 효과의 60%가 극최상위 100여 명 가족 등에게 귀속될 수 있다는 것을 의미한다. 마찬가지로 2023년 기준 최상위 1%에 속하는 약 4,000명 이내 가족 등에게 18조 6,000억 원의 상속·증여세 감면 효과의 90%가 귀속될 수 있다는 사실을 시사한다. ② 세수감소 가. 2023년 56조 원이라는 역대급 세수 결손이 발생했고 2024년도 20조 원 규모로 세수 결손이 발생할 가능성이 큰 상황이라는 점에서 감세 자체도 문제이다. 나. 정부는 2024년 6월 28일 '세수 결손 조기경보'를 공식 발령함으로써 2024년 세수 전망이 낙관적이지 않다는 점을 인정했다. 5월까지 걷힌 국세가 연간 세입 계획의 41.4%에 그쳐 과거 5년간 평균보다 5.9 퍼센트 포인트 낮았기 때문이다. 이러한 상태가 지속된다면 2023년에 이어 2024년에도 세수 결손이 발생하고, 그 규모는 20조 원 정도에 이를 것으로 예상된다. 이런 상황에서 감세 기조로 한 세법개정안을 내놓는 것은 전혀 합리적이지 않다.
2. 가업승계 상속세 개정	**1) 가업상속 승계제도 개선**	① 현행 제도 : 10년 이상 가업을 영위한 피상속인이 가업을 상속하는 경우 가업상속재산을 최대 600억 원 한도로 과세가액에서 공제. 가. 상속개시일로부터 5년간 업종·고용·자산·지분유지 등 사후관리 의무를 부여하고, 사후관리의무 위반 시 상속세 부과.

[가업상속공제 주요내용]

구 분	요건 및 내용
대상 기업	• 중소기업 및 매출액 5,000억원 미만의 중견기업
공제금액 및 한도액	• 공제금액 : 가업상속재산의 100% • 공제한도 : 피상속인이 10년 이상 경영한 가업 : 300억원 　　　　　 20년 이상 : 400억원, 30년 이상 : 600억원
피상속인 요건	• 피상속인이 10년 이상 계속하여 경영 • 비상장기업은 40%, 상장기업은 20% 이상 주식 10년 이상 계속 보유
상속인 요건	• 18세 이상 & 상속개시 전 2년 이상 가업에 종사 • 상속세 신고기한까지 임원 취임, 2년 내 대표이사 취임
사후관리 (5년)	• (업종 유지) 주된 업종 유지(대분류내 변경 허용), 대표이사 종사, 　　　　　 1년 이상 휴·폐업 금지 • (고용 유지) 정규직 근로자수 90% 이상 또는 총급여액 90% 이상 유지 • (자산 유지) 가업용 자산의 40% 이상 처분 제한 • (지분 유지) 주식 등을 상속받은 상속인의 지분 유지
양도소득세 이월과세	• 가업상속공제를 받은 가업상속재산을 추후 양도 시, 　피상속인의 당초 취득가액을 취득가액으로 하여 양도소득세 과세

2. 가업승계 상속세 개정

1) 가업상속 승계제도 개선

② 개정 : 기업의 지속 성장 지원 및 지역경제 활성화. 중소·중견기업이 상속세 부담에 얽매이지 않고 지속 성장하고, 지역경제 활성화에 기여할 수 있도록 지원.

　가. 개정안에 의하면, ▲밸류업, ▲스케일업 우수기업, ▲기회발전특구 이전, ▲창업기업에 대해서는 중견기업에게 적용되는 매출액 제한을 적용하지 않고 공제한도도 매우 크게 확대된다.

　　A. 밸류업 · 스케일업 우수기업은 가업영위기간에 따라 최소 600억 원(가업영위기간 10~20년)에서 최대 1,200억 원(가업영위기간 30년 이상)까지 공제받을 수 있다.

　　B. 기회발전특구 이전 · 창업기업은 공제한도 제한을 두지 않아 가업영위기간과 상관없이 전액 공제받을 수 있다.

　나. 즉, 가업 법인의 주식을 상속받았을 때 밸류업 · 스케일업 우수기업의 경우 최대 1,200억 원까지 상속세를 부담하지 않고 기회발전특구 이전 · 창업기업의 경우 상속세를 전혀 부담하지 않아도 된다는 얘기다.

　다. 물론 위와 같은 세제 혜택을 받으려면 엄격한 요건을 충족해야 한다.

2) 최대주주 등 보유주식 할증 평가 폐지

① 현행 제도.

　가. 최대주주 등* 보유주식을 상속 · 증여하는 경우 20% 할증평가.

　　* 최대주주 및 그의 특수관계인

　나. 단, 중소기업 및 중견기업(매출액 5천억 원 미만)이 발행한 주식 등은 할증평가 대상에서 제외.

② 개정내용 및 개정 취지.

　가. 기업의 승계 지원을 통해 우리 기업의 지속적인 성장.고용의 기반을 마련하기 위함.

2) 최대주주 등 보유주식 할증 평가 폐지	나. 최대주주 보유주식 할증평가는 부동산 등 일반 재산 상속이 아니라 기업승계와 관련된 것으로, 기업의 지속적 성장·고용 유지 등을 감안한 것임. 다. 경영권 프리미엄은 상속·증여시점에서 측정하기 어렵고, 개별 거래의 특성 등 고려 없이 일률적으로 20% 할증평가하는 문제가 있음. * 해외에서 할증평가를 실시하는 국가는 미국, 독일 등 소수에 불과함

2. 가업승계 상속세 개정

3) 글로벌 현황

세계 각국은 법인세와 함께 상속세를 꾸준히 낮춰 가업승계를 유도하는 방향으로 움직임.

① 전 세계 123개 국가 중에서 70여 개국이 상속세를 폐지하였음. 또한 OECD 36개국중 13개 국가가 상속세를 폐지하였거나 처음부터 도입하지 않았음.

　[캐나다(1971년), 호주(1979년), 이스라엘(1981년), 뉴질랜드(1992년), 포르투갈·슬로바키아(2004년), 스웨덴(2005년), 오스트리아(2008년), 노르웨이·체코(2014년). 중국은 상속세가 없음.

　가. 70%에 달하는 상속세로 창업주 가문의 해외탈출 러시와 세수 감소로 인한 경제손실을 경험한 끝에 2005년 상속세를 폐지한 스웨덴이 대표적인 경우.

② 상속세율 인하 및 공제 흐름.

　가. 가업승계에 상속세를 과세하는 OECD회원국도 현재 상속세 최고세율은 평균 25% 안팎이다.

　나. 미국, 일본, 프랑스 등 상속세를 유지하고 있는 국가도 세율을 낮추려고 하고 있으며 독일, 프랑스, 벨기에의 경우, 가족에게 가업승계 시 세율을 인하하고 큰 공제 혜택을 제공. OECD국가중 17개국에서는 가업승계시 상속세를 면제.

　다. 미국은 가업승계 시 주식을 매각하여 차익이 발생했을 때 과세. 현재 35%인 상속증여세를 2020년대에는 폐지할 예정.

　라. 일본은 2018년 4월부터 신사업승계제도를 시행. 직계비속에 대해 납세유예 대상 주식수의 상한을 없애고 승계 후 5년간 80% 이상이라는 고용조건을 못 지키는 경우에도 계속 유예되도록 변경. 일손 부족에 시달리는 데다 높은 상속세 때문에 가업의 대물림을 주저하는 중소기업의 현실을 반영.

　마. 우리나라는 OECD 가운데 일본 55%에 이어 50%로 두 번째로 상속세부담이 높은데 경영권을 상속할 경우 20% 할증평가가 적용되어 실질적인 상속세 부담은 60%로 일본을 제치고 세계 1위 상속세 부담 국가이다.

<table>
<tr><td>2. 가업승계
상속세
개정</td><td>4) 찬성의견</td><td>

① "상속세율 60%는 사실상 도둑질이자 기업 죽이기에 가까운 수준". <영국 싱크탱크 애덤스미스연구소(ASI)>

국내 대주주 주식 관련 상속·증여 및 양도세제는 문제가 많다.

가. 유독 대주주 주식만 할증(20%)해 최고 60%의 징벌적 상속세율을 적용하는 것 자체도 그렇지만, 이 세율이 양도세 최고세율(27.5%, 1년 이상 보유 기준)보다 훨씬 높아 대주주들이 각종 절세와 회피 행위를 하도록 유인하고 있다. 상속 대신 자녀가 설립한 회사에 일감을 몰아준 뒤(터널링) 이 지분을 판 돈으로 상속 대상 주식을 훨씬 싸게 사는 '세금 차익거래'를 하거나 사모펀드(PEF) 등에 경영권을 일찍 매각하고 상속세 없는 싱가포르 등으로 이주하도록 대주주들을 부추기고 있다.

나. 여기에 상장 주식은 매일 변하는 시가로, 비상장 주식은 바뀌지 않는 자산·수익가치(본질가치)로 상속세를 계산하도록 차별해 상장사들이 세금 절감을 위해 주가를 최대한 낮추도록 유도하고 있다. 상속세가 '코리아 디스카운트'의 핵심 원인으로 지목 받는 이유다. 이런 문제는 설령 최고세율이 양도세와 같은 금융투자소득세가 내년에 시행돼도 바뀌지 않는다.

② 글로벌 추세 : 세계 최고의 복지국가로 꼽히는 스웨덴이 최근 재단 우회 승계를 인정하는 동시에 상속 지분을 처분하지 않으면 상속세를 물리지 않는 등 기업 상속에 '특혜'를 제공하는 이유는 의외로 단순하다. 전문 경영인과 달리 장기적·통합적 관점에서의 경영이 강제되는 창업자 가문에 기업 운영을 맡기는 것이 부의 대물림을 막는 것보다 국가 경제 성장에 도움이 되기 때문이다.

가. 과거 상속세율 70%였던 스웨덴은 기업 오너가 상속세를 내기 위해 한번에 주식을 팔아치우면서 주가가 폭락하고, 발렌베리 가문의 회사였던 아스트라AB(현재 아스트라제네카)가 1999년 영국으로 넘어가고, 이케아와 같은 대기업이 상속세 부담을 피해 다른 나라(네덜란드)로 이탈하는 상황까지 벌어지자 2005년 공론화 끝에 상속세를 없애고 자본이득세로 전환했다.

나. 스웨덴뿐만 아니라 독일의 광학 전문 기업 '자이스' 또한 최대주주 '칼자이스 재단'을 승계하는 방식으로 178년 역사를 이어 오고 있다. 최근 비만치료제 '위고비'로 세계 최고의 바이오 혁신기업으로 급부상한 덴마크 제약회사 '노보노디스크' 또한 창업자 부부가 설립한 '노보노디스크 재단'의 지배하에 있다.

다. 기업들 또한 부의 축적이 아닌 사회 공헌으로 가업 승계의 특혜에 보답하고 있다. 발렌베리 가문은 공익재단을 통해 수익 대부분을 사회에 환원하면서 자국민의 존경을 받고 있다. 이미 기부 규모 세계 1위의 자선단체인 노보노디스크 재단은 경제성이 없고 개발도 어려운 희귀병 치료제 연구에 막대한 투자를 이어 가고 있다.

</td></tr>
</table>

라. 하지만 이런 모범 사례를 한국에선 흉내 낼 수 없다. 스웨덴에선 공익재단에 주식을 출연하면 100% 면세인 반면 우리나라에선 상호출자제한기업집단과 특수관계에 있는 공익재단에 출연할 경우 최대 5%만 면세된다. 또 스웨덴은 기업을 물려받아도 상속인이 처분(처분 시 자본이득세 부과)하지 않으면 상속세가 없지만, 한국은 상속과 함께 최대 60%의 상속세가 부과된다. 즉 현재 29조 3,100억 원으로 추산되는 발렌베리 가문의 그룹 지분을 공익재단을 통해 상속할 경우 스웨덴에선 세금이 없지만, 한국에선 16조 7,000억 원을 상속세로 납부해야 한다는 계산이 나온다. 그래서 현행 세법에 따르면 한국에선 3대는커녕 2대 상속만 해도 그룹 경영권 유지가 불가능하다.

마. 상속세율이 높은 다른 선진국들도 가업 승계에 대해선 파격적인 공제 혜택을 제공한다. 상속세율 최대 45%인 프랑스는 환매 금지 등 일정 조건만 충족하면 최대 75%까지 공제를 받는다. 이 공제 혜택 덕분에 프랑스를 대표하는 명품 브랜드 '루이비통모에헤네시'(LVMH)가 172년의 역사를 이어 올 수 있었다. LVMH의 오너인 아르노 가문은 271조 200억 원어치의 지분을 가지고 있는데, 이를 상속할 경우 프랑스에선 약 30조 4,900억 원을 상속세로 내면 된다. 반면 한국에선 그보다 5배 이상 많은 157조 7,300억 원을 납부해야 한다.

바. 이러다 보니 한국에선 세금 폭탄을 피하려고 경영 승계를 포기한 경우도 있다. 세계 1위 콘돔 제조사로 유명했던 '유니더스'는 창업주 별세 이후 당시 최대주주였던 아들이 50억원에 달하는 상속세 부담을 감당하지 못해 사모펀드에 지분을 매각했다. 국내 1위 종자 개발기업 '농우바이오'는 창업주 사망 이후 직계 유족들이 약 1,200억 원에 달하는 상속세 부담을 피하려 경영권을 농협에 매각했다. <출처: 서울신문>

③ 가업 발전 막는 가업상속공제 : 중견·중소기업도 까다로운 사후 요건에 발목을 잡히는 경우가 적지 않다.

가. 10년 이상 경영하고 매출액 5,000억 원 미만인 중견·중소기업이 가업상속공제 대상인데, ▲10~20년 된 기업은 300억 원, ▲20~30년은 400억 원, ▲30년 이상은 600억원까지 공제된다.

나. 그런데 공제를 받은 뒤 5년 동안 ▲상속인의 지분이 줄어들거나, ▲다른 업종으로 바꾸면 추징 대상이 된다. 이러한 사후 요건이 비상장 기업이 상장으로 투자를 받아 사세를 키운다거나, 발전 가능성이 높은 업종으로 사업 영역을 넓히는 것을 가로막고 있다는 지적이 나온다.

다. 실제 가업상속공제를 받은 지 5년이 되지 않은 한 부품업 중소기업 대표는 "상속 직후 코로나19로 내수 시장이 얼어붙어 해외로 판로를 뚫었고 수출이 잘되고 있었다."며 "그러나 해외 매출이 내수보다 더 커지면 업종이 (수출업으로) 바뀌면서 추징 대상이 되기 때문에 5년까지는 해외 영업에 소극적일 수밖에 없다"고 털어놨다. 또 "공제 요건이 오히려 가업의 발전적 계승을 막고 있는 것 같다."고 답답함을 토로했다.

2. 가업승계 상속세 개정

4) 찬성의견

| 2. 가업승계
상속세
개정 | 5) 반대의견 | ① 이미 2007년 가업승계세제가 조세특례제한법에 규정되고 사후관리가 대폭 완화했다. 이제 가업승계세제는 자산가의 상속세 면탈 수단으로 전락한 것으로 보인다. 이에 더해 조세특례제한법은 창업자금 증여의 경우도 과세특례를 적용했다. 피상속인이 승계 전 창업 과정에서 가산을 특례를 적용 받아 물려받고, 이에 더해 가업 승계 공제까지 얻으면서 막대한 부를 이전할 가능성이 열린 것이다. 이는 기회균등 민주주의 헌법정신을 일탈한 것. 가업상속공제제도가 사실상 자본가의 감세 제도로 작용하고, 그 반대로 근로소득자를 대상으로는 증세가 지속적으로 이뤄져 조세 불평등이 발생한다는 점 역시 문제다. <유호림 강남대 교수>
② '가업의 동일성을 유지하도록 해 100년 가는 기업을 만든다'는 본래 목적과 달리, 현재 가업상속 공제 시에는 피상속인이 한국표준산업분류표 상 대분류 내의 다른 업종으로 변경해 기업을 영위한 기간도 상속 공제 조건에 합산해 준다는 점 역시 문제로 지적된다. 공동 상속도 허용해 주고, 승계 기업의 업종 변경까지 점차 완화하는 추세. 현행 가업상속공제 제도는 가업의 요건과 공제대상 기업의 기준이 넓고, 공제한도는 너무 크고, 사후관리 요건이 지속 완화하면서 가업을 변질시킨 채 일부 고액 자산가에게 특혜를 주는 결과를 초래했다. <김은정 참여연대 협동사무처장>
③ 기업공개가 이뤄진 상장기업의 주인은 최대주주뿐 아니라 일반주주, 소액주주들이기도 하다. 반드시 최대주주 일가가 공개된 기업을 물려받아야만 기술력이 보존되고 경영 노하우를 전수받을 수 있는 것은 아니다. <김은정 참여연대 협동사무처장> |

 결론

**의견
제시** 과거 조세제도가 국가의 흥망성쇠를 좌우한 사례는 열거하기조차 힘들다. 15세기 말 황금기를 구가했던 스페인은 금융·유통을 장악했던 유대인을 추방하는 '알람브라 칙령'을 반포하면서 경제가 급속히 붕괴했다. 복지국가 스웨덴은 1980년대 상속세율이 70%에 달했는데 기업과 부자의 이민이 꼬리를 물었다. 제약회사 아스트라는 세금을 감당하지 못해 영국 제네카에 매각됐고 유명 가구회사 이케아, 우유 팩의 원조 테트라팩도 네덜란드와 스위스로 떠났다.

　정부가 2024년 세법개정안에서 25년 만에 상속세를 손질하기로 했다. 최고세율을 50%에서 40%로 낮추고 자녀 공제 금액도 1인당 5,000만 원에서 5억 원으로 10배 높이는 게 핵심이다. 이 정도로 숱한 부작용을 해소하기는 역부족이다. 그런데 이마저 부자 감세 논란에 휩싸여 있다. 상속세(최고세율 40%)가 근로소득세(45%)보다 낮아선 안 된다고 펄쩍 뛴다. 생전에 소득세를 내고 모은 재산에 죽은 뒤 더 많은 세금을 물리자는 궤변이다. 외려 이중과세를 해결하기 위해 주요 선진국처럼 상속인 각자가 물려받은 재산에 과세(유산 취득세)하는 게 옳다. 인력과 자본, 기술이 장벽

없이 이동하는 21세기에 징벌적 세제에 집착하는 건 시대착오적이다. 이미 극심한 세금 편중이 '황금알을 낳는' 기업과 자본의 '배'를 가르고 있다는 위험신호가 울리고 있지 않은가. 세제에 정통한 김진표 전 국회의장은 얼마 전 "좋은 세금은 부자가 되기 쉽게 만들어야 한다"고 했다. 이제라도 부자 감세와 대기업 특혜라는 낡은 틀과 결별해야 한다. 정치권의 대오각성이 절실한 때이다. <출처: 세계일보 주춘렬 논술위원>

한편, 가업승계 상속세 개정 관련,

한국 사회가 가업상속에 부정적인 시각을 갖게 된 책임의 상당부분은 기업에 있음을 부인할 수 없다. 기업들은 황제경영, 독단경영, 일감몰아주기, 갑질, 세금탈루의 장본인이기 때문이다. 이런 사회에서 가업상속을 통해 부를 세습하는 것은 용납이 쉽지 않다는 점이다. 또한, 시민단체 등은 국세청 자료를 근거로 평균 상속세 실효세율이 17.3%에 불과하다며 상속세 인하에 반대하고 있다. 하지만 현실적인 경제상황도 간과할 수 없다. 오래된 기업이 국민경제에서 차지하는 역할은 적지 않다. 중소벤처기업부에 따르면 30년 이상 된 기업의 비중은 2.1%에 불과하지만 매출액은 전체의 38.7%에 이른다. 그리고 오래된 기업일수록 고용능력지수도 높다. 그런 기업이 상속 문제로 경영권이 위태로워지고, 경쟁력을 위협받는다고 하니 외면할 수는 없는 것이다

정부가 이번에 내놓은 개편안은 국회 논의를 거쳐 2024년 하반기 입법을 추진하게 된다. 가업 상속세 공제는 여러 면에서 찬반 논란이 있어 사회적 합의가 필요한 만큼, 국회에서 기업 활동을 북돋우면서도 부정적 시각은 줄여 줄 수 있도록 충분한 논의가 필요해 보인다.

이에,

첫째, 우리나라에서는 중소기업 가업승계 이슈가 주로 세제지원을 중심으로 논의되고 있으나 향후에는 보다 종합적인 지원방안의 모색이 필요하다. 정보제공 및 컨설팅, 사회적 인식제고 노력, 금융지원 등 종합적인 지원을 통한 선제적 대응이 필요하다. 중소기업 역시 가업승계를 일시적 이벤트가 아닌 장기적 과정으로 이해하고 목표와 실천계획을 명확하게 설정하여 관리해 나갈 필요가 있다.

둘째, 금융기관들은 중소기업 가업승계와 관련한 종합금융 서비스 제공 역량을 강화할 필요가 있다. 가업승계를 상속대책에 국한하지 않고 소유권 및 경영권을 양도하는 일체의 과정으로 이해할 경우, 은행이 가업승계 기업에 제공할 수 있는 서비스의 범위는 한층 광범위하게 될 것임. 특히, M&A자문, 인수금융, 후계자 납세자금 대출 및 승계기업 운영자금 대출, PB업무 등이 이에 해당될 것으로 보인다.

용어해설

1) **유산세** : 사망자의 재산에 대해 재산분배가 시행되기 전에 피상속인의 유산 자체를 과세대상으로 부과하는 조세로 재산세적 성격을 띤다. 이것은 사망자의 재산 총액을 기준으로 하여 재산 총액에 담세력을 인정하고 과세하는 것이다. 미국, 영국, 우리나라는 유산세의 형태로 상속세를 부과하고 있다.

2) **유산 취득세** : 전체 유산이 아니라 상속인이 물려받는 유산 취득분에만 세금을 매기는 방식이다. 전체 상속 액수를 상속인 수로 나눈 뒤 세율을 적용하는 만큼, 개인에게 돌아가는 세금부담이 비교적 덜한 것으로 평가받는다. 세금을 부담할 수 있는 능력에 따라 세금이 부과돼야 한다는 '응능부담 원칙'에도 부합한다. 다만 이 방식을 채택하면 다수 상속인에게 물려줄수록 세금 부담이 감소해 유산분할을 촉진하게 될 가능성이 높다. 이 과정에서 위장 분할 등의 문제가 발생할 우려가 있다. 결과적으로 부유층의 세금 부담을 덜어주는 '부자 감세' 비판에서 자유롭지 못하다. 현재 우리나라는 상속총액에 먼저 세금을 매긴 후 상속인에게 재산을 배분하는 유산세 방식을 적용한다. 상속 액수가 클수록 높은 세율을 적용받기 때문에 이 경우 내야 하는 세금이 더 많아진다. 국제적으로는 유산취득세 방식을 더 많이 사용한다.

chapter

08

지역균형발전

01　논제 개요 잡기[핵심 요약]

서론	이슈언급	우리나라는 1960년대 이후 발전을 거듭하며 세계 경제 10위권 진입이라는 놀라운 성과를 이루었으나, 수도권과 비수도권 간의 격차가 심화되면서 주민의 삶의 질과 지역 경쟁력의 불균형을 초래하였다. 2022년 수도권 인구가 전체 인구의 50.4%를 넘어섰고, 228개 시·군·구 중 113개 지역이 소멸위기에 놓여있다.(2022년 통계청) 따라서, 지역균형발전은 국가의 지속가능한 성장의 필수요건이며, 국가의 생존과 발전을 위해 당면한 가장 시급한 과제로, 역대 정부에서도 다양한 정책으로 지역균형발전을 위해 많은 노력을 기울여왔다. 그럼에도 불구하고 수도권과 비수도권의 사회·경제·문화 등의 격차와 지역소멸위기 해소에는 역부족이었다. 또한, 저출산·고령화, 4차 산업혁명, 코로나19 이후 비대면 경제 등 환경의 변화는 지역균형발전 정책의 방향 전환을 요구하고 있다.
본론	1. 지역균형발전	1) 내용	① 개념 : 지역 간 사회·경제·문화적 제반 여건과 삶의 질이 어느 정도 비슷하거나 최소한의 요건을 구비하도록 하는 과정임. ② 법령 : 지역균형발전은 헌법적 차원에서 국가가 기본적으로 수행할 의무로 규정되어 있으며, 「국토기본법」에서도 국토균형발전을 명시하고 있음. ③ 지방분권과의 관계 : 지역균형발전과 지방분권은 서로 배치되는 부분도 있으나, 지방분권과 균형발전이 함께 가야만 지역의 문제를 스스로 해결할 수 있는 자율시스템이 작동할 수 있음.

본론	1. 지역균형발전	2) 추진 연혁	① 1972년 제1차 국토종합개발계획(1972년~1981년)을 수립하여 수출 공업 및 중화학 분야를 중심으로 수도권과 경부축 등 단기간 성장효과가 높은 지역을 우선 육성함. ② 이를 통해 1970년대 우리나라는 놀라운 경제성장을 이룩하였으나 환경피해 · 부동산투기 등 사회 · 경제적 문제가 발생하였으며, 주거 · 교육 · 의료 · 복지시설 등 사회적 인프라에 있어 도시와 농어촌 간 격차가 더욱 심화됨. ③ 이에 1980년대에는 성장 위주의 정책기조를 성장과 복지의 조화를 도모하는 방향으로 전환하고, 제2차 국토종합개발계획(1982년~1991년)을 수립하여 인구의 지방정착과 생활환경 개선을 목표로 수도권 집중억제와 권역개발을 추진함. ④ 1990년대에는 지역의 생존전략으로 지방을 육성하고 낙후지역을 중점 개발하고자 하였고, 제3차 국토종합개발계획(1992년~2001년)은 국민복지향상과 환경보전을 목표로 서해안 산업지대와 지방 도시 육성을 통한 지방 분산형 국토개발을 추진함.
		3) 필요성	① 지역 불균형은 사람들의 삶의 질을 저하시킴. 수도권 거주자들은 높은 주거비 및 생활비, 높은 인구밀도, 교통 혼잡, 오염된 대기질과 수질 등 환경오염으로 삶의 질이 낮아지고, 비수도권 거주자들은 생활 인프라와 공공서비스 부족으로 삶의 질이 낮아짐. ② 사람들이 일자리, 교육, 자산증식 기회가 좀 더 나은 지역으로 주거지를 이동함에 따라 비수도권은 인구감소로 인한 소멸위기에 처해 있음. 또한, 학령인구 감소에 따른 폐교 증가로 지방교육이 붕괴되고 정주여건이 나빠지는 악순환으로 나타나고 있음. ③ 지역 불균형을 해소하기 위해 여러 법률과 정책, 계획들을 수립하여 집행하였으나 인구와 산업의 수도권 집중 현상은 점점 심화되고 있음.
		4) 최신 동향	① 환경의 변화와 과제 : 지금까지 지역균형발전 정책은 수도권과 비수도권 간 인구, 경제, 산업, 사회, 환경, 보건, 문화, 정치 등의 분야에서 대표지표를 설정하여 불균형을 측정하고, 이를 시정하기 위한 수단을 개발하여 추진함. 그러나 2019년 말, 수도권 인구가 전체 인구의 50%를 넘어서고, 저출산 · 고령화, 4차 산업혁명, 코로나19 등의 여건 변화가 발생하여 지역균형발전 정책의 방향 전환이 요구되고 있음.

본론	1. 지역균형 발전	4) 최신 동향	② 초광역협력 : 지속적인 지역균형발전 정책의 추진에도 불구하고 수도권으로의 인구와 경제력 집중 현상이 심화되는 가운데, 비수도권은 주력산업의 글로벌 경쟁력 약화 및 산업구조조정, 인구감소로 인한 지방소멸 위기감 등으로 지역 활력이 급격히 떨어지고 있음. 이에 지역균형발전을 위한 새로운 전략이 필요하다는 인식이 확산되는 가운데 행정구역을 넘어선 '초광역협력'에 대한 관심이 높이지고 있음.
		5) 윤석열 정부의 지역균형발전 정책	① 윤석열 정부의 국정과제 - 지방시대의 국정목표는 '대한민국 어디서나 살기 좋은 지방시대'임. 윤석열 정부는 지역 스스로 발전전략을 결정하고 실현하는 지역주도 균형발전으로 정치 · 경제 · 사회 · 문화 권력의 수도권 일극집중을 해소하고, 지방발전을 통한 국가경제 재도약과 공간적 정의(spatial justice) 구현을 통한 국민통합을 약속하면서 10개의 국정과제를 발표함. - 기회발전특구(Opportunity Develompnet Zone, ODZ)는 윤석열 정부가 지향하는 지역균형발전 정책의 핵심으로 '지역주도'와 '시장친화형'이라는 키워드를 모두 담고 있는 제도라고 할 수 있음.
	2. 지역균형발전의 방향	1) 포용적 성장 기반 지역균형발전	지금까지 많은 지역균형발전 정책이 추진되어 왔지만 지역 간, 계층 간불평등이 심화되고 있음. 이러한 문제점을 해결하기 위해 포용적 성장을 기반으로 한 패러다임의 전환이 필요함.
		2) 장소기반(Place-based) 지역균형발전	전국이 골고루 잘사는 지역균형발전이 이루어지려면, 지역마다의 여건과 특성에 따른 개성 있는 발전전략이 가장 중요함. 특화발전을 추구할 때 다양하고 풍부한 성과가 나타나며 지역균형발전도 가능함.
		3) 지방분권 기반 지역균형발전	지역균형발전이 추구하는 균형의 영역은 점점 넓어지고 있음. 지역 간 불균형뿐만 아니라 계층 간 불균형 등 불균형 해소와 함께 삶의 질 보장도 요구하고 있음. 따라서 지역균형발전 문제를 단층구조로만 접근할 것이 아니라 낙후 정도에 따라 지역별 다층구조로 접근하여 해결할 필요가 있음.
결론	의견제시		향후 국내 지역개발 정책은 세 가지 측면을 고려해야 한다. 첫째, 지역 내 개발관점에서 글로벌 미래전략으로서 가치를 높일 수 있도록 산업정책 글로벌 시장, 사회경제적 변화, 고용기회, 지역환경의 지속가능성을 적극 고려해야 할 것이다.

| | | 둘째, 협업체계의 구축이 필요하며, 주로 광역적 관점과 지역간 통합적 시각이 요구된다. 또한 R&D 역량을 활용한 지역개발과 지역 내 금융생태계의 육성도 긴요하다. 특히, 이해관계자 간 비용부담을 촉진하기 위해 세제, 보조금, 정책금융 등이 복합적으로 활용될 필요가 있다.
셋째, 중앙정부는 지역개발정책 간 선의의 경쟁을 촉진하고 조정자 역할을 강화해 나가야 하며, 소규모 개발계획의 축적 및 실험적 접근 등을 활성화함으로써 성공가능성을 높이고 사후적 인센티브 제공 확대 등으로 지역개발의 지속가능성 및 기대효과가 장기적으로 지속될 수 있는 여건을 마련할 필요가 있다.
한편, 금융적 측면에서
첫째, 우선 지역개발과 관련 펀드 또는 자금에 대한 세제혜택을 타 금융세제와 비교하여 추가하는 방안을 고려해야 한다.
둘째, 지역개발 관련 세제혜택을 제공할 수 있는 공모형 세제적격펀드 또는 지역개발기금에 대한 민간자금의 참여를 검토해야 한다.
셋째, 특히, 정책금융과 관련하여 기술금융, 장기금융, 구조조정 금융과 관련된 정책금융기관의 역할이나 자금가용성을 제공해 나감으로써 지역개발과 연계한 지역기업의 자금조달을 지원할 필요가 있다.
넷째, 역량 측면에서는 지역개발과 관련된 다양한 프로젝트에 대한 정보를 공유, 비교할 수 있는 시스템 구축을 고려하고, 금융기관이 주도하는 관련 전문가의 육성 프로그램 등도 고려해야 한다. |
|---|---|---|
| **결론** | **의견제시** | |

---

02 논제 풀이

📈 서론

우리나라는 1960년대 이후 발전을 거듭하며 세계 경제 10위권 진입이라는 놀라운 성과를 이루었으나, 수도권과 비수도권 간의 격차가 심화되면서 주민의 삶의 질과 지역 경쟁력의 불균형을 초래하였다. 2022년 수도권 인구가 전체 인구의 50.4%를 넘어섰고, 228개 시·군·구 중 113개 지역이 소멸위기에 놓여있다. (2022년 통계청)

따라서, 지역균형발전은 국가의 지속가능한 성장의 필수요건이며, 국가의 생존과 발전을 위해 당면한 가장 시급한 과제로, 역대 정부에서도 다양한 정책으로 지역균형발전을 위해 많은 노력을 기울여왔다. 그럼에도 불구하고 수도권과 비수도권의 사회·경제·문화 등의 격차와 지역소멸위기 해소에는 역부족이었다. 또한, 저출산·고령화, 4차 산업혁명, 코로나19 이후 비대면 경제 등 환경의 변화는 지역균형발전 정책의 방향 전환을 요구하고 있다.

윤석열 정부도 '대한민국 어디서나 살기 좋은 지방시대'를 국정 비전으로, 공정, 자율, 희망의 가치를 실현하기 위한 지역균형발전 정책을 추진하고 있고, 이를 위해 '지역주도 균형발전', '혁신성장 기반 강화', '지역특성의 극대화' 등 3대 과제를 제시하였다.

이에 본지에서는 지역균형발전의 의미 및 현황 그리고 자역균형발전을 위한 정책적 방안을 제언해 보기로 한다.

📈 **본론**

1. 지역균형 발전 <출처: 국회도 서관>	1) 내용	① 개념 　가. 지역 간 사회 · 경제 · 문화적 제반 여건과 삶의 질이 어느 정도 비슷하거나 최소한의 요건을 구비하도록 하는 과정임. 　나. 지역을 유지하고 존속시키는 데 필요한 경제, 사회, 문화, 환경, 복지 등 다양한 요소의 지역 간 차이를 완화시켜 한 국가 내 여러 지역이 어느 한쪽으로 과도하게 기울거나 치우치지 않고 고르게 발전된 상태를 의미함. 　다. 지역의 혁신역량 강화를 통하여 모든 지역에서 발전의 기회와 잠재력을 증진시킴으로써, 어느 지역에 거주하더라도 기본적인 삶의 기회를 향유하고 궁극적으로 국가 전체의 경쟁력을 극대화하는 것임. ② 법령 : 지역균형발전은 헌법적 차원에서 국가가 기본적으로 수행할 의무로 규정되어 있으며, 「국토기본법」에서도 국토균형발전을 명시하고 있음. 　가. 헌법 전문 : "정치 · 경제 · 사회 · 문화의 모든 영역에 있어서 각인의 기회를 균등히 하고, 능력을 최고도로 발휘하게 하며, 자유와 권리에 따르는 책임과 의무를 완수하게 하여, 안으로는 국민생활의 균등한 향상을 기하고…" 　나. (헌법 120조 제 2항) 국토와 자원은 국가의 보호를 받으며, 국가는 그 균형 있는 개발과 이용을 위하여 필요한 계획을 수립한다. 　(헌법 122조) 국가는 국민 모두의 생산 및 생활의 기반이 되는 국토의 효율적이고 균형 있는 이용 · 개발과 보전을 위하여 법률이 정하는 바에 의하여 그에 관한 필요한 제한과 의무를 과할 수 있다. ③ 지방분권과의 관계 : 한편, 지역균형발전과 지방분권은 서로 배치되는 부분도 있으나, 지방분권과 균형발전이 함께 가야만 지역의 문제를 스스로 해결할 수 있는 자율시스템이 작동할 수 있음. 　가. 지방분권(decentralisation)은 중앙정부로부터 자치권을 가진 지방정부로 권한, 책임, 자원이 이전되는 것임. 지방분권은 단순한 권한 이전에 그치는 것이 아니라, 중앙정부와 지방정부 사이의 협력과 전략적인 역할 분배에 대한 관계 재정립에 관한 것임.

	1) 내용	나. 그러나 지방분권이 반드시 지역균형발전으로 연결된다고 할 수 없음. 지방분권은 지방의 자율성을 강화하여 자율적 발전을 가능하게 할 뿐, 각 지방의 자율적 발전의 결과가 반드시 국가적 차원에서 균형 있는 발전으로 나타난다고 볼 수 없음. 오히려 각 지방이 자율적으로 발전을 추구한다면 자유경쟁의 결과처럼 불균형한 상태가 될 가능성이 높다고 봄. 때문에 그동안 지역문제와 관련해서 지방분권과 지역균형발전은 상호 배치되는 것으로 인식됨.

다. 하지만 지방분권 없는 지역균형발전은 맹목적이며, 지역균형발전 없는 지방분권은 공허하다고 할 수 있음. 지방분권 없는 균형발전은 지역의 자율성을 약화시키고 중앙정부에의 의존적 내성만 키우게 될 것임. 반면, 균형발전 없는 지방분권은 지역 간의 격차만 심화시켜서 국가의 부담으로 작용할 수 있음.

라. 즉, 지방분권과 균형발전은 자전거의 앞뒤 바퀴라고 할 수 있음. 지방분권은 시스템의 구축이고, 균형발전은 지방분권을 통해 지역이 자율적으로 살아갈 수 있는 소프트웨어를 채워가는 것임. 따라서 지방분권과 균형발전이 함께 가야만 지역의 문제를 스스로 해결할 수 있는 자율시스템이 작동할 수 있음.

1. 지역균형 발전
<출처: 국회도서관>

2) 추진 연혁

① 우리나라는 1960년대부터 경제발전을 위해 특정 제조업을 선정하여 자원을 집중적으로 지원하는 불균형 성장전략을 택함. 1972년 제1차 국토종합개발계획(1972년~1981년)을 수립하여 수출 공업 및 중화학 분야를 중심으로 수도권과 경부축 등 단기간성장효과가 높은 지역을 우선 육성함.

② 이를 통해 1970년대 우리나라는 놀라운 경제성장을 이룩하였으나 환경피해 · 부동산투기 등 사회 · 경제적 문제가 발생하였으며, 주거 · 교육 · 의료 · 복지시설 등 사회적 인프라에 있어 도시와 농어촌 간 격차가 더욱 심화됨.

③ 이에 1980년대에는 성장 위주의 정책기조를 성장과 복지의 조화를 도모하는 방향으로 전환하고, 제2차 국토종합개발계획(1982년~1991년)을 수립하여 인구의 지방정착과 생활환경 개선을 목표로 수도권 집중억제와 권역개발을 추진함. 그러나 올림픽 개최 등으로 인해 실질적인 수도권 규제가 효율적으로 집행되지 못하고 인구의 수도권 집중이 심화됨.

④ 1990년대에는 지역의 생존전략으로 지방을 육성하고 낙후지역을 중점 개발하고자 하였고, 제3차 국토종합개발계획(1992년~2001년)은 국민복지향상과 환경보전을 목표로 서해안 산업지대와 지방 도시 육성을 통한 지방 분산형 국토개발을 추진함. 이는 경제성장에 일부분 기여하였으나 수도권과 지방 간의 격차를 심화시켰고, 국토의 불균형 개발 및 난개발을 야기함.

3) 필요성	① 지역 불균형은 사람들의 삶의 질을 저하시킴. 수도권 거주자들은 높은 주거비 및 생활비, 높은 인구밀도, 교통 혼잡, 오염된 대기질과 수질 등 환경오염으로 삶의 질이 낮아지고, 비수도권 거주자들은 생활 인프라와 공공서비스 부족으로 삶의 질이 낮아짐.
	② 사람들이 일자리, 교육, 자산증식 기회가 좀 더 나은 지역으로 주거지를 이동함에 따라 비수도권은 인구감소로 인한 소멸위기에 처해 있음. 또한, 학령인구 감소에 따른 폐교 증가로 지방교육이 붕괴되고 정주여건이 나빠지는 악순환으로 나타나고 있음.
	③ 지역 불균형을 해소하기 위해 여러 법률과 정책, 계획들을 수립하여 집행하였으나 인구와 산업의 수도권 집중 현상은 점점 심화되고 있음.
1. 지역균형 발전 <출처: 국회도 서관> **4) 최신 동향**	① 환경의 변화와 과제 : 지금까지 지역균형발전 정책은 수도권과 비수도권 간 인구, 경제, 산업, 사회, 환경, 보건, 문화, 정치 등의 분야에서 대표지표를 설정하여 불균형을 측정하고, 이를 시정하기 위한 수단을 개발하여 추진함. 그러나 2019년 말, 수도권 인구가 전체 인구의 50%를 넘어서고, 저출산ㆍ고령화, 4차 산업혁명, 코로나19 등의 여건 변화가 발생하여 지역균형발전 정책의 방향 전환이 요구되고 있음.
	가. 먼저 저출산ㆍ고령화 등으로 인해 인구절벽과 지방소멸 위기가 새로운 정책 환경으로 대두되고 있음.
	나. 코로나19의 발생은 비수도권의 경제활동을 급격히 둔화시킴.
	A. 지역경제의 급속한 침체는 고용시장에도 악영향을 끼치고, 이러한 지역 간 경기 편차는 비수도권 지역에서의 인구유출을 촉진할 가능성이 큼.
	B. 제조업과 서비스업의 경우, 코로나19 발생 이후 수도권보다 비수도권의 침체가 두드러짐.
	② 초광역협력
	가. 추진배경 : 지속적인 지역균형발전 정책의 추진에도 불구하고 수도권으로의 인구와 경제력 집중 현상이 심화되는 가운데, 비수도권은 주력산업의 글로벌 경쟁력 약화 및 산업구조조정, 인구감소로 인한 지방소멸 위기감 등으로 지역 활력이 급격히 떨어지고 있음. 이에 지역균형발전을 위한 새로운 전략이 필요하다는 인식이 확산되는 가운데 행정구역을 넘어선 '초광역협력'에 대한 관심이 높아지고 있음.
	나. 일반적으로 초광역권이란 '행정구역은 구분되어 있으나 일상생활 또는 경제활동이 기능적으로 연계되어 있는 공간집적체'를 의미함. 20세기중반부터 세계적으로 복수의 도시와 지역들이 인구성장과 외연적 확산을 통해 인근지역과 섞이면서 연속성을 가진 하나의 거대 도시 및 경제권역으로 병합되는 현상이 관찰됨. 이에 메갈로폴리스(Megalopolis), 메가시티 리전(Mega-city region), 메가리전(Mega region) 등 다양한 형태의 초광역적 공간구조가 등장함.

[초광역적 공간 구조에 대한 논의]

개념	정의	학자 (발표연도)
메갈로폴리스 (Megalopolis)	연속적이고 내부적으로 상호 연결된 매우 거대한 다핵적 도시체계	Gottmann (1961년)
메가시티 리전 (Mega-city region)	10개-50개의 도시들이 물리적으로는 이격되어 있지만, 기능적으로는 1개 이상의 대도시권 주변으로 연계되고 클러스터화된 공간 새로운 기능적 분업으로 거대한 경제적 힘을 발휘	Hall and Pain (2006년)

**1. 지역균형
발전**
<출처: 국회도
서관>

4) 최신 동향

다. 메가시티의 추진은 지역균형발전 정책에서 접근과 주체가 전환되고 있다는 특징을 가지고 있음.

　A. 지역균형발전 정책의 접근은 기본적으로 하향식 접근이지만 메가시티는 지방단위에서 추진되고 있다는 점에서 상향식 접근이라고 할 수 있음.

　B. 또한 기존의 지역균형발전 정책은 원칙적으로 국가가 정책의 주체이지만 메가시티는 광역단위인 지방이 주도를 하고, 국가에서 지원시책을 검토하고 있다는 점에서 국가주도에서 지방주도로 전환되고 있다고 할 수 있음.

　C. 대표적인 부 · 울 · 경 메가시티는 2020년에 부 · 울 · 경 시 · 도 연구원에서 공동으로 수행한 '동남권 발전계획 수립 공동연구'에서 기본적인 구성이 구체화됨. 이후 충청권과 대구 · 경북권 등에서도 메가시티의 계획을 발표하였으나, 아직까지 부 · 울 · 경만큼 구체화된 상황은 아님. 부 · 울 · 경 메가시티는 4개 분야의 내용으로 구성되어 있음.

　D. 부 · 울 · 경을 권역으로 하는 생활공동체, 경제공동체, 문화공동체를 형성하고 이를 추진하기 위한 메가시티 플랫폼을 구축하는 것이 핵심적인 내용임. 부 · 울 · 경 메가시티의 공동사업은 철도와 도로 등의 광역 인프라를 구축하는 생활공동체와 동남권 수소 메가블록을 구축하는 경제공동체 및 2030 부산 월드엑스포의 동남권 공동대응을 위한 문화공동체 등으로 구성하고, 이를 추진하는 공동의 거버넌스로 특별지방자치단체인 동남권 특별연합을 설치하는 것임.

　E. 부산울산경남 특별연합은 탄소중립 산업기반 및 수소경제권 기반 마련, 친환경 조선산업 육성 등 자치단체로부터 이관받은 사무와 광역교통 및 물류체계 구축 등 국가로부터 위임받는 사무를 수행할 예정임. 그러나 최근 울산과 경남은 부 · 울 · 경 메가시티에 소극적인 태도를 보이고 있음. 특히 울산은 해오름동맹(울산 · 포항 · 경주) 강화를 우선시하고 있음.

1. 지역균형
발전
<출처: 국회도서관>

5) 윤석열 정부의 지역균형발전 정책

① 윤석열 정부의 국정과제

  가. 윤석열 정부는 국정비전인 '다시 도약하는 대한민국, 함께 잘 사는 국민의 나라'를 달성하기 위해 정치·행정, 경제, 사회, 외교·안보, 미래, 지방시대 등 6대 국정목표를 설정하고 120대 국정과제를 제시함.

  나. 지방시대의 국정목표는 '대한민국 어디서나 살기 좋은 지방시대'임. 윤석열 정부는 지역 스스로 발전전략을 결정하고 실현하는 지역주도 균형발전으로 정치·경제·사회·문화 권력의 수도권 일극집중을 해소하고, 지방발전을 통한 국가경제 재도약과 공간적 정의(spatial justice) 구현을 통한 국민통합을 약속하면서 10개의 국정과제를 발표함.

[윤석열 정부의 지방시대 10대 과제]

약속	국정과제
진정한 지역주도 균형발전 시대	- 지방시대 실현을 위한 지방분권 강화 - 지방자치단체 재정력 강화 - 지역인재 육성을 위한 교육혁신 - 지방자치단체의 자치역량·소통·협력 강화
혁신성장기반 강화를 통한 지역의 좋은 일자리 창출	- 기업의 지방이전 및 투자 촉진 - 공공기관 이전 등 지역 성장거점 육성 - 지역 맞춤형 창업·혁신 생태계 조성
지역특성 극대화	- 지역특화형 산업육성으로 양질 일자리 창출 - 지역사회의 자생적 창조역량 강화 - 지방소멸방지, 균형발전 추진체계 강화

② 기회발전특구 : 기회발전특구(Opportunity Develompnet Zone, ODZ)는 윤석열 정부가 지향하는 지역균형발전 정책의 핵심으로 '지역주도'와 '시장친화형'이라는 키워드를 모두 담고 있는 제도라고 할 수 있음.

  가. 윤석열 정부의 지역균형발전 정책은 '지역주도형 정책'과 '시장친화형지역발전' 기반의 '자치분권형 지역균형발전'임.

  나. 기회발전특구는 기업의 지방이전과 지방투자를 촉진하기 위해 지방자치단체가 고유한 성장전략에 입각하여 지역특화 모델과 규제특례를 신청하면 중앙정부가 이전하는 기업과 투자하는 개인에게 각종 세제 및 법령 지원을 하는 제도임.

  다. 중앙정부는 특구의 선정 기준 및 지역경제 특성 등을 분석하여 지역에 제공하고, 지방정부는 이를 참고로 자율적으로 대상지역 지정 등에 활용함. - 그리고 특구 내에서 자녀들이 양질의 교육을 받을 수 있도록 교육자율권을 지방자치단체에 부여하는 방안도 포함되어 있음.

  라. 지방으로 이전하는 기업에게는 파격적인 법인세, 가업 승계를 위한 상속세 감면 등이 지원되고, 기회발전특구에 직접투자 또는 간접투자하는 개인투자자에게는 양도소득세의 과세 이연 및 감면, 면제의 혜택이 주어짐.

| 2. 지역균형발
전의 방향
<출처: 국회도
서관> | 1) 포용적 성
장 기반 지
역균형발전 | 지금까지 많은 지역균형발전 정책이 추진되어 왔지만 지역 간, 계층 간불평등이 심화되고 있음. 이러한 문제점을 해결하기 위해 포용적 성장을 기반으로 한 패러다임의 전환이 필요함. |

지금까지 많은 지역균형발전 정책이 추진되어 왔지만 지역 간, 계층 간불평등이 심화되고 있음. 이러한 문제점을 해결하기 위해 포용적 성장을 기반으로 한 패러다임의 전환이 필요함.

① 포용(inclusion)은 사회적 배제(social exclusion)에 대비되는 개념으로, 사회에서 배제되었던 구성원을 사회에 끌어들이는 것을 넘어서, 받아들이고 인정하는 것을 의미함.

② 포용적 성장(inclusive growth)은 일반적으로 사회 각 구성원에게 균등한 경제활동 참여 기회를 갖도록 하여 불평등 완화와 경제성장으로 이어진다는 원리를 중심으로 설명됨.

　가. 세계은행(World Bank)에서는 포용적 성장을 장기적으로 지속가능하고 노동력 대부분을 포괄하며 광범위한 부분에 걸쳐 이뤄지는 경제성장을 중점으로 정의하고 있음.

　나. 아시아개발은행(Asian Development Bank)은 포용적 성장을 새로운 경제적 기회의 창출뿐만 아니라 사회 전반의 모든 분야에서 창출되는 새로운 기회가 빈곤층을 불문하고 모든 이들에게 동등하게 주어지는 것으로 봄.

　다. 경제협력개발기구(OECD)에서 포용적 성장은 경제적 성장을 추구하는 과정에서 발생한 빈곤과 불평등 문제를 해결하기 위해 교육과 의료와 같은 비소득 기반의 측면을 함께 고려하는 성장 방식을 뜻함.

③ 포용적 균형발전이란 사회적 통합과 지역 간 격차 해소를 목표로 지역 간 격차 및 불균형 문제를 해결하는 과정에서 지역 내 계층 간 차별과 불평등의 문제도 함께 해결하는 것으로 지역균형발전과 사회균형발전이 결합된 총체적 균형발전이라고 정의할 수 있음.

　가. 포용적 지역균형발전은 사회적 약자나 저발전 지역을 보다 세부적으로 고려하는 접근임. 공간으로서 지역 간의 단순한 균형보다는 개인의 삶의 여건, 삶의 질 등을 지역에 대한 거주민과 개인의 권리로 보는 관점임. 그렇기 때문에 성장의 포용성 있는 배분을 위해 뒤처진 장소나 사람에 대한 투자나 지원을 중시함.

　나. 포용을 실현하기 위한 성장을 만들 수 있는 역량 강화도 중시하고 있음. 역량 강화를 통해 포용을 강화하고 포용이 강화되면 다시 역량이 강화되어 국가나 사회, 지역의 선순환이 이뤄진다는 것임.

　다. 포용적 지역균형발전 정책의 주요한 전략과 과제는 사회적 약자와 저 발전 지역이 배제되지 않는 공간서비스 구현 및 삶의 질 요소의 공급 강화, 사회적 약자의 권리증진과 행복추구를 위한 참여 역량 강화 및 거버넌스 구축, 지역발전의 기회 형평성 강화 등임.

　라. 포용적 지역균형발전 정책을 추진할 수 있도록 기존의 균형발전과 관련된 법제의 재정비 혹은 재개편이 이루어져야 함. 기존의 공간 개념에 국한하지 않고 세대 및 계층과 융합하여 공간을 재구축하고 이를 제도의 틀에 정착시켜야 함.

전국이 골고루 잘사는 지역균형발전이 이루어지려면, 지역마다의 여건과 특성에 따른 개성 있는 발전전략이 가장 중요함. 특화발전을 추구할 때 다양하고 풍부한 성과가 나타나며 지역균형발전도 가능함.

① 특히 지역균형발전과 국가 성장을 동시에 이루기 위해서는 비수도권 지역의 역량을 제고하는 것이 중요함. 비수도권의 역량을 제고하기 위해서는 지역산업기반에 맞는 산업구조를 형성해야 함. 다시 말해, 지역의 위치와 규모, 내부 구성원의 여건 등 다양성을 고려하여 지역 특성에 맞는 발전정책을 개발하는 것이 필요함.

　　가. 비수도권 농촌 지역의 경우에는 빈곤 해결과 양질의 일자리 마련을 위한 정책이 가장 중요해 보임. 아울러 건강, 문화, 여가를 위한 여러 프로그램들도 개발해야 함.

　　나. 중소도시는 공교육비 예산 확보 등 교육 차원의 삶의 기능을 강화하고, 각종 주민 참여와 사회활동 참여를 장려하는 정책이 필요함.

　　다. 대도시와 수도권 지역은 높은 주거비 등의 주거문제와 미세먼지 등의 환경문제를 해결하기 위한 정책이 필요함.

2. 지역균형발전의 방향

<출처: 국회도서관>

2) 장소기반(Place-based) 지역균형발전

② 지방대학 및 기업들이 혁신도시에 이전한 공공기관들과 협력해 시너지 효과를 낼 수 있는 장치도 마련해야 함. 지역이 가진 기존의 문화와 기반에 바탕을 두고 새로이 이전한 공공기관들의 강점을 어우러지게 해야 함.

③ 지역정책은 낙후지역만을 대상으로 하는 것이 아니라 성장지역도 대상으로 하는데, 지역마다 성장요인이 다르기 때문에 지역 특수적인 정책 수단이 요구될 수밖에 없음. 따라서 지역정책은 공간 중립적인 것이 아니라, 장소에 기반하고 상황에 의존적이어야 함.

④ 장소기반 지역정책은 낙후된 지역에 지속적으로 보조금을 주는 것을 의미하지 않으며, 인프라 투자와 같은 특정 정책 수단을 강조하지도 않음. 그보다는 지역 내외 이해관계자의 참여하에 특정 지역의 조건을 고려하는 조정된 정책을 실행함.

⑤ 장소기반 지역발전 정책은 경제발전에 걸림돌이 되는 특정 약점을 해소하는 동시에 지역만이 가진 강점을 생산적으로 활용하는 것을 목표로 함.

⑥ 장소기반 정책은 행정구역이 아닌 기능적 영역을 대상으로 설계되기도 하는데, 대부분 지역 간의 행정 경계는 영토 전체의 경제적 연계구조와 상응하지 않음. 따라서 장소기반 정책이 효과를 내기 위해서는 행정구역을 넘어 전체 기능적 영역을 대상으로 조정할 필요가 있음.

2. 지역균형발전의 방향	3) 지방분권 기반 지역 균형발전	① 지역균형발전이 추구하는 균형의 영역은 점점 넓어지고 있음. 지역 간 불균형뿐만 아니라 계층 간 불균형 등 불균형 해소와 함께 삶의 질 보장도 요구하고 있음. 따라서 지역균형발전 문제를 단층구조로만 접근할 것이 아니라 낙후 정도에 따라 지역별 다층구조로 접근하여 해결할 필요가 있음. ② 지역균형발전 정책의 효과를 높이기 위해서는 지역 주체들의 역량을 강화하고 이들이 지방정부와 함께 중앙정부와 협력하여 지역발전을 위해 일할 수 있게 하는 지역 거버넌스를 구축해야 함. 지역 주체들의 역량 강화와 지역 거버넌스 구축은 지역의 자율성과 책임성이 동시에 확대되어야 가능함. 따라서 지역균형발전 정책 역시 지방분권이 확대되는 방식으로 추진되어야 함. ③ 지방분권의 확대를 통해 지역의 다양성과 자율성을 존중하고, 내부적으로 확보된 지역혁신역량은 지역발전의 동력으로 작용될 것임. ④ 다시 말해, 국가가 주도하는 분산형의 지역균형발전 정책을 지방의 자율적 의사결정과 내생적 역량, 다양성을 발휘할 수 있는 분권형의 지역균형발전 정책으로 전환해야 함이를 위해서는 최소한 교육 기능, 복지 기능, 그리고 지역산업 및 경제활성화 기능을 지방정부에 이양해야 함. 더불어 기능뿐만 아니라 그 기능을 수행하기 위한 재정, 인력, 권한을 동시에 이양해야 함.

<출처: 국회도서관>

📈 결론

의견 제시

전 세계적 지역개발 사례는 5가지 유형으로 구분 가능하다.

<혁신형>은 기술기업 및 R&D 중심의 개발 전략이며, <광역형>은 지역간 협업에 의한 인프라 공유를 통해 개발역할을 분담하는 체계이다. <협력형>은 주로 이해관계자의 참여를 통해 지역산업의 구조조정 국면에서 중앙정부와 지방정부, 기업과 근로자, 지역단체에 의한 한시적 또는 포괄적인 노력에 주력한다. <클러스터형>은 기존 산업뿐만 아니라, 신산업의 육성 등을 통해 지역기반의 산업기반을 확대하고 이를 통해 완충력을 확보하는 산업중심 모델이며, <투자형>은 민간자본을 활용하기 위한 정책적 지원을 통해 지역개발의 활성화를 도모한다.

향후 국내 지역개발 정책은 세 가지 측면을 고려해야 한다.

첫째, 지역 내 개발관점에서 글로벌 미래전략으로서 가치를 높일 수 있도록 산업정책 글로벌 시장, 사회경제적 변화, 고용기회, 지역환경의 지속가능성을 적극 고려해야 할 것이다.

둘째, 협업체계의 구축이 필요하며, 주로 광역적 관점과 지역간 통합적 시각이 요구된다. 또한 R&D 역량을 활용한 지역개발과 지역 내 금융생태계의 육성도 긴요하다. 특히, 이해관계자 간 비용부담을 촉진하기 위해 세제, 보조금, 정책금융 등이 복합적으로 활용될 필요가 있다.

셋째, 중앙정부는 지역개발정책 간 선의의 경쟁을 촉진하고 조정자 역할을 강화해 나가야 하며, 소규모 개발계획의 축적 및 실험적 접근 등을 활성화함으로써 성공가능성을 높이고 사후적 인센티브 제공 확대 등으로 지역개발의 지속가능성 및 기대효과가 장기적으로 지속될 수 있는 여건을 마련할 필요가 있다.

한편, 금융적 측면에서

자금조달의 촉진과 관련 역량을 축적해 나갈 필요가 있으며, 이를 위해서 금융자본에 대한 충분한 인센티브를 제공할 수 있는 다음과 같은 금융정책 측면의 수단을 고려해야 한다.

첫째, 우선 지역개발과 관련 펀드 또는 자금에 대한 세제혜택을 타 금융세제와 비교하여 추가하는 방안을 고려해야 한다.

둘째, 지역개발 관련 세제혜택을 제공할 수 있는 공모형 세제적격펀드 또는 지역개발기금에 대한 민간자금의 참여를 검토해야 한다.

셋째, 특히, 정책금융과 관련하여 기술금융, 장기금융, 구조조정 금융과 관련된 정책금융기관의 역할이나 자금가용성을 제공해 나감으로써 지역개발과 연계한 지역기업의 자금조달을 지원할 필요가 있다.

넷째, 역량 측면에서는 지역개발과 관련된 다양한 프로젝트에 대한 정보를 공유, 비교할 수 있는 시스템 구축을 고려하고, 금융기관이 주도하는 관련 전문가의 육성 프로그램 등도 고려해야 한다.

03 논술사례

주제 1
신용보증기금 2023년 신입 약식논술.

 문제

신용보증기금은 정부의 국정과제 중 하나인 '진정한 지역주도 균형발전'시대를 실현하기 위해 지방자치단체, 지역 공공기관 등과 협력하여 신용보증기금의 다양한 사업을 통해 지방의 경쟁력을 강화하고 자생적 균형발전을 제고하고 있습니다. 지원자가 생각하는 지방경쟁력 지원을 위해 신용보증기금이 정책금융기관으로서 어떠한 역할을 수행해야 하는지 방안과 그 이유를 구체적으로 제시하여 주십시오.

 서론

정부 국정과제 중 하나인 '지역주도 균형발전'은, 사는 곳의 차이가 기회와 생활의 격차로 이어지는 불평등을 멈추는 것을 목표로 하고 있다. 기금 또한 최근 부산시, 부산은행과 3자 협약을 맺는 등 지역경제 성장주도 중소기업 육성에 발맞추어 움직이고 있다. 이에 본고는 지방경쟁력을 강화를 위해 기금이 정책금융기관으로서 수행해야 할 역할과 방안, 그 이유를 차례로 제시해 보겠다.

 본론

기금은 정책금융기관으로서, 담보능력이 미약한 기업의 채무를 보증하여 기업 자금융통을 원활히 하는데 그 목적이 있다. 이에 다음 역할을 수행함으로써 지역경쟁력 제고에 기여해야 할 것이다.

1. 디지털 플랫폼 확대를 통해 영업점 없는 지방의 경우 원격보증제도를 적극 도입하고, 오프라인 지점의 경우 원스톱 서비스 제공하여 서비스 밀도를 제고해야 할 것이다.

비대면 시대의 도래는 금융기관 영업 지점의 통폐합과 거점화/대형화를 급속도로 앞당기고 있으며, 기금 또한 예외가 아닐 것으로 예상된다. 문제는 기존에 대면으로 이루어졌던 서비스가 비대면으로 상당 수 전환되며, 디지털 사각지대가 심화되고 있다는 점이다.

이에 영업점이 없는 지방의 경우 원격보증제도를 도입하여 금융제도의 접근성을 강화하고, 오프라인 지점의 경우 현장의 요구사항을 반영하여 원스톱 서비스를 제공할 수 있는 인력을 전방 배치하여 서비스 밀도를 제고해야 할 것이다.

이와 함께, 디지털 사각지대를 지속 발굴하고 이를 보완할 수 있는 영업 채널을 마련해야 할 것이다. 이를 통해 고객이 거주지에 상관없이 편차 없는 서비스를 이용할 수 있도록 적극 지원해야한다.

2. 지역특화산업 및 기업에 대한 전폭적인 지원이 이루어져야 할 것이다. 지역테크노파크와 지역특화센터에 따르면, 지역특화산업은 최근 5년간 2만 7,000개의 지역중소기업 지원, 1만 4,000명의 신규고용을 창출하는 등 지역경쟁력 강화에 중요한 역할을 담당하고 있다.

따라서, 지역특화상품 비즈니스 매칭 컨설팅, 지역특화산업에 대한 특례보증, 관련 기업 유치를 위한 클러스터 조성 등 지역 특화

산업 및 기업에 대한 확실한 지원으로, 해당 지역 산업 생태계를 적극 조성해야 할 것이다.

이와 함께, 전국 대비 특정 지역에서 특화된 산업을 판단하는 지표인 지역별 입지계수(LQ)를 면밀히 검토하여 특정 지역 내 산업의 경쟁강도, 업종 분포도를 분석하고, 이를 특화기업 지원 시 필요한 데이터로 활용한다면, 지역주도 균형발전의 선순환적 구조를 구축할 수 있을 것이다.

📈 결론

신용보증기금은 그동안 축적해온 방대한 데이터, 노하우를 바탕으로 기업금융을 지역 경쟁력 강화로 이끌어낼 수 있는 강력한 힘을 가지고 있다. 온오프라인 채널을 지역 상황에 맞게 활용하고, 잠재력을 지닌 지역특화산업 및 기업을 발굴하여 지원한다면 지역주도의 경제 활성화에 기여할 수 있을 것이다.

주제 2
신용보증기금 2023년 신입 약식논술

문제

신용보증기금은 정부의 국정과제 중 하나인 '진정한 지역주도 균형발전'시대를 실현하기 위해 지방자치단체, 지역 공공기관 등과 협력하여 신용보증기금의 다양한 사업을 통해 지방의 경쟁력을 강화하고 자생적 균형발전을 제고하고 있습니다. 지원자가 생각하는 지방경쟁력 지원을 위해 신용보증기금이 정책금융기관으로서 어떠한 역할을 수행해야 하는지 방안과 그 이유를 구체적으로 제시하여 주십시오.

답안

지방 경쟁력 지원을 위한 신용기금의 역할은 "지역 경제 선순환을 위한 지방 소상공인과 중소기업 특화지원"이며, 이에 다음의 네가지 방안을 제안합니다.

방안1. 지방별 기업 특화 보증프로그램을 운영

삭제 |

지방 기업의 경영활성화와 일자리 창출로 인한 인구 유입을 유도하기 위함입니다. 특히, 지방 **특** 사업, 근무처 의무유지기간등을 설정하여 지방 경제를 살리는 혁신기업에 투자를 유도할 필요가 있습니다. 현 국정과제인 '진정한 지역주도 균형발전'은 지역 주도의 자립적인 성장기반을 마련하는 것이 목표입니다. 기업과 지역이 모두 자생력을 갖기 위해선, 지역간 특색과 혁신을 담아내 서울 및 수도권과 겨뤘을 때 경쟁력을 갖춰야 합니다. 따라서, 보증지원에 있어 지방 특색과 혁신도를 평가하여 지원이 이뤄져야 할 것입니다. 또한, 보증지원만 받고 지역을 이탈하는 **체리피커를 방지하기** 위한 사업체 지역 의무 유지조건을 설정하여 워싱 현상도 **제어**해야 합니다.

| 체리피커 방지를

| 차단

방안2. 청년의 지방창업 컨설팅과 컨설팅 사후 서비스

| 삭제

　지방에서 창업을 시작하는 청년들을 대상으로 컨설팅 서비스와 사후 서비스를 제공할 필요가 있습니다. 절대적으로 일자리가 부족한 지방에서 청년 창업은 지역의 젊은 노동인구를 유치할 수 있는 좋은 수단이며, 청년들에겐 보다 저렴한 초기비용으로 꿈을 실현시키는 기회가 될 수 있기 때문입니다.

　신용보증기금은 청년의 지방창업을 위한 컨설팅 서비스를 제공할 뿐만 아니라, **창업기업이 혁신사업의** 경우, 지방의 대학 또는 연구원과 산학연계를 진행시켜 산업의 성장에 도움을 줄 수 있습니다.

| 혁신 창업기업의

　한편, 컨설팅 사후 **서비스 제공하고** 강화시켜야 합니다. 기존 컨설팅의 효과가 일회적으로 끝나지 않고 지속가능하록, 컨설팅 사후관리 지원이 강화되어야 합니다. 모니터링, 종료평가 등 사후평가뿐만 아니라, 민간 또는 대외기관과 연계하여 변경된 사업성과의 제고를 위한 기술협력, 컨설팅 최종 성과물 활용 지원을 꾸준히 이어나갈 필요가 있습니다.

| 서비스 제도도

방안3. 지방 중소기업 산업 클러스터를 조성

| 삭제

| 일자리 창출과

　산업 클러스터의 조성은 양질의 **일자리를 창출하며 지역사회** 활성

| 지역사회를

내	화시키는 유용한 방안입니다. 산업 클러스터는 사업간 유사성 없이 단순히 모여만 있던 기존의 산업단지와 달리, 특정산업**의** 기업과 정
협력	부기관, 대학, VC 등이 유기적인 **협** 체계를 갖춰 시너지 효과를 낼 수 있습니다. 이미 국내의 대덕연구단지, 용인 반도체 클러스터, 파주 출
있는	판단지 등 성공사례가 **존재하는** 만큼, 산학 협력이 가능한 유수의 대학, 연구소가 있는 지방을 중심으로 특화 산업특례 보증과 산학연계 보증을 시행해 산업 클러스터를 조성할 필요가 있습니다.

방안4. 지방 영세 소상공민 특화 보증프로그램

인	지방 소재 영세 소상공**민**의 경우, 특산물 판매나 관광업등 지역의
인	특색을 담은 사업장이 많습니다. **지역간** 특색과 혁신을 담아내는 것
지역	은 **서울 및 수도권과 겨뤘을 때, 지방만의** 경쟁력이 됩니다. 그렇기
해당 지역소득 증대의	에 보증지원에 있어 지방 특색과 혁신도를 평가하여 경쟁력이 있는
인	영세 소상공**민**에게 심사 가점을 주는 방식이나, 지방 영세 소상공**민**
인	만을 위한 특화 보증프로그램을 신설하여 운영할 필요가 있습니다.

chapter 09

양곡관리법

01 논제 개요 잡기 [핵심 요약]

서론	**이슈언급**	최근 쌀값이 하락하면서 야권에서 잉여 생산 쌀에 대한 정부 의무 매입 등을 골자로 한 제3의 양곡법 개정안 처리를 밀어붙이려는 움직임이 가시화되고 있다. 상당수 농가에선 쌀 가격 하락 등으로 수익성 악화를 우려해 정부의 대규모 매입을 요구하고, 원내 다수당인 야당은 양곡법을 당론으로 채택해 2024년 9월 정기국회 내에 처리하겠다는 방침이다. 이에 정부·여당은 양곡법 개정안이 오히려 농가의 경쟁력을 떨어뜨리고, 정부의 재정 건전성을 악화시키며 작물 재배의 균형을 깨뜨릴 수 있다면서 '포퓰리즘(대중 영합주의) 법안으로 규정, 정치적 손익을 떠나 필요한 대응을 하겠다는 입장이다.
본론	**1. 양곡관리법 개정안**	
	1) 내용과 추진 현황	야당 주도의 양곡관리법 개정안은 2021년산 쌀값 폭락을 계기로 입안됐다. 쌀 생산량이 평년보다 3~5% 이상 늘어나거나, 쌀값이 5~8% 넘게 떨어지면 정부가 곧바로 시장격리 조처에 나서도록 의무화하고, '논 타작물 재배 지원사업'(논에 벼 대신 다른 작물을 심을 경우, 일정 금액을 지원하여 쌀의 생산을 줄이도록 유도하는 정책사업)의 법적 근거를 만드는 것이 핵심이었다.
	2) 개정안 추진의 이유 – 쌀값 하락	

본론	1. 양곡관리법 개정안	3) 개정안 찬성 의견	① 식량주권 확보 측면에서 적시 매입의 필요성이 크다- 농민의 안정적인 생업종사에 기여. ② 200평당 66만 원 소득이라는 열악한 농업 구조에서 안정장치 필요성 대두 – 농가소득 제고 및 생산비 보조. ③ 농업소득의 변동성 완화는 경영의 예측가능성을 높이고 경영체의 붕괴 위험을 막아 농업의 장기 지속가능성을 높일 수 있다. ④ 2023년 농가 수가 99만 가구로 100만 가구 이하로 떨어졌고, 농촌 소멸 위기가 몰려오고 있는데 이를 막음과 동시에 지역균형발전 정책과 부합될 수 있다.
		4) 개정안 반대 의견	① 개정안대로 하면 쌀 생산은 오히려 더 늘어나고 되레 쌀값 하락을 부추길 소지가 크다. ② 미래농업 발전에 악영향을 주고 타 작물 재배 지원 사업과도 모순된다. 또한 타 곡물간의 형평성 문제도 재기된다. ③ 개정안대로 쌀 매입에 들어갈 경우 매입과 보관 등 비용에만 국민 세금만 연간 3조 원 투입된다 → 미래 세대에 부담. ④ 농산물 수급과 연계된 이 같은 가격 지지 체계는 세계무역기구(WTO)가 규제하기 때문에 대부분의 선진국은 시행하지 않는다. 시행하더라도 생산자가 과잉생산의 책임을 분담하게 하고 있다. 또한, 유사한 해외실패사례들이 존재한다. ⑤ 시장 왜곡이 자명하다. ⑥ 정치적 계산이 있다는 의구심을 배제하기 어렵다. 호남 지역에 쏠린 벼농사 보호를 위한 포퓰리즘 정책이라는 비판이 나온다.
		5) 해외사례	미국, 일본, 캐나다 등 선진국들은 자국의 농업 특성과 제도에 기반해 복수의 경영안정제도를 운영하고 있다. → 특히 선진국들은 경영안정정책 수단 가운데 정책보험은 주로 대규모 손실에 대응하는 장치로, 적립이나 직불제도는 소규모 손실에 대응하는 장치로서 각각 역할을 분담해 추진하고 있다.
		6) 정부의 대책 – 수익안정보험	농가소득 안정을 위해 최근 정부가 한국형 소득 · 경영 안전망을 구축하겠다고 발표했다. 2023년 야당 주도로 발의된 '양곡관리법' 개정안이 대통령 거부권 행사로 무산됐고, 2024년에도 '양곡관리법'과 '농수산물 유통 및 가격안정에 관한 법률(농안법)' 개정안이 비록 국회의 문턱을 넘지 못했으나 이에 대한 정책 요구가 크게 부각된 상황에서 나온 정부의 대처 방안이다.

본론	1. 양곡관리법 개정안	6) 정부의 대책 – 수익안정 보험

한국형 소득·경영 안전망의 핵심은 다음 세가지로 요약된다.

가. 평년 수입의 최대 85%를 보장하는 수입안정보험을 2025년에 전면 도입하고, 쌀·노지채소·과일 등 주요 30개 품목으로 단계적으로 확대한다. 수입안정보험은 자연재해, 공급과잉에 관계없이 보험에 가입한 농가의 수입이 기준치 이하로 내려가면 일부를 보장해주는 제도로 현재 콩, 양파, 포도 등 7개 품목에 적용되고 있다.

나. 농가 소득안정, 공익기능 보상과 인력 세대 전환을 위해 농업 직불제 관련 예산을 5조원으로 확대한다.

다. 기후위기로 커지는 농가 피해에 대응하기 위해 재해복구 지원을 강화한다.

결론	의견제시	

농가소득 증대와 전 국민 물가 부담을 낮출 수 있는 균형 있는 농정 설계가 필요하다. 농업 문제를 풀 때는 정책 간 상충을 최대한 줄이고 바람직한 시너지를 극대화하도록 해야 한다. 한 문제를 풀기 위한 단순한 해법은 더 큰 문제를 만든다. 미래세대를 위해, 정치 논리가 아닌 농업 발전을 위한 바른 정책을 짜야 한다.

02 논제 풀이

📈 서론

이슈 언급 최근 쌀값이 하락하면서 야권에서 잉여 생산 쌀에 대한 정부 의무 매입 등을 골자로 한 제3의 양곡법 개정안 처리를 밀어붙이려는 움직임이 가시화되고 있다. 상당수 농가에선 쌀 가격 하락 등으로 수익성 악화를 우려해 정부의 대규모 매입을 요구하고, 원내 다수당인 야당은 양곡법을 당론으로 채택해 2024년 9월 정기국회 내에 처리하겠다는 방침이다. 이에 정부·여당은 양곡법 개정안이 오히려 농가의 경쟁력을 떨어뜨리고, 정부의 재정 건전성을 악화시키며 작물 재배의 균형을 깨뜨릴 수 있다면서 '포퓰리즘(대중 영합주의) 법안으로 규정, 정치적 손익을 떠나 필요한 대응을 하겠다는 입장이다.

2023년 논란이 된 개정안은 다음과 같은 내용을 담는다.

1. 정부는 양곡매입을 '할 수 있다' → '해야 한다'로 의무규정
2. 쌀의 수요대비 초과생산량이 3~5% 이상이거나, 수확기 쌀가격이 평년대비 5~8% 이상 하락 시 정부가 초과생산량 전량 매입
3. 개정안 시행이후 증가한 쌀 재배면접에서 수확된 쌀은 적용되지 않는다.

법안의 취지는 쌀 수급의 불안과 가격의 불안정을 해소하기 위함이다. 논란이 되는 양곡관리법 개정안의 요지는 현재 농민들이 생산한 쌀이 수요량보다 많거나 가격이 지난해 보다 떨어지면 정부가 초과 물량을 매입해 보관하는 이른바 '시장 격리' 제도를 시행하고 있는데, 이 같은 양곡의 시장

관리를 정부의 재량이 아닌 의무로 강제하는 동시에 매입 가격도 최저입찰가격이 아닌 시장가격으로 하며, 매입 시기도 수확기로 고정한다는 내용 등이다.

쌀값의 적정선 유지는 쌀 소비 감소에 맞춰 재배 면적을 줄이지 않고는 달성할 수 없는데, 정부는 가격 하락을 방치해 재배 면적이 줄어들기만 바라고, 야당은 정부 개입을 통한 가격 보장에만 초점을 맞추고 있는 상황이다.

정부가 신뢰할 만한 벼 재배 면적 감축 대책, 농가 소득 안정책을 제시하는 것이 문제를 푸는 길로 보인다.

이에 본지에서는 몇 년째 논란이 되고 있는 양곡관리법 개정안의 내용과 찬.반 논리에 대해 알아보고 정책적 방안에 대해 논하기로 한다.

📈 본론

1. 양곡관리법 개정안

1) 내용과 추진현황

① 양곡관리법은 양곡의 효율적인 수급관리와 양곡증권 정리기금의 설치 등을 통해서 식량을 안정적으로 확보함으로써 국민경제에 이바지함을 목적으로 하는 법률이다.

② 야당 주도의 양곡관리법 개정안은 2021년산 쌀값 폭락을 계기로 입안됐다. 쌀 생산량이 평년보다 3~5% 이상 늘어나거나, 쌀값이 5~8% 넘게 떨어지면 정부가 곧바로 시장격리 조처에 나서도록 의무화하고, '논 타작물 재배 지원사업'(논에 벼 대신 다른 작물을 심을 경우, 일정 금액을 지원하여 쌀의 생산을 줄이도록 유도하는 정책사업)의 법적 근거를 만드는 것이 핵심이었다.

정부는 재정이 너무 많이 쓰일 것이라며 강력히 반대했다. 그 결과, 양곡관리법 개정안은 2023년 대통령의 1호 거부권 행사로 끝났다.

③ 국회 본회의 재표결까지 거쳤으나 통과 정족수 미달로 폐기됐었다. 양곡법 개정안은 2023년 3월 야당 주도로 본회의 문턱을 넘었지만, 윤 대통령이 첫 거부권을 행사하는 바람에 재표결의 벽을 넘지 못하고 폐기됐다. 민주당은 다시 정부 의무매입 기준을 다소 완화해 '2차 양곡법'을 발의했지만, 본회의에 상정조차 못하고 폐기됐다.

④ 이에 야당은 정부 의무 매입 조항을 양곡수급관리위원회에서 심의한다는 내용으로 수정해서 부의할 것을 당론으로 정했다. 이번 법안은 폐기됐던 양곡법보다 의무매입 기준은 완화했지만, 기준가격 미만으로 떨어지면 그 차액의 일부를 농가에 지급하는 내용이 골자다 농수산물 유통 및 가격 안정에 관한 법률 개정안도 세트로 묶었다. 농가 경영과 농산물 가격 안정화에 반드시 필요하다는 주장이다. 그러나 시장 수요를 넘는 초과 생산이 계속될 경우, 재정 소요가 크게 부풀어 오를 수 있다는 문제점은 그대로다.

1. 양곡관리법 개정안

2) 개정안 추진의 이유 – 쌀값 하락

① 국민 1인당 연간 쌀 소비량은 지난 2018년 61kg에서 2023년 56.4kg으로 5kg 가까이 감소했다. 2024년 6월 말 기준 산지 농협 재고 쌀도 2023년 30만 9,000톤보다 78.3% 늘어난 55만 1,000톤을 기록했다. '밥심' 하나로 지금의 경제발전을 이뤄낸 대한민국 농업의 위기에 다름 아니다. 2024년 7월 25일 기준 80kg 쌀값도 17만 9,516원으로 2023년 18만 8,880원보다 하락했다. 쌀 값 폭락의 주요 원인은 소비감소에 따른 공급과잉이 때문이다.

② 2023년 국내 1인당 연간 쌀 소비량을 하루 기준으로 1인당 하루 쌀 소비량은 154.6g이다. 밥 한 공기 쌀이 90~100g임을 감안하면 하루에 두 공기도 먹지 않는 셈이다. 재고량도 기하급수적으로 늘고 있다. 당장 농협 전남본부에 따르면 2024년 7월 말 기준 전남 관내 농협 쌀 재고량이 10만 톤으로 3만 8,000여 톤에 머물던 2023년에 비해 160% 급증했다. 평균 산지 쌀 값 또한 농협의 재고와 판매부진에 따른 소비감소로 하락세가 지속되고 있다. 그야말로 쌀의 위기이면서 농업의 위기다.

3) 개정안 찬성의견

① 식량주권 확보 측면에서 적시 매입의 필요성이 크다- 농민의 안정적인 생업종사에 기여.

② 200평당 66만 원 소득이라는 열악한 농업 구조에서 안정장치 필요성 대두 – 농가소득 제고 및 생산비 보조.

③ 농업소득의 변동성 완화는 경영의 예측가능성을 높이고 경영체의 붕괴 위험을 막아 농업의 장기 지속가능성을 높일 수 있다.

④ 2023년 농가 수가 99만 가구로 100만 가구 이하로 떨어졌고, 농촌 소멸 위기가 몰려오고 있는데 이를 막음과 동시에 지역균형발전 정책과 부합될 수 있다.

4) 개정안 반대의견

① 현재 쌀 소비량이 줄어들고 있는데 이는 식단이 고급화되며 어쩔 수 없이 벌어지는 현상이기 때문에 인센티브를 주면 안 되고 경작지를 줄여나가는 정책을 펼쳐야 한다. → 개정안대로 하면 쌀 생산은 오히려 더 늘어나고 되레 쌀값 하락을 부추길 소지가 크다.

② 미래농업 발전에 악영향을 주고 타 작물 재배 지원 사업과도 모순된다. 또한 타 곡물간의 형평성 문제도 재기된다.

　가. 양곡관리법은 변화가 필요한 재배구조의 혁신을 늦출 뿐이다.

　나. 양곡관리법 개정안은 쌀 재배 농가에게 품종변화의 유인을 주지 못한다.

③ 개정안대로 쌀 매입에 들어갈 경우 매입과 보관 등 비용에만 국민 세금만 연간 3조원 투입된다 → 미래 세대에 부담.

　뿐만 아니라, 제도를 유지하기 위해 막대한 재원이 사용돼 청년 농업인, 스마트농업 육성과 같은 미래 농업 발전을 위한 예산 확보에도 어려움이 있을 것.

1. 양곡관리법 개정안	4) 개정안 반대의견	④ 농산물 수급과 연계된 이 같은 가격 지지 체계는 세계무역기구(WTO)가 규제하기 때문에 대부분의 선진국은 시행하지 않는다. 시행하더라도 생산자가 과잉생산의 책임을 분담하게 하고 있다. 또한, 유사한 해외실패 사례들이 존재한다. 가. 유럽의 공동농업정책 나. 뉴질랜드의 양모매입 다. 태국의 쌀 매수 정책 ⑤ 시장 왜곡이 자명하다. ⑥ 정치적 계산이 있다는 의구심을 배제하기 어렵다. 호남 지역에 쏠린 벼 농사 보호를 위한 포퓰리즘 정책이라는 비판이 나온다.
	5) 해외사례	미국, 일본, 캐나다 등 선진국들은 자국의 농업 특성과 제도에 기반해 복수의 경영안정제도를 운영하고 있다. ① 미국은 20여 개에 달하는 정책보험뿐만 아니라 '가격손실보상(PLC)'과 '농업위험보상(ARC)'을 운영해 농가가 스스로 위험을 대비하도록 하고 있다. ② 일본은 보험을 통해 농작물 관련 수입 감소를 보전하기 위한 '농업경영수입보험'과 쌀과 주요 밭작물의 수입 감소를 보전하는 '농업수입감소 영향 완화대책' 등을 운영하고 있다. ③ 캐나다 역시 농업보험(AgriInsurance), 농업소득안정계정(AgriStability), 농업투자계정(AgriInvest), 농업복구지원(AgriRecovery) 등으로 구성된 농가경영위험관리정책을 추진, 농업인이 위험 요소와 위험의 크기에 따라 다른 수단을 활용할 수 있도록 하고 있다. ➡ 특히 선진국들은 경영안정정책 수단 가운데 정책보험은 주로 대규모 손실에 대응하는 장치로, 적립이나 직불제도는 소규모 손실에 대응하는 장치로서 각각 역할을 분담해 추진하고 있다.
	6) 정부의 대책 – 수익 안정보험 <출처: 농민 신문>	농가소득 안정을 위해 최근 정부가 한국형 소득 · 경영 안전망을 구축하겠다고 발표했다. 2023년 야당 주도로 발의된 '양곡관리법' 개정안이 대통령 거부권 행사로 무산됐고, 2024년에도 '양곡관리법'과 '농수산물 유통 및 가격안정에 관한 법률(농안법)' 개정안이 비록 국회의 문턱을 넘지 못했으나 이에 대한 정책 요구가 크게 부각된 상황에서 나온 정부의 대처 방안이다. ① 한국형 소득 · 경영 안전망의 핵심은 다음 세 가지로 요약된다. 가. 평년 수입의 최대 85%를 보장하는 수입안정보험을 2025년에 전면 도입하고, 쌀 · 노지채소 · 과일 등 주요 30개 품목으로 단계적으로 확대한다. 수입안정보험은 자연재해, 공급과잉에 관계없이 보험에 가입한 농가의 수입이 기준치 이하로 내려가면 일부를 보장해주는 제도로 현재 콩, 양파, 포도 등 7개 품목에 적용되고 있다.

나. 농가 소득안정, 공익기능 보상과 인력 세대 전환을 위해 농업직불제 관련 예산을 5조원으로 확대한다.

다. 기후위기로 커지는 농가 피해에 대응하기 위해 재해복구 지원을 강화한다.

② 안전망의 핵심은 수입안정보험의 전면 도입이다.

가. 2015년부터 일부 주산지 시·군에서 시범사업으로 추진해온 수입안정보험은 2024년에도 콩·포도·양파·마늘 등 9개 품목에 한정해 81억 원의 작은 예산으로 시범사업을 진행하고 있다.

나. 수입안정보험이 본사업으로 확대되지 못한 이유는 다양하다. 우리나라에서는 작물 재배농가의 수입이 10억 원 이하일 경우 비과세를 하므로 개별 농가의 소득 파악이 쉽지 않아 실제 수입이 아닌 계산된 수입, 즉 수확량과 가격자료를 별도로 확보해 계산함에 따라 정확한 수입이 아니라는 점이다. 이 경우 모든 농가에 대한 수확량을 일일이 조사해야 하고, 동일 품목이라도 품종에 따라 출하경로에 따라 상이한 가격에 대한 표준화 문제가 쉽지 않았다. 특히 보험의 경우 천재지변 등 우연의 법칙이 작용해야 상품화가 가능한데 농산물 가격의 경우 농가의 재배면적 조절이나 정부 정책 등에 따라 인위적인 요소가 개입될 가능성을 배제할 수 없다는 문제도 있다.

다. 이러한 우려에도 수입안정보험이 우리 농가의 소득안정에 미치는 순기능이 크므로 수입안정보험을 주요 소득·경영 안전망으로 활용하겠다는 것이다.

라. 그러나 2013년 수입안정보험 도상연습부터 참여해온 입장에서 제도의 내용, 보험 구조, 가입 대상, 도입 속도 등에 대해서는 신중하게 접근할 것을 주문한다.

③ 방향성

가. 기준가격 설정에 대한 신중한 검토가 무엇보다 중요하다. 일부 지역의 생산량 변화가 가격에 영향을 미치지 않도록 대표성이 있는 농산물시장 가격을 기초로 충분한 시뮬레이션이 필요하다.

나. 계산된 수입을 기초로 하는 기본형 상품 외에 다양한 상품을 제공할 필요가 있다. 특히, 소득신고나 계약재배와 계통출하를 하는 농가의 경우 소득 파악이 가능하므로 계산 수입이 아닌 실제 수입을 기초로 하는 상품에 가입하고 보험료 특혜 등 다양한 혜택을 부여해 장기적으로 소득신고를 유도하는 방안도 고려할 수 있다.

다. 가입 자격에 대한 제한을 둬야 한다. 재해보험 가입 이력을 참조해 도덕적 해이나 역선택 발생 우려가 있는 농가에 대한 가입을 제한하거나, 품목별 수급상황을 고려해 가입 한도를 제한하는 방안 등은 반드시 필요하다.

라. 본 사업 도입은 9개 시범사업 품목 가운데 안정된 품목부터 너무 서두르지 말고 단계적으로 진행해야 한다.

(좌측 표) 1. 양곡관리법 개정안 / 6) 정부의 대책 – 수익안정보험 <출처: 농민신문>

📈 결론

우리 농업이 직면한 위기는 복합적이다. 농사를 지어도 타산이 맞지 않으니 농업에 신규 인력이 진입하지 않는다. 2023년 농가 수가 99만 가구로 100만가구 이하로 떨어졌고, 농촌 소멸 위기가 몰려오고 있다. 식생활의 변화는 농산물 수요에 큰 영향을 준다. 쌀 소비 감소는 가격을 떨어뜨려 농가의 어려움을 가중시켰다. 농업소득을 높이려면 수요에 맞게 농산물 생산을 조정해야 한다.

결국 우리 농업이 당면한 과제는 쌀 공급과잉 해결과 농업소득 증대, 농산물 가격 안정 등 세 가지로 요약할 수 있다. 하지만 개정안대로 정부가 과잉 공급된 쌀을 전량 매입하고, 낮은 농산물 가격을 보전해준다고 이런 문제가 해소될 수 있는 것은 아니다.

쌀 의무매입제와 차액보전제는 쌀과 특정 농산물의 초과 공급을 심화시킬 것이다. 쌀이 남아도는 문제는 어제오늘 일이 아니다. 통계청에 따르면 지난해 1인당 쌀 소비량은 56.4㎏이다. 1인당 쌀 소비량은 1984년 130.1㎏ 이후 39년 연속 감소 추세다. 이렇게 거스를 수 없는 식생활 변화를 무시하고 생산을 늘리는 신호를 시장에 보내면 가격이 더 하락할 것이다. 가격 하락으로 농가소득이 줄어 농촌 소멸이 가속화되고 청년은 농업을 외면할 것이다. 잘못된 법안으로 농업의 미래가 사라질 수 있다. 국가 재정도 낭비될 수밖에 없다. 소비되지 않는 쌀을 시장에서 격리한 후 저가의 사료용이나 무상 해외 원조로 처리하는 사회적 비용도 또 써야 한다. 쌀 소비 감소 추세를 충분히 고려해 양곡 정책을 설계해야 한다.

개정안에 포함된 '쌀 의무매입제'와 '농산물가격안정제'라는 명칭은 농산물 가격을 안정시켜 국민 경제에 이바지한다는 인상을 준다. 하지만 실상은 농산물 가격 하락 시 농가소득을 지지하는 목표를 바탕으로 설계됐다.

미래 농업 발전과 농가소득 안정을 위해서는 시장을 왜곡시키는 가격 지지보다는 직접지불제, 수입안정보험과 같이 소득을 직접 보전하는 것이 적절하다. 농산물 수급과 연계된 이 같은 가격 지지 체계는 세계무역기구(WTO)가 규제하기 때문에 대부분의 선진국은 시행하지 않는다. 시행하더라도 생산자가 과잉생산의 책임을 분담하게 하고 있다.

개정안은 농산물 가격이 오를 때는 효과를 발휘하기 어렵다는 점도 문제다. 개정안은 농산물 가격이 내려갔을 때 일시적으로 농가소득을 보전하지만, 가격이 오르는 상황에서 장바구니 물가 부담은 고려하지 못하는 구조다. 농가소득 증대와 전 국민 물가 부담을 낮출 수 있는 균형 있는 농정 설계가 필요하다. 농업 문제를 풀 때는 정책 간 상충을 최대한 줄이고 바람직한 시너지를 극대화하도록 해야 한다. 한 문제를 풀기 위한 단순한 해법은 더 큰 문제를 만든다. 미래세대를 위해, 정치 논리가 아닌 농업 발전을 위한 바른 정책을 짜야 한다.

<출처: 농수축산신문>

chapter 10

25만 원 민생지원금

01 논제 개요 잡기[핵심 요약]

서론	이슈언급	민생회복지원금 지급법은 현 야당이 우리경제가 고물가, 고금리 등으로 국민 가계의 지출부담이 크게 증가하고 있다고 판단해서 발의된 법안이다. 또한, 소상공인·자영업자의 소득은 소폭 상승하는 데 그쳐, 민생경제의 어려움이 가중되고 있기 때문에 민생의 안정 차원에서 추진됐다. 그런 이유 때문에 내수 및 경기 회복을 목적으로 전 국민 25만 원 지원법을 국회에서 야당이 단독 처리해 통과시켰다. 이 법이 공포된다면 전 국민에게 25만 원에서 35만 원까지 지역사랑상품권으로 지원금이 지급된다. 하지만 정부는 전국민 '25만 원 지원법'(민생회복지원금지급 특별조치법)에 대한 재의요구안을 의결했다. 무분별하게 현금을 살포하는 포퓰리즘적 복지, 지속 가능하지 않은 1회성 현금 지급이라고 규정했다. 민생회복지원금을 나눠주려면 13조 원의 재원이 필요하고 정부의 추가경정예산 편성이 불가피하다. 현 세대가 혜택을 보기 위해 미래세대에 과도한 부담을 지우는 것이라는 이유다.
본론	1. 전국민 25만 원 지원법	1) 배경	① 내수 부진. ② 2024년 1분기 가계 파산신청이 2021년에 비해 2배 가까이 상승 → 서민경제의 한계상황. ③ 고금리와 소비 부진 등의 영향으로 자영업자들이 한계 상황으로 몰림 → 자영업자의 연체율 상승과 함께 더 이상 채무 상환 부담을 견디다 못해 무너지는 중소기업들도 크게 늘고 있다.

본론	1. 전국민 25만 원 지원법	2) 찬성의견	① 침체된 내수경기 및 경기활성화를 위해 '소멸성 지역화폐' 지급 → 소비진작으로 통해 경기활성화에 효과적. ② 25만 원 집행에 따른 기대심리로 인한 지역상권 활성화. ③ 소상공인 대출이자 부담 완화. ④ 4인 가구당 1백만 원 지원을 함으로써 저소득층 필수 생활비 및 생계 유지에 필수. ⑤ 보편적 복지 실현 → 사회적 안정화와 불평등 해소. ⑥ 민생지원금을 지역사랑상품권으로 지급하면 소상공인·자영업자가 취급하는 식료, 주류, 음료, 음식숙박, 오락문화 등의 소비가 일시적으로 늘어나는 효과가 있다.
		3) 반대의견	① 내수경기 활성화 의문. ② 복지 필요성에 대한 의문. ③ 재정부담 증가. ④ 전 국민들이 민생지원금 지급을 간절하게 바라는 것도 아니다. 최근 진행한 여론조사에 따르면 민생지원금 지급에 찬성한다는 응답은 46%, 반대한다는 응답은 48%로 비슷했다. ⑤ 민생지원금특별법은 정부의 예산권을 침해할 소지도 있다. 위헌이라는 의미다. ⑥ 3개월 만에 전국민에게 지역사랑상품권으로 지원금을 일괄 지급하는 건 (행정 절차상) 불가능하다. ⑦ 어떤 형태로든 상품권 불법 할인이 기승을 부리며, 결국 13조 원의 집행금 중 상당금액은 상품권 업자의 수익이 될 것.
결론	의견제시		지원금 지급보다는 경제활성화를 위한 근본적 정책 추진과 함께 취약계층에 대한 맞춤형 지원을 강화해야 함.

02 논제 풀이

📈 서론

**이슈
언급** 민생회복지원금 지급법은 현 야당이 우리경제가 고물가, 고금리 등으로 국민 가계의 지출부담이 크게 증가하고 있다고 판단해서 발의된 법안이다. 또한, 소상공인·자영업자의 소득은 소폭 상승하는 데 그쳐, 민생경제의 어려움이 가중되고 있기 때문에 민생의 안정 차원에서 추진됐다. 그런 이유 때문에 내수 및 경기 회복을 목적으로 전 국민 25만 원 지원법을 국회에서 야당이 단독 처리해 통과시켰다. 이 법이 공포된다면 전 국민에게 25만 원에서 35만 원까지 지역사랑상품권으로 지원금이 지급된다.

하지만 정부는 '전국민 25만 원 지원법'(민생회복지원금지급 특별조치법)에 대한 재의요구안을 의결했다. 무분별하게 현금을 살포하는 포퓰리즘적 복지, 지속 가능하지 않은 1회성 현금 지급이라고 규정했다. 민생회복지원금을 나눠주려면 13조 원의 재원이 필요하고 정부의 추가경정예산 편성이 불가피하다.

현세대가 혜택을 보기 위해 미래세대에 과도한 부담을 지우는 것이라는 이유다. 하지만 야당은 추경에 반대하는 정부를 무력화하기 위해 자동적으로 집행력을 갖는 처분적 법률(행정부의 집행이나 사법부 절차를 거치지 않고 직접 국민의 권리·의무를 발생시키는 법률) 활용해 특별조치법을 발의하겠다고 예고했다. 25만 원 민생지원금 논란은 지금도 현재 진행형이다.

이에 본지에서는 25만 원 민생지원금의 취지 및 찬반 양론에 대해 검토해보고자 한다.

---

1. 전국민 25만 원 지원법

1) 배경

① 내수 부진

가. 2024년 상반기 수출이 전년 대비 9% 증가하면서 역대 2위 실적을 냈지만 이 같은 수출 훈풍이 국내 소비 활성화로 이어지지 않으면서 못하면서 수출과 내수가 엇박자를 내고 있다.

<출처: 뉴시스>

나. 2024년 2분기 실질 GDP 성장률은 투자·소비 등 내수 지표 부진 탓에 역성장했다. 한국은행은 올해 2분기 실질 GDP 성장률이 -0.2%로 올 1분기 대비 역성장했다고 밝혔다. 분기 기준 우리 경제가 역성장한 건 2022년 4분기(-0.5%) 이후 1년 6개월 만이다. 특히 민간소비가 1분기에 비해 0.2% 줄었다. 수출 호조세가 가계 소득을 키우고 소비를 진작시키는 선순환으로 이어지지 않은 결과다.

다. 2분기 GDP 성장률의 역성장 원인이 민간소비와 설비투자 부진에서 기인하고 있다는 지표들이 내수 부진 현상을 잘 보여주고 있다.

② 2024년 1분기 가계 파산신청이 2021년에 비해 2배 가까이 상승 → 서민경제의 한계상황.

③ 고금리와 소비 부진 등의 영향으로 자영업자들이 한계 상황으로 몰림 → 자영업자의 연체율 상승과 함께 더 이상 채무 상환 부담을 견디다 못해 무너지는 중소기업들도 크게 늘고 있다.

가. 연체율 상승(개인사업자대출 세부 업권별 연체율자료 -한국은행-) : 은행에서 더 이상 대출을 받기 어려워진 자영업자들이 2금융권 등 여러 금융회사에서 돈을 끌어다 쓰면서 고금리에 따른 상환 부담 압박을 받고 있다.

A. 2024년 1분기말 기준 저축은행 개인사업자대출(자영업자) 연체율은 9.96%로 나타났다. 2금융권 전체 개인사업자대출 연체율은 4.18%로 2015년 2분기(4.25%) 이후 8년 9개월 만에 가장 높았다.

B. 은행권 자영업자 연체율은 2024년 1분기 0.54%로 2금융권에 비해 상대적으로 낮지만, 2015년 1분기(0.59%) 이후 9년 만에 가장 높은 수준을 기록한 것이다. 특히 5월 연체율은 0.69%로 더 상승했다.

C. 2금융권 자영업자 연체율도 2분기에 상승 폭이 더 커질 전망이다.

D. 1분기 기준 대출을 받은 자영업자 178만 3,000명 가운데 금융회사 3곳 이상에서 빚을 낸 다중채무자는 57%에 달했다. 코로나19 사태 직전인 2019년 4분기(57.3%) 이후 4년 3개월 만에 가장 높은 수치다. 대출액 기준으로 놓고 보면 전체 자영업자 대출 752조 원 가운데 71.3%는 다중채무자들이 낸 빚이다. 자영업 다중채무자는 1인당 평균 4억 2,000만원의 대출을 받은 것으로 추산된다.

1. 전국민 25만 원 지원법

1) 배경

[빚 돌려 막기 규모]

구분	내용	금액	기준
기업	부채차환용 회사채	3조5740억	4월
자영업	다중채무	689조 7200억	3월말
개인	카드론 대환대출	1조7441억	3월말
정부	한은 일시대출금 잔액	32조 5000억	3월말

[자료 | 금융감독원, 한국은행 등]

나. 자영업자 파산 : 2024년 7월 21일 대법원에 따르면 2024년 1~6월 전국 법인 파산 접수 건수는 987건으로 반기 기준 사상 최고치를 기록했다. 지난해 법인 파산은 1,657건으로 연간 기준 역대 최고치였지만 2024년에는 작년 수준을 넘어설 전망이다. 파산을 신청한 대부분은 소상공인과 중소기업들이다.

1) 배경	다. 한은은 "금융당국은 자영업자의 연체규모가 빠르게 늘어나지 않도록 하기 위해 매출부진 장기화 등으로 채무상환능력이 크게 떨어졌거나 회생가능성이 없는 자영업자에 대해서는 새출발기금 등을 통한 채무재조정을 적극적으로 추진할 필요가 있다."고 강조했다.
2) 찬성 의견	① 침체된 내수경기 및 경기활성화를 위해 '소멸성 지역화폐' 지급 → 소비진작으로 통해 경기활성화에 효과적. - 국내 총생산GDP 0.1% 상승 효과 기대(KDI) ② 25만 원 집행에 따른 기대심리로 인한 지역상권 활성화 : 이 지원금은 지역화폐 형식으로 지급되어 4개월 이내에 소진되도록 되어 있다. 즉 빈곤층 등 특정 계층에 종국적으로 귀속되는 이득이라기보다 경제의 순환을 통해 자영업 등 민생을 살리고 경기 부양을 위한 응급조치로서의 이전지출로서의 확대재정이다. ③ 소상공인 대출이자 부담 완화. ④ 4인 가구당 1백만 원 지원을 함으로써 저소득층 필수 생활비 및 생계 유지에 필수. ⑤ 보편적 복지 실현 → 사회적 안정화와 불평등 해소 : 선별비용 및 소득기준 산출에 또 다른 비용이 발생하므로, 정책의 적시성 측면에서 보편적 복지 방식이 타당하다. ⑥ 민생지원금을 지역사랑상품권으로 지급하면 소상공인ㆍ자영업자가 취급하는 식료, 주류, 음료, 음식숙박, 오락문화 등의 소비가 일시적으로 늘어나는 효과가 있다. 부정유통에 취약하다고 나타난 종이 상품권 발행의 축소를 위해 할인 방식을 선(先) 할인에서 후(後) 캐시백으로 전환하도록 독려하는 한편, 이상거래 탐지 시스템을 고도화해 부정유통 단속을 철저히 할 방침이다.
3) 반대 의견	① 내수경기 활성화 의문 : 2020년 전국민에RP 지급된 1차 재난지원금 소비증대 효과가 투입대비 26~36%에 그쳤다(KDI). ② 복지 필요성에 대한 의문 가. 13조 원의 발행과정에서 국채금리 상승 → 시장금리 상승 → 가계대출 금리 상승으로 인한 가처분소득 감소 → 물가상승효과 나. 소비가 감소하는 원인도 인플레이션으로 인한 실질소득 감소다. 무분별한 현금성 지원은 소비를 잠깐 반등시킬 수는 있어도 인플레이션을 자극해 실질소득의 감소 폭을 더 키우는 악순환에 빠질 수 있다. ③ 재정부담 증가 : 1,147조 원인 중앙정부의 채무가 있어 부채 공화국이라는 오명을 덮어쓰고 있고 2024년 상반기 재정적자 103조 원 규모로 긴축재정 고삐를 죄어야할 때, 정부 채무에 부채질하는 꼴이다. ④ 전 국민들이 민생지원금 지급을 간절하게 바라는 것도 아니다. 최근 진행한 여론조사에 따르면 민생지원금 지급에 찬성한다는 응답은 46%, 반대한다는 응답은 48%로 비슷했다.

좌측 라벨: **1. 전국민 25만 원 지원법**

<table>
<tr><td rowspan="3">1. 전국민
25만 원
지원법</td><td rowspan="3">3) 반대
의견</td><td>⑤ 민생지원금특별법은 정부의 예산권을 침해할 소지도 있다. 위헌이라는 의미다.</td></tr>
<tr><td>⑥ 3개월 만에 전국민에게 지역사랑상품권으로 지원금을 일괄 지급하는 건 (행정
절차상) 불가능하다.</td></tr>
<tr><td>⑦ 어떤 형태로든 상품권 불법 할인이 기승을 부리며, 결국 13조 원의 집행금 중
상당금액은 상품권 업자의 수익이 될 것이다.</td></tr>
</table>

📈 결론

 1회성인 코로나 1차 보편적 지원금은 별로 효과가 없었다는 게 문 정부 당시 한국개발연구원(KDI)의 분석이었다. 총 지원금 14조 2,000억 원 중 28%만 소비에 썼고, 나머지는 빚을 갚거나 저축해 소비 진작 효과가 없었다는 것이다. 부자에게 줄 필요가 있느냐는 비판적 여론이 일었고, 문 대통령 부부의 '지원금 기부'가 발단이 돼 고위공직자·지방자치단체는 물론 고소득층을 향해, 받은 돈의 반납을 유도하는 소동까지 벌어졌다.

현금 살포 자체가 전형적 포퓰리즘이지만, 부득이 시행하더라도 선별 지원이 옳다. 환자에게 수술 대신 마약을 처방하는 것과 같은 폐해를 부르기 때문이다. 그런데도 야당이 또 현금 살포에 나선 것은 더 나아가 '보편적 기본소득'의 징검다리로도 활용하려는 것 같다.

야당은 민생지원금 규모는 13조 원이라며 윤석열 정부가 감세와 민생토론회를 통해 밝힌 기만적 선심 약속에 900조∼1000조 원이 드는 것에 비하면 새 발의 피, 손톱이라고 말했다. 그러나 정부 계획의 재원은 태반이 민간 자본이고, 그것도 1회성 지출이 아닌 장기 프로젝트다. 세수가 펑크 난 상황에서 추가경정예산을 편성할 여건도 안 된다. 재정 건전화가 절실한 시점에서 국채 발행은 더더욱 안 될 말이다. 나라를 망칠 포퓰리즘 질주를 멈춰야 한다.

<출처: 문화일보 사설>

지역상품권 형태로 풀린 돈이 골목상권에 활력을 불어넣어 민생위기 극복의 마중물이 될 것이란 게 야당의 강변이다. 하지만 '돈 풀어서 경기 살리기'는 바람직하지도 작동하지도 않은 분명한 방향 착오다. 전 국민 재난지원금 등 무려 열 번의 추경으로 5년간 401조 원을 푼 문재인 정부 소득주도성장의 실패가 잘 보여준다. 아주 제한적인 반짝 효과는 있을 수 있지만 부작용과 후폭풍은 어마어마할 것이다. 2024년 상반기 세수 펑크가 10조 원을 넘어선 터에 나라 연구개발(R&D) 예산(21조 9,000억 원)의 절반이 넘는 13조 원을 일회성 소비에 투입하는 건 누가 봐도 자해적이다. 재원 마련을 위한 대규모 국채 발행은 금리를 밀어 올려 민생을 더 팍팍하게 만들 것이다. 2024년 7월 물가가 4개월 만에 상승 반전한 상황에서 큰돈이 풀리면 인플레이션 리스크도 커질 수밖에 없다. 자칫 부동산 가격을 자극할 경우 지금까지의 경제 회복 노력이 한순간에 수포로 돌아갈 위험도 만만찮다.

야당은 전 국민 민생지원이 필요한 이유로 '경제 폭망'과 '민생 도탄'을 거론하지만 과장이자 왜곡이다. 국제통화기금(IMF)이 한국의 2024년 성장률 전망치를 선진국 평균(1.7%)보다 훨씬 높은 2.5%로 상향한 게 불과 얼마 전이다. 정말로 민생 도탄을 걱정한다면 부유층과 중산층을 뺀 저소득층에 지원금을 집중하는 게 상식적이다. 이런저런 이유를 떠나 위헌·위법적인 입법이다. 헌법상 정부의 예산편성권 침해를 넘어 집행을 강제하는 처분적 입법은 위헌 소지가 다분하다. 전쟁, 대규모 재해, 대량 실업 등으로 추경 요건을 엄격히 제한하는 국가재정법과도 상충한다.

<출처: 한국경제사설>

25만 원 지원법에 찬반이 엇갈리는 것은 사실이다. 정치적 성향이 진보일수록 찬성, 보수일수록 반대가 많다. 여당인 국민의힘은 법안 발의 때부터 반대해왔고, 윤석열 대통령도 공개적으로 반발했다. 소요 재원에 비해 효과가 크지 않고, 정부의 예산 편성권을 침해해 삼권 분립의 원칙에 어긋난다는 것이다. 윤 대통령이 25만 원 지원법에 대해 거부권을 행사할 것이 확실시되고, 따라서 법안이 최종 폐기될 가능성이 크다. 그러나 얼어붙은 내수와 최악으로 치닫는 민생을 고려하면 거부만이 능사는 아니다. 고금리ㆍ고물가로 지난해 폐업한 자영업자가 100만 명에 육박하며 통계 작성 후 최대를 기록했다. 마땅한 일자리가 없어 일도 않고 구직활동도 않는 대졸자가 400만 명을 넘어섰다. 2024년 상반기 체불 임금만 1조 원이다. 2분기 성장률은 1분기보다 0.2% 뒷걸음쳤다.

수출이 회복되고 있다지만 내수로 연결이 안 되고 양극화만 커지고 있다. 산더미 같은 부채에 가계는 소비 여력을 상실한 지 오래다. 이런 상황에서 25만 원 민생지원금은 내수 진작과 경기 회복의 마중물 역할을 할 수 있다. 여당 의원들의 집단 퇴장 속에서 법안 처리가 이뤄진 점은 유감이지만 국민의 대의기관이 합법적인 절차를 거쳐 결정한 사안이다.

주무 부처인 기재부는 재원 부족과 물가 상승을 이유로 전 국민 현금성 지원 정책에 부정적이다. 그러나 이는 자기기만이다. 그토록 재원 부족이 걱정이라면 '부자 감세' 정책부터 철회하는 것이 마땅하다. 현금에 비해 지역사랑상품권 지급이 물가에 미치는 영향이 크지 않다는 것은 기재부가 가장 잘 알 것이다. 민주당은 당초 25만 원 일률 지급 방안을 추진했지만 법안에서는 지급 금액을 대상에 따라 25만~35만 원 범위에서 대통령령으로 정하도록 했다. 결국 국회와 정부가 힘을 합쳐 제도를 설계해야 한다.

지역사랑상품권이 지역 경제와 골목 상권 활성화에 이바지한다는 것은 이미 경험적으로 증명됐다. 정부와 여당은 거부만 할 게 아니라, 야당과 머리를 맞대고 부작용을 최소화하면서 민생회복에 도움이 되는 방안을 찾아야 한다. 추가경정예산 편성을 포함한 모든 방책을 테이블 위에 올려놓고 여야가 진지하게 논의하는 계기로 삼길 바란다.

<출처: 경향신문 사설>

25만 원 법은 국민 1인당 25만~35만 원을 지역사랑상품권으로 지급하는 내용이다. 민주당의 1호 당론 법안인데 불황에 빠진 골목상권에 활력을 불어넣자는 취지다. 정부와 여당은 고소득층을 가리지 않는 '현금살포'는 전형적인 포퓰리즘이며 국가재정을 악화시켜 국가신인도를 추락시킬 뿐이란 입장이다.

금융위기나 팬데믹 같은 국가적 비상상황에 한해 고육책으로 쓸 카드란 것이다. 오히려 물가를 더 자극해 서민의 삶을 어렵게 하는 부메랑이 될 위험성도 경고하고 있다. 국내 민간소비의 경제성장 기여도가 4분기째 0%대에 머물 만큼 서민 경제는 위기 상황이다. 고물가, 고금리까지 겹친 '돈맥경화'가 지속되면서 민생경제의 활력을 높일 방안이 절실한 것이 사실이다. 그럼에도 상반기 10조 원대 세수 부족 상황에서 효과도 분명하지 않은 25만 원 법을 위해 13조~18조 원의 추경을 편성하는 게 합리적인지는 의문이다. 게다가 편성권이 정부에 있는 예산 관련 사안을 합의되지 않은 상태에서 거대야당이 밀어붙이는 건 월권일 수 있다.

그래서 거부될 게 뻔한 법을 민주당이 고집하는 배경에 오히려 의심이 든다. 정치적으로 득이라 판단할 수 있겠지만, 우격다짐으로 나랏돈을 합의 없이 나눠주며 인심 쓰려는 과욕은 버려야 한다. 그렇다고 여당이 민생 문제를 덮어놓고 반대만 한다면 고통받는 서민을 무시하거나, 정부의 무능을 방치하는 것일 뿐이다. 여야 간 재정운용 철학에 차이가 있겠지만 지금 가계경제, 국민 살림살이가 어느 때보다 팍팍해졌다는 점에 이의가 없을 것이다. 민생 회복을 위한 현실성 있는 대안을 모색해야 할 때다.

<출처: 한국일보 사설>

→ 지원금 지급보다는 경제활성화를 위한 근본적 정책 추진과 함께 취약계층에 대한 맞춤형 지원을 강화해야 함.

chapter
11

노란봉투법

서론	이슈언급	노란봉투법의 핵심은, 노사 관계에서 사용자와 쟁의행위의 범위를 넓히고, 노조·노동자에 대한 손해배상 청구를 제한한다는 것이다. 실제로 이 법은 그동안 원청 사용자 등을 상대로 교섭 요구를 하기 힘들었던 간접고용 노동자들이 대화를 통한 문제 해결과 노동자 쟁의행위를 이유로 무분별하게 남발되던 사용자 쪽의 손해배상 청구를 제한하는 것이다.
본론	1. 노란봉투법	**1) 의미 및 취지** - 취지 : 기업의 손해배상소소송과 가압류가 노동자를 압박하는 수단으로 악용되고 있다는 지적에 따라 노동쟁의 과정에서 일어난 폭력이나 파괴로 인한 손해를 제외한 노동자들의 쟁의 행위에 대해 손해배상이나 가압류를 제한하자는 것이다. - 내용 가. 제2조 용어 정의 부분의 '사용자'에 "근로계약 체결 당사자가 아니더라도 근로자의 근로조건에 대하여 실질적이고 구체적으로 지배·결정할 수 있는 지위에 있는 자도 그 범위에 있어서는 사용자로 본다."는 내용이 추가됐다. 이는 하청업체 등 간접고용 근로자도 원청 사용자와 단체교섭 등을 할 수 있도록 해 노동권을 보장하기 위한 근거규정이 된다.

본론	**1. 노란봉투법**	**1) 의미 및 취지**
		나. 제3조 "단체교섭 또는 쟁의행위로 인하여 손해를 입은 경우에 노동조합 또는 근로자에 대하여 그 배상을 청구할 수 없다."는 조항엔 단체교섭, 쟁의행위 외에 "그 밖의 노동조합 활동으로 손해를 입은 경우"를 추가해 노조와 조합원의 면책범위를 대폭 확대했다.
		2) 찬성의견
		① 노란봉투법은 손해폭탄 방지법이다. ② 노란봉투법은 헌법상 권리인 '노동3권' 행사가 가능하도록 '합법파업 권리'를 주는 것이다. ③ 특수고용 노동자와 하청 노동자, 손배·가압류를 당한 노동자들이 처한 긴박하고 어려운 현실을 고려할 때 더 이상 늦출 수 없는 시대적 과제. ④ 기업이 노동자들에게 걸핏하면 피해보상을 해달라고 손해배상을 청구하게 되면, 정당한 노동권 행사가 제한될 소지가 매우 크다.
		3) 반대의견
		① 협력업체 노조의 원청업체에 대한 쟁의행위를 정당화시키고, 노조의 극단적 불법 쟁의행위를 과도하게 보호한다. ② 이 법안이 현장을 혼란에 빠뜨리고 전체 근로자의 권익 향상을 저해할 것이다. (고용노동부) ③ 특정 소수 노동조합의 불법행위에 대한 책임을 감면하고 기득권을 강화하며 노동현장의 갈등과 혼란을 초래할 것이다. ④ 국내 일자리와 외국인 투자 환경을 훼손하는 등 한국 경제의 근간을 뒤흔들 수 있는 상황 '사용자' 범위를 확대해 원·하청 간 산업생태계를 붕괴시키고, 노동쟁의 개념 확대와 불법쟁의행위에 대한 손해배상책임 제한으로 노사분규와 불법행위를 조장하는 전 세계적으로도 유례가 없는 악법이다.
		4) 여론
		5) 정부의 대책
		2024년 8월 18일 고용노동부에 따르면, 고용부는 이르면 이달 중 노동약자보호법 초안 완성을 목표로 법안을 준비 중이다.
결론	**의견제시**	<반대> 산업계는 노란봉투법이 시행될 경우 불법 쟁의 증가로 우리 경제가 큰 타격을 입게 될 것이라고 우려하고 있다. 약 8,000억 원에 이르는 경제적 손실을 초래한 2022년 6월 '대우조선해양 하청 노조 점거 파업'과 같은 사태가 산업 현장 전반에서 수시로 발생할 수 있다는 것이다. 노조 및 조합원에 대한 2009년~2022년 8월의 손해배상 소송 및 가압류 사건들 중에서 법원이 인용한 손해배상 청구 총액의 98.6%가 노조의 사업장 점거에 의한 손해였다는 고용노동부의 조사 결과도 있지만 거대 야당은 이를 외면하고 있다.

| 결론 | 의견제시 |

<찬성> 반면, 윤 대통령은 지난 5월 민생토론회에서 배달라이더, 웹툰 작가 등을 거론하며 미조직 노동자들을 '노동약자'라 칭하면서 이들을 위한 법률을 제정하겠다고 밝힌 바 있다. '노동약자'의 개념에 하청노동자들과 과도한 손배 가압류로 죽음에 이르는 노동자들은 없는가. 게다가 윤 대통령이 말한 배달라이더, 웹툰 작가 등 미조직 노동자들에게 필요한 법률은 자신들의 조직을 만들어 권리를 주장하고 사용자와 교섭할 권리를 보장하는 것이다. 이번에 통과된 노란봉투법이 바로 그 내용을 담고 있다. 국회 입법조사처는 이 법안이 헌법에 위배되지 않는다고 의견을 냈다. 윤 대통령의 발언이 아직 유효하다면, 이 법안에 거부권을 행사할 이유도 명분도 없다

02 논제 풀이

 서론

이슈 언급 원청기업에 하청노조와 단체교섭할 의무를 부과하고, 기업들이 노조의 쟁의행위에 대해 과도한 손해배상청구를 제한하는 내용의 '노란봉투법'(노동조합 및 노동관계조정법 개정안)이 논란이 되고 있다. 애초 2015년 처음 발의된 이 법은 이후 여러 차례 관련 법안이 나왔지만 별다른 진전없이 폐기되어 왔었다. 그러다가 2024년 거야(巨野) 주도로 또 다시 국회 본회의를 통과한 노란봉투법은 22대 국회에서 다시 발의돼 지난 2024년 8월 5일 40일 만에 본회의를 통과했다.

이에 윤석열 대통령은 2024년 8월 16일 노란봉투법'에 대한 재의요구안을 재가했다. 노란봉투법'에 대해 청와대측은 "지난 21대 국회에서 이미 폐기된 법안에 독소조항을 더해 여야 및 노사 당사자 간 합의 없이 야당이 일방적으로 통과시킨 법안"이라며 "교섭 상대와 파업 대상을 무리하게 확대하고 손해배상 원칙에 과도한 예외를 둬 불법 파업에 따른 손해까지 사실상 면제하는 것으로 이미 폐기된 법안보다 더욱 악화된 법안"이라고 지적했다.

노란봉투법의 핵심은, 노사 관계에서 사용자와 쟁의행위의 범위를 넓히고, 노조·노동자에 대한 손해배상 청구를 제한한다는 것이다. 실제로 이 법은 그동안 원청 사용자 등을 상대로 교섭 요구를 하기 힘들었던 간접고용 노동자들이 대화를 통한 문제 해결과 노동자 쟁의행위를 이유로 무분별하게 남발되던 사용자 쪽의 손해배상 청구를 제한하는 것이다.

이에 본지에서는 노란봉투법의 취지와 찬반 양론에 대해 검토해보고자 한다.

📈 **본론**

1. 노란봉투법	1) 의미 및 취지	① 처음에는 정의당에서 제출한 법안으로, 노동조합 및 노동관계조정법 2·3조 개정에 관한 법률안이다.

① 처음에는 정의당에서 제출한 법안으로, 노동조합 및 노동관계조정법 2·3조 개정에 관한 법률안이다.

② 유래

　가. 지난 2014년 경제적 어려움에 처한 쌍용자동차 노조원들을 돕기 위한 캠페인을 통해 재조명됐다. 쌍용자동차 노조원들은 앞서 2009년 벌인 77일간의 파업에 대해 사측이 손해배상 소송을 제기하면서 2013년 법원으로부터 약 47억 원(사측에 약 33억 원, 경찰에 약 14억 원)을 배상하라는 판결을 받았다.

　나. 이러한 보도를 본 한 독자가 시사주간지 편집국에 4만 7,000원을 보내며, '이렇게 10만 명만 모아도 노조원들을 도울 수 있다.'고 전했다는 소식이 전해지면서 쌍용자동차 노조원들을 돕기 위한 시민사회의 '노란봉투 캠페인'이 시작됐다.

　다. 노란봉투 캠페인은 이후 시민사회와 진보 정당들을 중심으로 일명 '노란봉투법' 추진 운동으로 이어졌다.

③ 취지 : 기업의 손해배상소소송과 가압류가 노동자를 압박하는 수단으로 악용되고 있다는 지적에 따라 노동쟁의 과정에서 일어난 폭력이나 파괴로 인한 손해를 제외한 노동자들의 쟁의 행위에 대해 손해배상이나 가압류를 제한하자는 것이다.

　가. 노동자들이 기업의 부당한 대우 또는 기업과의 마찰 대립에 의해 파업으로 이어질 때, 노동자들이 파업 기간동안 기업에 피해를 줄 수 있는데 앞서 언급한 쌍용차 파업 때처럼 피해액 보상이 무서워 파업을 하지 못하거나, 노동자로서 권리를 행사하는데 저해되는 것을 막고자 제출된 것이다.

　나. 근로자, 사용자, 노동쟁의의 정의 규정을 수정하고, 손해배상 청구 제한을 확대하며, 개인에 대한 손해배상을 금지하는 등 조항을 개정 및 신설하여 개인 등에 대한 불합리한 손해배상을 제한하고, 헌법이 보장한 권리인 노동삼권을 실질적으로 보장하고자 한다.

　다. 폭력·파괴행위가 수반된 파업은 한국이든 국제노동기구든 용인되지 않는다. 현재 국회에 발의된 노란봉투 법안들 역시 폭력·파괴행위가 동원된 파업에 대해 기업이 손배소를 내지 못하도록 막고 있지 않다. 다만, 노조법 제3조를 개정해 손배소를 내더라도 개별 조합원이 아닌 노동조합에 내라는 것이다. 나아가 노조의 존립이 불가능해질 정도로 과도한 손배소는 제한하자는 것이 노란봉투법의 취지다.

1. 노란봉투법

1) 의미 및 취지

④ 내용

가. 제2조 용어 정의 부분의 '사용자'에 "근로계약 체결 당사자가 아니더라도 근로자의 근로조건에 대하여 실질적이고 구체적으로 지배·결정할 수 있는 지위에 있는 자도 그 범위에 있어서는 사용자로 본다."는 내용이 추가됐다. 이는 하청업체 등 간접고용 근로자도 원청 사용자와 단체교섭 등을 할 수 있도록 해 노동권을 보장하기 위한 근거규정이 된다.

나. '노동쟁의'의 대상을 '근로조건의 결정'에 관한 사항에서 '근로조건'에 관한 사항으로 확대, 쟁의행위의 범위를 넓히는 내용도 들어있다.

다. '노동조합'의 정의 부분에서는 '근로자가 아닌 자의 가입을 허용하는 경우'는 노조로 보지 않는다는 부분을 삭제했다. 이는 특수형태근로종사자(특고)·플랫폼 종사자 등의 단결권을 보장하기 위한 규정이다.

라. 제3조 "단체교섭 또는 쟁의행위로 인하여 손해를 입은 경우에 노동조합 또는 근로자에 대하여 그 배상을 청구할 수 없다."는 조항엔 단체교섭, 쟁의행위 외에 "그 밖의 노동조합 활동으로 손해를 입은 경우"를 추가해 노조와 조합원의 면책범위를 대폭 확대했다.

마. 사용자의 불법행위에 대해서는 노조 또는 근로자의 이익을 지키기 위해 부득이하게 손해를 가한 경우엔 배상 책임이 없도록 했다.

바. 이밖에 법원이 배상 의무자별 귀책 사유와 기여도에 따라 개별적으로 책임 범위를 정해야 하며, 신원보증인에게는 배상 책임을 물리지 않는 내용 등도 담았다.

2) 찬성의견

① 노란봉투법은 손해폭탄 방지법이다.

② 노란봉투법은 경영계의 주장처럼 '불법파업에 면죄부'를 주자는 것이 아니라, 헌법상 권리인 '노동3권' 행사가 가능하도록 '합법파업 권리'를 주는 것이다.

③ 특수고용 노동자와 하청 노동자, 손배·가압류를 당한 노동자들이 처한 긴박하고 어려운 현실을 고려할 때 더 이상 늦출 수 없는 시대적 과제이다.

④ 파업은 헌법에서 보장하는 노동권 중 하나인데, 기업은 파업시엔 피해를 보긴 한다. 그렇다고 기업이 노동자들에게 건건이 피해보상을 해달라고 손해배상을 청구하게 되면, 정당한 노동권 행사가 제한될 소지가 매우 크다.

① 협력업체 노조의 원청업체에 대한 쟁의행위를 정당화시키고, 노조의 극단적 불법 쟁의행위를 과도하게 보호한다.

　가. 노동쟁의 범위를 무분별하게 확대함으로써 노사간 대화로 풀어나갈 문제마저 모두 파업으로 해결하려는 투쟁 만능주의를 조장할 우려가 크다.

　나. 원청이 협력업체 노조의 교섭 요구나 파업에 대응하기 어려워져, 결국 거래 중단이나 해외 이전 등으로 중소협력업체에 피해가 돌아가며, 손배 책임이 제한되면 불법 파업이 늘어날 수밖에 없다.

3) 반대의견

② 이 법안이 현장을 혼란에 빠뜨리고 전체 근로자의 권익 향상을 저해할 것이다. (고용노동부)

③ 특정 소수 노동조합의 불법행위에 대한 책임을 감면하고 기득권을 강화하며 노동현장의 갈등과 혼란을 초래할 것이다.

④ 국내 일자리와 외국인 투자 환경을 훼손하는 등 한국 경제의 근간을 뒤흔들 수 있는 상황 '사용자' 범위를 확대해 원·하청 간 산업생태계를 붕괴시키고, 노동쟁의 개념 확대와 불법쟁의행위에 대한 손해배상책임 제한으로 노사분규와 불법행위를 조장하는 전 세계적으로도 유례가 없는 악법이다.

1. 노란봉투법

① 뉴스핌(2022년 9월 23일)

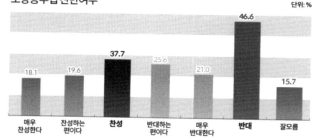

노랑봉투법 찬반여부　단위: %

4) 여론

　가. 전국민 18세 이상 남녀 1,007명

　나. 조사기관 /의뢰처: 알 리서치, 뉴스핌

② 직장인 84.3% 노랑봉투법 찬성. 거부권 행사는 노동3권 외면

<출처: CBS노컷뉴스>

　가. 2024년 8월 18일 [직장갑질 119] 직장인 1천 명 대상 설문조사

　나. 노조벙 2.3조 개정 각각 84.3%, 73.7% 찬성

③ 외투기업 55% "경영에 부정적 영향" <한경협, 2024년 7월 22일>

　가. 한국경제인협회(한경협)가 여론조사 전문기관 모노리서치에 의뢰해 종업원 100인 이상 제조업종 주한 외투기업 인사노무담당자(응답 100개 사)를 대상으로 실시한 노조법 개정안 인식조사를 통해 이 같이 밝혔다. 이번 노조법 개정안이 긍정적이라고 응답한 기업은 10곳 중 1곳에 불과했다.

<table>
<tr><td rowspan="5">1. 노란봉투법</td><td>4) 여론</td><td>

나. 한국 산업생태계에 부정적(59.0%)… 도급계약 부담 증가(27.3%)
한국 노사관계에 부정적(62.0%)… 잦은 교섭·파업으로 사업 차질
(28.4%).

다. 외투기업들은 한국의 노사관계가 대립적이며 노동 시장이 경직돼
있다고 생각하고 있는 상황에서 파업 증가로 인한 부작용을 우려하
고 있다. ("외투기업 10곳 중 6곳(63.0%)은 한국의 노사관계가 대립
적이라고 생각하며, 과반(53.0%)은 한국의 노동시장이 경직적이라
고 생각"(한경협, 2024년 7월 22일))

</td></tr>
</table>

1. 노란봉투법

5) 정부의 대책

2024년 8월 18일 고용노동부에 따르면, 고용부는 이르면 이달 중 노동약
자보호법 초안 완성을 목표로 법안을 준비 중이다.

① 노동약자 지원이 수면 위로 떠오른 건 2024년 5월 윤 대통령이 주재한
민생토론회 이후다. 당시 윤 대통령은 "노동약자들에 대한 지원체계를
전반적으로 정비할 필요가 있다."며 "특히 미조직 근로자들의 경우 노
동현장에서 어려움을 겪고도 하소연 할 곳조차 찾기 어려워, 보다 근본
적인 차원에서 노동약자들을 보호하는 제도적 기반을 마련해야 한다."
고 법 제정을 지시했다.

② 여기서 말하는 '노동약자'가 구체적으로 어떤 대상을 지칭하는지는 확정
되지 않았으나, 기존의 노동법 체계에서 보호 받을 수 없었던 5인 미만
사업장 근로자들과 택배기사 등 특수고용직(특고), 플랫폼 종사자, 프리
랜서 등이 법 적용 대상이 될 것으로 보인다. 또 미조직 근로자, 즉 한국
노동조합총연맹(한국노총)이나 전국민주노동조합총연맹(민주노총) 등
양대노총에 속하지 않은 노조 밖 근로자도 지칭하고 있다.

③ 고용부는 2024년 6월 말 '노동약자 정책 전문가 자문단'을 발족하고 당
사자들의 의견을 듣는 '지역순회 원탁회의'를 여는 등 본격적인 법 제정
작업에 들어갔다.

가. 특히 이번 법안의 최대 관심사는 5인 미만 사업장 근로자들에 대한
조항이 어떻게 담길 것인가. 현재 상시 근로자 5인 미만 사업장에
근무하는 근로자들은 근로기준법 조항 대다수에서 적용 배제돼 있
어, 부당해고와 연차사용 등에 대한 보호를 받지 못하고 있다. 또 각
종 노사분쟁을 다루는 노동위원회의 피해 구제를 받을 수 없다. 역
대 정부에서 근로기준법 확대 적용이 논의돼 왔지만, 재계 반대에 부
딪혀 별다른 진전을 보이지 못했다. 정부는 근로기준법 개정 대신 노
동약자보호법에 관련 조항을 넣는 방식으로 영세 사업장 근로자 권
익 보호에 나설 것으로 보인다.

나. 이정식 고용부 장관은 5월16일 민생토론회 사후 브리핑에서 "근로
기준법 적용은 법을 강제하기 위한 처벌조항이 들어가고 복잡해지
는데, 이러한 큰 제도 변화 없이도 정부가 근로자를 지원할 수 있는
근거를 만드는 것"이라고 했다.

다. 노동약자 자문단 단장을 맡고 있는 권혁 부산대 법학전문대학원 교수는 7일 국회에서 열린 '노동약자 지원과 보호를 위한 제도개선 토론회'에서 법체계 모형 구축 방안을 제시했다. 권 교수는 ▲공제회 등 상호 부조 활성화 지원, ▲표준계약서 제공 및 임금체불 등 법적 분쟁 조정 지원, ▲노동의 사회적 경력 인증제도 도입 등을 제안했다.

④ 고용부는 이를 포함한 현장 의견을 반영해 이달 중 법안 초안을 마련해 하반기 본격적인 법제화에 나서겠다는 계획이다.

⑤ 노동계의 반발이 변수다.

가. 양대노총은 윤 대통령의 노동약자 언급 이후 "노조할 권리를 보장하는 게 우선"이라며 일제히 비판을 쏟아냈다. 여기에 2024년부터 고용부가 미조직 근로자 지원사업을 직접 수행하면서, 양대노총에 지급하던 국고보조금이 끊겨 불편한 관계가 계속되고 있다. 그동안 법 테두리 바깥에 있던 사각지대 근로자를 정부가 직접 보호한다고 나서지만, 노조를 일종의 특권처럼 보이도록 '편 가르기'를 하고 있다는 게 노동계의 주장이다.

나. 전호일 민주노총 대변인은 국회 토론회 직후 "별도 법 제정이 아니라 노조법에 노동약자를 포괄하는 것이 필요하다"며 "이번 토론은 노란봉투법에 대한 의제 전환을 목적으로 한 것으로, 노조법 개정에 거부권 행사를 하지 말고 5인 미만 사업장의 근로기준법 적용을 확대하는 것이 바로 노동약자지원법"이라고 강조했다.

⑥ 정부는 노란봉투법을 비롯한 기존의 노동법 체계와 노동약자지원법 제정은 별개라는 입장이다. 기존 노동법 체계인 노동조합법과 근로기준법은 적용 대상이 '근로자'와 '5인 이상 사업장'이다. 하지만 그동안 근로자성은 법원 판례를 통해 확정되는 것이 관행이어서, 이러한 복잡한 절차를 거치지 않고도 곧바로 노동약자지원법으로 보호받을 수 있도록 하겠다는 것이다.

가. 노동약자 자문단 공동단장인 한석호 전 전태일재단 사무총장도 노란봉투법과 노동약자지원법을 일종의 대체재로 보는 시각에 우려를 표했다.

나. 한 사무총장은 국회 토론회에서 "노조법은 지불능력이 있는 뚜렷한 원청이 있는 경우의 하청업체들을 얘기하는 것이고, 노동약자지원법은 그것과는 전혀 다른 범주"라고 말했다.

1. 노란봉투법   5) 정부의 대책

📈 결론

의견 제시 더불어민주당이 8월 5일 국회 본회의에서 강행 처리한 '노란봉투법(노동조합법 개정안)' 이 헌법에 위배될 소지가 크다는 연구 결과가 나왔다. 차진아 고려대 법학전문대학원 교수는 한국경제인협회의 의뢰로 작성한 '노조법 개정안의 위헌성 검토' 보고서에서 노란봉투법이 사용자의 헌법상 기본권을 과도하게 침해한다고 지적했다. 앞서 노란봉투법에 대해 "불법 파업을 조장할 뿐 아니라 민사상 손해배상을 사실상 불가능하게 해 헌법상 재산권을 침해할 것"이라며 위헌 소지를 제기한 한경협의 주장이 법리적으로 뒷받침된 셈이다.

차 교수에 따르면 노란봉투법이 형사처벌의 대상이 될 수 있는 사용자 개념을 모호하게 확대한 것은 헌법상 '죄형법정주의' 원칙에 어긋난다. 노동쟁의 개념을 확대해 구조조정 등 고유의 경영권에 해당하는 사항에 대해서도 쟁의행위가 가능해지면서 사용자의 직업의 자유, 재산권 등 기본권을 침해할 수 있다. 정당한 단체교섭이나 쟁의행위뿐 아니라 '그 밖의 노동조합의 활동'에 대해서도 사용자의 손해배상 청구를 제한하도록 규정한 것은 헌법상 '명확성' 원칙에 위배되고 폭력 등 노조의 불법행위까지 정당화하는 요인으로 지적됐다. 아울러 피해자인 사용자가 손실에 대한 개별 조합원의 기여도를 입증하도록 한 점은 사용자의 손해배상청구권을 사실상 무력화하고 평등권·재산권을 침해하는 것이라고 차 교수는 짚었다.

파업 노동자 개인에 대한 사측의 손해배상 청구를 금지한 노란봉투법에 대한 각계의 지적과 우려를 경청해야 할 때다. 한국중견기업연합회가 8일 공개한 설문조사 결과 중견기업 가운데 73.4%가 노란봉투법에 대해 기업 경쟁력과 일자리 창출, 국가 경제에 부정적 영향을 미칠 것으로 보는 것으로 나타났다. 글로벌 불확실성이 고조되고 퍼펙트스톰(초대형 복합 위기)이 밀려오는 상황에서 위헌 소지가 있는 법을 강행해 노사 대립과 산업 현장의 혼란을 증폭시키면 우리 기업들이 살아남기 어렵다. 윤석열 대통령의 재의요구권(거부권) 행사로 노란봉투법이 폐기되는 것을 계기로 산업 현장의 노사 관계 법치주의를 바로 세우고 노사 협력의 수준을 높여야 한다. 그래야 기업의 경쟁력을 제고하고 일자리도 지킬 수 있다.

한국에 투자한 외국 기업 가운데 55%가 더불어민주당 주도로 강행 처리된 노란봉투법(노동조합법 개정안)이 "경영에 부정적 영향을 미칠 것"이라고 답변했다. 한국경제인협회가 모노리서치에 의뢰해 7월 25일~8월 6일 종업원 100명 이상 제조업 주한 외국인투자기업 100개사를 대상으로 노조법 개정안에 대한 인식 조사를 실시한 결과 이같이 나타났다. 5일 국회 본회의를 통과한 노란봉투법은 파업 노동자에 대한 기업의 손해배상 청구를 제한하고 사용자와 노동쟁의 개념, 노조 가입 범위를 확대하는 내용을 담고 있다.

이번 조사에서 우려되는 부분은 노란봉투법이 시행될 경우 한국 내 외국인 투자가 평균 15.4%가량 줄어들 것으로 주한 외투기업들이 판단하고 있다는 점이다. 외국인 투자가 31% 넘게 축소될 것으로 본 외투기업도 17%에 달했다. 불법 파업 조장 우려가 있는 노란봉투법이 외국 기업의 국내 투자를 저해하는 요소로 작용할 가능성이 크다는 것이 수치로 입증된 셈이다. 외투기업의 68%는 노동쟁의 범위를 현행 '근로조건의 결정'에 관한 분쟁에서 '근로조건'에 관한 분쟁으로 확대하는 것에 대해 "산업 현장에 부정적"이라고 우려를 표시했다.

국내 중견기업 가운데 73.4%가 노란봉투법이 기업 경쟁력과 일자리 창출 등에 부정적 영향을 줄 것으로 본다는 조사 결과가 이미 나왔다. 이어 외투기업까지 노란봉투법에 부정적 인식을 드러낸 것을 심각하게 받아들여야 한다. 주요국들은 첨단산업의 경쟁력 확보를 위해 국내 투자 여건 개선에 총력을 쏟고 있는데 민주당이 외국인 투자를 저해하는 노란봉투법을 지난해보다 더 개악된 내용으로 강행 처리한 것은 명백한 퇴행이다.

주요국들이 반도체 등 첨단산업 패권을 놓고 종잇장 차이의 승부를 벌이고 있는데 민주당은 우리 기업들의 경쟁력 제고를 돕기는커녕 외려 발목을 잡고 있다. 민주당은 지난해에도 원청에 대한 하청 노조의 교섭 요구 및 파업을 허용하고 불법 파업에 대한 사측의 방어권을 제한하는 노란봉투법을 발의했다. 해당 법안이 윤석열 대통령의 재의요구권(거부권) 행사에 의해 폐기되자 민주당은 파업 노동자 개인에 대한 사측의 손해배상 청구 금지 등을 담아 더 개악된 법안을 밀어붙이고 있다.

산업계는 노란봉투법이 시행될 경우 불법 쟁의 증가로 우리 경제가 큰 타격을 입게 될 것이라고 우려하고 있다. 약 8,000억 원에 이르는 경제적 손실을 초래한 2022년 6월 '대우조선해양 하청 노조 점거 파업'과 같은 사태가 산업 현장 전반에서 수시로 발생할 수 있다는 것이다. 노조 및 조합원에 대한 2009년~2022년 8월의 손해배상 소송 및 가압류 사건들 중에서 법원이 인용한 손해배상 청구 총액의 98.6%가 노조의 사업장 점거에 의한 손해였다는 고용노동부의 조사 결과도 있지만 거대 야당은 이를 외면하고 있다.

<출처: 서울경제신문 사설>

노동조합 및 노동관계조정법 2 · 3조 개정안(노란봉투법)이 5일 국회 본회의를 통과했다. 지난 국회에서 윤석열 대통령이 거부권을 행사해 폐기됐던 법안에 특수고용직이나 플랫폼 노동자 등 '노동 약자'를 보호할 수 있는 장치가 더해졌다. 정부와 여당은 대통령 거부권 행사를 건의한다는데, 과연 윤 대통령이 이 법안을 거부할 명분이 있는지 의문이다.

노란봉투법은 사용자의 정의를 확대해 원청 사업주에게 하청 노동조합과의 단체교섭 의무를 부과하는 내용이 골자다. 이 법에 따르면 근로조건을 실질적으로 결정하는 지위에 있는 원청 사업자는 하청 노동조합의 단체교섭 요구에 응해야 한다.

또한 법안에는 노조의 쟁의행위 등에 대한 무분별한 손해배상 청구를 제한하는 내용이 들어있다. 기존에는 사용자가 쟁의행위로 인해 사용자에게 발생한 손해배상 책임을 노조와 개별조합원에게 각각 부담시켰는데, 이를 귀책사유와 기여도를 따져 부과하도록 했다.

이번에 통과된 법안에는 추가된 내용도 있다. 원래 '노조법에 따른 단체교섭, 쟁의행위'로 발생한 노조의 손해배상 책임이 면제되는데 여기에 '이 밖의 노동조합 활동'도 면책 범위에 포함했다. 또 사용자의 불법행위에 '정당방위' 개념으로 진행되는 노조 활동에 대해 손배 책임을 물을 수 없도록 하기 위해 새로운 조항이 들어갔다. 기존 노란봉투법이 '과도한 손배 폭탄'을 막는 수준이었다면 이번에는 '부당한 손배 폭탄'까지 막는 내용으로 더욱 정교해졌다.

'노동자가 아닌 자가 가입할 경우 노조로 보지 않는다'는 현행 규정도 삭제했다. 이 조항은 최근 노동계에서 중요하게 대두되는 문제다. 특수고용직이나 플랫폼 노동자 등 '노동자성이 불확실한' 이들이 노조에 가입했을 경우 사용자들이 기존 규정을 근거로 '노동자가 아닌 자가 가입돼 있어 단체교섭을 할 수 없다'고 주장하거나, 정부가 노조 설립신고를 반려하는 경우가 있어 이를 막겠다는 목적이다.

윤 대통령은 지난 5월 민생토론회에서 배달라이더, 웹툰 작가 등을 거론하며 미조직 노동자들을 '노동약자'라 칭하면서 이들을 위한 법률을 제정하겠다고 밝힌 바 있다. '노동약자'의 개념에 하청노동자들과 과도한 손배가압류로 죽음에 이르는 노동자들은 없는가. 게다가 윤 대통령이 말한 배달라이더, 웹툰 작가 등 미조직 노동자들에게 필요한 법률은 자신들의 조직을 만들어 권리를 주장하고 사용자와 교섭할 권리를 보장하는 것이다. 이번에 통과된 노란봉투법이 바로 그 내용을 담고 있다.

국회 입법조사처는 이 법안이 헌법에 위배되지 않는다고 의견을 냈다. 윤 대통령의 발언이 아직 유효하다면, 이 법안에 거부권을 행사할 이유도 명분도 없다.

<출처: 민중의 소리>

chapter 12 중국 C-커머스 부상과 대응방안

01 논제 개요 잡기[핵심 요약]

서론	이슈언급	2024년 2분기 해외직구 시장이 2조 원을 돌파하며 기록적인 성장을 보였다. 특히, 알리 · 테무 · 쉬인(알테쉬) 등 중국 이커머스를 통한 구매가 크게 증가하며 전체 해외직구에서 차지하는 비중이 처음으로 60%를 넘어섰다. 반면 해외 역직구는 감소세를 보였다. 해외 직접 판매액은 2022년 2분기 5,050억 원을 기록한 뒤로 줄곧 5,000억 원 대를 밑돌고 있다.
본론	1. 중국 C-커머스	**1) 특징** 알리 · 테무 등은 상품중개 중심으로 판매자간 경쟁에 따른 초저가격 제공. 특히 테무는 후발주자임에도 SNS를 적극 활용하며 젊은 층을 중심으로 소비자 트래픽을 빠르게 확보. ① 소비자, 판매자 트래픽 확보 후 경쟁 유발로 가격경쟁력 강화. ② 최저가격 유지의 핵심 요인: 물류 – 중간유통상 배제. ③ 중국 커머스 기업이 수익을 창출하는 구조는 광고 매출에 있음.

		2) 글로벌 확장 및 전략
		① 지정학적 위기 하에서 무역장벽이 낮은 B2C 분야의 글로벌화 추진.
		② C-커머스 글로벌화 전략.
		   가. 가격
		   나. 관계

		3) 약점 ① 상품 신뢰성. ② 편의성 측면의 한계점.

본론	1. 중국 C-커머스	4) 영향	① 자국 피해우려. ② 조세 정책 변화 : 소액면세 제도 정비.
		5) 문제점	① 소비자 피해. ② 국내 제조사 시장지배력 약화. ③ 국내 유통사 역차별 이슈 및 약탈적 가격.
결론	의견제시		C-커머스의 국내진출로 유통뿐만 아니라 제조, 물류, 광고, 결제 등 관련 생태계 구조의 변화가 촉발되었다. 중국 제조업 의존도가 높았던 제조. 유통 부문의 피해가 우려되며, 물류, 광고 등 일부 기업은 수혜가 예상된다. 이에 정책당국은, 첫째, 소비자 보호를 위한 적극적인 제도 개선을 추진해 나가야 할 것이다. 둘째, 유통사들의 해외판매 증대를 위한 역직구 플랫폼 활성화를 지원해야 한다. 셋째, 제조사들의 역량 강화를 위한 지원을 해야 할 것이다.

02 논제 풀이

📈 서론

2024년 2분기 해외직구 시장이 2조 원을 돌파하며 기록적인 성장을 보였다. 특히, 알리 · 테무 · 쉬인(알테쉬) 등 중국 이커머스를 통한 구매가 크게 증가하며 전체 해외직구에서 차지하는 비중이 처음으로 60%를 넘어섰다. 분기 기준으로 해외직구액이 2조 원을 넘어선 것은 2014년 통계 작성 이래 처음이다.

특히 2024년 2분기까지 중국에서의 구매액은 1조 2,373억 원으로, 2023년 동기 대비 64.8% 급증했다. 중국 직구액은 2023년 2분기 7,507억 원, 2024년 1분기 1조 85억 원을 기록한 데 이어, 이번엔 2,000억 원 넘게 늘었다. 알리바바와 테무 등 중국계 전자상거래 플랫폼의 저가 제품이 국내에서 인기를 끌었기 때문으로 분석된다. 알리, 테무 등은 최근 스타 광고모델, 파격적 할인(~90%)등을 내세운 국내광고를 공격적으로 집행하고 있고, 특히, 우수한 가격경쟁력과 무료 배송 혜택 등으로 공산품을 중심으로 소비자의 이목을 집중시키고 있다.

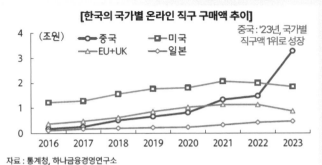

[한국의 국가별 온라인 직구 구매액 추이]

자료 : 통계청, 하나금융경영연구소

반면 해외 역직구는 감소세를 보였다. 해외 직접 판매액은 2022년 2분기 5,050억 원을 기록한 뒤로 줄곧 5,000억 원 대를 밑돌고 있다.

이에 본지에서는 최근 가격경쟁력을 앞세운 알리, 테무 등의 중국 C- 커머스의 국내진출과 그에 따른 영향에 대해 논하기로 한다.

📈 **본론**

1. 중국 C-커머스
<출처: 하나금융 경영연구소>

1) 특징

알리 · 테무 등은 상품중개 중심으로 판매자간 경쟁에 따른 초저가격 제공. 특히 테무는 후발주자임에도 SNS를 적극 활용하며 젊은 층을 중심으로 소비자 트래픽을 빠르게 확보.

① 소비자, 판매자 트래픽 확보 후 경쟁 유발로 가격경쟁력 강화.
　가. 적극적 마케팅으로 소비자 트래픽 확보 : 2023년 광고비 알리바바 1.7조 원, 테무 2.3조 원, SNS를 위한 소비자 간 공유도 적극 활용.
　나. 낮은 수수료율로 판매자 확보.
　　A. 알리바바, 테무는 0~2%의 낮은 수수료 부과(국내 이커머스 수수료율 4~10% 수준).
　　B. 낮은 수수료로 판매자 트래픽을 확보.
　다. 가격 경쟁력을 기반으로 플랫폼 생태계 확대.
　　A. 낮은 수수료로 확보한 판매자간 경쟁을 통해 초저가격의 상품을 제공.
　　B. 중간 유통 단계를 생략하고, 세계의 공장으로 불리는 중국의 생산자와 소비자를 직접 연결.
② 최저가격 유지의 핵심 요인: 물류 – 중간유통상 배제.
　가. 중국 커머스 기업이 저가격을 유지하는 배경에는 중국의 낮은 생산 원가도 있지만, 가격 책정부터 반품까지 유통 숏 단계를 플랫폼이 직접 관리하는 풀필먼트 시스템으로 중간 유통상 배제하며 가격 경쟁력 확보.
　나. 테무는 판매자가 물류센터에 입고하면 가격책정, 판매, AS, 배송까지 관리하는 완전 위탁 방식을 도입. 이를 통해 판매자는 진입장벽이 높은 물류, 반품에서 자유롭게 됨. 테무는 초저마진을 권고하며 가격까지 통제.
③ 중국 커머스 기업이 수익을 창출하는 구조는 광고 매출에 있음.
　다수의 판매자를 확보하고, 이들간 경쟁이 심화되면서 광고매출이 발생하는 구조로 중국 내 메신저(텐센트), 포털(바이두) 등보다 높은 광고 수익을 창출.

1. 중국 C-커머스

<출처: 하나금융 경영연구소>

1) 특징

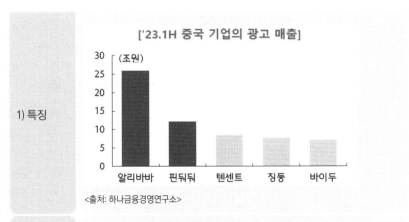

['23.1H 중국 기업의 광고 매출]

(조원)

알리바바 / 핀둬둬 / 텐센트 / 징둥 / 바이두

<출처: 하나금융경영연구소>

2) 글로벌 확장 및 전략

① 지정학적 위기 하에서 무역장벽이 낮은 B2C 분야의 글로벌화 추진.
　가. 산업화 이후, 자유무역과 보호무역을 오가는 세계사의 흐름 하에서 최근 공급망 차원의 중국배제가 심화(B2B측면의 보호무역주의 확대).
　나. 내수둔화, 지정학 리스크 등으로 판로가 축소된 중국 B2C기업의 글로벌화 동참으로 C-커머스 경쟁력 강화.
② C-커머스 글로벌화 전략.
　가. 가격 : 초저가로 소비자 수요를 확대하는 것은 물론이고, 소액면세제도에 따른 관세법상 이득도 획득 → 소액판매로 관세장벽을 회피 .
　　* 드 미니미스 – 행정상 편의, 위법자 양산을 방지하기 위한 제도 – 소액면세

[각 국가별 수입 물품 소액 면세 제도]

국가	소액 면세 금액	면제 대상
한국	150달러 (미국 200달러)	수입신고, 관세 면제
미국	800달러	관세 및 MPF 면제
일본	1만엔	관세, 소비세, 지방소비세 면제
호주	1,000호주달러	관세, 세금 면제
필리핀	1만필리핀페소	관세, 세금 면제
인도네시아	3달러('20년 개정)	관세, 선납법인세 면제

주 : MPF - Merchandise Processing Fee
자료 : 관세연구(최민혁 외 2인), 하나금융경영연구소

<table>
<tr><td rowspan="3">1. 중국
C-커머스

<출처: 하나금융
경영연구소></td><td>2) 글로벌
확장 및
전략</td><td>나. 관계 : 본업에서 창출된 자본력을 바탕으로 공격적인 광고를 집행하며 소비자 및 플랫폼과의 우호적 관계 구축.

[테무의 미국 슈퍼볼 광고]　　[일본 내 SNS 광고 지출액]

• 테무는 24.2월 슈퍼볼 시즌, 편당 약 700만달러가 소요되는 30초 광고 6차례 집행(약 4천만달러, 원화 560억원 추정)

<출처: 하나금융경영연구소></td></tr>
<tr><td>3) 약점</td><td>① 상품 신뢰성 : 가품(假品), 디자인 도용, 위해성, ESG침해 우려 등은 중국 C-커머스의 약점으로 지적되고 있음.
　가. 바이파이(브랜드 없는) 상품이 C-커머스의 높은 비중을 차지.
　나. 위해 식품, 가품 등이 유통되면서 상품에 대한 신뢰도는 낮은 수준.
　다. 저가의 빠른 회전율을 추구하기 때문에 자원낭비와 친환경 우려 존재.
② 편의성 측면의 한계점 : 로컬 플랫폼과 경쟁에는 물류 편의성 필요. 로컬 지역의 물류 인프라 자체 구축에 한계 존재. 다만 경쟁력을 위해 로컬운송사와의 파트너십도 활용.</td></tr>
<tr><td>4) 영향</td><td>① 자국 피해 우려 : 저가 채널 확산에 따른 자국 제조,유통 생태계 피해 및 소비자 정보 누출에 대한 우려 확대.
　가. 저가 채널의 확산은 저물가와 소비자 구매력 향상이라는 긍정적 효과와 함께 기존 산업 생태계의 부실화라는 부정적 효과를 수반. 테무 등 C-커머스의 확장으로 중저가 공산품 제조 및 유통 업체 피해 우려.
　　A. 쿠팡, 네이버를 제외하면 국내 상당수의 중위권 이 커머스 업체가 적자인 상황에서 C-커머스 진출에 따른 경쟁심화는 적자 확대 요인.
　　B. 낮은 가격을 기반으로 영위해오던 중소소비재. 유통산업생태계의 부실화 리스크 상승 예상.
　나. 소비자 정보 누출 우려 : 자국 소비자의 개인정보 수집 · 제공 · 파기 · 보관 · 국외이전 · 유출방지를 위한 안전조치 수준에 대한 모니터링 강화 및 스마트폰 앱 접근 관한 관리 강화.</td></tr>
</table>

② 조세 정책 변화: 소액면세 제도 정비 : 자국 기업에 대한 공평성, 소비자 선택의 왜곡 효과 등을 고려하여 일부 국가 조세제도 변경.

1. 중국 C-커머스

<출처: 하나금융 경영연구소>

4) 영향

[국가별 드 미니미스(소액 면세) 제도 보완 노력]

국가	연도	내용
호주	2018	소비세(GST) 면세 한도 폐지
뉴질랜드	2019	연 6만 뉴질랜드 달러(약 5천만원) 이상 매출의 역외 사업자는 소비세 등록 의무화
인도네시아	2020	기존 소액 면세한도를 75달러에서 3달러로 인하
EU	2021	부가세 면세한도 기준 폐지
미국	2022	'수입 안보 및 공정 법안(Import Security and Fairness Act)' 발의 (비시장국 - 드 미니미스 적용 배제)

<출처: 하나금융경영연구소>

5) 문제점

① 소비자 피해 : 가품, 불량품으로 인한 물적.정신적 피해(2023년 456건 민원 발생).
② 국내 제조사 : 시장지배력 약화, 가격침투로 인한 수수료 증가.
③ 국내 유통사 : 역차별 이슈 및 약탈적 가격 → 시장지배력 약화.

 결론

의견 제시

C-커머스의 국내진출로 유통뿐만 아니라 제조, 물류, 광고, 결제 등 관련 생태계 구조의 변화가 촉발되었다. 중국 제조업 의존도가 높았던 제조 · 유통 부문의 피해가 우려되며, 물류, 광고 등 일부 기업은 수혜가 예상된다.

- 제조 : 중국 위탁 생산 기업은 우려.
- 유통 : 새로운 경쟁상대 등장은 부정적, 특히 직구 중계분야 피해 우려.
- 물류 · 결제 · 광고 : 이커머스의 내재화로 택배, 결제, 광고회사에게는 기회.
- 소비 : 고물가 시대 저가격 상품의 수혜, 다만 가품, 정보 노출등은 우려.

그럼에도 불구하고 C-커머스의 영향력은 당분간 지속될 전망이다.

이에 정책당국은,

첫째, 소비자 보호를 위한 적극적인 제도 개선을 추진해 나가야 할 것이다. 구체적으로는 해외사업자에게 국내대리인 지정 의무화 제도, 피해

[한국 정부의 '해외 온라인 플랫폼 관련 소비자 보호대책' 주요 내용]

구분	주요 내용	담당
위해 식·의약품 관리 강화	• 혈당계·협압계·양압기, 해열진통제 등불법유통·부당광고 특별점검 실시 • 해외직구 플랫폼에 직접 차단 요청 및 신속차단 확대 추진 • 해외플랫폼과 업무협약 체결	식약처
가품으로 인한 피해 예방	• 특허청(모니터링) - 관세청(국경단속강화)을 연계한 통관조치 강화 • 상표법을 개정하여 해외직구의 단속근거 명확화 • 가품관련 자진시정 시스템 도입 추진	특허청 관세청
청소년유해 매체물 차단	• 해외쇼핑몰 6개사 집중점검 • 모니터링 및 청소년 접속 차단조치 등 신속대응 강화	여가부 방심위

자료 : 대한민국 정부, 하나금융경영연구소

주의보 및 정보제공 핫라인 구축 등을 통해 적극적인 피해 구제 및 예방에 힘써야 한다. 어린이 제품, 인체에 유해하거나 화재 등 사고 위험이 높은 생활 · 전기용품 등이 직구를 통해 안전인증 없이 국내로 반입되고 있고, 또 가품 · 불량품 유통, 반품 · 환불 미비 등 피해가 증가하고 있음에도 중국 이커머스는 피해구제에 소극적인데 제재수단마저도 미흡해 소비자 피해가 커질 우려가 있기 때문이다.

첫째, 소비자 보호를 위한 적극적인 제도 개선을 추진해 나가야 할 것이다. 구체적으로는 해외사업자에게 국내대리인 지정 의무화 제도, 피해주의보 및 정보제공 핫라인 구축 등을 통해 적극적인 피해 구제 및 예방에 힘써야 한다. 어린이 제품, 인체에 유해하거나 화재 등 사고 위험이 높은 생활 · 전기용품 등이 직구를 통해 안전인증 없이 국내로 반입되고 있고, 또 가품 · 불량품 유통, 반품 · 환불 미비 등 피해가 증가하고 있음에도 중국 이커머스는 피해구제에 소극적인데 제재수단마저도 미흡해 소비자 피해가 커질 우려가 있기 때문이다.

둘째, 유통사들의 해외판매 증대를 위한 역직구 플랫폼 활성화를 지원해야 한다. 역직구 규모가 줄어든 건 최대 시장인 중국의 경기침체와 함께 엔화 약세로 일본 소비자들의 구매가 줄었기 때문으로 유통업계는 보고 있다. 따라서, K-Brand 수요 증가에 따른 편리하고 안전한 플랫폼 구축을 지원함으로써 역직구 확대를 추진해야 한다. 한류 열풍의 K-브랜드를 활용해 K-브랜드 선정을 위한 교육과 컨설팅을 강화하고, 관계기관 연계를 기반으로 플랫폼 입점을 확대해야 한다. 국내 플랫폼의 해외 진출 과정에서 판매자가 같이 나갈 수 있게 하거나, K-뷰티 등 한류를 통해 마케팅을 지원할 필요가 있다. 예를 들면 쿠팡은 대만에 로켓직구를 런칭해 한국 중소기업 제품의 해외 역직구 판로를 개척했다. 대만으로 배송되는 상품 70%는 한국 중소기업 제품으로 국내 소상공인에게 새로운 성장의 기회를 제공했다. 무신사도 지난 2022년 9월부터 미국, 일본, 태국, 호주, 캐나다 등 13개국에 '무신사 글로벌 스토어'를 운영하고 있다. 현재 글로벌 스토어에는 아크메드라비, 앤더슨벨, 아모멘토 등 약 1,500여 개 브랜드가 들어섰다.
또한 우리나라 기업이 다른 나라에 물건을 팔 경우 관세 행정적 측면에서 다른 나라의 관세관들을 통해 우리의 역직구 수출에 있어서 애로사항과 장애가 없는지 살펴보고 선제적으로 대응해 나아갈 때 우리 기업들이 역직구 성장을 더 이뤄낼 수 있을 것이다.

셋째, 제조사들의 역량 강화를 위한 지원을 해야 할 것이다. 중국 플랫폼과 경쟁에서 성공하기 위해서는 디지털 전환, 품질 강화, 마케팅 전략, 정부 지원 활용, 글로벌 시장 진출, 로컬라이제이션 등 다양한 전략을 종합적으로 활용해야 한다.

chapter

13

징병제와 모병제

서론	**이슈언급**	일반적으로 징병제나 모병제와 같은 병역제도는 각 국가의 안보 상황, 국방전략, 병력자원 가용성, 정치 · 사회 체제, 과학기술 수준 등 복합적인 요인에 따라 결정된다. 징병제와 모병제는 장단점이 분명해 각 제도에 대한 찬성과 반대 이유도 명확히 구분된다. 징병제의 경우 일정 규모의 상비군 유지, 일체감 형성과 안보 의식 고취, 적은 비용으로 병력 획득 등의 장점이 있는 반면, 모병제는 인적자원의 효율적 운용 및 전문성 제고, 국민의 병역부담 감소 및 자발성 극대화 등의 장점이 있다.
본론	**1. 모병제 논의**	**1) 찬반 논의**

① 모병제 찬성 측의 주된 근거
　가. 모병제가 인구 감소로 인한 병력자원 감소의 현실적인 대응이
　　　될 수 있다는 것이다.
　나. 모병제 운용 비용이 징병제에 비해 적을 수도 있다.
　다. 한반도 안보 상황의 안정적 관리, 경제력 개선, 국방 예산 증가,
　　　4차 산업혁명 기술 적용, 예비군 전력 운용, 모병제에 대한 공
　　　감대 형성 등 여러 요소를 감안했을 때 우리나라의 모병제 도
　　　입이 가능하다.
② 모병제 반대 측의 주된 근거
　가. 징병제를 폐지하고 모병제를 도입하는 것은 아직 시기상조이다.
　나. 우리나라가 전쟁 가능성을 배제하기 어려운 상황에 있기 때문
　　　에 징병제를 유지해야 한다는 것이다.

본론	1. 모병제 논의	1) 찬반 논의	다. 첨단무기 등 기술력으로 병력 수요가 줄더라도 국방에서는 병사의 수 자체가 중요하다고 보는 시각도 있다. 라. 모병제를 도입하더라도 지원자가 부족할 수 있다는 우려도 제기되고 있다.
		2) 유럽 사례	① 유럽의 경우, 1991년 소련이 붕괴되고 냉전이 종식되자 서유럽 국가부터 모병제를 도입하기 시작했다. ② 하지만 모든 국가들이 법적으로 징병제를 폐지한 것은 아니다. 프랑스 등 대부분의 국가는 징병제를 법적으로 폐지했으나, 독일과 네덜란드처럼 징집을 중단했을 뿐 법적으로는 아직 징병제를 유지하고 있는 국가도 있다. ③ 특기할 만한 점은 2010년대 들어 다시 징병제를 도입하는 국가가 늘고 있다는 것이다. ④ 이와 같은 유럽의 1990년대 이후 모병제 도입과 2010년대 징병제 재도입 흐름은 대외 안보 상황뿐만 아니라, 첨단 무기 도입과 해외 파병 등으로 인한 소규모 정예 병력 양성 필요 여부, 징병제에 대한 인식 변화 등 대내적인 요인에도 영향을 받고 있다. ⑤ 특히, 러시아의 우크라이나 침공 이후 유럽의 안보 지형이 급변하면서 유럽 각국에서 냉전 이후 폐지됐던 징병제가 하나둘씩 부활하고 있다. 우크라이나 전쟁이 발발한 지 2년이 넘는 현재, 유럽의 징병제가 과거에는 예상치 못한 방식으로 변화를 맞고 있다. 많은 유럽 국가가 냉전이 끝난 후 의무 징병을 중단했지만, 스칸디나비아와 발트해 연안 국가들은 러시아의 침략 위협 걱정에 최근 몇 년간 징병제를 재도입했다.
		3) 시사점	① 병역제도 개편은 국제 안보 질서의 변화에 따라 달라질 수 있다. ② NATO 가입으로 인한 안보 상황 개선, 군사 작전의 유형 변화, 최첨단 무기 개발 등으로 인해 대규모 병력 유지의 필요성이 감소한 것도 주목할 만한 부분이다. 러시아의 위협에 대처하기 위해 대규모 병력을 유지할 필요가 없다고 인식하게 된 것이다. ③ 병역제도 개편은 정부와 군 당국, 시민 등의 합의를 선제조건으로 하고 있다. ④ 모병제로 전환할 경우 병력 충원 목표치를 달성할 수 있는지도 선제적으로 검토해야 한다. ⑤ 모병제로 전환할 경우 추가 예산 산정과 재원 마련에도 대비할 필요가 있다.
	2. 추가 쟁점	1) 여성 징병제	① 우선 거론되는 건 '여성 징병제'다. 병역에 남녀를 구분하지 말자는 주장이다. ② '여성 모병제'

		1) 여성 징병제	③ 여론 ④ 여성 징병제 국가 : 노르웨이, 스웨덴, 네덜란드, 이스라엘, 아프리 카의 수단, 모잠비크, 중남미의 볼리비아와 쿠바, 북한 등이 있다.
본론	2. 추가 쟁점	2) 복무 기간 연장	최근 대안으로 자주 거론되는 것이 복무기간 연장이다. 현재 병사 복 무기간은 ▲ 육군·해병대 18개월, ▲ 해군 20개월, ▲ 공군 21개월 이다. 다만 현실에 적용하기는 쉽지 않다.
		3) 민간인 참여	병력 감소가 피할 수 없는 미래라면 필수 인력만을 군인으로 채우고 민간 인력을 채용하는 해외 사례를 검토할 수도 있다.
결론	의견제시		첫째, 우리나라를 둘러싼 안보 상황을 국제적·장기적인 시각으로 바라볼 필요가 있다. 둘째, 대규모 병력 유지의 필요성에 대해서도 숙고해야 한다. 셋째, 모병제 도입에 대해 논의할 경우, 각계각층의 의견을 종합적으로 취합하고 제 도 개편에 대한 심도 있는 이해와 동의를 도출할 필요가 있다. 넷째, 모병제 전환을 논의할 경우 모병제 도입 시 발생할 수 있는 여러 문제를 다각 도에 서 분석하고 이에 선제적으로 대비해야 한다.

02 논제 풀이

📈 서론

이슈 언급 2018년 기준 상비군 병력 60만 명 가운데 65%(39만 1,000명)를 차지했던 현역병은 2032년부터 18만 명 이하로 감소한다. 인공지능(AI), 유무인 복합체계를 군에 도입한다지만 전쟁은 결국 사람이 한다. 더구나 한반도는 산악지대가 많아 보병이 많이 필요하다. 적정 병력을 확보해야 하는 군 입장에선 발등에 불이 떨어졌지만 선뜻 대책을 내놓기도 어렵다. 병역에 민감한 국민정서와 가공할 파급력 때문이다. 해법이 자칫 사회적 혼란과 갈등만 유발할 수 있다. 국방부가 노심초사하며 여론 눈치를 살필 수밖에 없는 이유다.

한편 최근 여론조사에서는 모병제 도입에 대해 '찬성한다'는 응답이 51%로 '반대한다' 39%보다 12%p 높게 조사됐으며, 특히 남자(57%), 18~29세(63%)에서 상대적으로 높게 나타났다. 군복무 기간에 대해서는 '적정하다'는 응답이 54%로 과반인 가운데 '늘려야 한다'는 응답은 30%, '줄여야 한다' 11%로 집계됐다. 2023년 동기 조사와 비슷한 수준이며, 연령대가 높아질수록 군 의무복무기간을 '늘려야 한다'는 응답이 높게 나타났다. (엠브레인퍼블릭·케이스탯리서치·코리아리서치·한국리서치가 2024년 6월 27일 발표한 6월 4주차 전국지표조사(NBS))

우리나라는 징병제 국가이다. "모든 국민은 법률이 정하는 바에 의하여 국방의 의무를 진다" 고 규정한 「헌법」 제39조제1항과 "대한민국 국민인 모든 남자는 헌법과 이 법이 정하는 바에 따라 병역의무를 성실히 수행하여야 한다"는 「병역법」 제3조제1항에 따라 우리나라의 남성들은 병역의 의무를 진다.

그런데 상술했듯 최근 들어 징병제 폐지 및 모병제 전환 주장이 제기되고 있다.

그 배경으로는 인구 감소로 인한 병역자원 축소, 첨단 기술 발전으로 인한 대규모 병력 유지 필요성 감소, 남북한 관계 개선 시도와 같은 안보 상황 변화 등을 들 수 있다. 반면, 한반도 긴장 지속, 국제적 갈등 고조 등의 문제가 계속되고 있으므로 징병제를 계속 유지해야 한다는 의견도 만만치 않아 모병제 전환에 대해 찬반 의견이 대립하고 있다.

일반적으로 징병제나 모병제와 같은 병역제도는 각 국가의 안보 상황, 국방전략, 병력자원 가용성, 정치 · 사회 체제, 과학기술 수준 등 복합적인 요인에 따라 결정된다. 징병제와 모병제는 장단점이 분명해 각 제도에 대한 찬성과 반대 이유도 명확히 구분된다.

징병제의 경우 일정 규모의 상비군 유지, 일체감 형성과 안보 의식 고취, 적은 비용으로 병력 획득 등의 장점이 있는 반면, 모병제는 인적자원의 효율적 운용 및 전문성 제고, 국민의 병역부담 감소 및 자발성 극대화 등의 장점이 있다.

병역제도 개편은 안보와 직결되기 때문에 이에 대해 논의할 경우 종합적이며 심도 있는 접근이 필요하다. 이에 본지에서는 우리나라 병역제도 관련 논의현황과 유럽사례를 알아본 후, 정책적 시사점을 도출하기로 한다.

📈 본론

1. 모병제 논의
<출처: 국회입법조사처>

1) 찬반 논의

정치권에서는 인구 감소로 인한 병역제도의 개편, 군의 전문성 강화, 일자리 창출 등을 위해 모병제 도입이 필요하다는 시각이 제기되어 왔으며, 도입 시기나 규모, 방법 등에 대한 구체적인 논의는 본격적으로 시작되지 않은 상황이다. 다만, 학계에서도 모병제에 대한 찬반 논의가 이어지고 있다.

① 모병제 찬성 측의 주된 근거

　가. 모병제가 인구 감소로 인한 병력자원 감소의 현실적인 대응이 될 수 있다는 것이다. 즉 모병제를 도입해 병력 구조를 전문성을 갖춘 장기복무 병력을 중심으로 재구성할 경우 인구 감소로 인한 부족한 병력을 보완할 수 있다는 것이다.

　나. 모병제 운용 비용이 징병제에 비해 적을 수도 있으며, 모병제를 통해 소득 불평등 개선 효과도 기대할 수 있다는 경제적인 접근도 있다.

　다. 한반도 안보 상황의 안정적 관리, 경제력 개선, 국방 예산 증가, 4차 산업혁명 기술 적용, 예비군 전력 운용, 모병제에 대한 공감대 형성 등 여러 요소를 감안했을 때 우리나라의 모병제 도입이 가능하다.

　라. 다만 급격한 병역제도 개편을 통해 모병제를 도입하기 보다는 징병제에서 모병제로 점진적으로 전환해나가는 것이 적절하다는 주장이 설득력을 얻고 있다.

② 모병제 반대 측의 주된 근거

가. 징병제를 폐지하고 모병제를 도입하는 것은 아직 시기상조이다.

나. 우리나라가 전쟁 가능성을 배제하기 어려운 상황에 있기 때문에 징병제를 유지해야 한다는 것이다. 즉, 한반도 긴장 상황이 계속되고 있으며 최근 들어 북핵 위기가 다시 고조되고 있기 때문에 모병제로 병력 규모를 축소하는 것은 적절치 못하다.

다. 일각에서는 모병제 도입 대신 첨단 무기 도입과 부사관 제도의 질적ㆍ양적 개선을 통해 징병제 보완책을 수립해야 한다는 주장도 있다.

라. 첨단무기 등 기술력으로 병력 수요가 줄더라도 국방에서는 병사의 수 자체가 중요하다고 보는 시각도 있다.

마. 모병제를 도입하더라도 지원자가 부족할 수 있다는 우려도 제기되고 있다.

바. 그 외에도 절충안으로 징모혼합제나 숙련된 병력을 확보할 수 있는 지원 인력 위주의 병력 체계를 도입해야 한다는 의견도 있다.

1. 모병제 논의
<출처: 국회입법조사처>

1) 찬반 논의

2) 유럽사례

① 유럽의 경우, 1991년 소련이 붕괴되고 냉전이 종식되자 서유럽 국가부터 모병제를 도입하기 시작했다.

가. 벨기에는 EU 회원국 중 최초로 1995년에 징병제를 폐지하고 모병제로 전환했으며, 1789년 프랑스대혁명 이후 현대적인 징병제를 세계 최초로 도입한 프랑스도 2001년에 모병제로 전환했다.

나. 독일도 냉전 종식과 2000년대 군 복무 회피자 증가 등으로 인해 2011년 모병제를 도입했다.

다. 그 외에도 2000년대에 스페인, 슬로베니아, 포르투갈, 이탈리아, 체코, 헝가리, 슬로바키아, 루마니아, 라트비아, 불가리아, 크로아티아, 리투아니아, 폴란드, 스웨덴 등 많은 유럽 국가들이 징병제를 폐지하고 모병제를 도입했다.

[냉전 종식 이후 주요 유럽국가들의 모병제 전환 배경]

년도	국가	배경
2001	프랑스	대외적 배경 : 냉전 종식, 해외 파병 증가 대내적 배경 : 첨단 무기 도입, 병력 규모 감소 및 근 복무 기간 단축
2009	폴란드	대외적 배경 : 냉전 종식, EU와 NATO 가입에 따른 해외 파병 증가 대내적 배경 : 군 복무 기간 단축, 징병제에 대한 인식 악화
2010	스웨덴	대외적 배경 : 냉전 종식, EU와 NATO의 해외 작적 참여 증가 대내적 배경 : 첨단 무기 도입, 군 복무 기간 단축, 국방 예산 감소와 병력 규모 감소
2011	독일	대외적 배경 : 냉전 종식, 해외 파병 증가 대내적 배경 : 첨단 무기 도입, 군 복무 기간 단축, 징병제에 대한 인식 악화

[출처: 국회입법조사처]

② 하지만 모든 국가들이 법적으로 징병제를 폐지한 것은 아니다. 프랑스 등 대부분의 국가는 징병제를 법적으로 폐지했으나, 독일과 네덜란드처럼 징집을 중단했을 뿐 법적으로는 아직 징병제를 유지하고 있는 국가도 있다.

③ 특기할 만한 점은 2010년대 들어 다시 징병제를 도입하는 국가가 늘고 있다는 것이다.

　　가. 2014년 러시아의 크림반도 병합 이후 우크라이나가 2014년에, 리투아니아가 2015년에 징병제로 다시 전환했다.

　　나. 북유럽에서는 2010년 징병제를 폐지했던 스웨덴이 2018년에, 라트비아는 2023년에 징병제를 재도입하기로 했다.

　　다. 그 외에 징병제 재도입을 논의 중인 국가도 있다. 프랑스에서는 2017년 대선 당시 마크롱 대통령이 18 ~ 21세 청년들을 대상으로 1개월의 군사 훈련을 제안해 '보편적 군 복무(Service national universel, 이하 SNU)'를 실시하고 있으며, 독일은 2022년 하원에서 징병제 재도입을 논의한 바 있다.

[2010년대 주요 유럽 국가들의 징병제 재전환 배경]

년도	국가	배경
2014	우크라이나	대외적 배경 : 2014년 러시아의 크림반도 병합으로 안보 상황 악화 대내적 배경 : 모병제 전환 이후 병력 모집 난항
2015	리투아니아	대외적 배경 : 2014년 러시아의 크림반도 병합으로 안보 상황 악화 대내적 배경 : 모병제 전환 이후 병력 모집 난항
2018	스웨덴	대외적 배경 : 2014년 러시아의 크림반도 병합으로 안보 상황 악화 대내적 배경 : 모병제를 통한 병력 모집 난항
2023	라트비아	대외적 배경 : 2022년 우크라이나 전쟁으로 인한 안보 상황 악화

[출처: 국회입법조사처]

④ 이와 같은 유럽의 1990년대 이후 모병제 도입과 2010년대 징병제 재도입 흐름은 대외 안보 상황뿐만 아니라, 첨단 무기 도입과 해외 파병 등으로 인한 소규모 정예 병력 양성 필요 여부, 징병제에 대한 인식 변화 등 대내적인 요인에도 영향을 받고 있다.

⑤ 특히, 러시아의 우크라이나 침공 이후 유럽의 안보 지형이 급변하면서 유럽 각국에서 냉전 이후 폐지됐던 징병제가 하나둘씩 부활하고 있다. 우크라이나 전쟁이 발발한 지 2년이 넘은 현재, 유럽의 징병제가 과거에는 예상치 못한 방식으로 변화를 맞고 있다. 많은 유럽 국가가 냉전이 끝난 후 의무 징병을 중단했지만, 스칸디나비아와 발트해 연안 국가들은 러시아의 침략 위협 걱정에 최근 몇 년간 징병제를 재도입했다.

　　가. 라트비아는 유럽에서 징병제를 가장 최근에 시행한 나라로, 2024년부터 남성은 18세가 된 후 12개월 이내에, 학업 중인 남성은 졸업과 동시에 군 복무를 해야 한다.

　　나. 남성 대상 징병제를 실시하던 덴마크는 2024년 3월 복무기간을 4개월에서 11개월로 늘리고 여성 징병제도 실시하기로 했다.

1. 모병제
논의
<출처: 국회입법조사처>

2) 유럽사례

	다. 역시 남녀 모두를 대상으로 징병제를 실시하고 있는 노르웨이는 "새로운 안보 환경에 맞는 방어가 필요하다"면서 2024년 4월 국방예산을 거의 2배로 늘리고 징집병을 2만 명 이상 늘리는 내용의 장기 국방계획을 발표했다. 스웨덴은 2024년 7천 명을 징집했고, 2025년에는 징집 규모를 8천 명으로 늘리는 등 징병 규모를 확대 중이다.
2) 유럽사례	라. 영국 보수당은 2024년 총선 과정에서 의무 복무제를 재도입하겠다는 공약을 내걸었다.
	마. 독일도 유럽에서 큰 전쟁이 터질 것을 대비해 병력을 늘리기로 하면서 2011년에 폐지한 징병제 재도입을 추진하고 있다.
	바. 이밖에 세르비아ㆍ크로아티아ㆍ루마니아ㆍ체코도 의무복무 도입을 논의 중이다. <출처: SBS뉴스>

1. 모병제
논의
<출처: 국회입법조사처>

유럽 국가들은 1990년대 20여 개 국가들이 모병제를 도입했으며, 2010년대에는 다시 5개 국가들이 징병제를 재도입했다. 또 독일과 프랑스 등에서도 징병제 재도입 논의가 진행되고 있다는 점에서 유럽의 사례는 우리나라의 모병제 도입 논의에 대해 시사하는 점이 크다고 할 수 있다.

① 병역제도 개편은 국제 안보 질서의 변화에 따라 달라질 수 있다. 1990년대 여러 유럽국가들이 모병제를 도입한 가장 큰 이유는 냉전 종식과 소련 와해 등으로 인한 안보 위기가 대폭 완화되었기 때문이었다. 모병제 도입이 러시아와 멀리 떨어져 있는 서유럽 국가부터 시작된 것도 지정학적 영향이 크다. 동유럽에서도 러시아와 직접 인접해 있지 않은 슬로베니아, 슬로바키아, 체코 등이 2003년부터 먼저 모병제를 도입하고, 러시아와 국경을 마주하고 있는 라트비아 등은 2007년에 이르러서야 모병제를 도입한 것도 국제 안보 질서와 병역제도 간의 높은 연관성을 보여준다.

3) 시사점

② NATO 가입으로 인한 안보 상황 개선, 군사 작전의 유형 변화, 최첨단 무기 개발 등으로 인해 대규모 병력 유지의 필요성이 감소한 것도 주목할 만한 부분이다. 1990년대 들어 프랑스, 독일 등 서유럽 국가뿐만 아니라 폴란드 등 동유럽 국가들도 유럽 외 지역의 분쟁 해결과 평화 유지를 목적으로 하는 군사 작전이 빈번해지면서 소규모 정예 부대를 육성해야 했다. 일례로 유럽 국가들은 EU의 CSDP 일환으로 아프리카, 중동, 동남아시아에서의 군사 작전과 NATO의 아프가니스탄, 터키, 리비아 작전에 참가하면서 최첨단 기술에 능숙한 병력의 중요성을 실감하게 되었다. 더불어 1999년 체코를 필두로 동유럽 국가들이 NATO의 집단방위체제에 편입되면서 유럽의 안보 안정성 제고에 기여한 것도 모병제 도입에 기여했다. 즉 동유럽 국가들이 NATO 가입으로 안보 상황이 개선되었다고 판단하면서 러시아의 위협에 대처하기 위해 대규모 병력을 유지할 필요가 없다고 인식하게 된 것이다.

1. 모병제 논의	3) 시사점

<출처: 국회입법조사처>

③ 병역제도 개편은 정부와 군 당국, 시민 등의 합의를 선제조건으로 하고 있다. 독일의 경우 통일 이후 시민들은 모병제 도입을 희망했지만 정부와 군 당국은 동독 군인의 영향력 확대를 우려해 모병제 도입에 반대한 바 있다. 결국 독일은 동독과 서독의 정치·사회·경제적 통합이 자리를 잡은 후인 2011년에 EU 회원국 중에서는 마지막으로 모병제를 도입할 수 있었다. 프랑스, 스웨덴, 폴란드의 경우에도 정부 등의 정치권, 군 당국, 시민 등이 모병제 도입에 대해 포괄적인 합의를 도출한 뒤에 모병제를 도입한 바 있다.

④ 모병제로 전환할 경우 병력 충원 목표치를 달성할 수 있는지도 선제적으로 검토해야 한다. 최근 징병제를 재도입한 국가들 중 모병제로 전환한 뒤 병력 충원에 어려움을 겪은 경우가 많다. 2014년 러시아의 침공을 받았던 우크라이나는 모병제 전환 이후 목표로 하는 병력의 70%밖에 충원되지 않아 군사력이 약화되었다는 비판을 받았고, 리투아니아 역시 모병제를 통한 병력 모집이 목표치에 미달되는 상황이 계속되었으며, 스웨덴과 독일 역시 지원자가 목표치에 미치지 못하는 문제가 야기되었다. 네덜란드도 2022년 기준 병력 충원 목표치의 25%인 약9천 명을 충원하지 못하고 있으며, 이탈리아, 프랑스도 병력 충원에 어려움을 겪고 있다.

⑤ 모병제로 전환할 경우 추가 예산 산정과 재원 마련에도 대비할 필요가 있다. 모병제로 전환할 경우 병사들의 월급 인상과 숙련 기술 보유자 충원 비율 등을 고려하여 추가 예산을 정밀하게 산정해야 한다. 유럽의 경우 프랑스와 스웨덴은 모병제 전환 전부터 장기적으로 병력 규모와 구조를 개편해 모병제 전환 시 예산이 급격히 증가하지 않도록 대비했다. 또 크로아티아 등은 징병제를 재도입할 경우 예산이 더 투입될 것으로 전망하기도 했다. 즉 국가에 따라 모병제 전환 시 투입되는 예산 규모 등에 차이가 있을 수 있는데, 예산 부담이 급증할 것으로 예상되는 경우 병력 규모와 구조를 선제적으로 개편하는 등 이에 적극 대응함으로써 병역제도 개편의 충격을 완화하는 데 성공한 사례가 있었다.

2. 추가 쟁점	1) 여성 징병제

① 우선 거론되는 건 '여성 징병제'다. 병역에 남녀를 구분하지 말자는 주장이다.

　가. 박용진 더불어민주당 의원은 2021년 대선 출마 당시 저서에서 "징병제를 폐지하고 모병으로 15만 ~ 20만 명 수준의 정예 강군을 유지하되, 남녀 불문 40 ~ 100일 기초군사훈련을 받아 예비군으로 양성하자"고 주장했다. 과감한 공론화였지만, 정작 군에서조차 반응이 시큰둥했다.

　나. 100일짜리 군사훈련은 군 체험이나 마찬가지이고, 여성 전용 내무반 설치 등 예산 부담이 크다는 이유에서다.

　다. 외려 정치적으로 20대 남성들의 환심을 사려다 젠더 갈등만 부추긴다는 우려가 제기됐다.

② '여성 모병제'

　가. 현재 간부에 국한된 여성 군인을 병사로도 복무하도록 문호를 넓히
　　　자는 것이다.

　나. 양욱 아산정책연구원 연구위원은 "제도가 없어 지원하지 못할 뿐, 병
　　　사로 복무하고 싶어 하는 여성들이 분명 있을 것"이라며 "그런 차원에
　　　서 현역병 복무를 원하는 여성에게 기회를 제공하는 것이 남녀 평등
　　　차원에도 부합한다"고 설명했다.

③ 여론 : 여론조사 기관인 리얼미터가 미디어트리뷴 의뢰로 2023년 7월 6일
　　전국 만 18세 이상 503명을 대상으로 여성 징병제 찬반 의견을 조사했다.

　가. 결과는 여성 징병에 반대한다는 쪽이 높았다. 절반 이상(54.9%)이나
　　　됐다. '찬성한다'라는 응답은 36.3%로 반대가 18.6%포인트나 높은
　　　것이다. '모르겠다'는 응답은 8.8%였다.

　나. 여성 징병은 남녀차별 이슈에서도 매우 핵심적 사안이다. 다만, 여성
　　　(53.4%)보다 남성(56.3%)에서 여성 징병에 반대 한다는 응답 비율이
　　　3%포인트 정도 높았다.

④ 여성 징병제 국가

　가. 노르웨이, 스웨덴, 네덜란드, 이스라엘, 아프리카의 수단, 모잠비크,
　　　중남미의 볼리비아와 쿠바, 북한 등이 있다.나. 이 중, 대표적인 국가
　　　로는 노르웨이, 스웨덴과 이스라엘이다.

　　A. 노르웨이

　　　- 여성 징병제 논의의 쟁점은, 첫째 여성을 징병하는 것이 성 평등
　　　　에 기여하는가?, 둘째는 여성을 징병하는 것이 안보 강화에 도움
　　　　이 되는가? 였다.

　　　- 찬성 측은 여성징병제가 성 평등에 기여할 것이라고 주장한다. 당
　　　　시 국방장관은 "군대는 노르웨이에서 가장 강력한 힘을 가진 곳
　　　　중 하나인데, 오직 남자에게만 열려있다면, 이는 평등이라는 기본
　　　　적 원칙에 위배된다" 라고 주장한다. 국가안보 측면에서 성별에
　　　　관계없이 가장 우수한 인재를 선발하고, 기술의 발달로 체력적 중
　　　　요성이 약화된 상황에서 우수한 능력을 가진 여성을 선발하는 것
　　　　이 국방력 강화에 도움이 된다고 주장한다.

　　　- 여성 징병제를 반대하는 측은 여성이 출산, 육아, 가사의 부담이
　　　　큰 상황에서 병역의무를 부가하는 것은 오히려 불평등을 강화하
　　　　는 것이며, 여성을 성폭력과 학대에 더욱 노출시킬 것이라 주장
　　　　한다. 또한, 군 복무를 원하는 여성에게 이미 군 복무 기회를 충분
　　　　히 제공하는 제도가 이미 존재하고, 노르웨이 군대가 더 많은 병
　　　　력을 필요로 하지 않는 상황에서 징병 대상자를 확대하는 것은 불
　　　　필요하다고 주장한다.

2. 추가 쟁점　　1) 여성
　　　　　　　　　　　징병제

2. 추가 쟁점

1) 여성 징병제

- 이러한 여성징병제에 대한 치열한 논쟁 끝에 2013년 6월 노르웨이 국회는 의원 95명 중 90명이 찬성하며 여성징병제를 최종 승인했다.
- 진정한 성평등의 실현이라는 '대원칙'에 국민 다수가 공감하였고, 여성징병을 통한 우수인력확보가 국방력 강화에 기여한다는 국방부의 논리도 강한 설득력을 발휘한 결과로 보인다.

B. 스웨덴

- 2017년 3월 징병제를 부활하기로 결정하면서, 2018년에 징병대상에 남성과 여성을 모두 포함한다. 징집대상으로는 18세이상 남녀가 대상이 되며, 약 9개월간 복무한다.
- 스웨덴 국방부는 2014년 러시아의 불법적인 크리미아 합병, 우크라이나에서의 분쟁 등 인접지역에서 증대되는 러시아의 군사적 활동이 여성을 포함한 징병제 도입을 결정하게 된 중요한 요인이라고 밝혔다.
- 스웨덴은 의무 복무제를 여성으로 확대함으로써 성별에 구애 받지 않고 우수한 인재를 확보하고자 하는 의도가 크다.- 스웨덴의 징병제는 선택적 징병제이다. 스웨덴은 매년 징집 대상 남녀 약 9만 명 중 7% 정도만 실제 징집하고 있다.

C. 이스라엘

- 1948년 군 창설부터 지금까지 남녀 모두를 징집하고 있다.
- 이스라엘에서 여성은 24개월, 남성은 32개월을 복무한다.
- 전체 병력의 35%가 여성이지만, 이스라엘 여군의 5% 정도만 전투 임무를 수행하며, 나머지는 주로 행정과 통신 등 비 전투 분야에서 근무한다.
- 다만 여성은 결혼과 임신, 학업 등을 이유로 면제가 가능해 전체의 40 ~ 50%만 군에 가고, 여성이 군 복무를 끝낸 뒤 임신을 하게 되면 남은 예비군 복무는 모두 면제가 된다.나. 이 밖에 러시아의 우크라이나 침공 이후 유럽 각국에서 자국 국방력에 대한 우려가 높아진 가운데 덴마크도 최근 여성징병제 도입을 검토하고 있는 것으로 전해진다.

2) 복무기간 연장

① 최근 대안으로 자주 거론되는 것이 복무기간 연장이다. 현재 병사 복무기간은 ▲ 육군 · 해병대 18개월, ▲ 해군 20개월, ▲ 공군 21개월이다.
② 조관호 한국국방연구원(KIDA) 박사는 포럼에서 "현 제도 유지 시 2035년 이후엔 매년 2만 명 수준의 병력 축소가 불가피하다"며 "복무기간을 현 18개월에서 21개월 또는 24개월 등으로 유연하게 적용해야 한다"고 제언했다.

2) 복무기간 연장	③ 다만 현실에 적용하기는 쉽지 않다. 한때 3년이 넘었던 육군 복무기간을 18개월까지 줄였는데, 이를 다시 늘린다는 건 정치적 자해행위나 다름없기 때문이다. 선거 때마다 '표'에 민감할 수밖에 없는 정치권이 '복무기간 연장' 공약을 낼 리 만무한 실정이다.
2. 추가 쟁점 3) 민간인 참여	① 병력 감소가 피할 수 없는 미래라면 필수 인력만을 군인으로 채우고 민간 인력을 채용하는 해외 사례를 검토할 수도 있다. 가. 동맹 미국이 그렇다. 미군은 상비병력 대비 절반 정도 규모의 민간인력을 공무원과 군무원, 민간업체 위탁 등을 통해 확보하고 있다. 나. 우리도 획득 부분에서는 방위사업청을 위시로 하는 공무원 등을 채용하고, 정비 분야에서는 군무원을 채용하는 것과 큰 차이가 없지만 미군의 민간 인력 범위는 이보다 훨씬 넓다. 부대 경비 인력과 병력·장비 수송에까지 민간 인력을 배치한다. 다. 심지어 전투에서도 민간군사기업(PMC)를 활용하는 곳이 미군이다. PMC는 전쟁과 밀접한 서비스를 제공하는 민간업체로 ▲ 정비·보급·수송·기술지원 등 '후방지원' ▲ 보조 서비스를 제공하는 '군사지원', ▲ 전략·운용·조직상의 자문 및 병력 훈련 등의 서비스를 제공하는 '군사자문', ▲ 직접적인 전투행위 대행, ▲ 야전부대의 지휘·통제 등 실전과 관련된 서비스에 이르기까지 군사공급의 전 단계를 망라해 사실상 용병과 다름없는 조직이다. "군인이 부족하다면 민간인을 쓰면 된다"는 것이 미국식 합리주의다. 라. 우리 국방부도 병력이 부족한 상황에서 PMC에 문호를 개방할 수 있다는 입장이다. 인구 감소로 인한 가용 병력 자원의 감소 현상은 현재 수준의 군 인력 규모를 유지하기도 사실상 어렵게 만드는 국가안보의 중대한 도전 요인이기에 병력 감축이 필연적인 현재 상황에서 군이 전투 분야에 집중할 수 있도록 비전투 분야는 민간 아웃소싱을 확대하는 방향에 대한 검토가 필요한 시점이다.

📈 결론

의견 제시 2000년대 들어 우리나라에서도 모병제에 대한 논의가 정치권, 학계 등을 중심으로 진행되고 있다. 우리나라의 모병제 논의는 주로 인구 감소를 계기로 이뤄졌다는 점에서 유럽의 사례와 차이점이 있지만, 최첨단 기술 발전, 징병제에 대한 인식 악화, 안보 상황 등과 관련해서는 유럽의 사례로부터 많은 시사점을 얻을 수 있다. 상기한 유럽의 사례를 비추어 우리나라는 모병제 전환 논의와 관련해 다음과 같은 점들을 고려할 수 있을 것이다.

첫째, 우리나라를 둘러싼 안보 상황을 국제적·장기적인 시각으로 바라볼 필요가 있다. 우리나라는 안보 상황을 남북한 관계 중심으로 파악하는 경향이 있다. 그러나 최근에는 국가 간 안보 상황이

상호 밀접한 연관을 맺고 있으므로 한반도 상황 외에도 미중 전략경쟁, 일본의 대외전략 변화, 우크라이나 전쟁으로 인한 러시아의 영향력 변화 등 우리나라에게 영향을 미칠 수 있는 국제 질서의 변화를 보다 광범위하고 입체적으로 살펴볼 필요가 있다.

둘째, 대규모 병력 유지의 필요성에 대해서도 숙고해야 한다. 유럽의 사례와 같이 우리나라도 해외 파병 증가, 국제 안보 협력 등으로 인한 소규모 정예 부대의 육성 필요성, 혹은 첨단 무기 개발로 인한 고숙련 기술자의 중요성 확대 등으로 대규모 병력 유지가 필요하지 않을 수도 있다. 반면, 우크라이나 전쟁과 같이 국가 간 무력 충돌 시에는 대규모 병력 유지가 영토 수호에 더 유리할 수도 있다. 따라서 우리나라의 경우 대내외 안보 상황 및 군사 작전 전략을 살펴보고 어떠한 병역제도가 더 적절할지 장기적인 관점에서 논의할 필요가 있다.

셋째, 모병제 도입에 대해 논의할 경우, 각계각층의 의견을 종합적으로 취합하고 제도 개편에 대한 심도 있는 이해와 동의를 도출할 필요가 있다. 병역제도는 국방력은 물론 국민의 생활과 직결되는 데다가 장기간에 걸쳐 검토해야 하는 만큼, 다양한 계층과 전문가들의 의견을 종합적으로 취합하고, 이에 대한 심사숙고가 필요하다. 유럽의 경우에도 모병제 도입에 대해 정부와 민간 등 다양한 층위에서 장기간 동안 논의가 진행된 바 있다.

넷째, 모병제 전환을 논의할 경우 모병제 도입 시 발생할 수 있는 여러 문제를 다각도에 서 분석하고 이에 선제적으로 대비해야 한다. 우크라이나, 스웨덴, 리투아니아, 독일 등의 사례에서 보듯 예상과 달리 병력 충원 목표를 달성하지 못하는 경우가 있었다. 따라서 유럽 등 여러 국가의 선례들을 살펴보고 유럽의 문제들이 우리나라에서도 발생할 가능성이 있는지, 발생할 수 있다면 가장 적절한 대응 방안이 무엇인지 등에 대해 선제적으로 대비할 필요가 있다. 또 병역제도 개편 시 예산이 증가 혹은 감소할 수 있으므로 관련 해외 사례와 우리나라 상황의 특수성을 고려하여 미리 예상할 필요가 있다. 국회예산정책처 및 학자들에 따르면 모병제 도입 시 병사 규모와 구조 등에 따라 수 조 원에서 수십 조 원까지 막대한 예산이 소요될 것으로 전망되고 있다. 따라서 해외 사례와 우리나라 상황 등을 고려하여 과도한 예산 부담이 발생하지 않도록 선제적으로 병력 규모와 구조 등을 개편하는 등의 방안을 강구해야 할 것이다. <출처 : 국회입법조사처>

chapter 14

최저임금(Minimum Wage) 인상

01 논제 개요 잡기[핵심 요약]

서론	이슈언급	고용노동부는 내년도에 적용하는 최저임금을 시간급 1만 30원으로 결정해 고시했다. 이를 월급으로 환산할 경우 209만 6,270원(1주 소정근로 40시간 근무 · 월 209시간 기준)이다.
본론	1. 최저임금 제도	**1) 의미** ① 최저임금제는 어느 일정 수준의 임금을 정해 놓고 그 이하의 임금지불을 법적으로 금지시키는 것으로, 국가가 사회정책의 일환으로 결정하는 임금제도이다. ② 저임금 근로자 보호를 목적으로 정부가 노사 간 임금결정 과정에 개입해 일정수준 이상의 임금을 지급하도록 강제하고 있다. ③ 최저임금은 사용자위원 9인, 근로자위원 9인, 공익위원 9인으로 구성된 최저임금위원회가 결정한다.
		2) 현황 ① 2025년 우리나라 최저임금 : 열흘 간의 이의제기 신청접수 결과 노사 양측에서 문제를 제기하지 않으면서 최저임금은 그대로 결정됐다. 노동계는 사상 최초 최저이다. 금 '1만 원(시급 기준)' 시대를 열었다는 데 의미를, 경제계는 2024년 대비 '1.7%' 인상 수준에서 방어했다는 것에 양측 모두 얻을 수 있는 것은 얻었다는 얘기다.

본론	1. 최저임금 제도	2) 현황	② 최근 우리나라 최저임금 추이 : 매년 인상을 거듭하며 2018년 7,530원에서 2023년 9,620원으로 27.8% 상승하는 등 국제 수준과 비교하더라도 가파른 상승세 시현 중. 한편 최저임금을 받지 못한 근로자는 2023년에 300만 명 선이었다. OECD가 산출한 최저임금 이하 근로자 비율을 보면 2021년 우리나라가 19.8%로 멕시코(25.0%)에 이어 2위였다. 조사 대상 OECD 25개국 평균(7.4%)과 비교해 2.7배나 됐다. ③ 글로벌 현황 : 국내 최저임금은 일본, 대만 등을 제치고 이미 아시아에서 가장 높은 수준이다. 반면 영국, 독일, 프랑스 유럽 선진국보다는 낮다. ④ 처벌 : 최저임금법을 위반해 최저임금액보다 낮음 금액을 지급하는 사업주에게는 3년 이하의 징역 또는 2,000만 원 이하의 벌금에 처하는 벌칙규정이 있다.
		3) 근로 시간 비교 <출처 무역협회>	① 근로시간 　가. 연장근로시간을 주 단위로 관리함에 따라 현장 인력 운용상의 경직성이 심화되고 있다. 　　※ 법정근로 40시간 + 연장근로 12시간 → 300인 이상 사업장을 시작으로 2021년 7월부로 5인 이상 사업장까지 확대 ② 주 단위 관리 : 주요국 가운데 유일하게 우리나라만이 연장근로시간을 주 단위로 엄격하게 관리 중이다. ③ 최근 정부가 연장근로시간의 관리단위를 '주 → 월/분기/반기/연'으로 확대하는 방향으로 근로시간제도 개편을 추진하고자 하였으나 현재 다른 대안을 모색 중이다.
	2. 최저임금 인상	1) 최저임금 인상 주장 논리	① 최저임금제도의 목적에 부합 ② 최저임금 인상은 '분수효과'를 일으켜 소득분배를 통해 내수시장을 키우는 소득주도 성장 시도 ③ 소득 양극화를 줄이는 효과 및 최저임금 계층의 인간다운 삶을 보장
		2) 최저임금 인상의 문제점 / 제도의 문제점	① 주휴수당 ② 외국인 근로자에 대한 합리적인 최저임금 적용 ③ 업종별, 규모별, 지역별 최저임금 구분적용 ④ 최저임금 심의위원회의 문제점

본론	2. 최저임금 인상	3) 사례분석 2016년 ~2018년 2년간 최저임 금 큰 폭의 인 상의 결과	① 오히려 저소득층의 소득이 가장 크게 감소함 ② 취업자 감소 ③ 인건비 부담 - 문 닫는 영세상인 ④ 물가상승

결론	의견제시	최저임금을 올리고 급여를 많이 주고받는 것 자체를 반대할 사람은 없다. 그러나 경제 현실을 무시하면 고용주는 사업을 접거나 고용을 줄이고, 근로자는 직장을 잃는다. 따라서 최저임금을 정할 때에는 항상 현실적인 고려가 필요하다. OECD는 매년 발간하는 고용전망에서 '한국의 최저임금 인상률이 회원국 중 3위에 해당한다'고 지적했다. 그러면서도 업종과 연령, 숙련도별 특수성을 반영해 책정할 것을 권했다. 일자리가 줄어 청년취업에 부정적 영향을 미친다는 이유에서였다. 최저임금 인상이 빈곤해결과 직결되는 것도 아니다. KDI는 최저임금 근로자의 약 65%는 빈곤가구가 아니라고 지적했다. 이런 문제 때문에 OECD는 최저임금으로 분배나 빈곤 문제를 해결하는 방식을 지양하고 최저임금에 가구소득을 기준으로 지원대상을 정하는 근로장려세제(EITC)[2]와 같은 세제결합을 통한 접근을 한국에 권고한 바 있다. 새겨들어야 할 대목이다.

02 논제 풀이

 서론

 고용노동부는 내년도에 적용하는 최저임금을 시간급 1만 30원으로 결정해 5일 고시했다. 이를 월급으로 환산할 경우 209만 6,270원(1주 소정근로 40시간 근무·월 209시간 기준)이다. 이정식 고용부 장관은 "최임위에서 우리 경제·노동 시장 여건, 저임금 근로자와 영세 소상공인의 어려움 등을 충분히 감안해 결정한 것으로 생각하며 이를 존중한다."고 말했다.

2025년도 최저임금은 관련 제도 시행 37년 만에 처음으로 1만 원 대를 돌파하며 주목받았다. 다만 2024년 최저임금(9,860원)과 비교해서는 1.7%(170원) 올라 인상 폭이 비교적 크지는 않았다. 2021년(1.5%)에 이어 역대 두 번째로 낮은 인상률이다. 최저임금을 결정하는 과정에서 업종별 차등 적용 논의도 있었지만 전 사업장에 동일한 최저임금을 적용하기로 했다.

물론 최저임금의 인상은 그 어느 때보다 적극적으로 소득분배를 시도함으로써 우리사회가 이전보다 더 평등하고 함께 잘 사는 긍정적인 방향으로 나아간다는 점에서 그 의미가 커 보인다. 하지만, 과거 5년간의 최저임금의 급속한 인상에 더해, 2023년의 점진적 최저임금 인상 결정이 2024년 한국경제에 미치는 영향과 파장을 긍정적으로만 예단하기는 어렵다.

　　문 닫는 영세상인들의 속출, 취약계층의 고용감소, 물가상승, 납품협력업체로의 비용전가 현상 등 부작용도 만만치 않을 것이기 때문이다. 뿐만 아니다. 로봇이 저임 근로자를 대체하는 무인화시대를 앞당기고 프리터족(아르바이트로 생계를 유지)을 양산시킴으로 비혼(非婚)과 저출산 등 심각한 사회문제를 낳을 수 있다.

　　2025년 최저임금 10,030원은 결정되었다.

　　이에, 본지에서는 최저임금제도와 예상 가능한 문제점들을 살펴보고 이에 대한 해결책을 제언해 보기로 한다.

📈 **본론**

1. 최저임금 제도	
1) 의미	① 최저임금제는 어느 일정 수준의 임금을 정해 놓고 그 이하의 임금지불을 법적으로 금지시키는 것으로, 국가가 사회정책의 일환으로 결정하는 임금제도이다. 이 제도는 1894년의 뉴질랜드, 1896년의 호주의 빅토리아주에서 최초로 창설되어 20세기에 들어서서 각 선진국에 확대되었다. ② 저임금 근로자 보호를 목적으로 정부가 노사 간 임금결정 과정에 개입해 일정수준 이상의 임금을 지급하도록 강제하고 있다. 우리나라의 경우 1953년 근로기준법 제정 때 실시근거가 마련되었지만 경제상황을 고려해 유예하다가 1988년 처음으로 시행되었다. ③ 최저임금은 사용자위원 9인, 근로자위원 9인, 공익위원 9인으로 구성된 최저임금위원회가 결정한다.
2) 현황	① 2025년 우리나라 최저임금 　가. 지난 2024년 7월12일 세종시 정부세종청사 최저임금위원회에서 열린 제11차 전원회의에서 2025년도 적용 최저임금액이 10,030원으로 결정됐다. 월 급여(209시간 기준)로는 209만 6,270원이다. 　나. 열흘 간의 이의제기 신청접수 결과 노사 양측에서 문제를 제기하지 않으면서 최저임금은 그대로 결정됐다. 노동계는 사상 최초 최저임금 '1만 원(시급 기준)' 시대를 열었다는 데 의미를, 경제계는 2024년 대비 '1.7%' 인상 수준에서 방어했다는 것에 양측 모두 얻을 수 있는 것은 얻었다는 얘기다. 　다. 노동계 입장에서는 숙원이었던 최저임금 '1만 원' 시대를 쟁취했다. 제도 도입 후 37년 만이다. 물론 물가변동에 따른 실질소득의 체감 효과는 미미한 수준이라는 게 노동계 입장이다. 하지만 여타 주요국들과 비교해도 '1만 원' 돌파는 상징적 의미를 지닌다. 　라. 반면 경영계로서는 최저 수준인 '1.7%' 인상 선에서 저지했다는 것에 의의를 둔 것으로 보인다. 인상률만 따지고 보면 코로나19 팬데믹 때인 2021년도 최저임금 인상률(2020년 결정) 1.5% 이후 역대 두 번째로 낮은 수준이다.

② 최근 우리나라 최저임금 추이 : 매년 인상을 거듭하며 2018년 7,530원에서 2023년 9,620원으로 27.8% 상승하는 등 국제 수준과 비교하더라도 가파른 상승세 시현 중이다.

최저임금 추이

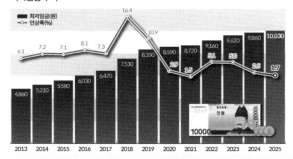

[출처 : 뉴스핌]

한편 최저임금을 받지 못한 근로자는 2023년에 300만 명 선이었다. OECD가 산출한 최저임금 이하 근로자 비율을 보면 2021년 우리나라가 19.8%로 멕시코(25.0%)에 이어 2위였다. 조사 대상 OECD 25개국 평균(7.4%)과 비교해 2.7배나 됐다.

③ 글로벌 현황

　가. 국내 최저임금은 일본, 대만 등을 제치고 이미 아시아에서 가장 높은 수준이다. 반면 영국, 독일, 프랑스 유럽 선진국보다는 낮다.

　나. 2023년 최저임금위원회가 발간한 '2023년 주요 국가의 최저임금제도' 현황에 따르면 최저임금을 도입한 42개 주요국 중 시급을 기준으로 운영하는 국가는 20개국이다. 한국은 6.99달러로 이스라엘(8.41달러)에 이어 아시아에서 두 번째로 많았다. 20개국 중에선 11번째였다.

　다. 최저임금이 가장 많은 곳은 26.76달러인 스위스였고 호주(14.46달러), 영국(13.45달러), 독일(13.04달러), 프랑스(12.24달러) 등이 뒤를 이었다. 미국의 연방 최저임금은 7.25달러로 한국보다 다소 많았다. 일본(6.03달러)과 대만(5.41달러), 중국(3.17달러) 등 동아시아 국가들은 모두 한국보다 적었다.

　라. '중위임금'(전체 근로자의 임금을 금액순으로 나열했을 때 한가운데 소득) 대비 최저임금 비율'로 따지면 한국은 60.9%로 최저임금제도를 시행하는 경제협력개발기구(OECD) 28개국 중 8위였다.

④ 처벌 : 최저임금법을 위반해 최저임금액보다 낮은 금액을 지급하는 사업주에게는 3년 이하의 징역 또는 2,000만원 이하의 벌금에 처하는 벌칙규정이 있다. 특히 근로계약서에 최저임금에 미달하는 임금을 지급하기로 한 경우, 그 부분은 무효가 되고 무효가 된 부분은 최저임금액과 동일한 임금을 지급하기로 한 것으로 본다.

1. 최저임금 제도　　2) 현황

1. 최저임금 제도	3) 근로 시간 비교 <출처 : 무역 협회>	① 근로시간 　가. 연장근로시간을 주 단위로 관리함에 따라 현장 인력 운용상의 경직성이 심화되고 있다. 　　- 2018년 3월 도입된 현행 근로시간제도는 주당 근로시간을 52시간*으로 정하고 있음 　　※ 법정근로 40시간 + 연장근로 12시간 → 300인 이상 사업장*을 시작으로 2021년 7월부로 5인 이상 사업장까지 확대 　나. 재해·재난, 업무량 폭증, 연구개발 등 특별한 사정으로 인해 1주 12시간의 연장근로시간을 초과하여 근무할 수 있는'특별연장근로'에 대한 사업장 수요가 매년 급증하는 등 현장인력 운용상의 경직성이 심화되고 있다.

[특별연장근로 인가 사업장 수 및 인가 건수]

(단위 : 개소, 건)

구분	'19년	'20년	'21년	'21.7.31	'22.7.31	전년 동기 대비
사업장 수	290	1,303	2,116	1,359	2,208	62.5%
인가 건수	908	4,204	6,477	3,270	5,793*	77.2%

자료 : 고용부 <특별연장근로 인가현황 분석결과>
주 : '22년 7월 기준, 업무량 폭증 3,731건(66.4%), 재해·재난 1,635건(28.2%)가 대부분 차지

② 주 단위 관리 : 주요국 가운데 유일하게 우리나라만이 연장근로시간을 주 단위로 엄격하게 관리 중이다.

[주요국 근로시간제도 비교]

국가	①법정근로시간	②연장근로시간
한국	• 1일 8시간 → 1주 40시간	• 1주 12시간
미국	• 1주 40시간	• 제한 없음
일본	• 1일 8시간 → 1주 40시간	
독일	• 월 45시간 / 연 360시간 → 1주 85시간까지 가능 • 노사합의 → 월 100시간 / 연 720시간까지 가능 • 1일 8시간	
영국	• 6개월 또는 24주 동안 평균 1일 8시간 → 1일 10시간까지 가능 • 17주 동안 평균 48시간 이내 ※ 근로자 동의 시 제한 없음	

③ 최근 정부가 연장근로시간의 관리단위를 '주 → 월/분기/반기/연'으로 확대하는 방향으로 근로시간제도 개편을 추진하고자 하였으나 현재 다른 대안을 모색 중이다.

2. 최저임금 인상	1) 최저임금 인상 주장 논리	① 최저임금제도의 목적에 부합 　가. 노동자와 기업이 결합할 때 생긴 공동수익은 노사협상으로 나누지만, 문제는 노동자의 협상력이 기업에 비해 높지 않다. 특히 협상력이 낮은 저임금노동자의 상황은 더 심각하다.

		나. 이때 정부는 적절한 최저임금을 책정함으로써 저임금 노동자의 낮은 협상력을 보완. 일정액 이상으로 임금을 올리도록 강제함으로써 노동자의 몫을 높여 노동자의 소득을 높인다.

나. 이때 정부는 적절한 최저임금을 책정함으로써 저임금 노동자의 낮은 협상력을 보완. 일정액 이상으로 임금을 올리도록 강제함으로써 노동자의 몫을 높여 노동자의 소득을 높인다.

다. 최저임금이 노동자의 탐색을 강화해 결합가능성이 커진다면 기업이 수익을 올릴 기회가 높아지므로 기업의 후생도 함께 올라 갈수 있다 (탐색이론). → 즉, 최저임금의 도입은 노동자와 기업 모두에게 이득이 될 수 있다.

1) 최저임금 인상 주장 논리

라. 최저임금이 고용을 줄이지 않고 저소득층의 소득을 증가시킴을 확인했다(1992 뉴저지 최저임금인상 연구, 버클리대 카드교수, 프린스턴대 크루거 교수).

마. 다만, 이 같은 긍정효과는 최저임금이 기업수익의 일부를 양도해서 지불할 수 있는 범위에서 책정될 때만 가능, 만약 최저임금이 급격히 오르면 이를 감당하지 못하는 기업은 고용을 포기한다.

② 최저임금 인상은 '분수효과'를 일으켜 소득분배를 통해 내수시장을 키우는 소득주도 성장 시도 : 시장은 성장하는데 고용 없는 성장이 계속되었고 저숙련 저임금의 노동시장만 확대되었다. → 노동자소득이 줄고 내수시장이 얼어붙었다.

③ 소득 양극화를 줄이는 효과 및 최저임금 계층의 인간다운 삶을 보장한다.

2. 최저임금 인상

① 주휴수당

가. 주휴수당이란, 1주일에 15시간 이상 일하면 하루치 일당을 추가로 더 받을 수 있도록 하는 제도이다.

나. 2020년 6월 25일 헌법재판소가 주휴 시간도 최저임금 산정에 포함토록 한 최저임금법 시행령에 합헌 결정을 내림으로써, 주휴 수당까지 포함하면 사실상 최저임금이 1만 원을 넘는다. (24년 기준 11,544원 추정) 4대 보험료 등 법정 비용을 더하면 자영업은 물론 웬만한 중소기업조차 감당하기 힘들다. 일반적으로 최저임금이 오르면 한계상황 근로자들만 적용을 받는 게 아니라 직급상 임금 격차로 인해 다른 근로자들 급여도 덩달아 오르게 되기 때문이다.

2) 최저임금 인상의 문제점 / 제도의 문제점

② 외국인 근로자에 대한 합리적인 최저임금 적용

가. 외국인 근로자는 언어 소통 애로 등으로 노동생산성이 내국인근로자에 비해 낮은 것으로 평가되고 있다. 이에 따라 외국인근로자 최저임금 문제는 '차별'이 아니라 '차이'의 관점에서 검토될 필요성이 있다.

나. 즉 구인난 등으로 외국인 근로자를 고용할 수 밖에 없는 중소 - 영세기업의 부담을 고려해 일정 기간 감액지급, 현물급여의 최저임금산입 등 합리적인 제도 개선이 필요하다.

다. 기업들의 주장

A. 최저임금을 정하는 기준은 법에 따르면 생산성과 생계비다. 외국인 노동자들은 그들이 버는 수익의 80%를 본국에 송금하는데 근로자 1인의 생계비는 국내 기준으로 해야겠지만 그들이 본국으로 보내는 가족의 생계비는 대한민국 기준과 같이 볼 수 없고 그럴 필요가 없다.

2. 최저임금 인상

2) 최저임금 인상의 문제점 / 제도의 문제점

 B. 기업들은 외국인 노동자에 대한 최저임금을 차등 지급하자는 요구가 단순히 인건비 절감 차원이 아니라 외국인 노동자의 생산성이 내국인보다 떨어지기 때문이다. 중소기업중앙회가 2024년 초 발표한 <2022년 외국인력 활용 종합애로 실태조사 결과>에 따르면 동일 조건의 내국인 노동자에 비해 외국인 노동자의 생산성은 고용 초기(3개월 미만)에 내국인 대비 54% 수준으로 나타났다. 3년 이상 장기 근무해야 93% 수준으로 올라섰다.

 C. 반면, 외국인 노동자에게 기업이 제공해야 하는 숙식비(평균 39만 원)를 포함하면 평균 임금이 305만 원으로, 내국인 대비 108%에 달한다고 봤다. 숙식비를 제외하면 94% 수준(266만 원)DL다. 한 마디로, 업무 능력에 비해서 상대적으로 많은 임금을 주고 있다.

 D. 기업들은 그래서 현행 외국인력 제도 중 가장 시급하게 개선해야 하는 과제로 '불성실 외국인력 제재 장치 마련'(30.1%)과 함께 '외국인 노동자 생산성을 감안한 임금 적용 체계 마련'(21.5%)을 꼽았다.

라. 법안 : 최저임금 차등지급에 대한 기업들의 요구가 이어지자 정치권은 관련 법안을 여럿 발의했다.

 A. 2020년 6월 무소속 홍준표 의원이 외국인 노동자에 대한 최저임금 적용 의무를 권고로 바꾸는 최저임금법 개정안을 대표 발의했고, 2019년 6월에는 자유한국당 송석준 의원 등이 농림어업 분야에서 노동생산성이 떨어지는 외국인 노동자에 대해 최저임금을 적용하지 않는 법안을 발의했다. 2018년에는 이완영, 이만희, 박대출 의원 등이 외국인 노동자의 최저임금을 감액하거나 달리 책정하는 내용의 법안을 잇달아 발의했다.

 B. 하지만 해당 법안들은 끝내 처리되지 못했다. 국회 법안 심사 과정에서 현실적인 한계로 인해 신중한 처리가 요구됐기 때문이다.

 C. 해당 법안이 통과될 경우 우리나라가 1998년에 비준한 국제노동기구(ILO)의 '차별대우 금지 협약'(1958, 제111호)에 위배되고, 국적에 따른 차별을 금지하는 근로기준법 제6조와 외국인고용법 제22조에도 저촉된다는 점이 현실적 한계로 꼽혔다. 내·외국인 차별 없는 대우를 강조한 대법원 판례와 헌법재판소 판단도 있다. 외국인이라는 이유로 최저임금을 차등 지급하는 건 현실적으로 어렵다.

③ 업종별, 규모별, 지역별 최저임금 구분적용

가. 최저임금 수준이 낮았을 때에는 모든 업종, 규모, 지역에 동일한 금액으로 적용해도 큰 문제가 없으나 현재와 같이 우리 최저임금이 매우 높은 상황에서는 업종별, 규모별, 지역별로 시장 경쟁여건, 영업이익과 부가가치 수준, 생활비 등의 차이가 유의미한 수준으로 발생한다. 이에 따른 구분적용 문제가 중대한 과제로 대두되고 있다.

나. 이미 주요 선진국(일본, 호주, 미국, 캐나다, 네덜란드, 벨기에 등)에서는 업종별 구분적용과 기업의 지불능력을 반영하고 있다. 특히 일본의 경우 지역별 최저임금을 바탕으로 업종별 최저임금을 추가 적용하는 구조이다. 지역과 업종, 근로자 개개인에 따른 맞춤형 최저임금으로 기업경쟁력을 유지 중이다. 중국도 33성 행정구역별 최저임금제를 시행 중이다.

  A. 일본은 지역과 업종에 따라 최저임금이 다르다. 행정 구역인 47개 도도부현(都道府縣)에서 최저임금이 결정된 뒤 산업별 최저임금을 정할 수 있다. 일본의 2023년 전국 평균 최저임금은 시간당 961엔 (현재 환율로 8,700원)이다. 가장 높은 도쿄는 1,072엔(9,700원), 가장 낮은 오키나와·아오모리 등 10개 현은 853엔(7,700원)이다.

  B. 미국은 연방 최저임금을 결정한 뒤 주(州)마다 최저임금을 다르게 정한다. 워싱턴DC와 뉴욕 등 30개주는 연방보다 주 최저임금이 높다. 텍사스 등 15개 주는 연방과 주 최저임금이 동일하다. 미시시피 등 5개 주는 주 최저임금 자체가 없고 연방 최저임금을 따른다.

다. 따라서, 현재 법에 근거를 둔 업종별 구분적용은 의무화하고 최저임금의 주요 지불주체인 영세소상공인의 현실을 반영한 소상공인 구분적용과 지역별 구분적용이 가능하도록 하는 제도 개선의 필요성이 높아지고 있다.

④ 최저임금 심의위원회의 문제점

가. 현재는 사용자위원, 근로자위원, 공익위원이 동수로 되어 있는데, 공익위원들의 정치적 성향에 따라 심의가 진행되고 있다.

나. 이는 사용자측이나 근로자 측 모두에게 만족스럽지 못한 결과를 가져오고 있는 실정이다.

다. 최저임금 시행 6개월만에 다음 연도 임금을 결정해야 하는 현 상황은 심의과정에서 임금 수준이 경제전반에 미친 영향을 제대로 파악하지 못하는 어려움이 있어 결정주기를 현재 1년에서 최소 2년으로 확대될 수 있도록 제도 개선이 필요하다.

라. 최저임금심의에 있어 합리적이고 객관적인 자료를 근거로 중립성, 독립성이 보장된 심의 위원회의 역할이 요구된다.

마. 최저임금 협상의 근거가 모호하고, 매년 파행과 퇴장 등을 반복하다 법정 심의기한을 넘긴 채 '합의'가 아닌 '표결'로 결정된다는 점 등이 문제로 지적된다.

바. 이에 매년 최저임금 결정 방식에 대한 문제 제기됨에 따라 2024년 8월 고용노동부가 제도 개선을 위한 작업에 본격 착수했다. 2024년 8월 8일 고용노동부에 따르면 고용부와 최저임금위원회는 주요국의 최저임금 결정 방식을 살펴보기 위한 '최저임금 결정체계에 대한 국제 비교 분석' 연구용역을 통해 해외 사례를 들여다보기로 했다.

2. 최저임금 인상

2) 최저임금 인상의 문제점 / 제도의 문제점

	2) 최저임금 인상의 문제점 / 제도의 문제점	사. 고용부는 "국가별 사회경제적 배경 차이로 최저임금 제도의 도입 경로와 결정 기준·방법상의 고유한 특성이 있으나, 관련 상세 자료가 부족한 상황"이라며 "주요국 최저임금 결정 사례를 조사하고 비교·분석해 우리나라 제도 운영에 참고할 자료를 구축할 필요가 있다."고 밝혔다. 고용부는 2024년 말까지 연구용역을 마치고, 우리나라와 비교 가능한 6개국 이상의 최저임금 제도 운영 현황을 살펴본 후 제도적 운영 현황을 비교·분석해 시사점을 도출할 방침이다.
2. 최저임금 인상	3) 사례분석 2016년 ~2018년 2년간 최저임금 큰 폭의 인상의 결과	① 오히려 저소득층의 소득이 가장 크게 감소함 　가. 최근 61개 분기중 저소득층의 소득이 가장 많이 감소한 1위부터 4위까지의 시기가 모두 2018년 4개 분기이다. 　나. 이는 최저임금을 적용 받았던 근로자가 2018년 최저임금 급상승으로 직장에서 해고되어 근로소득이 많이 감소했기 때문이다. 　다. 이는 최저임금 급상승을 통해 저소득층의 소득을 올리려고 했던 정부 정책의 실효성이 없음을 명확히 보여주는 통계자료이다.

[소득 하위 20% 가계의 소득 변화율 순위]

(단위 : % 전년 동기 대비)

순위	시기	소득 변화율
1	2018년 4분기	-17.7
2	2018년 1분기	-8.0
3	2018년 2분기	-7.6
4	2018년 3분기	-7.0
⋮	⋮	⋮
61	2010년 2분기	13.6

자료 : 통계청 가계동향조사

② 취업자 감소

　가. 전 산업분야에서 전년 동월 대비 취업자수 증가량은 2016년 1월과 2017년 12월에 각각 25만 4,000명, 25만 7,000명이었지만, 최저임금을 16.4%나 급격하게 올린 이후인 2018년 2월에 10만 4,000명으로 급격하게 줄어들었다. 2018년 8월에는 3,000명까지 떨어졌다. 그 이후 2019년 2월과 3월에 각각 26만 3,000명, 25만 명으로 예년 수준을 회복했다. 그러나 이런 회복세는 세금이 많이 들어가는 보건업 및 사회복지 서비스업 분야에서 취업자가 크게 늘어난 덕분이었다. 급격한 최저임금 인상 여파로 발생된 고용참사를 국민의 세금으로 봉합하고 있는 것이지 취업자수 증가량이 예년 수준을 회복한 것이 아님을 알 수 있다.

나. 최저임금 인상은 일용직 노동자의 고용률을 유의미하게 감소시키며, 최저임금 영향률이 1%포인트 증가할 때 경제활동 인구 중 일용직 노동자의 고용률은 0.079~0.123%포인트 감소한다.(노동시장 연구원)

③ 소비와 생산 감소

가. 최저임금을 5% 인상하면 총실질소비지출과 총실질생산이 각각 0.45%(4.5조 원), 0.57%(9.1조 원) 감소한다.(파이터치 연구원) 또한 비 단순노무 일자리와 단순노무 일자리가 각각 0.06%(1만 4,000명), 6.46%(22만 5,000명) 줄어든다. 그러나 재화 및 서비스 가격은 0.92% 오른다. 이런 경제적 파급효과는 다음과 같은 논리에 의해 설명이 가능하다.

나. 최저임금을 적용 받는 대상자는 주로 단순노무 종사자다. 따라서 최저임금을 인상하면, 단순노무 종사자에 대한 수요(일자리)가 감소한다. 이 경우 상호보완적 관계에 있는 비 단순노무 종사자에 대한 수요(일자리)도 줄어든다. 노동수요는 기술·자본수요와 함께 생산요소이기 때문이다. 단순노무 종사자에 대한 수요가 줄었기 때문에 재화 및 서비스의 생산 역시 줄어든다. 생산이 줄어들면 가격(특히 최저임금 적용 대상자에 의해 제공되는 음식물의 가격)이 오르고 소비가 감소하게 된다.

③ 인건비 부담 - 문 닫는 영세상인

가. 고용주들은 자구책으로 감원이나 무인화, 자동화에 나섰다.

나. 영업시간을 줄이거나 휴식시간을 늘려 임금을 동결하는 방식으로 대처하고 있다.

다. 최저임금에 포함되지 않는 상여금이나 수당을 기본급에 포함하려는 움직임이 나타나고 있다.

라. 자신이나 가족의 근로시간을 늘려나가고 있다.

④ 물가상승

가. 임금 인상으로 인해 고용주의 인건비 부담이 증가하며, 이를 완화하기 위해 비용을 상품 및 서비스 가격에 전가시킬 경우 물가 상승이 발생할 가능성이 있다.

　A. 임금 인상은 고용주의 인건비 부담을 증가시키며, 이러한 비용 증가 해소 방안으로는 고용 축소, 비용의 가격 전가, 생산성 향상 등이 있다.

　B. 최저임금 근로자 비중 및 영세사업자 비중이 상대적으로 높아 고용축소 등이 어려운 일부 서비스업과 농림어업의 임금 상승 및 상품 및 서비스에 가격전가 효과가 크게 나타날 것으로 예상되어 물가 상승 압력이 증가할 전망이다.

　C. 농림수산식품, 음식점업, 도·소매업 등의 상품 및 서비스는 생활과 밀접한 품목으로, 전체 물가에 비해 생활물가 상승 압력이 높을 것으로 예상된다.

2. 최저임금 인상

3) 사례분석 2016년 ~2018년 2년간 최저임금 큰 폭의 인상의 결과

3) 사례분석
2016년
~2018년
2년간 최
저임금 큰
폭의 인상
의 결과

**2. 최저임금
인상**

나. 임금 인상에 따른 근로자의 소득 증대가 소비 확대로 이어질 경우 물
가 상승 압력이 발생할 가능성이 있다.

  A. 최저임금 인상은 최저임금 적용 대상자의 소득을 직접적으로 상
승시키며, 최저임금에 가까운 임금을 받는 근로자의 임금에도 영
향을 미친다.

  B. 정부의 비정규직의 정규직 전환에 따른 임금 인상, 공공부문 일자
리 창출에 따른 고용 증가로 인해 가계 소득이 증대될 것으로 예
상된다.

  C. 가계 소득 증대는 소비 확대로 이어지며, 이에 따라 물가 상승 압력
이 발생할 가능성이 있다.

다. 근로자들의 실질임금은 감소하고 있다.

  A. 임금상승 → 가격인상 → 인플레이션 → 물가상승 → 실질임금 감소

  B. 최저임금의 급격한 인상은 물가인상을 통해 실질임금 감소로 이어
져 국민의 비용부담으로 이어질 것이다.

 결론

**의견
제시** 최저임금을 올리고 급여를 많이 주고받는 것 자체를 반대할 사람은 없다. 그러나 경제 현
실을 무시하면 고용주는 사업을 접거나 고용을 줄이고, 근로자는 직장을 잃는다. 따라서
최저임금을 정할 때에는 항상 현실적인 고려가 필요하다. OECD는 매년 발간하는 고용
전망에서 '한국의 최저임금 인상률이 회원국 중 3위에 해당한다'고 지적했다. 그러면서도 업종과 연
령, 숙련도별 특수성을 반영해 책정할 것을 권했다. 일자리가 줄어 청년취업에 부정적 영향을 미친
다는 이유에서였다. 최저임금 인상이 빈곤해결과 직결되는 것도 아니다. KDI는 최저임금 근로자의
약 65%는 빈곤가구가 아니다고 지적했다. 이런 문제 때문에 OECD는 최저임금으로 분배나 빈곤문
제를 해결하는 방식을 지양하고 최저임금에 가구소득을 기준으로 지원대상을 정하는 근로장려세제
(EITC)[2]와 같은 세제결합을 통한 접근을 한국에 권고한 바 있다. 새겨들어야 할 대목이다.

국가가 모든 업종의 임금을 정해주는 것보다는 노사의 역량에 맡겨야 할 시점이며, 국가의 역할
은 안정적이고 예측 가능한 최저임금 공식을 만들고 노사협상이 공정하게 이뤄질 수 있도록 제도
를 마련하는 것에 있다.

세금을 쓰는 임기응변식 정책이 아닌, 질 좋은 일자리 창출에 집중하는 것이 가장 첫 번째 해결
책이 되어야 할 것이다.

한편 정책당국은,

첫째, 최저임금 적용 대상자에서 제외되어있는 노동자들을 이 체제 안으로 끌어들여야 한다.

보험설계사, 택배기사, 학습지 교사, 골프장 캐디, 대리운전 기사 등 특수고용노동자(특고) · 플랫
폼 종사자와 직장 은퇴로 급격히 늘어나고 있는 베이비부머 고령세대들을 방치하면 경제 · 사회적
불안요인이 된다. 따라서 특고노동자 등에 대해 적절한 규칙을 정해 최저임금 대상자로 끌어들여야
한다. 우리나라 최저임금 이하 소득자의 30%는 65세 이상 고령세대이다.

따라서 고령세대도 가사노동자 등으로 끌어들여야 한다. '값싸다'고 도입하려는 이주노동자들에 앞서 이들의 교육을 강화해 먼저 취업이 이루어지게 해야 한다.

둘째, 최저임금위원회의 제도개선이 필요하다. 최저임금법은 '근로자의 생계비와 유사 근로자 임금, 노동생산성 및 소득분배율 등을 고려해 결정해야 한다'고 되어 있으나 세밀한 규정이 없어 노사 간의 갈등 속에 주먹구구식으로 결정된다. 노동계는 "물가인상과 적정 소득의 보장"을, 경영계는 대기업의 횡포 등은 외면한 채 "소상공인과 자영업자 붕괴우려"를 상투적으로 내세우고 있다. 그러다 보니 정부가 위촉한 공익위원들이 캐스팅보트를 쥐고 결과적으로 '정치적 결정'을 하게 된다. 하여 이런 의사결정구조를 개혁하기 위해서는 국회를 통해 구체적인 기준이나 최저임금결정 방식을 세밀화·고도화하여야 한다고 전문가들은 지적하고 있다.

 용어해설

1) **중위임금** : : 근로자 전체의 임금을 순위대로 일렬로 늘어놓았을 때 가운데 위치한 임금을 말한다. 따라서 평균 임금, 시간당 임금 총액과는 차이가 있다. 저임금 근로자라는 용어는 이중위임금을 기준으로 구분한 것으로 중위임금의 3분의 2 이하를 받는 근로자를 지칭한다. 최저임금이 중위임금의 50%정도면 적절한 것으로 본다.

2) **EITC** : 저소득 근로자 또는 자영업자 가구에 대하여 가구원 구성과 총급여액 등에 따라 산정된 근로장려금을 지급함으로써, 근로빈곤층의 근로를 장려하고 실질소득을 지원하는 근로연계형 소득지원제도이다.

chapter 15

싱글세(독신세)

01 논제 개요 잡기[핵심 요약]

서론	이슈언급	싱글세를 진지하게 찬성하는 사람들의 논리는 크게 두 가지다. 첫째, 국가와 공동체 존속이다. 재앙적인 수준의 저출산으로 국가 존속이 위협받는 상황에선 징벌적 싱글세라도 조속히 도입해야 한다는 주장이다. 둘째, 형평성 측면이다. 싱글들은 늙어서 남의 자식들에게 부양을 받는 것이니 유자녀인 사람과 불공평하다는 주장이 더 호응을 얻는 분위기다. 하지만 전문가 대다수는 저출산 문제를 싱글세로 해결해선 안 된다는 분위기다. 노인은 정부 또는 사회적 시스템이 아닌 자식에게 부양을 받아야 한다는 논리는 과도한 접근이며 이런 가족주의가 현재 한국의 결혼과 출산을 막는 주요한 원인 중 하나라는 걸 직시해야 한다고 꼬집었다. 또한, 아이를 갖지 않는 사람들은 아이를 갖는 사람보다 사실 더 어려운 경우가 많고, 싱글세에 세금을 매긴다는 것은 세금의 원래 취지와 맞지 않다고 주장한다.
본론	1. 싱글세	1) 현황 및 여론	① 현황 : 직접적인 징수는 없지만 세정 지원은 한 쪽에 몰리며 같이 세금을 내는 미혼·독신에 사실상 '싱글세'를 부과하는 모양새가 아니냐는 지적도 제기된다. 인구 장려에 혜택이 집중됨에 따라 동일하게 세금을 내면서 혜택을 덜 받는 싱글들이 사실상 세금을 더 내는 효과도 예측된다. 실질적인 세목 신설 없이도 아이를 키우는 부모와 신혼 부부들이 덜 내는 만큼 혜택이 적은 미혼·독신의 세금이 충당하고 있어서다.

본론	1. 싱글세	1) 현황 및 여론	② 25~49세 남성 중 절반, 여성 3명 중 1명은 결혼 경험이 없는 것으로 나타났다. ③ 여론 조사 1 : 싱글세 또는 미자녀세 도입에 대해 의견을 묻자 전체 응답자의 21%가 찬성했다. ④ 여론조사 2 : 81.4%가 1인 가구 싱글세가 저출산의 대안이 될 수 없다고 생각하는 것으로 나타났다.
		2) 싱글세 논란	① 찬성의견 ② 반대의견
		3) 해외 사례	① 독일 : 무자녀 가구의 장기요양보험료율을 올리는 식으로 일종의 '싱글세'를 신설했다. ② 스웨덴 : 보육료 부담을 차등 적용한다.
결론	의견제시		과세는 계층에 따라 증세가 되야 하는 부분이다. 그래서 싱글 계층과 조세는 직접적으로 연결될 이유가 없다. 이미 싱글들은 현행 복지체제에서 아무런 혜택도 받지 못하고 있는데 또 세금을 매긴다는 것은 상대적으로 불이익을 주는 것이다.

02 논제 풀이

📈 서론

이슈 언급 2023년 합계출산율은 0.72명으로 한국은 유례없는 출산율 최저치를 목격하게 됐다. 2017년까지만 해도 1명 대였던 합계출산율이 다음해부터 0명 대로 진입하더니 현재에 이르게 된 것이다. 현 시점의 생산가능연령인구의 고령화가 머지 않은 시점에서 이미 우리나라는 2년 후 초고령화사회 진입이 확실시됐다. 긴축 재정 아래서도 세법 개정안의 주요 혜택이 혼인과 출산, 육아에 집중될 수밖에 없는 배경이다.

최근 일부에서 결혼과 출산을 장려하기 위해서라도 1인 가구 싱글세(독신세)가 필요하다는 주장이 제기되고 있다. 우리나라 저출산 정책은 지원 위주로 당근만 있고 패널티가 없어 실패하고 있다는 것이 요지이다. 지난 2014년 한 복지부 국장이 비공식 자리에서 '싱글세 도입을 검토할 필요가 있다'고 한 사실이 알려져 호된 비난과 반발을 겪었다. 그런데 최근에는 온라인 커뮤니티 등 민간에서 도리어 싱글세 도입을 '진지하게' 거론하는 사람이 늘고 있다.

싱글세를 진지하게 찬성하는 사람들의 논리는 크게 두 가지다.

첫째, 국가와 공동체 존속이다. 재앙적인 수준의 저출산으로 국가 존속이 위협받는 상황에선 징벌적 싱글세라도 조속히 도입해야 한다는 주장이다.

둘째, 형평성 측면이다. 싱글들은 늙어서 남의 자식들에게 부양을 받는 것이니 유자녀인 사람과 불공평하다는 주장이 더 호응을 얻는 분위기다.

하지만 전문가 대다수는 저출산 문제를 싱글세로 해결해선 안 된다는 분위기다. 노인은 정부 또는 사회적 시스템이 아닌 자식에게 부양을 받아야 한다는 논리는 과도한 접근이며 이런 가족주의가 현재 한국의 결혼과 출산을 막는 주요한 원인 중 하나라는 걸 직시해야 한다고 꼬집었다. 또한, 아이를 갖지 않는 사람들은 아이를 갖는 사람보다 사실 더 어려운 경우가 많고, 싱글세에 세금을 매긴다는 것은 세금의 원래 취지와 맞지 않다고 주장한다.

이에 본지에서는 싱글세 도입에 대한 배경과 역차별 논란에 대해 알아보고 정책적 방안을 모색해 보기로 한다.

📈 **본론**

| 1. 싱글세 | 1) 현황 및 여론 | ① 현황 |

① 현황

가. 건전재정 기조를 확립하겠다는 방침에도 불구하고 2024년도 서민 · 중산층에 돌아가는 세제혜택은 6,300억 원에 이른다.

나. 이 가운데 5,300억 원은 출산 · 양육 지원을 위한 '자녀장려금 확대'에 투입된다.

다. 이 밖에도 신혼부부에 대한 증여 공제를 포함해 인구 감소 대응을 위한 장려책이 대폭 정비된 모습이다. 신혼 부부의 주거안정을 위해 직접적으로 '신혼 부부의 전세 보증금'을 기준으로 부모로부터의 증여액 공제를 세 배까지 늘렸다. 기존 부부합산 1억 원에서 추가로 각각 1억 원을 더해 총 3억 원을 세금 없이 증여 받게 됐다.

라. 육아 관련 각종 비용도 세제 혜택을 적용 받았다. 출산 및 보육수당의 비과세 한도가 늘어났고, 0 ~ 6세 영유아 의료비의 경우 공제 한도를 아예 없앴다. 연봉 7000만 원 이하 근로자에만 제공되던 산후조리비용 관련 의료비 세액공제도 소득 기준을 모든 근로자로 확대했다. 인구 위기 대응을 위해서라면 저소득자 및 취약계층뿐 아니라 전 국민을 대상으로 적극적인 혜택을 부여하겠다는 의미다.

마. 직접적인 징수는 없지만 세정 지원은 한쪽에 몰리며 같이 세금을 내는 미혼 · 독신에 사실상 '싱글세'를 부과하는 모양새가 아니냐는 지적도 제기된다. 인구 장려에 혜택이 집중됨에 따라 동일하게 세금을 내면서 혜택을 덜 받는 싱글들이 사실상 세금을 더 내는 효과도 예측된다. 실질적인 세목 신설 없이도 아이를 키우는 부모와 신혼 부부들이 덜 내는 만큼 혜택이 적은 미혼 · 독신의 세금이 충당하고 있어서다.

② 통계청이 세계인구의 날을 맞아 조사한 2022년 '저출산과 우리사회의 변화'에 따르면 25 ~ 49세 남성 중 절반, 여성 3명 중 1명은 결혼 경험이 없는 것으로 나타났다. 혼인건수 역시 2022년 19만 2,000건으로 1970년 29만 5,000건보다 10만 3,000건 감소했다. 혼인이 줄면서 출생아 수는 2012년 48만 5,000명에서 2022년 24만 9,000명으로 절반 수준으로 줄어들었다.

③ 여론 조사 1<설문조사 플랫폼 '틸리언 프로'. 싱글세 찬반과 비혼·저출산에 대한 의견조사. 20 ~ 50대 4,015명이 응답>

　가. 싱글세 또는 미자녀세 도입에 대해 의견을 묻자 전체 응답자의 21%가 찬성했다.

　나. 싱글세 도입시 바로 '과세 타깃'이 될 수 있는 30대가 16%로 가장 미온적이었고, 50대는 26%로 찬성 비율이 가장 높았다.

　다. 예상보다 찬성 수치가 높지만, 여론은 싱글세보다는 저출산은 실제 경제 문제 해결이 더 중요하다는 데 무게중심을 두고 있는 것으로 해석된다. <노정태 경제사회연구원 전문위원>

　라. 이번 조사에서도 저출산의 심각성은 여실히 드러났다. 20 ~ 30대 답변자 중 기혼이면서 자녀가 없는 632명에게 "향후 자녀를 가질 의향이 있느냐"고 물었는데, 20대(260명) 중에서는 9%, 30대(372명)에서는 21%만이 의향이 있다고 답했다. <출처: 조선일보>

[저출산에 대한 세대별 인식 차이]

(단위 : %, 6월 7~9일 20~50대 남녀 4015명 대상 설문조사)

1. 싱글세

1) 현황 및 여론

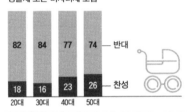

싱글세 또는 미자녀세 도입

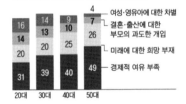

청년 세대가 결혼·출산에 소극적인 원인은?

저출산 대책으로 가장 중요한 것은?
(싱글세 반대자 中)

자료=SM C&C 틸리언 프로

[출처: 조선일본]

1. 싱글세	**1) 현황 및 여론**	④ 여론조사 2 <데일리 팜, 대한민국 국적을 가진 남녀 290명을 대상으로 설문 진행>

④ 여론조사 2 <데일리 팜, 대한민국 국적을 가진 남녀 290명을 대상으로 설문 진행>

　가. 81.4%가 1인 가구 싱글세가 저출산의 대안이 될 수 없다고 생각하는 것으로 나타났다.

　나. 가구 구성 별로 살펴봤을 때도 1인 가구부터 전통적 가구 형태의 4인 이상의 가구까지 모두 1인 가구 싱글세와 저출산을 결부시키는 것에 부정적인 견해를 보였다.

　다. 싱글세가 필요하다'에 높음 응답을 보였던 4인 가구 이상에서 싱글세가 저출산의 대안이 될 수 없다고 이야기 한 것에 주목해 볼만하다.

　라. 연령 별로 살펴봤을 때도 저출산의 대안이 될 수 없다는 의견이 압도적으로 많았는데 특히 50대 이상 응답자 100%가 대안이 될 수 없다고 답했다. 성별로는 여성과 남성 모두 반대 의견을 보였는데 남성 보다 여성이 조금 더 높은 수치를 보였다. <출처 데일리 팜>

2) 싱글세 논란

① 찬성의견

　가. 저출산의 대안이 될 수 있다.

　나. 출생율이 낮아 인구가 줄어들고 지역소멸이 가속화되고 있으므로 어쩔 수 없이 필요한 부분이다.

　다. 다인가구로 지출이 더 많은 만큼 세금을 더 낸다고 생각한다.

　라. 다인가구로 사는게 더 힘든 세상이라고 생각한다.

② 반대의견

　가. 결혼은 각자의 자유와 선택의 영역인데 국가가 나서서 세금을 통해 통제하려는 것 자체가 말이 안 된다.

　나. 1인 가구가 되고 싶지 않았던 비자발적 1인 가구도 있다.

　다. 상대적 차별로 보편적 복지에 맞지 않다.

　라. 1인 가구로 혜택 받는 것도 한정적인데 세금까지 더 내는 것은 형평성에 어긋난다.

　마. 싱글세 때문에 결혼이나 출산을 결심하는 사람이 많지 않을 것 같다.

　바. 결혼을 한다 해도 아이를 낳지 않는 사람도 많다.

　사. 혼자 사는 것도 힘들다.

3) 해외 사례
<출처: 국민 일보>

① 독일

　가. 무자녀 가구의 장기요양보험료율을 올리는 식으로 일종의 '싱글세'를 신설했다.

　나. 독일 연방보건부에 따르면 기사 · 기민연합(CDU · CSU)과 사민당은 2021년 노인장기요양보험 제도를 개편하는 데 합의하면서 2022년부터 자녀 수에 따른 비용을 차등화했다.

　다. 자녀가 없이 만 23세를 넘게 되면 세전 소득의 0.35%를 추가로 요양보험료로 부담해야 한다. 종전에는 0.1%였지만 0.25% 포인트나 올렸다.

　라. 아이를 많이 낳으면 그 자녀들이 세금을 부담해 요양보험 체제를 받치게 되기 때문에 (부모의 보험료를) 감면해준다는 취지이다. <토마스 슈테펜 독일 연방보건부 차관>

마. 다만 독일 연방 헌법재판소에서 최근 이 '싱글세'에 대해 위헌적 요소가 있다고 봤다. 이에 슈테펜 차관은 "혼자 있는 사람이 더 내는 개념이 아니라, 역으로 다자녀 가구에 보험료를 감경해주는 방식으로 갈 것"이라고 설명했다.

② 스웨덴

가. 보육료 부담을 차등 적용했다.

나. 푀르 스콜라의 부모 부담 한도액이 자녀 수에 따라 다르다. 3세 이상 자녀에게 주당 15 ~ 25시간(주마다 차등)의 공교육이 무상 보장되고 초과하는 시간에 대해서는 월 소득의 1 ~ 3% 수준으로 조정된다. 자녀 1명인 경우 최대 한도액은 1,645크로나(약 20만 원)이고 두 번째 자녀는 1,097크로나(13만 3,800원), 3번째 자녀는 548크로나(6만 6,800원)를 부담한다.

다. 2자녀 이상인 경우에는 '다자녀 가족 보조금'을 지급하는데, 자녀 수가 많을수록 금액이 늘어난다.라. 출산·육아 휴직 제도를 적극적으로 운영하는 점도 특징이다. 스웨덴은 1974년 '아빠 휴가'를 세계 최초로 도입했다. 아이 한 명당 480일의 유급 휴가를 제공하고, 90일은 아빠가 의무적으로 써야 한다.

1. 싱글세
3) 해외 사례
<출처: 국민일보>

📈 결론

의견 제시

최근 출산율을 높이기 위한 방안으로 근로시간을 줄이고 국공립 어린이집이 대폭 확충되는 정책이 거론되는데 과연 이런 경우 '둘째' 출산이 늘어 날까? 큰 도움이 되겠지만, 근본적으로는 임금 격차가 큰 노동시장을 개혁하고 사교육 경쟁을 해소하지 않으면 큰 효과가 없을 것이다. 조기 퇴근이 상대적으로 쉽고 국공립 어린이집이 많은 세종시도 출산율이 2를 넘기지 못한다는 사실이 이를 방증한다. 현재 한국 사회에선 아이를 적게 낳고, 최대한 많은 사교육 투자를 해서 고연봉과 안정성이 보장되는 상위 계층으로 진입시키는 것이 최적화된 전략이기 때문이다.

과세는 계층에 따라 증세가 되야 하는 부분이다. 그래서 싱글 계층과 조세는 직접적으로 연결될 이유가 없다. 이미 싱글들은 현행 복지체제에서 아무런 혜택도 받지 못하고 있는데 또 세금을 매긴다는 것은 상대적으로 불이익을 주는 것이다.

저출산의 근본 원인은 결혼을 하기 힘든 사회라는 것이다. 결혼을 해도 양육이 어려운 경제 환경과 사회적 여건 등에 있기 때문에 싱글세는 부과해봐야 출산 증가에는 아무런 변화가 없을 것이다. 싱글에게 세금을 부과하는 게 아니라 여성이 가장 크게 짊어진 출산과 육아의 부담을 남편과 기업, 지역사회가 함께 나누어 나가야 할 것이며, 아이를 낳아서 기르는 데 드는 사회적 비용도 대폭 절감해 출산을 장려해야 하는게 먼저 아닐까?

chapter

16

AI와 일자리

01 논제 개요 잡기[핵심 요약]

서론	이슈언급		산업 현장에 인공지능(AI) 도입이 확산하면서, AI에 떠밀린 인간 노동자의 일자리가 위험해질 수 있다는 우려가 커지고 있다. 그 이유는 AI가 산업 구조를 바꾸고 사람의 일자리를 잠식하는 현상이 본격화되었기 때문이다. 이미 글로벌 기업들이 AI가 대신할 수 있는 직종의 채용을 중단하는가 하면, 소멸될 위기에 처한 산업도 있다. 한편, 사람의 일자리가 크게 잠식될 것이라는 우려가 확산되는 것과는 별개로, 기술적으로 볼 때 현재 목도하고 있는 최첨단 AI가 만능일 것이라는 또는 완전무결할 것이라는 기대는 위험하다는 지적도 나오고 있다.
본론	1. AI와 일자리	1) AI가 실물경제에 미치는 낙관적 시나리오	AI의 발전이 생산성을 크게 높여 장 · 단기적으로 생산 · 소비 · 투자를 크게 늘릴 수 있으며, 단기적인 공급 충격으로, 디플레이션이 발생할 수 있으나 장기적으로 인플레이션의 효과.
		2) AI가 실물경제에 미치는 파괴적 시나리오	AI 기술 고도화로 인간이 수행하는 대부분 업무가 자동화되어 생산량의 급격한 증가와 노동력의 심각한 평가 절하로 실물경제에 큰 타격.

본론 **2. 영향**	**1) 긍정적인 영향**	① 기업의 한계비용이 하락하게 되고, 시장이 충분히 경쟁적이라면 기업은 생산량을 증가시킨다. ② AI와 관련된 전후방 산업의 성장과 새로운 기업의 등장이 기대되므로, AI기술의 가파른 성장은 더 많은 일자리를 창출할 수 있다. ③ 생성형 AI는 대규모 정보처리를 빠르게 처리할 수 있으므로 노동의 한계생산성을 증가시킨다. ④ 기업의 성장과 고용의 증가는 경제 성장으로 이어진다. ⑤ 한국의 경우, 인구구조상 생산가능인구의 급격한 감소가 예상되나, AI가 이를 상당부분 상쇄시켜 한국경제의 생산 및 견고한 성장을 가능하게 할 수 있다. ⑥ 독점이윤은 혁신의 원동력이 된다. ⑦ AI기술로 기업의 생산비용이 하락하고, 비용 하락이 상품 가격의 하락으로 이어진다면 소비자의 실질소득은 증가하게 된다. ⑧ 노동 수요곡선의 우측이동이 기대되므로 임금 역시 상승할 수 있다. 또한 노동의 자유로운 이동이 가능하다면 노동자는 고임금부문으로 이동할 것이므로, 장기적으로 부문 간 임금 격차는 해소될 것이다.
	2) 부정적인 영향	① AI기술의 발전은 노동절약적 기술진보이므로 새로운 생산자 균형에서 노동투입은 감소하고 자본 투입은 증가하여 집약도가 상승하게 된다. ② 또한 자본재 가격 하락이 예상되므로, 기업은 상대적으로 비싸진 노동을 자본으로 대체하려는 요소대체효과가 발생하게 된다. ③ 이력현상으로 자연실업률이 증가할 수 있다. ④ 고숙련 노동자들 역시 AI로의 대체가능성이 커지고 있다. 때문에 실업의 범위와 규모는 과거 기술진보 시기에 비해 보다 광범위하고 대량으로 발생할 수 있다. ⑤ IT산업은 선점자의 승자독식 경향이 강하므로 AI분야 역시 독점 시장이 될 가능성이 크다. ⑥ 생성형 AI기술을 보유한 개인과 그렇지 못 한 개인 간의 소득 양극화가 발생할 수 있다. ⑦ 만약 AI 기술 도입으로 노동의 자본으로의 대체가 활발히 일어난다면 자본소득과 노동소득 간의 양극화가 심화되고, 고용 없는 성장이 발생할 수 있다.

2. 영향	**2) 부정적인 영향**	⑧ 저임금 직업은 신기술 도입의 매력이 떨어지므로 자동화의 영향을 덜 받는 경향이 있다. 때문에 퇴출된 숙련 노동자들이 저임금 부문으로 유입, 저임금 부문의 추가적인 임금 하락이 발생한다.
본론 **3. AI의 문제 : 할루시 네이션**	**1) 할루시네 이션**	최첨단 AI가 만능일 것이라는 또는 완전무결할 것이라는 기대는 위험하다는 지적도 나오고 있다. 그 중심에는 이른바 '할루시네이션(hallucination)'이 자리 잡고 있다.
	2) 차츰 개선 될 것	아직은 할루시네이션의 오류가 문제가 되고 있지만 앞으로 AI의 학습량이 늘어나면서 차츰 문제가 개선될 것이라는 낙관적인 전망을 제시한 셈이다. [챗GPT의 아버지' 샘 올트먼 오픈AI 최고경영자(CEO)]
	3) 개선될 문제 가 아니다	전산언어학 분야의 전문가인 에밀리 벤더 미국 워싱턴대 교수는 포춘과의 인터뷰에서 "할루시네이션 오류는 바로잡을 수 있는 문제가 아니다"라고 반박했다. 그는 "AI 기술 자체와 AI 기술이 실제로 사용되는 분야 사이에 태생적으로 부조화가 존재하기 때문"이라며 이 같이 주장했다.
결론	**의견제시**	역사적으로 미지의 신기술은 인류에게 기대와 위협이 뒤섞인 모습으로 다가온 경우가 많았다. 영국에서 산업혁명이 초래할 실업 위험을 증폭해 폭동으로 몰고 간 19세기 초 '러다이트 운동'은 막연한 공포가 빚은 '기술 포비아'의 극단적 사례다. 2016년 구글의 알파고가 이세돌 9단과의 바둑 대결에서 연승하자 비슷한 미신과 괴담이 돌기도 했다. 하지만 인류는 기술개발을 통해 삶을 이롭게 하는 혁신의 길을 멈추지 않았다. 알파고에서 파생한 기술은 자율주행 자동차와 의료계의 암 진단용 신경망 등에 두루 적용되고 있다. AI는 그 어떤 기술보다 보편적인 기술이 될 것이다. 우리가 이제 기반기술의 인터넷이라는 단어를 잘 쓰지 않을 정도로 인터넷에 익숙한 가운데, AI도 비슷한 흐름이 될 것이기 때문이다. 그 연장선에서 삶에 스며든 AI는 모든 산업을 바꾸고 인간의 일자리도 뺏을 수 있다. 그 변화를 수용하려는 용기와, 유연함이 필요하다.

02 　논제 풀이

📈 서론

이슈 언급 　산업 현장에 인공지능(AI) 도입이 확산하면서, AI에 떠밀린 인간 노동자의 일자리가 위험해질 수 있다는 우려가 커지고 있다.

그 이유는 AI가 산업 구조를 바꾸고 사람의 일자리를 잠식하는 현상이 본격화되었기 때문이다. 이미 글로벌 기업들이 AI가 대신할 수 있는 직종의 채용을 중단하는가 하면, 소멸될 위기에 처한 산업도 있다.

몇 년 전까지만 해도 먼 미래의 일로 여겨졌던 AI의 공습이 현실화되고 있는 셈이다. 산업의 구조적 변화도 예고되고 있다. 2023년 5월 2일 미국 뉴욕 증시에서는 온라인 교육 업체들의 주가가 일제히 폭락했다. 투자자들이 학생들이 챗GPT로 궁금증을 해결하고 숙제를 하면서, 온라인 교육업의 존속 자체가 불투명해진 것으로 보고 있기 때문이다.

그러나 사람의 일자리가 크게 잠식될 것이라는 우려가 확산되는 것과는 별개로, 기술적으로 볼 때 현재 목도하고 있는 최첨단 AI가 만능일 것이라는 또는 완전무결할 것이라는 기대는 위험하다는 지적도 나오고 있다.

이에 본지에서는 AI와 일자리에 대한 각종 예측들을 참고하여 AI의 발전이 일자리에 미칠 영향을 알아본 후, 정책적 방안에 대하여 논하기로 한다.

📈 본론

1. AI와 일자리

1) AI가 실물경제에 미치는 낙관적 시나리오
<출처: 예금보험공사>

AI의 발전이 생산성을 크게 높여 장·단기적으로 생산·소비·투자를 크게 늘릴 수 있으며, 단기적인 공급 충격으로, 디플레이션이 발생할 수 있으나 장기적으로 인플레이션의 효과(Occupational, Industry, and Geographic Exposure to AI, Felten and R Seamans, 2023년).

① 이는 골디락스 상황*(Goldilocks situation)으로 이어져 성장을 저해할 수 있는 인구고령화, 글로벌 공급망의 변화 등의 영향을 완화시킬 것으로 예상.

* 높은 경제성장에도 불구하고 물가가 상승하지 않는 이상적인 상황

② 다만, 일부 업무 자동화로 인해 발생할 수 있는 일자리 감소는 소비자의 소비패턴과 소비자 및 기업의 대출 상환 능력에 영향을 미칠 수 있으므로, 금융부문에서는 이러한 대체로 인한 자원 재배치를 지원할 필요.

1. AI와 일자리	2) AI가 실물경제에 미치는 파괴적 시나리오 <출처: 예금보험공사>	AI 기술 고도화로 인간이 수행하는 대부분 업무가 자동화되어 생산량의 급격한 증가와 노동력의 심각한 평가 절하로 실물경제에 큰 타격. ① 노동력의 평가절하 관련 정책적 조치가 없을 경우, 대규모의 채무 불이행 위험이 발생하여 금융위기의 원인이 될 수 있고, 노동 시장 약화로 인한 정부의 세수 감소로 정부부채의 지속가능성에 대한 불확실성 증대. ② AI 기반 신규기업*으로의 경제체제 전환이 빠르게 진행되어 기존 기업의 파산 위험을 초래하고 디지털 기술의 승자독식 현상(Winner-takes-all effects)이 강화. 　* OpenAI의 CEO, 샘 알트먼(Sam altman)은 최근 특정 사업 분야를 빠르게 장악할 수 있는 수조 달러 규모의 기업이 인간의 노동력 없이 곧 등장할 것으로 예상. ③ 경제 성장 및 물가 상승이 가속화되면 금리가 대폭 상승하여 신용의 질이 저하되고 대규모의 채무 불이행이 발생하여 금융기관의 건전성 저하. ④ 국가 간의 기술격차는 새로운 형태의 '정보 격차(Intelligence divide)'를 초래하여 심각한 교역조건 악화 가능성.
2. 영향	1) 긍정적인 영향	① 발달된 AI기술이 생산과정에 접목되면 기업의 한계비용이 하락하게 되고, 시장이 충분히 경쟁적이라면 기업은 생산량을 증가시킨다. 이러한 산출효과는 대체효과를 상쇄하여 과거보다 더 많은 노동이 생산에 사용된다. ② AI와 관련된 전후방 산업의 성장과 새로운 기업의 등장이 기대되므로, AI기술의 가파른 성장은 더 많은 일자리를 창출할 수 있다. 이는 러다이트 운동 시기에서도, 그 이후 수많은 기술혁신 시기에서도 관찰된 사실이다. ③ 생성형 AI는 대규모 정보처리를 빠르게 처리할 수 있으므로 노동의 한계생산성을 증가시킨다. 기업의 이윤극대화 원리에 따라 노동수요곡선이 우측 이동하게 되고, 고용량은 증가하게 된다. ④ 기업의 성장과 고용의 증가는 경제 성장으로 이어진다. 경기변동의 정형화된 사실에서 임금은 상대적으로 약하게, 고용은 상대적으로 강하게 경기에 순응한다. 따라서 일자리의 증가를 예상할 수 있다. ⑤ 한국의 경우, 인구구조상 생산가능인구의 급격한 감소가 예상되나, AI가 이를 상당부분 상쇄시켜 한국경제의 생산 및 견고한 성장을 가능하게 할 수 있다. ⑥ 독점이윤은 혁신의 원동력이 된다. 슘페터는 한 기업이 독점 이윤을 누리고 있다면, 경쟁 기업은 혁신을 통해 독점기업을 밀어내는 '창조적 파괴'가 일어난다고 설명한다. 따라서 독점적 지위를 특정한 기업이 오래 누릴 수 없다.

2. 영향	1) 긍정적인 영향	⑦ AI기술로 기업의 생산비용이 하락하고, 비용 하락이 상품 가격의 하락으로 이어진다면 소비자의 실질소득은 증가하게 된다. ⑧ 앞서 고용 측면에서 언급하였듯이 노동 수요곡선의 우측이동이 기대되므로 임금 역시 상승할 수 있다. 또한 노동의 자유로운 이동이 가능하다면 노동자는 고임금부문으로 이동할 것이므로, 장기적으로 부문 간 임금격차는 해소될 것이다.
	2) 부정적인 영향	① AI기술의 발전은 노동절약적 기술진보이므로 새로운 생산자 균형에서 노동투입은 감소하고 자본 투입은 증가하여 집약도가 상승하게 된다. ② 또한 자본재 가격 하락이 예상되므로, 기업은 상대적으로 비싸진 노동을 자본으로 대체하려는 요소대체효과가 발생하게 된다. ③ 이력현상으로 자연실업률이 증가할 수 있다. 이력현상은 실업기간이 길어지면서 실업자의 인적자본 축적과 노동생산성이 하락하기 때문에 발생한다. AI와 같은 디지털 기술은 단기간에 습득하기 어려운 기술이므로 실업을 장기화 시키고, 이는 자연실업률의 상승으로 이어진다. ④ 과거 기술진보는 단순 생산과정의 자동화 형태로 진행되었다. 그러나 생성형 AI는 창의적인 분야에서도 AI가 인간을 대체할 수 있음을 보여주고 있다. 국내 기업 중에는 CJ가 고객맞춤형 AI카피라이터를 개발, 업무에 활용하고 있다. 또한 고숙련 노동자들 역시 AI로의 대체가능성이 커지고 있다. 때문에 실업의 범위와 규모는 과거 기술진보 시기에 비해 보다 광범위하고 대량으로 발생할 수 있다. ⑤ IT산업은 선점자의 승자독식 경향이 강하므로 AI분야 역시 독점 시장이 될 가능성이 크다. 이로 인해 기업 간 양극화가 발생하고, 독점 기업의 높은 가격 책정으로 소비자의 실질소득이 감소할 수 있다. ⑥ 또한 생성형 AI기술을 보유한 개인과 그렇지 못 한 개인 간의 소득 양극화가 발생할 수 있다. ⑦ 만약 AI 기술 도입으로 노동의 자본으로의 대체가 활발히 일어난다면 자본소득과 노동소득 간의 양극화가 심화되고, 고용 없는 성장이 발생할 수 있다. ⑧ 저임금 직업은 신기술 도입의 매력이 떨어지므로 자동화의 영향을 덜 받는 경향이 있다. 때문에 퇴출된 숙련 노동자들이 저임금 부문으로 유입, 저임금 부문의 추가적인 임금 하락이 발생한다.
3. AI의 문제 : 할루시네이션	1) 할루시네이션	① 최첨단 AI가 만능일 것이라는 또는 완전무결할 것이라는 기대는 위험하다는 지적도 나오고 있다. 그 중심에는 이른바 '할루시네이션(hallucination)'이 자리 잡고 있다.

3. AI의 문제 : 할루시 네이션	1) 할루시네이션	② 할루시네이션은 본래 '환각(幻覺)'을 뜻하는 정신의학 용어로 AI가 어떤 이유에서든 잘못된 정보를 생성하는 현상 또는 기술적 오류를 가리킨다. AI가 사실이 아닌 내용을 마치 사실인 것처럼 제시하는 경우, 결과적으로 거짓말을 만들어 내는 경우가 대표적이다. 애초에 오류가 있는 데이터를 학습하거나 학습된 데이터가 편향적이어서 이 현상이 주로 일어나는 것으로 알려졌다. ③ 가공할 만한 연상 능력을 지닌 생성형 AI가 엄청난 규모의 학습 과정을 통해 내놓은 정보의 진위(眞僞)를 사람이 가려내는 일이 매우 어렵기 때문에 할루시네이션 문제는 첨단 AI 기술이 지닌 위험성을 역으로 드러내는 대목이기도 하다.
	2) 차츰 개선될 것	아직은 할루시네이션의 오류가 문제가 되고 있지만 앞으로 AI의 학습량이 늘어나면서 차츰 문제가 개선될 것이라는 낙관적인 전망을 제시한 셈이다. [챗GPT의 아버지' 샘 올트먼 오픈AI 최고경영자(CEO)] ① 할루시네이션 문제에 대해 올트먼의 답변은 구체적이지 못했지만 낙관론에 가깝다. 다만 할루시네이션의 문제가 있다는 것은 공개적으로 인정했다. ② 그는 "할루시네이션 문제는 시간이 흐르면서 좋은 방향으로 개선될 것이라고 본다"면서 "예컨대 1 ~ 2년 정도 후에는 우리가 할루시네이션과 관련한 문제에 대해서는 더 이상 얘기할 일이 없을 것 같다"고 답했다. ③ 올트먼은 "AI는 창의성과 완벽한 정확성 사이에서 균형을 이뤄야 하는 문제가 있다"면서 "앞으로 시간이 흐르면서 사람들이 어느 쪽에 기우는지를 AI가 학습하는 과정을 밟게 될 것"이라면서 이 같이 주장했다.
	3) 개선될 문제가 아니다	그러나 이에 대한 반론도 만만치 않다. ① 전산언어학 분야의 전문가인 에밀리 벤더 미국 워싱턴대 교수는 포춘과의 인터뷰에서 "할루시네이션 오류는 바로잡을 수 있는 문제가 아니다"라고 반박했다. 그는 "AI 기술 자체와 AI 기술이 실제로 사용되는 분야 사이에 태생적으로 부조화가 존재하기 때문"이라며 이 같이 주장했다. ② 챗GPT 같은 생성형 AI는 애초에 '가장 그럴듯한 문장'을 만들어 내는 목적으로 개발된 기술인데, 당초의 목적에서 벗어나 만능인 것처럼 사람들 사이에 받아들여지고 있다는 얘기다.

3. AI의 문제 :
　　할루시
　　네이션

3) 개선될 문제가
아니다

③ 생성형 AI는 수학적 계산과 통계적 분석을 이용해 맥락에 기반한 적절한 단어와 문장을 검색하고 생성하는 것이 주된 기능이라는 것이다. 가장 사실일 가능성이 큰 문장을 끊임없이 뱉어내도록 설계돼 있고, 실제로 사람처럼 거의 실시간으로 질문에 대한 최적의 답변을 무작위로 제시하지만 잘 알지 못하는 질문, 즉 학습되지 않은 정보와 관련한 질문을 받으면 학습된 데이터에 기반한 추론을 통해 잘못된 정보도 사실인 것처럼 제공하는 오류를 범한다는 얘기다.

④ 벤더 교수는 "옳든 그르든 상관없이 질문을 받으면 꾸며낸 것이라도 답변을 무조건 제시하는 것이 생성형 AI 기술이 안고 있는 할루시네이션 문제의 핵심"이라고 강조했다.

 결론

**의견
제시**　역사적으로 미지의 신기술은 인류에게 기대와 위협이 뒤섞인 모습으로 다가온 경우가 많았다. 영국에서 산업혁명이 초래할 실업 위험을 증폭해 폭동으로 몰고 간 19세기 초 '러다이트 운동'은 막연한 공포가 빚은 '기술 포비아'의 극단적 사례다. 2016년 구글의 알파고가 이세돌 9단과의 바둑 대결에서 연승하자 비슷한 미신과 괴담이 돌기도 했다. 하지만 인류는 기술개발을 통해 삶을 이롭게 하는 혁신의 길을 멈추지 않았다. 알파고에서 파생한 기술은 자율주행자동차와 의료계의 암 진단용 신경망 등에 두루 적용되고 있다.

AI는 그 어떤 기술보다 보편적인 기술이 될 것이다. 우리가 이제 기반기술의 인터넷이라는 단어를 잘 쓰지 않을 정도로 인터넷에 익숙한 가운데, AI도 비슷한 흐름이 될 것이기 때문이다. 그 연장선에서 삶에 스며든 AI는 모든 산업을 바꾸고 인간의 일자리도 뺏을 수 있다. 그 변화를 수용하려는 용기와, 유연함이 필요하다.

신기술에 대한 비관론으로 시간을 보내다간 2022년 120조 원에서 2027년 560조 원으로 커질 것으로 예상되는 글로벌 AI 시장에서 뒤처질 뿐이다. 인간 두뇌의 외연 확장이라는 AI의 본질을 바로 보고 교육·의료·금융 등 전 산업에 걸쳐 진행되는 'AI발(發) 패러다임 시프트'에 대응해 정부와 기업의 투자와 역량을 집중해야 한다.

정보통신기획평가원(IITP)에 따르면 한국의 AI 기술 수준은 세계 최고인 미국(100점)과 비교해 80.9점으로 1.8년의 기술 격차를 보였다. 중국(85.8점)은 물론 일본(81.0점)에도 못 미치는 수준이다. AI 기술 확보와 인재 양성이 다급해진 상황이다. 섣부른 규제로 미래 패권이 걸린 첨단 기술 혁신을 가로막는 우를 범해선 안 된다.

AI발 일자리 태풍이 현실로 다가왔지만 한국은 전혀 준비가 돼 있지 않은 상태다. 변화에 대응하기 위해선 도태 산업에서 성장 산업으로 사람과 돈이 빠르게 움직일 수 있도록 해야 한다. 하지만 한국 노동시장은 지나치게 경직적이다. 해0고와 재취업이 어렵고, 근로시간과 근무 형태가 획일적이다. 정부는 노동개혁을 내걸었지만 첫 단추인 근로시간 개편조차 아직 끼우지 못했다.

낡은 교육 시스템은 4차 산업혁명이 요구하는 인재를 키워내지 못하고 있다. 청년들은 구직난을 호소하는데 정작 기업들은 신산업에 필요한 인력을 찾지 못하는 일자리 미스매치가 심각하다. AI로 대표되는 거대한 변화의 흐름을 거스를 순 없다. 적응하지 못하면 국가도 기업도 개인도 도태될 수밖에 없다. 전환 과정에서 불가피한 피해를 최소화하고 기회는 최대화할 수 있도록 노동과 교육 시스템의 전면 개편이 필요하다. 정부는 기업들이 신산업 시장에서 마음껏 일자리를 만들 수 있도록 유연한 노동시장을 구축해야 한다. 이와 함께 AI로 일자리를 위협받는 사람들을 위한 사회안전망과 재교육 대책도 마련해야 한다.

03 논술사례

주제 1

AI기술의 발전으로 일자리 감소, 양극화 심화 우려가 커지고 있다. AI가 노동시장에 미칠 영향과 그 대응에 대해 논하라.

답안

📈 서론

챗GPT로 대표되는 생성형 AI의 등장은 우리에게 이세돌과 알파고의 대국 결과 보다 더 큰 충격과 관심을 불러일으켰다. 전문 분야의 질문에 막힘 없는 답변을 제공하고, 정교한 이미지와 음악을 생성하는 AI의 모습은 산업 패러다임의 획기적 변화를 기대하게 만들었다. **동시에** 대규모 실업, 임금양극화 등을 우려하는 목소리도 나오고 있다. 이에 본고는 **AI가** 고용과 소득에 미칠 부정적, 긍정적 영향을 각각 살펴본 뒤, 우리의 대응방안에 대하여 논하고자 한다.

｜반면

｜AI의 발전이

📈 본론

· 고용 측면

1. 부정적 영향

　　1) AI기술의 발전은 노동절약적 기술진보이므로 새로운 생산
　　　자 균형에서 노동투입은 감소하고 자본 투입은 증가하여 집
　　　약도가 상승하게 된다. 이는 그림 1과 같이 나타낼 수 있다.

　　2) 또한 자본재 가격 하락이 예상되므로, 기업은 상대적으로 비

싸진 노동을 자본으로 대체하려는 요소대체효과가 발생하게 된다.

3) 이력현상으로 자연실업률이 증가할 수 있다. 이력현상은 실업기간이 길어지면서 실업자의 인적자본 축적과 노동생산성이 하락하기 때문에 발생한다. AI와 같은 디지털 기술은 단기간에 습득하기 어려운 기술이므로 실업을 장기화 시키고, 이는 자연실업률의 상승으로 이어진다.

4) 과거 기술진보는 단순 생산과정의 자동화 형태로 진행되었다. 그러나 생성형 AI는 창의적인 분야에서도 AI가 인간을 대체할 수 있음을 보여주고 있다. 국내 기업 중에는 CJ가 고객맞춤형 AI카피라이터를 개발, 업무에 활용하고 있다. 또한 고숙련 노동자들 역시 AI로의 대체가능성이 커지고 있다. 때문에 실업의 범위와 규모는 과거 기술진보 시기에 비해 보다 광범위하고 대량으로 발생할 수 있다.

2. 부정적 영향에 대한 반박과 긍정적 영향

1) 발달된 AI기술이 생산과정에 접목되면 기업의 한계비용이 하락하게 되고, 시장이 충분히 경쟁적이라면 기업은 생산량을 증가시킨다. 이러한 산출효과는 대체효과를 상쇄하여 과거보다 더 많은 노동이 생산에 사용된다.

2) AI와 관련된 전후방 산업의 성장과 새로운 기업의 등장이 기대되므로, AI기술의 가파른 성장은 더 많은 일자리를 창출할 수 있다. 이는 러다이트 운동 시기에서도, 그 이후 수많은 기술혁신 시기에서도 관찰된 사실이다.

3) 생성형 AI는 대규모 정보처리를 빠르게 처리할 수 있으므로 노동의 한계생산성을 증가시킨다. 기업의 이윤극대화 원리에 따라 노동 수요곡선이 우측 이동하게 되고, 고용량은 증가하게 된다.

4) 기업의 성장과 고용의 증가는 경제 성장으로 이어진다. 경기 변동의 정형화된 사실에서 임금은 상대적으로 약하게, 고용은 상대적으로 강하게 경기에 순응한다. 따라서 일자리의 증가를 예상할 **수 있다.**

사회 구조적인 측면에서 보면 우리 인구구조상 줄어드는 생산성을 대체해서 앞으로 AI가 오히려 큰 역할을 할 수 있습니다.

• **소득 측면**

1. **부정적 영향**

1) IT산업은 선점자의 승자독식 경향이 강하므로 AI분야 역시 독점 시장이 될 가능성이 크다. 이로 인해 기업 간 양극화가 발생하고, 독점 기업의 높은 가격 책정으로 소비자의 실질소득이 감소할 수 있다.

2) 또한 생성형 AI기술을 보유한 개인과 그렇지 못 한 개인 간의 소득양극화가 발생할 수 있다.

3) 만약 AI 기술 도입으로 노동의 자본으로의 대체가 활발히 일어난다면 자본소득과 노동소득 간의 양극화가 심화되고, 고용 없는 성장이 발생할 수 있다.

4) 저임금 직업은 신기술 도입의 매력이 떨어지므로 자동화의 영향을 덜 받는 경향이 있다. 때문에 퇴출된 숙련 노동자들이 저임금 부문으로 유입, 저임금 부문의 추가적인 임금 하락이 발생한다.

2. 부정적 영향에 대한 반박과 긍정적 영향

1) 독점이윤은 혁신의 원동력이 된다. 슘페터는 한 기업이 독점이윤을 누리고 있다면, 경쟁 기업은 혁신을 통해 독점기업을 밀어내는 '창조적 파괴'가 일어난다고 설명한다. 따라서 독점적 지위를 특정 한 기업이 오래 누릴 수 없다.

2) AI기술로 기업의 생산비용이 하락하고, 비용 하락이 상품 가격의 하락으로 이어진다면 소비자의 실질소득은 증가하게 된다.

3) 앞서 고용 측면에서 언급하였듯이 노동 수요곡선의 우측이동이 기대되므로 임금 역시 상승할 수 있다. 또한 노동의 자유로운 이동이 가능하다면 노동자는 고임금부문으로 이동할 것이므로, 장기적으로 부문 간 임금격차는 해소될 것이다.

📈 결론

이상에서 살펴보았듯이 현재 진행되고 있는 생성형 AI의 등장은 일자리와 소득 측면에서 긍정적 영향과 부정적 영향이 상존한다. 역사적 사건들의 실증분석 결과 신기술을 통한 고용증가와 경제성장이 기대되지만, 마찰적 실업의 규모가 크고 그 기간이 길어진다면 소비 위축으로 인한 경기침체와 추가적인 실업이라는 악순환이 형성 될 수 있다. 이하 결론에서는 노동시장에 미칠 부정적 충격의 최소화 방안들에 대해 언급하고자 한다.

1. 교육지원을 통한 노동이동성 제약 완화와 노동력 이질성 해소

과거 기술에 비해 AI기술을 비롯한 IT기술 습득에는 보다 많은 시간적, 경제적 비용이 필요하게 되었고, 이는 노동이동성의 제약으로 작용하게 된다. 따라서 기술진보에 발맞춘 직장 내 교육과 실업자 대상 교육에 대한 지원이 확대되어야 한다. 이는 신기술 도입이 본격화되는 시기 근로자의 직장 내 재배치를 통한 마찰적 실업의 규모를 감소시키며, 노동의 신속한 부문간 이동을 통해 실업 기간을 단축시킬 것이다.또한 제도권 교육은 노동력의 동질성을 높여 기술 보유 유무에 따른 임금 양극화 문제를 완화시킬 수 있다. 실제로 2025년부터 초중고 교육과정에서 AI교육은 의무화 된다. 향후 AI의 기술발전을 예의주시 하며 그 내용을 신속하게 공교육에 반영한다면 우리가 우려하는 임금양극화의 문제는 크지 **않을 것이다.**

실제 교육격차 해소가 양극화 문제의 근본적인 해결방안입니다.

2. 기업, 정부 연합체 구성을 통한 우리 기업의 경쟁력 확보

노동의 국가 간 이동은 현실적으로 그 자유도가 매우 낮다. 만약 AI산업에서 현재 선도자인 글로벌 빅테크 기업이 확고한 독점기업으로 자리 잡는다면, AI산업의 성장이 국내 노동시장에 가져다주는 노동창출효과는 미약할 것이다. 생성형 AI는 대규모 머신러닝을 바탕으로 개발되므로 막대한 비용과 데이터, 개발시간 등이 요구된다. 따라서 MS, 구글 등과 같은 글로벌 빅테크와 맞서 우리 기업이 경쟁력을 확보하기 위해선 개별 기업 보다는 기업들간, 그리고 기업과 정부간 연합체를 구성하는 것이 경쟁에 유리할 것으로 판단된다.

3. 시장환경 관리를 통한 창조적 파괴 유도와 실질소득의 증가

IT독점기업이 독점력을 남용하여 신규 기업의 진입이 어렵도록 진입장벽을 세운다면, 창조적 파괴를 통한 새로운 기업의 성장과 고용창출을 기대하기 어렵다. 따라서 기업의 독점력 남용과 담합에 대한 견제는 지속적으로 이루어져야 한다.또한, 시장환경 관리를 통해 경쟁기업의 진입 가능성을 높인다면 독점기업은 마크업 비율을 높게 설정하지 못한다. 즉, 독점기업이 책정하는 가격은 경쟁시장의 가격에 가까워진다. 따라서 AI기술 도입을 통한 기업의 비용하락이 상품 가격의 하락과 소비자의 실질소득 증가로 이어질 가능성이 높아진다.

4. 생성형 AI 전후방 창업기업 육성

AI산업과 같은 고부가가치 산업에서 새로운 기업의 태동과 성장은 고용과 임금상승을 모두 달성할 수 있으므로 창업기업에 대한 지원이 중요하다. 따라서 창업기업의 성장단계에 맞춘 금융지원, 비금융지원 등이 요구된다. 특히 IT산업은 여타 산업에 비해 창업비용이 낮다는 점, 오픈소스로 인해 AI산업에 대한 접근성이 높다는 점 등은 새로운 기업의 성장을 용이하게 할 것으로 기대

chapter 17

새출발기금(부채탕감)

서론	**이슈언급**	2022년 10월 공식 출범한 새출발기금은 신종 코로나바이러스 감염증(코로나19) 사태 여파로 불어난 부채로 고통받는 소상공인을 돕고자 정부가 30조원 규모의 기금을 조성해 마련한 채무조정 프로그램이다. 구체적으로는 부실차주(연체 3개월 이상)와 부실우려차주(연체 3개월 미만)을 상대로 한 채무조정 프로그램으로 3개월 이상 대출을 연체한 부실 차주는 대출 원금을 최대 80%까지 탕감해주고 연체기간이 3개월 미만인 부실 우려 차주에 대해선 연체 기간에 따라 최대 10년간 장기 분할 상환 등을 지원한다.
본론	**1. 새출발기금**	**1) 새출발기금**
		① 내용 : 채무조정은 코로나 만기연장 조치를 받고 있거나, 재난지원금 또는 손실보상금을 받은 자영업자와 소상공인이 대상으로 최대 3년의 거치기간을 주고, 최장 20년까지 빚을 상환할 수 있도록 부담을 덜어주고, 이자 수준도 완화. 3개월 이상 연체한 대출자는 '부실 차주'로 분류해, 무담보 대출 원금의 최대 90%를 감면
		② 목적 : 코로나 19기간 동안 늘어난 소상공인, 자영업자들의 빚을 제대로 관리하지 못하면 도미노현상처럼 실물경제로 옮아가는 등의 부작용이 큼. 정부가 금리인상의 부작용이 나타날 때까지 기다리다가 뒷수습을 하기보다 미리 방파제를 쌓아두고 부실을 최소화하는 것이 더 효과적임

본론	1. 새출발기금	1) 새출발기금	③ 논란 가. 지원범위 나. 지자체의 반발 다. 관치금융 우려
		2) 문제점	① 흥행부진 ② 패널티 ③ 까다로운 신청절차 ④ 낮은 매입가율
	2. 탕감 논란	1) 왜 탕감을?	과도한 채무가 국가 경제에 끼치는 악영향 탓에 역대 정부는 좌우를 막론하고 빚 탕감책을 꺼내 들었음. 2004년 노무현 정부는 '한마음금융'을, 2013년 박근혜 정부는 '국민행복기금'을 만들어 부실 채권을 사들였음. 이름만 다를 뿐 빚을 줄여 준다는 점은 모두 같음. 그리고 3개월 이상 연속 연체가 나고 정상적으로 빚을 갚기 힘들다고 하면 빨리 정리해주는 것에 대해선 경제학자들이 다 동의하는 것임
		2) 문제점	하지만 이번에는 반대 분위기가 심상치 않음 반복되는 이런 식의 대처는 투자자의 자기책임 원칙, 시장경제 시스템과 정면으로 어긋남. 나아가 도덕적 해이만 조장함. 정치적 결정이고 포퓰리즘이란 의구심이 나올 수밖에 없는 대목임. 취약층에게 지원이 불가피하다곤 하지만 이렇게까지 과도한 도덕적 해이는 허용할 수 없음. 은행 돈을 성실히 갚아온 서민들만 '바보'가 됨. 금융 당국과 정부는 옥석 가리기 등 도덕적 해이를 최소화할 방안을 강구해야 할 것임. 동시에 악성 가계·기업 부채의 구조조정에도 나서야 함. 작금의 상황을 보면 앞으로 부실이 더욱 늘어날 가능성이 크기 때문임. 이를 통해 불공정·역차별을 잠재워야 할 것임
결론	의견제시		정책 당국은 첫째, 채무탕감의 전제는 엄격한 상환능력 심사임 둘째, '원샷' 탕감보다는 장기상환계획을 제출 받아 신용회복절차를 밟는 것이 바람직함 셋째, 재산을 은닉하거나 소득을 신고하지 않는 부정한 방법으로 감면 받는 채무자에 대해서는 강력한 불이익 조치를 마련해야 할 것임 넷째, 취업 및 사업재개 등 소득 창출을 통한 재기 지원이 더욱 중요하므로 이러한 정책도 병행되어야 함 다섯째, 지원대상 기준은 연체기간과 금액이 아닌 상환능력과 의지가 돼야 할 것임 여섯째, 범람하는 대출광고에 대한 규제와 이자 제한을 강화함으로써 미연에 이런 상태를 방지해야 할 것임 일곱째, 성실 대출자들의 이자 감액 등 현실적인 금융지원 결단을, 새출발기금 수준으로 병행해야 형평성에 맞다.

결론	의견제시	한편, 금융기관은 첫째, 채권자에게는 신중한 대출의 의무가 있음. 채무자의 갚을 능력과 의지를 잘 판단해서 돈을 빌려주어야 함 둘째, 금융그룹들은 앞으로 닥칠 수 있는 위기에 선제적으로 대응해야 함 물고기가 아니라, 물고기를 잡는 법 결국 일자리 정책이 취약계층을 위한 최고의 금융프로그램이 될 수 있음을 상기해야 함

02 논제 풀이

📈 서론

이슈언급 소상공인과 자영업자의 채무 조정을 위한 새출발기금 규모가 2025년부터 현행 30조 원에서 40조 원 이상 수준으로 늘어날 전망이다. 우선 소상공인과 자영업자 새출발을 위한 기금 규모를 40조 원 이상으로 늘린다. 당초 정부는 2022년 새출발기금을 30조 원 규모로 조성하면서 3년에 걸쳐 3조 6,000억 원을 투입할 예정이었다. 현재 정부는 기금 규모를 40조 원 이상으로 늘릴 방침인데 이를 위해서는 1조 2,000억 원 가량의 재정이 더 필요하다. 또한 기존 기금 30조 원의 소진율도 낮은 편이다. 무조건 규모만 늘리는 것만이 능사는 아니라는 점이다.

한편, 한국자산관리공사와 신용회복위원회는 코로나19 사태로 피해를 본 소상공인·자영업자 전용 채무조정 제도인 '새출발기금'의 2024년 7월 말 기준 채무조정 신청자가 7만 7,976명, 채무액은 12조 6,041억 원으로 각각 집계됐다고 밝혔다. 먼저 새출발기금이 채권을 매입해 직접 채무조정을 해주는 약정은 2만 3,383명이 체결했다. 이들의 채무원금은 2조 205억 원이며, 평균 원금 감면율은 약 70%였다. 원금 감면 없이 금리와 상환 기간을 조정해주는 '중개형 채무조정'은 2만 3,647명(채무액은 1조 4,188억 원)이 약정해 평균 4.6%포인트의 이자율 인하 혜택을 봤다.

2022년 10월 공식 출범한 새출발기금은 신종 코로나바이러스 감염증(코로나19) 사태 여파로 불어난 부채로 고통받는 소상공인을 돕고자 정부가 30조 원 규모의 기금을 조성해 마련한 채무조정 프로그램이다. 구체적으로는 부실차주(연체 3개월 이상)와 부실우려차주(연체 3개월 미만)을 상대로 한 채무조정 프로그램으로 3개월 이상 대출을 연체한 부실 차주는 대출 원금을 최대 80%까지 탕감해주고 연체기간이 3개월 미만인 부실 우려 차주에 대해선 연체 기간에 따라 최대 10년간 장기 분할 상환 등을 지원한다.

문제는 새출발기금의 채권매입 실적이 저조한 것으로 나타났다. 사업설계 단계에서부터 사전에 수요를 제대로 조율하지 못해 정부 재정 출자금 비중이 목표에 비해 과다하다는 지적이다. 매입실적을 고려한 목표 매입규모 재설정이 필요할 것으로 보인다.

이에 본지에서는 현재 운영 중인 새출발기금의 문제점에 대하여 검토한 후, 쟁점 및 정책적 방안에 대해 제시하기로 한다.

📈 **본론**

1. 새출발 기금

1) 새출발 기금

① 내용

개념	코로나19 피해를 본 소상공인·자영업자 채무 중 부실 또는 부실우려 채권을 조정 또는 원금 감면
지원 규모	약 30조원
채무별 한도	개인사업자: 담보·보증부 15억원 이하, 무담보 10억원 이하. 총 25억원 한도 법인 소상공인: 담보·보증부 20억원 이하, 무담보 10억원 이하. 총 30억원 한도
채무 감면율	부실 채권 대상 감면율 60~90% 차등 적용

<출처 : 매일경제신문 '새출발기금 벌써 삐걱'>

가. 채무조정은 코로나 만기연장 조치를 받고 있거나, 재난지원금 또는 손실보상금을 받은 자영업자와 소상공인이 대상이다.

나. 최대 3년의 거치기간을 주고, 최장 20년까지 빚을 상환할 수 있도록 부담을 덜어주고, 이자 수준도 완화해준다.

다. 3개월 이상 연체한 대출자는 '부실 차주'로 분류해, 무담보 대출 원금의 최대 90%를 감면한다. 채무조정 한도는 무담보 10억 원을 포함해 자영업자는 25억 원, 소상공인은 30억 원까지이다. → 신용대출을 10억 원을 받고, 3개월 이상 연체했으면 산술적으로 최대 9억 원까지 원금 탕감이 가능하다.

라. 한국자산관리공사는 SPC 형태의 새출발기금을 신설해 해당 프로그램을 운영하고 있다. 채무조정 방식은 '채권매입형'과 금융사 동의 기반 '중개형'으로 구분된다. 매입형은 새출발기금이 금융사로부터 대출채권을 매입해 직접 채무조정을 하는 방식이다. 중개형은 신용회복위원회의 조정안을 바탕으로 금융사의 동의 하에 채무조정이 이뤄진다. 조정안에 동의하지 않은 경우에도 새출발기금이 채권을 매입한 후 채무조정에 참여하는 방식으로 지원한다. 정부 재정은 채권매입형 프로그램을 통해 매입한 채권의 손실액 보전을 위해 출자된다.

② 목적

가. 코로나 19기간 동안 늘어난 소상공인, 자영업자들의 빚을 제대로 관리하지 못하면 도미노현상처럼 실물경제로 옮아가는 등의 부작용이 크다. 정부가 금리인상의 부작용이 나타날 때까지 기다리다가 뒷수습을 하기보다 미리 방파제를 쌓아두고 부실을 최소화하는 것이 더 효과적이다.

나. 정부 조치로 최대 25만 명이 빚 탕감 등의 혜택을 보게 된다. 2030 청년세대와 자영업자의 부담을 덜어주는 게 지속가능한 사회를 위해 불가피한 선택일 수 있다

다. 도덕적 해이 논란 관련 금융위는 최대 9억 원 탕감을 두고 "기초생활수급자가 10억 원의 신용대출을 금융권에서 대출받아 채무조정을 신청하는 사례처럼, 실제 발생 가능성이 낮은 차주의 경우에만 나타날 수 있는 상황을 가정한 것"이라고 해명했다. 또 원금 탕감을 받는 대출자에 대해서는 신규 금융거래를 제한하는 등 신용상 패널티를 부과한다고 덧붙였다.

③ 논란

가. 지원범위

A. 개인사업자 대출뿐 아니라 카드론까지 지원 대상에 포함된 데다가 30억 원의 대출을 받을 수 있는 법인까지 채무 조정을 지원할 필요가 있는가라는 지적이 있다.

B. 코로나19 사태로 경영난을 겪는 상황에서도 성실하게 원리금을 갚아 온 차주에게 상대적인 박탈감이 더욱 심해질 것이라는 전망이다.

C. 이번에 법인까지 적용하면서 상한선을 30억 원으로 정한 것 같은데 영세한 사업자가 아니라 담보와 신용이 있는 법인까지 지원하는 게 맞는지 생각해 봐야 한다.

나. 관치금융 우려

A. 금융회사의 기금 출연은 예정돼 있지 않다. 그러나 은행들은 언제든 정부가 출연을 요청할 수 있다고 보고 있다. 과거에도 시장 안정을 위해 금융회사들이 정부에 출연한 사례가 있어서다. 일례로 당국은 코로나 19 대유행이 시작되던 2020년 초 금융권이 10조 원, 증시 유관기관이 7,600억 원을 출연하는 '증시안정펀드'를 요청한 바 있다.

B. '새출발기금' 신청 과정에서 제외된 차주는 각 금융사가 자율적으로 채무조정을 하도록 유도한다는 방침을 세웠다. 금융위는 이런 취약층에게도 '새출발기금'과 거의 동등한 조건으로 채무조정을 해주라고 은행들에게 사실상 지시했다. 금융당국의 이 같은 방침은 은행도 고통분담에 나서라는 취지로 풀이된다. 대출 부실 위험을 은행도 일부 떠안아야 한다는 것이다. 정부의 역할을 민간에 떠넘기는 것 아니냐는 비판뿐 아니라 개인의 도덕적 해이를 오히려 조장한다는 우려가 쏟아지고 있는 것이다.

C. 말이 자율이지 사실상 관치라는 볼멘 소리가 나오는 이유이다. 이로 인한 은행들의 손실은 결국 일반 고객들에게 전가될 것이다. 은행에 떠넘긴다고 해서 해결될 문제가 아니다.

1. 새출발기금

1) 새출발기금

2) 문제점

① 흥행부진

가. 국회예산정책처 '2023회계연도 결산 위원회별 분석[정무위원회]' 자료에 따르면 금융위원회는 총 30조 원 규모의 채권을 매입할 계획을 바탕으로 채권매입가율을 60%로 반영, 18조 원의 재원이 소요될 것으로 예측했다.

나. 이에 따른 채권매입 재원 18조 원의 20%(예상 부도발생률)에 해당하는 3.6조 원은 정부 출자로 조달하고, 나머지 14.4조 원은 한국자산관리공사의 공사채 발행을 통해 충당하고자 한 것으로 알려졌다.

다. 국회예산정책처는 이 자료를 통해 "소상공인·자영업자 채무조정 프로그램의 채권매입 실적이 매우 저조하고 매입가율 또한 예측보다 낮게 나타나고 있다."며 "매입규모와 매입가율 추이를 바탕으로 정부 재원 출자 계획을 재검토할 필요가 있다."고 밝혔다. 또 "채권매입 실적이 당초 금융위와 한국자산관리공사가 계획한 규모(30조 원)에 비해 매우 저조한 상황"이라며 "매입실적을 고려한 목표 매입규모 재설정이 필요할 것으로 보인다."고 지적했다.

1. 새출발기금

2) 문제점

[새출발기금 연도별 채권매입 계획 및 실적]

(단위: 억원, %)

구분	2022	2023	2024	2025	합계
채권매입 계획	60,000	90,000	90,000	60,000	300,000
채권매입 실적	2,952	26,145	11,021 (4월말)	-	40,118
달성도	4.9	29.1	12.2	-	-

자료: 금융위원회

[새출발기금 월별 채권매입 현황]

(단위: 억원)

구분	1월	2월	3월	4월	5월	6월	7월	8월	9월	10월	11월	12월
2022	-	-	-	-	-	-	-	-	-	-	750	2,202
2023	1,693	2,222	1,777	2,114	2,130	1,859	576	2,784	2,819	2,868	2,695	2,608
2024	2,520	2,525	2,900	3,076	-	-	-	-	-	-	-	-

주: 2024년 5월 기준
자료: 금융위원회

라. 상기 자료에 따르면 금융위와 한국자산관리공사는 새출발기금을 통해 ▲2022년 6조 원, ▲2023년 9조 원, ▲2024년 9조 원, ▲2025년 6조 원으로 총 30조 원의 채권매입을 계획했다. 하지만 2022년에는 목표치(6조 원)의 4.9%인 2,952억 원을 매입했고, 2023년에는 목표치(9조 원)의 29.1%인 2조6145억원을 매입해 매입실적이 저조한 상황이다.

마. 당국의 목표만큼 채권매입이 이루어지지 못한 것은 2022년 9월 시행된 만기연장·상환유예 조치 연장으로 인해 채무조정 수요가 분산되었기 때문으로 분석된다. 채무자 입장에서 만기연장·상환유예가 가능해지면서 채무 부실이 미뤄진 상황인데, 신용상 불이익이 발생할 수 있는 채무조정 프로그램에 참여할 유인이 부족해진 셈이다. 실제로 금융권에서는 2020년 4월 1일부터 2022년 9월 30일까지 4차례의 만기연장·상환유예 조치 연장이 있었다. 또 2022년 9월 또 한 차례 최대 3년간 만기연장, 최대 1년간 상환유예를 내용으로 하는 조치가 시행됐다.

바. 특히 매년 목표한 만큼의 채권매입이 이루어지지 못하고 있는 상황에서도 금융위와 한국자산관리공사는 2025년까지의 총 매입계획(30조 원)을 그대로 유지하고 있는 상황이다. 국회예산정책처는 "금융위와 한국자산관리공사는 목표 대비 저조한 채권매입 추이를 바탕으로 전체 매입계획을 재검토해야 한다."며 "현재까지의 정부 출자 비중이 높다는 점을 고려해 향후 정부 출자 계획에 반영할 필요가 있을 것으로 보인다."고 조언했다.

② 패널티

가. 새출발기금을 이용할 경우 향후 2년간 새로운 대출을 받을 수 없는 등 패널티가 적용되기 때문에 만기연장이나 상환유예를 신청해보고 최대한 신청을 미루는 경우도 적지 않다.

나. 3개월 이상 대출을 연체하면서까지 자영업을 지속하는 경우가 많지 않은 문제도 있다.

③ 까다로운 신청절차

가. 새출발기금의 신청 절차가 까다롭다는 지적도 있다. 채무조정 약정체결을 위한 서류 제출에 상당한 시간이 소요되기 때문이다.

나. 새출발기금 신청만으로 끝나는 게 아니라 재산 관련 증빙서류 보완 제출 등 제반 심사 완료 후 채권 매입절차가 진행된다. 영세 자영업자들 중 연락이 늦어지거나 닿지 않는 경우가 많다.

다. 이 때문에 신청일 기준 3개월 이내인 서류 제출 기한을 넘길 경우 신청 취소 등 패널티를 부여하는 방안도 검토되고 있다

라. 금융당국은 앞으로는 서류 제출기한과 고의 지연시 신청 취소 가능성을 안내하고 기존 신청자에게도 3개월 내에 서류 제출을 완료해야 한다고 안내할 계획

④ 낮은 매입가율

가. 한국자산관리공사(캠코)의 새출발기금 채권 매입가율이 당초 계획의 절반 수준인 30%대에 그치는 것으로 나타났다. 앞서 캠코는 금융 · 보증기관의 코로나19 부실(우려)채권을 원가의 평균 60%에 사들이겠다고 밝힌 바 있다. 국회에서는 "예산을 과하게 받아냈다"는 지적이, 협약 금융기관에서는 "캠코가 값을 제대로 쳐주지 않고 시장가보다 싸게 매입했다"는 불만이 나온다.

나. 금융권에 따르면 2023년 2분기 말 기준 캠코의 새출발기금 채권 평균 매입가율은 37%로 나타났다. 2023년 1분기 말 32%보다는 소폭 올랐지만 여전히 30%대에 그친다. 매입가율은 채권 매입가액을 채권가액으로 나눈 수치. 매입가율 37%는 100만 원짜리 채권을 37만 원에 샀다는 의미다.

1. 새출발기금 — 2) 문제점

1. 새출발기금	**2) 문제점**	다. 이는 당초 캠코가 지난해 10월 새출발기금 출범 당시 언급한 평균 매입가율 60%에 한참 못 미치는 수준이다. 대출 채권 매입 재원의 20%인 3조 6000억 원을 정부 재정으로 충당하기로 하면서 캠코는 정부 출자금 규모의 주요 산정 근거로 '매입가율 60%'를 제시한 바 있다. 구체적으로 담보·보증 채권 매입가율은 85%, 무담보 채권 매입가율은 0~35%였다.
		라. 캠코 관계자는 "매입가율이 상대적으로 높은 담보 채권의 경우(채권 매입 없이 채무 조정이 진행되는) 중개형으로 먼저 가기 때문에 최종 인수까지는 무담보 채권보다 시간이 3~4개월 더 걸린다."며 "현재 담보 채권 매입 비중이 낮지만 그 비중이 높아지면 평균도 높아질 것"이라고 말했다.
		마. 하지만 국회는 캠코가 애초에 무담보 채권 비중이 더 높을 수밖에 없다는 점을 간과했다고 봤다. 국회예산정책처는 "새출발기금 사업 관련 정부 출자금 산출 시 적용된 매입가율에는 무담보 채권 매입 비중이 상대적으로 높을 것이라는 점이 반영되지 못했다."며 "담보·보증부 채권 매입가율이 과다 평가돼 정부 출자금이 과다 편성된 것으로 볼 여지가 있다."고 지적했다.
		바. 또 다른 문제는 캠코가 싸게 사올수록 채권을 파는 금융·보증기관들의 손실이 커진다는 점이다. 민간 부실채권(NPL) 유동화 전문 회사에 팔면 더 높은 값을 받고 채권을 매각할 수 있기 때문이다. 2금융권 한 관계자는 "채권마다 다르지만 90일 이상 장기 연체 채권도 매입가율이 30% 이하면 높다고 볼 수는 없다"며 "하지만 차주가 새출발기금을 신청하면 낮은 가격에라도 캠코에 팔지 않을 수가 없다"고 말했다. 2023년 1분기 말 기준 캠코의 무담보 채권 매입가율은 28%에 그쳤다.
		사. 코로나19 당시 소상공인·자영업자 보증 규모가 급증했던 지역신용보증재단의 우려는 더 크다. 지역신보의 한 관계자는 "새출발기금 신청 차주가 예상보다 많지 않아 현재는 괜찮지만 그 규모가 늘면 지역신보의 손실이 커질 수 있다."고 말했다. 2019년 말 약 23조 원이었던 지역신보 보증 잔액은 2022년 말 약 46조 원으로 2배 치솟았다. 2022년 새출발기금 출범 전 지역신보들이 내부적으로 추정한 적정 매각가율은 부실채권 34%, 부실 우려 채권 70%였다.
2. 탕감논란	**1) 왜 탕감을?** <출처 : 시사저널>	과도한 채무가 국가 경제에 끼치는 악영향 탓에 역대 정부는 좌우를 막론하고 빚 탕감책을 꺼내 들었다. 2004년 노무현 정부는 '한마음금융'을, 2013년 박근혜 정부는 '국민행복기금'을 만들어 부실 채권을 사들였다. 이름만 다를 뿐 빚을 줄여 준다는 점은 모두 같았다. 그리고 3개월 이상 연속 연체가 나고 정상적으로 빚을 갚기 힘들다고 하면 빨리 정리해주는 것에 대해선 경제학자들이 다 동의하는 것이다.

2. 탕감 논란

1) 왜 탕감을?
<출처 : 시사 저널>

① 금융 당국에 따르면, 전체 가계대출 중 약 5%는 부실위험 대출로 추정된다. 그 규모는 93조 원에 이른다. 또 가계대출 평균 금리가 7%로 오를 경우 190만 명이 빚을 못 갚게 된다. 이들은 원리금 상환에 소득의 70% 이상을 써야 한다. 최저생계비를 제외하면 사실상 파산 선고나 다름없다. 2022년 7월 18일 기준 5대 시중은행의 전세자금대출 금리는 4.11 ~ 6.21%로 상단이 6%를 넘었다. '대출금리 7%' 시대에 바짝 다가선 것이다.

② 이러한 상황에서 신용이 낮은 사람들은 대부업체로 눈을 돌렸다. 하지만 그마저도 쉽지 않다. 기준금리 인상으로 인해 자금 조달이 힘들어진 대부업체가 돈을 빌려주길 꺼리고 있기 때문이다. 서민금융연구원이 2021년 말 실시한 설문조사에서 저신용자(6 ~ 10등급)의 43.4%는 대출을 거절당했다고 답했다.

③ 자금줄이 막히면 사회문제로 비화할 가능성을 배제할 수 없다. 불법 사금융이 대표적인 예다. 불법 사금융 신고 접수 건수는 2020년 1,799건에서 2021년 3,115건으로 73% 증가했다. 그 덫은 청소년까지 옭아맨다. 경기도는 여성 청소년을 상대로 연 2만9000%가 넘는 이자를 뜯어간 불법 대부업자를 적발했다고 7월13일 발표했다.

④ 청년들이나 소상공인들이 대출금을 견디다 못해 파산 신청을 하게 되면 일각의 우려처럼 '세금으로 도와주는' 상황이 현실이 될 수도 있다. 이들이 기초생활수급자로 전락할 수 있기 때문이다. 이미 조짐은 나타나고 있다. 대법원에 따르면, 파산 전 단계인 개인회생 신청자 중 20대는 2019년 1만307건에서 2021년 1만1,907건으로 2년 동안 약 15% 증가했다. 또 20·30대 기초수급자는 2019년 17만9,000명에서 2020년 21만8,000명으로 21% 늘어났다. 서울회생법원 관계자는 "저신용 청년들과 소상공인들이 빚더미에 파묻히도록 놔두는 것보다 재기의 발판을 마련해 주는 것이 국가 경제에 도움이 된다"고 말했다.

2) 문제점
<출처 : 시사 저널>

하지만 이번에는 반대 분위기가 심상치 않다.

반복되는 이런 식의 대처는 투자자의 자기책임 원칙, 시장경제 시스템과 정면으로 어긋난다. 나아가 도덕적 해이만 조장한다. 정치적 결정이고 포퓰리즘이란 의구심이 나올 수밖에 없는 대목이다. 취약층에게 지원이 불가피하다곤 하지만 이렇게까지 과도한 도덕적 해이는 허용할 수 없다. 은행 돈을 성실히 갚아온 서민들만 '바보'가 된다. 금융당국과 정부는 옥석 가리기 등 도덕적 해이를 최소화할 방안을 강구해야 할 것이다. 동시에 악성 가계·기업 부채의 구조조정에도 나서야 한다. 작금의 상황을 보면 앞으로 부실이 더욱 늘어날 가능성이 크기 때문이다. 이를 통해 불공정·역차별을 잠재워야 할 것이다.

📈 결론

의견 제시 정부와 금융회사들은 지원 대상자 선정에 앞서 부작용을 막을 시스템부터 마련해야 한다. 코로나 이전 부채 상환 기록, 재무 상황 등을 살펴 지원 규모에 차등을 둘 필요가 있다. 무의미한 '연명 치료'가 될 수 있는 대출, 부도덕한 무임 승차자는 가려내야 한다. 정부는 "지금 지원 안 하면 나중에 비용이 더 들 것"이라고 하지만, 경제위기 때마다 반복되는 빚 탕감은 금융 시스템을 망가뜨려 장차 찾아올 국가경제의 위험을 더욱 키울 수 있다.

이에 정책 당국은

첫째, 채무탕감의 전제는 엄격한 상환능력 심사이다. 개인정보 활용에 대한 동의를 얻어 금융자산현황, 거주지현황, 카드 사용내역 등 확인 및 일정한 유예기간을 둔 후 재심사까지 한 후 탕감을 고려해야 할 것이다. '빚 갚아온 사람들만 바보'라는 소리가 나오지 않도록 도덕적 해이 방지책을 보다 철저히 가다듬어야 한다.

둘째, 만약 채무자의 도덕적 해이가 심화되면 금융기관이 앞으로 소액 대출을 하지 않으려는 부작용이 발생할 수 있다. 이 때문에 '원샷' 탕감보다는 장기상환계획을 제출 받아 신용회복절차를 밟는 것이 바람직하다.

셋째, 재산을 은닉하거나 소득을 신고하지 않는 부정한 방법으로 감면 받는 채무자에 대해서는 강력한 불이익 조치를 마련해야 할 것이다.

넷째, 취업 및 사업재개 등 소득 창출을 통한 재기 지원이 더욱 중요하므로 이러한 정책도 병행되어야 한다.

다섯째, 지원대상 기준은 연체기간과 금액이 아닌 상환능력과 의지가 돼야 할 것이다.

여섯째, 범람하는 대출광고에 대한 규제와 이자 제한을 강화함으로써 미연에 이런 상태를 방지해야 할 것이다.

일곱째, 동시에 악성 가계 · 기업 부채의 구조조정에도 나서야 한다. 작금의 상황을 보면 앞으로 부실이 더욱 늘어날 가능성이 크기 때문이다. 이를 통해 불공정 · 역차별을 잠재워야 할 것이다.

여덟째, 성실 대출자들의 이자 감액 등 현실적인 금융지원 결단을, 새출발기금 수준으로 병행해야 형평성에 맞다.

한편, 금융기관도 염두에 두어야 할 사항이 있다.

여덟째, 성실 대출자들의 이자 감액 등 현실적인 금융지원 결단을, 새출발기금 수준으로 병행해야 형평성에 맞다.

첫째, 채권자에게는 신중한 대출의 의무가 있다. 채무자의 갚을 능력과 의지를 잘 판단해서 돈을 빌려주어야 한다. 이는 채권자 스스로의 이익에 부합하는 일이기에 문제가 없을 수도 있다. 그러나 현실에서는 두 가지 측면에서 채권자의 도덕적 해이가 발생한다. 금융회사들은 자신의 돈을 빌려주는 것이 아니라 예금자를 비롯한 남의 돈을 빌려주는 경우가 많다 보니, 단기적 수익에 눈이 멀어 함부로 대출하기도 한다.

더군다나 그러다가 과도한 부실로 금융회사가 위기에 처하면 경제 전체에 미치는 파장을 우려하여 정부가 구제해주는 일이 허다할 수 있다. 외환위기 당시에 시중은행을 비롯한 수많은 금융회사들이나 카드회사나 저축은행들도 탐욕의 늪에 빠졌던 것을 상기해야 한다.

둘째, 금융그룹들은 앞으로 닥칠 수 있는 위기에 선제적으로 대응해야 한다. 추가적인 금리 인상과 경기 후퇴 등의 여파로 대출자의 연체가 급증할 가능성이 매우 높다. 정부가 취약차주들에 대한 금융지원 방안을 내놨으나, 정부 힘만으로는 역부족이다. 대출자들이 연쇄적으로 장기 연체에 빠지면 은행의 손실도 커질 수밖에 없다. 대출자가 채무 불이행에 직면해 신용회복위원회 채무조정 프로그램과 법원의 개인회생 · 파산 절차를 밟으면, 결국 은행이 채무 탕감 비용을 떠안아야 한다. 은행들이 사회적 책임 차원에서뿐만 아니라 은행의 재무건전성 유지를 위해서도 취약차주 지원에 적극 나서야 하는 이유다.

물고기가 아니라, 물고기를 잡는 법 결국 일자리 정책이 취약계층을 위한 최고의 금융프로그램이 될 수 있음을 상기해야 한다.

chapter
18

신재생에너지

01 논제 개요 잡기[핵심 요약]

서론	이슈언급	신재생에너지는 '신에너지'와 '재생에너지'가 합쳐진 용어. 신에너지는 기존에 쓰이던 화석연료가 아닌 수소에너지와 연료전지 등을 말함 재생에너지는 고갈되지 않고 지속적으로 얻을 수 있는 에너지를 뜻함. 태양광·풍력 등 자연에너지를 변화해 이용하거나 폐자원을 재활용해 에너지를 생성하는 경우임 우리나라의 전기 생산량에서 신재생에너지가 차지하는 비중은 절망적인 수준. 우리나라는 5.8%로 OECD 37개 국가 중 37위로 최하위에 머물러 있음. 이전 정부도 신재생에너지 확대를 위해 적지 않은 노력을 기울임. 그런데 어째서 우리나라의 신재생에너지 수준은 세계 최하위 수준일까? 신재생에너지를 생산할 수 있는 자연 조건이 열악하기 때문임 그럼에도, 신재생에너지는 탄소중립을 위한 주요 이행 수단으로 우리나라도 지향해야 할 최종 목표임
본론	1. 신재생에너지 현황	1) 신재생에너지 장·단점
		① 장점 　가. 지속가능성 　나. 에너지 수입 의존도 하락 ② 단점 　가. 재생에너지는 개발 초기 발전·송전 설비 확충 등에 큰 비용이 소요된다는 점

본론	**1. 신재생 에너지 현황**	**1) 신재생 에너지 장·단점**	나. 간헐적 상황에서만 전력 공급이 가능하다는 것. 화석연료는 필요할 때 언제라도 사용할 수 있는 장점이 있지만 재생에너지는 태양이 비추고 바람이 부는 등 특정 상황에서만 전력이 공급됨 다. 설치 과정에서 주변 환경과 생태계에 영향을 주는 등 환경 문제에서 벗어날 수 없음 라. 신재생에너지 발전 비중이 늘어나면 전기료 상승은 불가피할 것

본론 — **1. 신재생 에너지 현황**

1) 신재생 에너지 장·단점

나. 간헐적 상황에서만 전력 공급이 가능하다는 것. 화석연료는 필요할 때 언제라도 사용할 수 있는 장점이 있지만 재생에너지는 태양이 비추고 바람이 부는 등 특정 상황에서만 전력이 공급됨

다. 설치 과정에서 주변 환경과 생태계에 영향을 주는 등 환경 문제에서 벗어날 수 없음

라. 신재생에너지 발전 비중이 늘어나면 전기료 상승은 불가피할 것

2) 글로벌 탈탄소 분위기

3) 한국의 현황 및 쟁점

① 현황 : 전문가들은 '2030 국가온실가스감축목표'(NDC)를 달성하기 위해서는 원전뿐 아니라 신재생에너지 등 모든 탈탄소 발전 수단을 검토해야 한다고 말함. 한국은 2030 NDC에 따라 2030년까지 배출량을 2018년 대비 40% 줄여야 함

하지만, 한국의 재생에너지 발전은 갈 길이 멈. 우리나라의 신재생에너지 비율은 2020년 기준 6.6%밖에 안 됨. 수출로 먹고 사는 나라인 만큼 현 정부에서 재생에너지 보급에 성공하지 못한다면 우리 경제에 큰 위험이 닥칠 가능성이 높음

② 쟁점

가. 가격 왜곡

나. 한전 독점

다. 원전 배합

라. 정책의 일관성

→ 전문가들은 에너지 이슈가 이념적·정치적 문제가 아니며 균형적이고 일관된 정책이 필요하다고 강조함. 에너지 믹스에서는 원전과 신재생에너지 비중을 적절히 조정하는 것이 중요한데, 전 정부와 현 정부 모두 어느 한쪽에 치우친 태도를 보인다는 것임. 에너지 이슈는 이념적·정치적 문제로 접근하면 안 되며 국가 경제, 안보 등 전반적인 영향을 고려해 에너지기본계획을 조기 수립해야 함. 모든 에너지원에는 각각의 단점이 있고 고통이 뒤따름. 하나의 에너지원에 매몰하지 말고 균형을 잡아야 할 것임

결론	의견제시	이제는 원전의 활용도를 높이는 방법도 적극 검토해야 함. 최근 미국 등 선진국에서 검토 중인 SMR(소형원전)에도 관심을 가지고 접근해야 할 것임 새 정부는 국정과제에서 실현가능한 탄소중립과 '시장원칙'에 기반한 에너지시장 구조를 확립하겠다고 함. 이율배반적인 현재의 전력시장 운영시스템을 합리적으로 개선하고 기술 개발로 연결해 신재생에너지 관련 열악한 자연조건을 극복할 수 있도록 해야 함. 그리고 그 첫 걸음은 우선 전기요금 현실화로 가격시그널을 회복하고, 정부주도가 아닌 시장 주도로 시장의 효율적 경쟁을 통해 에너지시장을 개편해 나가는 것에서 찾아야 할 것임

02 논제 풀이

서론

이슈 언급 에너지 안보 확보를 위해 필요한 대표적 발전 수단으로는 원전, 수소, 재생에너지가 거론된다. 이 중 재생에너지와 수소는 에너지 안보와 친환경이라는 '두 마리 토끼'를 모두 잡을 수 있는 에너지원으로 꼽힌다.

일반적으로 신재생에너지는 '신에너지'와 '재생에너지'가 합쳐진 용어다. 신에너지는 기존에 쓰이던 화석연료가 아닌 수소에너지와 연료전지 등을 말한다. 재생에너지는 고갈되지 않고 지속적으로 얻을 수 있는 에너지를 뜻한다. 태양광·풍력 등 자연에너지를 변화해 이용하거나 폐자원을 재활용해 에너지를 생성하는 경우다.

탄소중립이 화두가 된 현재, 신재생에너지 개발과 상용화 노력은 세계 각국에서 펼쳐지고 있다. 유럽은 친환경에너지 바람의 중심지다. 유럽연합(EU)은 1990년 대 후반부터 신재생에너지 기술개발 및 인프라 확충을 위한 정책과 제도 마련을 위해 힘을 쏟았다. 2020년 EU 소속 27개국에서 생산된 전체 전력 중 재생에너지 발전 비중은 38%로 화석연료 발전량(37%)을 최초로 앞질렀다.

하지만 우리의 현실은 다르다. 실제로 우리나라의 전기 생산량에서 신재생에너지가 차지하는 비중은 절망적인 수준이다. 국제에너지기구(IEA)가 2021년 발표한 '2020년 국가별 신재생에너지 발전 비중(양수발전 제외)'은 노르웨이 98.6%, 캐나다 67.9%, 미국 19.7%, 일본 19%다. 우리나라는 5.8%로 OECD 37개 국가 중 37위로 최하위에 머물러 있다. 이전 정부도 신재생에너지 확대를 위해 적지 않은 노력을 기울였다. 그런데 어째서 우리나라의 신재생에너지 수준은 세계 최하위 수준일까?

신재생에너지를 생산할 수 있는 자연 조건이 열악하기 때문이다. 그나마 우리나라의 자연 조건을 고려하면 유의미하게 키울 수 있는 신재생에너지는 태양광과 풍력 발전이다. 그런데, 이마저도 사실 유럽 등지에 비하면 결코 유리한 상황은 아니다. 우리나라 태양광 발전의 '정격용량 대비 이용률'은 하루 3.6시간(15%)이다. 하지만 이탈리아는 20.1%, 프랑스는 20%에 이른다. 우리나라의 풍속은 초당 6.2m인데 독일은 초당 7.6m다. 유럽에 비해 자연 조건이 열악하기는 하지만, 그렇다고 아예 신재생에너지를 생산하기에 불가능한 것은 아니다. 다만 규제가 발목을 잡고 있으며 기술개발이 미진할 뿐만 아니라 시장 운영 시스템도 미흡하다. 자연스레 경제성도 현격히 떨어지게 된다.

<출처: 중앙선데이 스페셜리포트>

그럼에도, 신재생에너지는 탄소중립을 위한 주요 이행 수단으로 우리나라도 지향해야 할 최종 목표다.

이에 본지에서는 신재생에너지의 현황 및 장단점을 분석한 후, 바람직한 신재생에너지 활용을 위한 정책적 방향에 대하여 논하기로 한다.

📈 **본론**

1. 신재생에너지 현황

1) 신재생에너지 장단점

① 장점

　가. 지속가능성 : 자연에너지원을 활용하므로 고갈될 우려가 거의 없다. 장기적 관점에서 에너지 생산 비용도 절감할 수 있다. 에너지를 발생시킬 때 온실가스와 다른 오염 물질을 거의 생성하지 않는 장점도 있다. 지구온난화, 대기오염 문제를 완화하는 효과가 있는 것이다.

　나. 에너지 수입 의존도 하락 : 한국 입장에서 재생에너지는 에너지원에 대한 해외 수입 의존도를 낮출 수 있는 매력적인 카드다. 화석연료 등 자원이 없는 한국의 에너지 자급도는 원자력을 포함해도 15% 이하로 매우 낮은 수준이다. 에너지원 상당량을 수입에 의존한다는 얘기다. 재생에너지 기술을 활용해 필요한 에너지를 자체 생산하게 되면 수입 에너지에 덜 의존할 수 있게 된다.

② 단점

　가. 재생에너지는 개발 초기 발전 · 송전 설비 확충 등에 큰 비용이 소요된다는 단점이 있다. 실제 태양광 · 풍력 등 재생에너지 발전단가는 기존 화석연료나 원자력보다 최대 2배 이상 높다. 한국을 포함해 재생에너지 사용을 늘리려는 국가들은 초기 비용을 낮추기 위해 다양한 재정 지원책을 펼치고 있다. 한국에서는 2012년부터 신재생에너지 보급 확대를 위해 신재생에너지 의무할당제(RPS) 제도를 시행 중이다. RPS는 정부가 정한 비율만큼 에너지 공기업이 의무적으로 신재생에너지를 사야하는 제도다. 문재인 정부 5년 간 RPS에 지급한 비용이 약 11조 3,000억 원으로 추산된다.

　나. 간헐적 상황에서만 전력 공급이 가능하다는 것이다. 화석연료는 필요할 때 언제라도 사용할 수 있는 장점이 있지만 재생에너지는 태양이 비추고 바람이 부는 등 특정 상황에서만 전력이 공급된다. 이상기후 상황에서는 에너지 수급 불안정성이 심화할 수 있는 것이다. 이 때문에 일부 에너지는 저장이 불가피한데 아직 대용량의 에너지를 저장하는 배터리 기술은 현실화가 어려운 상황이다.

　다. 설치 과정에서 주변 환경과 생태계에 영향을 주는 등 환경 문제에서 벗어날 수 없다.

　라. 신재생에너지 발전 비중이 늘어나면 전기료 상승은 불가피할 것이다. 발전단가의 상승을 억제하기 위해 정책적인 조치가 필요하며 에너지 전환뿐만 아니라 에너지 수요 관리도 병행해야 할 필요가 있다.

1. 신재생 에너지 현황

1) 신재생 에너지 장단점

[신재생에너지 종류]

신에너지	수소에너지, 연료전지, 석탄을 액화·가스화한 에너지 등
재생에너지	태양에너지, 풍력, 수력, 해양에너지, 지열에너지, 생물자원을 변환시켜 이용하는 바이오에너지 등

<자료 : 국가법령정보센터> <출처 : 국민일보>

2) 글로벌 탈탄소 분위기
<출처 : 중앙 선데이>

① EU는 2050년 탄소중립 달성을 목표로 2030년까지 1조 유로(약 1,340조 원)를 투입할 계획이다.

　가. 2045년 탄소중립 달성을 목표로 삼은 독일 : 2021년 46%였던 자국 내 재생에너지 전력 비중을 2030년 80% 수준으로 끌어올린다는 방침. 올라프 숄츠 독일 총리는 2030년까지 석탄화력 발전을 단계적으로 폐지할 방침을 세웠다. 이를 위해 재생에너지 발전 시설을 크게 늘리는 한편 탄소 배출로부터 자유로운, 천연가스를 활용한 가스화력 발전 시설 비중을 높인다는 계획이다. 탈탄소 기술을 적용해 제품을 생산한 기업들에는 일부 비용을 지원해주는 제도적 방안도 구상하고 있다.

　나. 프랑스 : 2050년 탄소중립을 목표로 적극적 행보. 아랍에미리트(UAE)와 수소와 원자력, 재생에너지 등 석탄을 대체할 차세대 에너지원에 대한 공동 투자 프로젝트를 진행하기로 했다. 프랑스는 2011년 일본 후쿠시마 원전 사고를 계기로 탈원전을 선언하고 원전 비중을 줄이는 데 나섰지만, 이후 원전을 짓기로 방향을 바꾼 바 있다. 전력 공급량 손실 없이 선결 과제인 탈탄소를 하려면 원전이 불가피하다고 봐서다.

　다. 자동차 분야 : 독일 · 프랑스를 비롯한 27개 EU 회원국들은 내연기관차 판매를 2035년부터 중단하는데 합의했다.

② 영국 : 2020년 EU에서 탈퇴한 영국 역시 탈탄소 만큼은 독일 · 프랑스 등 EU 회원국과 다르지 않은 고강도 추진으로 임하고 있다. 최근 4차 재생에너지 국가 입찰 결과 총 1만 792MW(메가와트) 규모 프로젝트를 확정했는데 이는 3차 국가 입찰 때보다 87% 급증한 수치다.

③ 미국 : 2030년까지 2조 달러(약 2,620조 원)를 투입해 탈탄소에 박차를 가하기로 했다. 특히, 기업들의 자발적인 대응책 마련이 대폭 늘면서 사회 전체 분위기가 달라졌다. 예컨대 애플과 구글은 2050년까지 소비전력의 100%를 재생에너지로 충당(RE100)한다는 계획을 세웠다. 일론 머스크 테슬라 최고경영자(CEO)가 지난해 "10억t 규모 탄소 포집 기술을 가진 사람(기업)한테 1억 달러(약 1,300억 원)를 제공하겠다"고 공언할 만큼 기업인들도 적극적이다.

④ 일본 : 일본 정부는 2050년 탄소중립 달성을 목표로 국가 차원에서 혁신적 기술을 확립하기 위해 5개 분야 16개 기술을 선정했다. 그 중 온실가스 배출 감축량이 크고 자국의 기술력을 십분 활용할 수 있는 39개 테마를 설정했다. 탄소중립 관련 투자를 하는 기업들엔 최대 10%의 세액 공제를 해주는 등 제도적 뒷받침 노력도 잇고 있다. 2019년 6.6%였던 원전 비중을 2030년까지 22%로 확대한다는 계획도 세웠다.

2) 글로벌 탈탄소 분위기
<출처 : 중앙 선데이>

⑤ 중국 : 한편 세계에서 가장 많이 온실가스를 배출하고 있는 중국도 시진핑 국가주석이 2020년 유엔 총회 연설에서 "2030년까지 탄소 배출량의 정점을 찍고 2060년 탄소중립을 달성하겠다"고 강조할 만큼 탈탄소를 다짐했다. 2025년까지는 재생에너지 비중을 50% 이상으로 끌어올린다는 목표다. 2035년까지는 산업 전반에 수소를 적용할 계획이다.

1. 신재생 에너지 현황

① 현황

2021년 주요 국가 태양광·풍력 발전 비중 (단위: %)

	세계 평균	덴마크	스페인	독일	영국	미국	중국	베트남	일본	한국
	10.3	51.8	32.9	28.8	25.2	13.1	11.2	10.7	10.2	4.7

〈자료: 영국 기후에너지 싱크탱크 엠버(Ember)〉

<출처 : 국민일보>

3) 한국의 현황 및 쟁점

가. 전문가들은 '2030 국가온실가스감축목표'(NDC)를 달성하기 위해서는 원전뿐 아니라 신재생에너지 등 모든 탈탄소 발전 수단을 검토해야 한다고 말한다. 한국은 2030 NDC에 따라 2030년까지 배출량을 2018년 대비 40% 줄여야 한다.

나. 하지만, 한국의 재생에너지 발전은 갈 길이 멀다. 국제 에너지 연구 기관인 엠버(EMBER)의 '국제 전력 리뷰 2022'에 따르면 한국의 태양광·풍력 발전 비중은 2021년 기준 4.7%로 세계 평균(10%)의 절반에도 못 미치는 수준이다. 한국전력공사 전력통계에 따르면 우리나라의 신재생에너지 비율은 2020년 기준 6.6%밖에 안 된다. 2018년 6.2%, 2019년 6.5%, 2020년 6.6%로 거의 늘지 않고 있다. 반면 영국 독일 이탈리아는 해당 비율이 40%에 육박한다. 일본은 18%, 미국은 17%, 프랑스는 20%다.

다. 국내 기업의 재생에너지 전환도 해외기업에 비해 다소 뒤처지고 있다. 2022년 초 지속가능성 평가 기관 탄소정보공개프로젝트(CDP)위원회가 발간한 'RE100 2021' 연례 보고서에 따르면 2020년 기준 RE100 가입 기업 315곳은 연간 전력 소비량의 45%를 재생에너지로 충당한 것으로 나타났다. 반면 삼성전자의 재생에너지 전환율은 지난해 기준 16% 수준이다.

라. 재생에너지 비중이 경제협력개발기구(OECD) 회원국 꼴찌인 상황에서 주요 기업의 RE100 참여나 EU와 미국의 탄소국경조정제도 도입 등 부담이 커지고 있으며, 수출로 먹고 사는 나라인 만큼 현 정부에서 재생에너지 보급에 성공하지 못한다면 우리 경제에 큰 위험이 닥칠 가능성이 높다.

② 쟁점

가. 가격 왜곡

A. 신재생에너지 운영 시스템이 복잡해 민간 사업자 입장에서는 수익을 내기가, 기업과 같은 전기 소비자 입장에서는 경제성을 확보하기가 어렵다. 발전소 등 대규모 발전사업자는 신재생에너지 의무량(RPS)이라는 게 있다. 이를 위해 대규모 발전사업자가 자체적으로 신재생에너지를 생산하기도 하지만, 대부분 민간이 생산한 신재생에너지를 사들인다. 이를 '신재생에너지인증서'(REC, 1REC=1MWh)라고 하는데 대규모 발전사업자들은 이 REC를 구입해 RPS를 맞춘다.

B. 값 적정해야 생산·소비 모두 유인 가능 : 문제는 이 REC 가격이 정부에 의해 왜곡돼 있다는 점이다. 2017년 128,585원이었던 REC 가격은 정부 정책으로 민간 재생에너지 발전사업자가 늘면서 2022년 11월 38,846원으로 70% 하락했다. 이에 기존 민간 사업자들의 수익이 확 줄어들자, 문재인 정부는 RPS 비율을 대폭 상향해 가격을 급등시켰다. 당시 정부는 2021년 9%이던 RPS 비율을 2022년 12.5%로, 이후 매년 2.5%씩 늘려 2026년 26%로 설정했다. 그 결과 2022년 2월 기준 신재생에너지 구입비용(수력 제외)은 4,561억 원으로 원자력(9,048억 원)의 절반을 넘어섰다. 그런데 이 기간 신재생에너지 구입량은 2,243GWh로 원자력(1만 3,307GWh)의 6분의 1 수준에 불과했다. 이를 KWh당 가격으로 환산하면 신재생에너지는 106.88원, 원자력은 56.28원이다. 가격이 올랐지만 민간 재생에너지 사업자를 늘리지도 못했다. 민간 사업자 입장에서는 가격이 일정해야 신규투자나 재투자를 하는데, 가격이 정부에 의해 왜곡되면서 수익성을 예측하기 어려워진 때문이다. 또 대규모 발전사업자의 REC 비용 부담 증가로 이어져 전기요금 인상 압박도 커지고 있다.

1. 신재생에너지 현황
3) 한국의 현황 및 쟁점

1. 신재생 에너지 현황

3) 한국의 현황 및 쟁점

나. 한전 독점 : 신재생에너지 보급과 기업의 RE100을 위한 제도인 전력구매계약(PPA)도 되레 신재생에너지 확대의 걸림돌이다. PPA는 신재생에너지 사업자와 기업 전기 소비자와의 거래를 유도하기 위한 제도인데, 한국전력이 국내 전력망을 사실상 독점하고 있어 부작용이 나타나고 있다. 전기 소비자가 한전을 통해 신재생에너지를 구입할 때 한전은 전력망 사용료(KWh당 8원 ~ 24원) 등을 포함한 부대비용을 받아간다. 이 때문에 전기 소비자가 한전을 통해 신재생에너지를 구입하면 비용 부담이 일반 전기요금의 두 배 가까이 된다. 그러다 보니 기업을 위한 제도임에도 불구하고 이 제도를 이용하는 기업은 없다(2021년 11월 기준).

다. 원전 배합 : '묻지마 신재생에너지'를 경계할 필요가 있다. 신재생에너지는 각국이 가진 지정학적 위치나 자원 보유량, 인구밀도 등 변수에 크게 좌우된다. 신재생에너지 전략도 각국의 상황이나 주어진 조건에 따라 달라질 수밖에 없다는 것이다. 한국은 재생에너지 여건이 좋지 않은 대표적인 나라다. 탄소중립 달성을 위해 원전 배합이 필수적이라는 목소리가 나오는 이유이기도 하다.

라. 정책의 일관성 : 정치적으로 '지속가능한' 에너지 정책이 필요하다는 주장은 꾸준히 제기된다. 원전 및 신재생에너지에 대한 입장과 태도가 정권에 따라 크게 달라지고 있기 때문이다. 앞서 문재인정부는 '재생에너지 확대'라는 에너지 보급 수단이 에너지 정책의 목적이 됐다는 말이 나올 정도로 신재생에너지 공급을 에너지 정책의 최우선 과제로 삼았다. 정권 초기 선언한 '탈원전' 기조와 맞물려 정하게 된 선택이었다. 문재인정부는 2030년까지 신재생에너지 비중 목표치를 30.2%로 삼았다. 반면 현 정부는 신재생에너지 비중 확대에 제동을 걸고 있다. 정부는 문재인정부가 탈원전 정책 추진 과정에서 무리하게 신재생에너지 보급을 확대했다고 보고 있다. 정부는 '새 정부 에너지정책방향'을 발표하고 문재인 정부 정책에 대해 "재생에너지의 간헐성, 입지·수용성 문제 등에도 불구하고 급격한 보급을 추진했다"고 평가했다. 정부는 구체적인 신재생에너지 비중 목표치를 밝히지는 않았지만 업계에서는 정부가 재생에너지 비율을 20~25%까지 낮출 것으로 보고 있다.

[달라진 원전 운영 목표]

구 분	2021년	기존 2030년 목표*	신규 2030년 목표
원전 운영개수(기)	24	18	28
설비용량(GW)	23.3	20.4	28.9
발전비중(%)	27.4	23.9	30 이상

*문재인정부 시절 설정됐던 목표치 〈자료: 산업통상자원부〉

1. 신재생
   에너지
   현황

3) 한국의
   현황 및
   쟁점

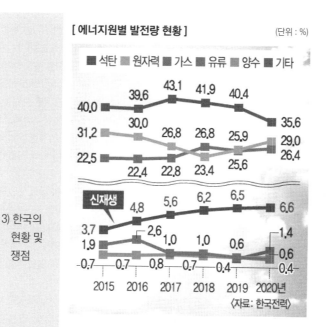

[에너지원별 발전량 현황]   (단위 : %)

전문가들은 에너지 이슈가 이념적 · 정치적 문제가 아니며 균형적이고 일관된 정책이 필요하다고 강조한다. 에너지 믹스에서는 원전과 신재생에너지 비중을 적절히 조정하는 것이 중요한데, 전 정부와 현 정부 모두 어느 한쪽에 치우친 태도를 보인다는 것이다. 에너지 이슈는 이념적 · 정치적 문제로 접근하면 안 되며 국가 경제, 안보 등 전반적인 영향을 고려해 에너지기본계획을 조기 수립해야 한다. 모든 에너지원에는 각각의 단점이 있고 고통이 뒤따른다. 하나의 에너지원에 매몰하지 말고 균형을 잡아야 할 것이다.

📈 결론

**의견
제시** 신재생에너지 확대가 거스를 수 없는 흐름인 것은 분명하다. 전문가들은 '2030 국가온실가스감축목표'(NDC)를 달성하기 위해서는 원전뿐 아니라 신재생에너지 등 모든 탈탄소 발전 수단을 검토해야 한다고 입을 모은다. 즉, 이제는 원전의 활용도를 높이는 방법도 적극 검토해야 한다. 최근 미국 등 선진국에서 검토중인 SMR(소형원전)에도 관심을 가지고 접근해야 할 것이다.

신재생에너지를 생산할 수 있는 자연 조건이 열악할수록 기술 개발과 시장 운영 시스템은 중요하다. 상술했듯 지금과 같은 현실을 무시한 RPS · PPA정책 등 신재생에너지 정책은 탄소중립의 길을 요원하게 만든다. 특히 RPS, PPA 모두 계약단가가 실시간 전력도매가격(SMP)에 각종 부대비용이 추가되는 관계로 변동성이 심하고, 실제 원가보다 많이 비싸지게 되는 단점이 있다.

그렇다 보니 시장 참여자들은 경쟁을 통한 부가가치 창출 보다는 잿밥(제도 이용)에 주목하게 되고, 한전 독점 하에서 모든 비용을 보장해주는 '총괄원가주의'는 두부(전기요금)값보다 싼 콩(원료)을 구할 동기 부여가 없다. 새 정부는 국정과제에서 실현가능한 탄소중립과 '시장원칙'에 기반한 에너지시장 구조를 확립하겠다고 했다. 이율배반적인 현재의 전력시장 운영시스템을 합리적으로 개선하고 기술 개발로 연결해 신재생에너지 관련 열악한 자연조건을 극복할 수 있도록 해야 한다. 그리고 그 첫 걸음은 우선 전기요금 현실화로 가격시그널을 회복하고, 정부주도가 아닌 시장 주도로 시장의 효율적 경쟁을 통해 에너지시장을 개편해 나가는 것에서 찾아야 할 것이다.

 용어해설

1) **온실가스** : 지구 표면이 반사하는 열을 흡수하거나 반사해 지구 온도를 높이는 가스를 통칭한다. 온실가스는 한 번 배출되면 없어지지 않고 대기에 누적돼 지구 온난화를 가속화시킨다. 교토의정서(1997년)가 정의한 온실가스는 이산화탄소(CO_2)·메탄(CH_4)·아산화질소(N_2O)·수소불화탄소(HFCs)·과불화탄소(PFCs)·육불화황(SF_6)가 있다.

2) **국가온실가스감축목표(NDC)** : 2050년 탄소중립 달성을 위한 중간 목표로, 파리협정에 따라 참가국이 스스로 정한 감축 목표다. 우리나라는 지난해 NDC를 2030년까지 2018년 총 배출량 대비 40% 감축을 목표로 정했다. 파리협정 참가국은 2020년부터 5년 주기로 NDC를 수립해 제출해야 한다.

3) **탄소중립** : 온실가스 배출이 사실상 제로(0)인 상태를 의미한다. 일부 어쩔 수 없이 배출해야 하는 온실가스는 포집 기술 개발 등을 통해 처리하면 사실상 온실가스 배출량을 제로로 만들 수 있다. 파리협정이 추구하는 최종 목표다.

4) **이산화탄소 환산량(CO_2eq)** : 이산화탄소·메탄과 같은 온실가스는 종류마다 양(부피)이 다른데, 이를 이산화탄소 기준으로 환산해 계량화한 수치다. 지난해 기준, 온실가스 배출량은 이산화탄소 환산량 기준 6억 7,960만t(잠정치)이다.

5) **탄소국경조정제도(CBAM)** : 탄소 배출이 많은 국가에서 생산·수입되는 제품에 대해 탄소 비용을 부과하는 제도로 일명 '탄소국경세'로 불리기도 한다. 온실가스 배출을 줄인 자국 산업을 보호하는 동시에 전 세계 기업에 온실가스 저감을 유인하자는 취지다. 지난해 7월 유럽연합(EU)은 CBAM 입법안 초안을 발표했다.

6) **수소환원제철** : 철강을 생산하려면 원료인 철광석에서 산소를 떼어내야 하는데 이때 수소를 사용하는 공법이다. 지금은 석탄과 같은 화석연료를 사용해 철강산업은 발전산업 다음으로 많은 온실가스를 배출하고 있다. 다만, 이 공법을 상용화한 나라는 아직 없다.

7) **탄소중립·녹색성장기본법(약칭 탄소중립기본법)** : 2050 탄소중립이라는 목표를 달성하기 위한 법정 절차와 정책 수단을 담은 법률로 지난해 9월 24일 제정돼 올해 3월 시행됐다. 이 법률을 제정함으로써 우리나라는 2050 탄소중립 비전을 법제화한 14번째 국가가 됐다.

8) **탄소배출권 거래제** : 온실가스 감축 의무가 있는 사업장에 정부가 배출권을 할당해 할당범위 내에서 배출 행위를 할 수 있도록 한 제도다. 배출권 거래는 온실가스 감축 여력이 높은 업체가 정부로부터 할당 받은 배출권 중 초과 감축량분을 온실가스를 줄이지 못한 다른 기업이 구매하는 식으로 이뤄진다.

chapter 19 | 주4일 근무제도와 재택근무

01 논제 개요 잡기[핵심 요약]

서론	이슈언급	전 세계적으로 주4일 근무 제도와 재택근무 효과에 대한 실험들이 한창임 주4일 근무와 재택근무는 업무에 집중함으로써 업무효율을 높이고, 오히려 생산성이 높아질 것이라는 긍정적인 의견과 근무 시간 감소에 따른 생산성하락, 임금 감소의 부작용, 제조업의 반발 등 부정적인 의견이 팽팽함
본론	1. 주 4일 근무	**1) 국내 현황** ① 주 4일제 현황 및 찬·반 여론 : 국내에서도 주 4일제 근무도 점차 확산 중이다. ② 하지만 역설적으로 최근 국내에서 근로시간 연장 조짐들도 간취되고 있다. ③ 국내 근무시간 단축 사례 및 추진 현황. **2) 찬성의견** ① 인간다운 삶과 노동시간 단축을 위한 주 4일 근무제는 언젠가 해야 할 일. 시기의 문제이지 더 이상 방향의 문제는 아님 ② 줄어든 근로시간이 오히려 노동 생산성을 높인다는 의견 ③ 직원들의 일상 생활 만족도 증가 및 자기계발시간 확충 ④ 휴식권이 보장되면서, 육아 시간이 늘고(출산율 제고) 내수가 진작(소비증가)됨 ⑤ 일자리 나누기 → 일자리 증가

1. 주 4일 근무	2) 찬성의견	⑥ 저출생 등 사회 문제 해결의 촉매제 역할을 할 것. ⑦ 전세계 노동시간을 25% 줄이면 전체 산업에서 탄소 발생을 30% 억제. ⑧ 노동시장에서 여성의 참여를 늘려 사회 전반의 성평등 달성에도 기여할 수 있는 셈이다.
	3) 반대의견	① 임금 보전 문제와 단위 시간당 인건비 상승 등의 보완 과제 ② 산업별 노동 형태 차이점으로 인한 노동 양극화 ③ 근로시간을 줄인다고 모든 회사가 노동생산성이 올라가지도 않음. 라인을 돌리는 제조업체나 중소기업은 오히려 생산성이 떨어질 것 ④ 근로시간은 기업 자율에 맡겨야지 국가가 일괄적으로 개입할 문제가 아님 ⑤ 주 52시간제 시행으로 기업 운영이 어려운데, 인건비 상승과 가동률 축소를 유발하는 노동시간 추가 감축은 절대 안 된다는 입장
본론		
2. 재택근무	1) 개괄	재택근무가 하나의 근무형태로 정착하면서 직장인들의 고민이 늘고 있음. 집에서 일하며 보내는 시간이 늘어나면서 전기세 등의 생활비 부담도 증가하고 있기 때문. 고용노동부가 재택근무 시 발생하는 업무 관련 비용은 회사가 지불해야 한다고 밝혔으나 사회적 인식이 따라오지 못한 것으로 관측됨. 업무 생산성에 대한 갑론을박도 이어짐
	2) 긍정적인 면	① 효율적인 일 처리 가능 ② 단점으로 우려됐던 소통 문제도 기우에 불과 ③ 교통비 절약으로 생활비 여유가 생기고 출퇴근 시간을 아껴 자기계발도 할 수 있을 것 ④ 출퇴근 정체 해소로 국가적으로 에너지가 절약될 것
	3) 부정적인 면	① 재택근무 특성상 출퇴근의 경계가 명확하지 않아 업무가 늘어났다는 불만 ② 비대면 업무로 인한 비효율도 증가. ③ 젊은 직장인들이 사무실에 나와 회의 방식, 의사표현, 직장 내 활동, 관계맺기 등을 통해 전문성을 키울 수 있다. ④ 프로젝트 관리 애로. ⑤ 초급 직원 업무능력 저하. ⑥ 직종 간 불평등 등. ⑦ 기술적인 취약성 문제. 특히, 보안 관련된 이슈는 재택근무가 늘어날수록 점점 더 심각한 문제로 부각되기 시작했다

본론	3. 기업의 방향	1) 근로시간 단축에 대응하는 기업의 방향	① 중소 · 중견기업 생산성을 끌어올려야 함 ② 일본의 '아메바 경영'을 벤치마킹하라 ③ 스마트워크'를 활성화하라 ④ 저성과자를 깨워라 ⑤ 근무시간 틀을 깨라
결론	의견제시		주 4일제는 결국 가야 할 길임. 우리가 처한 상황이 다른 나라들과 다른 만큼 많은 실험과 연구가 필요한 것도 사실임. 특히, '주 4일제'를 도입하고도 우리 경제가 지금 수준을 유지할 수 있을까? 라는 부분은 생각해 볼 부분임. 근로자들이 현재 수준의 임금을 받을 수 있을까를 생각해볼 때, 신중히 접근할 필요가 있음 유럽도 아직은 주 4일제는 실험단계이며, 일부 기업들만 도입한 제도임. 우리보다 노동생산성이 높은 유럽국가들도 실험 중인 사안을 우리가 먼저 도입한다고 선진경제가 되고 근로자들의 삶이 나아지는 것이 아님. 주 4일 제도는 아이슬란드 사례처럼 보듯 국가 · 사회 차원의 실험을 거쳐 도입 · 지원 방안을 검토해도 늦지 않을 것임 능력 있고 책임감 있는 국가라면, 근무시간을 줄이고도 현 임금을 유지할 수 있는 산업 체질 개선에 대한 방안을 먼저 내놓아야 함. 무슨 무슨 수당을 도입하겠다거나 퇴직금을 높여 임금 감소를 막겠다는 말은 사용자의 돈을 빼앗거나 국민 세금을 임금 보전에 투입하겠다는 발상임 청년들도 마찬가지임. '주 4일제'에 호응하기에 앞서 그럼 임금은, 경제는 어떻게 되느냐고 물어야 함

02 논제 풀이

 서론

이슈 언급 전 세계적으로 주4일 근무 제도와 재택근무 효과에 대한 실험들이 한창이다.
영국에서는 일부 은행, 투자회사, 병원 등 70여 곳에서는 2022년 6월 초부터 직원 3,300명을 대상으로 주 4일제를 실험하고 있으며, 현재까지 8주가 지났다. 비영리단체 '주 4일제 글로벌'과 옥스퍼드 · 캠브리지 · 보스턴 대학 연구진 등이 기획한 이 실험은 근무시간을 기존의 80%로 줄이면서도 생산성과 임금은 종전의 100%를 유지할 수 있는지를 알아보기 위한 것이다. 참가자들은 기존 생산성을 100% 유지한다는 약속 하에 임금 삭감 없이 주 4일을 근무하게 된다. 연구진은 주 4일제가 생산성과 성 평등, 근무 환경과 직원 복지 등에 미치는 영향을 측정하며, 기업들은 2022년 11월 말에 주 4일제를 유지할지 여부를 결정하게 된다. 8월엔 호주와 뉴질랜드, 10월엔 미국과 캐나다에서 수십 개 기업이 참가하는 주 4일제 실험이 예정돼 있다.
일본에서는 공무원들을 대상으로 주 4일 근무를 허용하는 '선택적 주휴 3일제'를 확대하기로 했다. 그동안 일본 공무원들은 육아나 간병 등의 사정이 있는 경우에 한해 주 총 근로시간 유지를 조건으로 하루 더 쉴 수 있는 선택적 주휴 3일제를 이용할 수 있었다. 이제는 업무에 지장을 주지 않는 한 원칙적으로 누구나 이용할 수 있도록 허용한다는 방침이다. 이를 위해 인사원은 국가공무원의 근무시간과 휴일을 규정한 법률 개정을 내각과 국회에 요청하기로 했다. 선택적 주휴 3일제는 주말 외에 평일에 하루를 더 쉬는 구조다. 남은 4일의 근무 시간을 늘려 주당 근로시간을 확보하도록 돼 있다.

주 5일 근무제도가 도입된 지 꼭 20년이 지난 우리 또한 이러한 주 4일 근무 도입에 대한 논란이 예외는 아니다. 2019년부터 교육회사 평생교육업체 휴넷은 주 4.5일제를 해왔는데, 매출액이 매년 20% 이상씩 늘어나는 등 성과가 오히려 좋아졌다고 한다. 그래서 2022년 현재 주 4일 근무제(주 32시간 근무)를 본격 도입했다. 연세대 세브란스병원이 국내 대형 병원 최초로 2022년 8월 '주 4일제'를 시범 운영한다. 시범 사업 시작일은 아직 미정이다. 주 4일 근무와 재택근무는 업무에 집중함으로써 업무효율을 높이고, 오히려 생산성이 높아질 것이라는 긍정적인 의견과 근무 시간 감소에 따른 생산성하락, 임금 감소의 부작용, 제조업의 반발 등 부정적인 의견이 팽팽하다.

이에 본지에서는 <주 4일 근무 및 재택근무>의 긍정적인 면과 부정적인 면에 대하여 분석한 후, 우리의 정책적 방안에 대하여 제시하기로 한다.

📈 본론

1. 주 4일 근무	1) 국내 현황	① 주 4일제 현황 및 찬 · 반 여론 가. 국내에서도 주 4일제 근무도 점차 확산 중이다. 　A. 화장품업체 에네스티가 국내 최초로 2010년에 주 4일 근무제를 채택한 이후 카카오게임즈가 2018년 7월에 '놀금'제도를 도입해서 MZ 직원들의 찬사를 받았다. SK그룹은 대기업 최초로 2019년 5월부터 일부 사업장에서 월 2회 주 4일 근무를 시행했으며 세브란스병원은 2020년 8월부터 실시했다. 　B. 2024년 5월 HR플랫폼 '사람인'이 직장인 3,576명을 대상으로 '주 4일 근무제'를 설문한 결과 86.7%가 긍정적이라고 답했다. 응답자의 60.6%는 임금이 줄어도 주 4일 근무를 선호했다. ② 하지만 최근 국내에서 근로시간 연장 조짐들이 간취되고 있다. 가. 삼성그룹이 2024년 4월부터 비금융 주요 계열사 임원을 대상으로 주 6일 근무제를 시행했다. 나. 포스코는 2024.7월부터 중역진에 한해 주 4일 근무에서 주 5일 근무로 전환했으며 SK도 주 4일제, 재택근무, 유연근무 등을 폐지했다. 다. HD현대오일뱅크는 비상경영을 선언하고 7월1일부터 임원들이 주 6일 근무를 개시했다. 라. 한국의 노동생산성이 OECD 33위로 바닥인 점이 부담이다. 마. 인사전문가들은 근무일 단축으로 업무효율이 향상된다는 점에는 거의 동의하지 않았다.

③ 국내 근무시간 단축 사례 및 추진 현황

가. 세브란스병원노동조합은 2023년에 1년간 간호사들을 대상으로 '주 4
일제 시범사업'을 했다. 3개 병동(신촌 2개 · 강남 1개)에서 30명(상 · 하
반기에 5명씩 병동별 10명)이 임금 10% 삭감을 수용하고 참여했다. 비
록 규모는 작았으나 365일 24시간 문을 여는 병원에서, 중증도가 높은
환자가 많은 상급종합병원에서 정부나 기관 주도가 아닌 노사 합의를
통해 이뤄진 실험이라는 점에서 주목을 받았다.

A. 사직률 감소 : 주 4일제 실험에 참여한 신촌 병동의 2023년 사직률은
전년 대비 3.6~6.2%포인트 감소했다. 강남 병동은 전년 대비 8.8%
포인트 줄었다. 신촌 1개 병동에서 지난해 사직률은 '0%'였다. 전체
실험 병동의 병가 사용(1·2인실 병동 제외)은 시행 이전보다 절반가
량 감소했다. → 사직률이 감소하면 노동자는 단절 없이 경력을 이어
가고, 병원은 신입 직원을 교육해야 하는 부담이 줄어든다. 환자는 숙
련도 높은 간호사의 간호를 받을 수 있다.

세브란스병원 간호사 주 4일제 병동과 주 5일제 병동 사직 비율 비교

	주 4일제 실험 병동			주 5일제 비교 병동		신촌 병동 전체	강남 병동 전체
	171병동	172병동	83병동	141병동	81병동		
2021년	20.1	9.0	21.9	9.9	9.9	12.1	16.4
2022년	3.6	9.1	27.0	6.3	10.3	9.7	16.3
2023년	0.0	2.9	18.2	8.6	10.2	8.5	8.5

(자료: 세브란스병원노조, 일하는시민연구소 · 유니온센터, 단위: 연간, %)

B. 하지만 재정이 관건이다. 이번 실험에서 각 병동에 대체인력 1.5명
이 추가 투입됐다. 세브란스병원 3개 병원(신촌·강남·용인)에서 일하
는 간호사 인력은 약 6,000명. 2023년 10월 중간보고회 당시 연세
의료원에 따르면 주 4일제를 전체 간호사에 도입하려면 연간 약 440
억 원이 더 필요하다.

나. 전국 자치단체들의 하이브리드 근무가 확산하는 추세다. 주 5일 근무 중
4일을 출근하고 하루는 집에서 근무하는 형태다. 대전시도 이달부터 출
산과 육아 친화적 직장문화 조성 차원에서 '맞춤형 돌봄지원 근무제'를
시행한다고 한다. 임신 공무원의 주 1회 재택근무와 초등생 자녀 육아
시간 확대 등이 골자다. 충남도와 서울시, 제주도 등도 하이브리드 근무
제를 전격 도입했다. 지자체들이 하이브리드 근무제를 도입하는 것은
출산과 육아를 지원하겠다는 취지다.

A. 어린 자녀가 있는 공직자에게 일주일에 하루 정도 재택근무를 허용
하는 형태다. 충남도는 2024년 7월부터 2세 이하 자녀를 둔 직원을
대상으로 주 1일 재택근무를 시행하고 있다.

B. 2024년 8월 대전시는 이달부터 자녀가 있는 직원을 대상으로 주 4
일 출근제를 포함한 맞춤형 돌봄 정책을 시작했다고 밝혔다.

1. 주 4일 근무

1) 국내 현황

C. 서울시도 2024년 8월말부터 8세 이하 자녀를 둔 공무원이 일주일에 하루는 의무적으로 재택근무하도록 했다. 서울시는 또 2025년부터 4급 이상 공무원의 목표 달성도 평가에 아이 키우는 직원의 재택·유연 근무 사용 실적도 포함하는 방안을 검토 중이다.

1) 국내 현황

다. 경기도는 2024년 임금삭감 없는 '주 4.5일제' 도입을 신규 사업으로 추진한다.

A. 임금삭감 없는 '주 4.5일제'는 저출생과 노동시간 단축을 위한 정책으로 도 내 민간기업 50개사와 도 산하 공공기관 일부를 대상으로 시범사업을 추진한다는 계획이다.

B. ▲격주 주4일제, ▲주35시간제, ▲매주 금요일 반일근무 가운데 하나를 노사합의로 선택해 근로시간을 단축할 수 있다. 근로시간은 줄어들지만 임금은 줄지 않는다. 근무시간 단축에 필요한 임금은 공공이 지원하기 때문이다.

1. 주 4일 근무

주4일제를 단순히 노동시간 단축의 문제로 접근하기보다 사회의 체질을 개선하는 기회로 삼아야 한다. 주4일제를 저출생과 성평등 실현, 기후위기 대응 등과 아우르는 논의가 필요하다.

① 인간다운 삶과 노동시간 단축을 위한 주 4일 근무제는 언젠가 해야 할 일이다. 시기의 문제이지 더 이상 방향의 문제는 아니다.

② 줄어든 근로시간이 오히려 노동 생산성을 높인다는 의견이다.

가. 실제 에듀윌 측은 근무시간이 줄어든 만큼 업무를 하는 동안의 몰입도와 효율성은 올라갔다고 평가하고 있다.

2) 찬성의견

나. 주 4일제를 이미 도입한 해외 기업들의 성적표는 나쁘지 않다. 영국의 마케팅 대행사 럭스는 지난 2020년 임금 감소 없는 주 4일제 실험을 시작했고 평가를 거쳐 2022년 1월 정식으로 도입했다. 럭스는 이 기간 월 ~ 목요일, 화 ~ 금요일 교대 근무조를 구성한 후 고객사엔 이 사실을 알리지 않았다. 주 4일제가 업무에 방해되는지 알아보기 위해서였다. 럭스 측은 "고객사는 우리가 주 4일제를 하고 있다는 사실을 눈치채지 못했고 지난 2년 간 회사 수익은 오히려 30% 증가했다"고 했다.

③ 직원들의 일상 생활 만족도 증가 및 자기계발시간 확충

④ 휴식권이 보장되면서, 육아 시간이 늘고(출산율 제고) 내수가 진작(소비증가)된다.

⑤ 일자리 나누기 → 일자리 증가

⑥ 주5일제가 외환위기(IMF) 당시 실업을 극복하고 일자리를 만드는 효과를 낳았다면, 주4일제는 저출생 등 사회 문제 해결의 촉매제 역할을 할 것.

⑦ 전세계 노동시간을 25% 줄이면 전체 산업에서 탄소 발생을 30% 억제하고, 남은 세기 동안 노동시간을 연평균 0.5% 단축하면 지구온난화 진행을 25~50%까지 막을 수 있다는 연구 결과들이 있다.

	2) 찬성의견	⑧ 여성은 육아·가사부담이 크기 때문에 장시간 노동에 어려움을 느끼는 데, 주4일제를 도입해서 남성의 육아·가사 참여를 늘려야 한다. 결국 주4일 제는 노동시장에서 여성의 참여를 늘려 사회 전반의 성평등 달성에도 기여할 수 있는 셈이다.
1. 주 4일 근무	3) 반대의견	① 임금 보전 문제와 단위 시간당 인건비 상승 등의 보완 과제가 있다. 　가. 노동시간 단축이 임금 삭감으로 이어질 것이라는 우려가 있다. 　나. 2022년 7월 투잡 이상 근로자 수는 통계 작성 이래 최대인 56만 6,000명을 기록했다. ② 산업별 노동 형태 차이점으로 인한 노동 양극화가 발생했다. 　가. 근무시간 단축은 교대제나 산재 위험이 높은 곳을 우선 고려해야 할 것이다. 　나. 그러나 현실적으로 근무시간 단축은 상대적으로 보수가 후하고, 근무여건이 좋은 기업에서 주로 도입하고 있다. 　　→ 대기업과 중소기업 간 노동 양극화를 심화시킬 것이라는 지적이다. 　다. 주 52시간제나 코로나19로 인한 재택근무 활성화 때도 대기업과 달리 중소기업은 도입에 어려움을 겪었다. ③ 근로시간을 줄인다고 모든 회사가 노동생산성이 올라가지도 않는다. 라인을 돌리는 제조업체나 중소기업은 오히려 생산성이 떨어질 것이다. (윤동열 건국대 경영학과 교수) ④ 근로시간은 기업 자율에 맡겨야지 국가가 일괄적으로 개입할 문제가 아니다. ⑤ 주 52시간제 시행으로 기업 운영이 어려운데, 인건비 상승과 가동률 축소를 유발하는 노동시간 추가 감축은 절대 안 된다는 입장이다. <한국경영자총협회, 중소기업중앙회>
2. 재택근무	1) 개괄	① 재택근무가 하나의 근무형태로 정착하면서 직장인들의 고민이 늘고 있다. 집에서 일하며 보내는 시간이 늘어나면서 전기세 등의 생활비 부담도 증가하고 있기 때문이다. 고용노동부가 재택근무 시 발생하는 업무 관련 비용은 회사가 지불해야 한다고 밝혔으나 사회적 인식이 따라오지 못한 것으로 관측된다. 업무 생산성에 대한 갑론을박도 이어진다. ② 다만, 채용 이후 전면 재택근무를 하는 직원들의 생산성이 사무실에 출근한 직원들보다 낮은 것으로 나타났다. 재택근무와 사무실 출근 비중을 반반으로 맞추면 최적의 성과를 낼 수 있다는 분석이다. 　가. 메사추세츠 공대(MIT)와 로스앤젤레스 캘리포니아대 경제학자들이 실시한 연구를 인용해 재택근무를 하도록 배정된 근로자들의 생산성이 사무실 근무자보다 18% 낮은 것으로 나타났다고 밝혔다.

2. 재택근무	나. 이들은 인도에서 신규 고용된 데이터 입력 직원들을 무작위로 재택근무자와 사무실 근로자로 나누고 관찰했다. 그 결과 근무 첫날부터 생산성의 격차가 벌어지기 시작했다. 연구에 따르면 시간이 지나면서 사무실에서 일하는 직원들이 원격근무 직원들보다 학습 속도가 더 빨라지며 생산성 격차가 심화됐다.다. 다만 해당 연구에서 실험의 참가자들은 새로 채용된 직원들이라는 점이 고려돼야 한다. 업무를 배우지 못하고 재택근무를 시작한 직원들과, 이미 사무실 근로를 하며 업무에 익숙해진 상태에서 재택근무로 업무 형태를 변경한 직원들 간의 생산성은 차이가 날 수밖에 없어서.

③ 최근 컨설팅 기업 맥킨지가 내부 인력들을 대상으로 실시한 대규모 분석에 따르면 사무실 근로와 재택근무의 비중이 각각 50% 수준일 때 생산성과 성과가 극대화됐다.

④ 사무실 근무를 독려하는 경영자조차도 재택근무의 긍정적인 측면을 무시하지 않는다. 물론 근로자도 사무실 근무의 장점을 인정하고 있다.

1) 개괄

가. 직원 설문조사 결과 출퇴근 근무의 장점으로 ▲직원 간 교류(62.0%), ▲효율적 대면 협력(54.4%), ▲업무와 개인 시간의 명확한 구분(42.7%), ▲근무 환경 및 장비의 우수성(35.9%), ▲상사와 접촉 기회(29.9) 등을 꼽았다.

나. 따라서, 유수의 미국 기업들은 재택과 출퇴근 근무 각각의 장점을 최대로 활용하되 단점은 보완하는 '조정된 복합(Coordinated Hybrid)' 근무 형태를 적극 채택하고 있다.

다. 이는 회사가 일괄적으로 근무 형태 및 일정을 결정하는 것이 아니라, 팀 단위에서 탄력적으로 팀원의 재택 근무 스케줄과 업무 성과를 관리하는 방식이다.

라. 경영자는 (1) 직원 만족도, (2) 생산성, (3) 사무실 임대비용, (4) 인재 육성 등 4가지 요소를 고려해야 함으로써, 개별 기업의 특성에 맞는 하이브리드 근무제의 해법을 찾을 수 있다.

2) 긍정적인 면

① 줌(Zoom), 팀즈(Teams), 구글 미트(Google Meet) 등 온라인 화상회의 서비스에 익숙해지면서 효율적인 일 처리가 가능하다.

– 한국노동연구원이 2021년 발간한 '비대면 시대 일하는 방식의 변화와 일 · 생활균형' 보고서를 보면, 응답 기업(620개 사)의 45.5%는 재택근무 도입 이후 생산성이 늘었다고 밝혔다. 부정적인 응답('전혀 그렇지 않다'+'그렇지 않다')은 5.1%에 그쳤다.

2. 재택근무	**2) 긍정적인 면**	② 단점으로 우려됐던 소통 문제도 기우에 불과했다. 　– 인크루트가 메타버스 플랫폼 오비스(oVice)와 함께 남녀 직장인 830명을 대상으로 진행한 설문조사에 따르면 재택근무 경험자 중 60.2%는 오프라인보다 온라인을 통한 협업과 소통이 편하다고 응답했다. 직접 대면하지 않아도 돼 상사를 대하는 부담이 적고 메신저를 이용한 빠른 소통이 가능한 영향으로 분석된다. ③ 교통비 절약으로 생활비 여유가 생기고 출퇴근 시간을 아껴 자기계발도 할 수 있을 것이다. ④ 출퇴근 정체 해소로 국가적 에너지가 절약된다.
	3) 부정적인 면	① 재택근무 특성상 출퇴근의 경계가 명확하지 않아 업무가 늘어났다는 불만이 있다. 　가. 물리적인 업무 공간이 집으로 바뀌면서 퇴근 시간이 지나서도 일하는 경우가 늘었다. 　나. 재택근무 시 업무 공간과 쉬는 공간이 구분되지 않아 계속 일하게 되는 경향이 있다. 　다. 언제든 필요하면 일을 하는 게 당연한 것처럼 됐다. 과로는 점점 추세로 굳어져 과로가 정상인 사회가 되어가고 있다. ② 비대면 업무로 인한 비효율도 증가 → 직접 보고 드리면 1분이면 될 일을 비대면으로 처리하면서 보고와 피드백에 더 많은 시간과 노력이 소요된다. ③ 젊은 직장인들이 사무실에 나와 회의 방식, 의사표현, 직장 내 활동, 관계맺기 등을 통해 전문성을 키울 수 있다. ④ 프로젝트 관리 애로. ⑤ 초급 직원 업무능력 저하. ⑥ 직종 간 불평등 등. ⑦ 기술적인 취약성 문제. 특히, 보안 관련된 이슈는 재택근무가 늘어날수록 점점 더 심각한 문제로 부각되기 시작했다.
3. 기업의 방향	**1) 근로시간 단축에 대응하는 기업의 방향**	기업은 고민이 크다. 생산성 향상 없는 근로시간 단축은 '공염불'이 될 우려가 크기 때문이다. 경영학자들은 생산성을 높이기 위한 전략 수립에 분주하다. ① 중소 · 중견기업 생산성을 끌어올려야 한다. 　가. 대기업의 수출 주도 성장은 한국을 세계 6위 수출대국으로 만드는 데 결정적인 역할을 했다. 그러나 이제는 한계에 직면했다. 중소기업 생산성을 끌어올리지 않으면 국가 전체 생산성이 떨어질 수 있다. 　나. 국내 대기업과 중소기업 간 생산성 격차는 점점 벌어진다. 　　A. OECD에 따르면 1998년 기준 국내 중소기업의 대기업 대비 생산성은 40%에 가까웠다. 하지만 최근 32% 수준으로 떨어졌다. 다른 OECD 회원국과 비교했을 때에도 상대적으로 차이가 크다.

B. 네덜란드와 에스토니아, 덴마크 등의 중소기업 생산성은 대기업의 80% 수준이다. 프랑스는 63.7%, 독일 58.5%, 일본 50.5% 수준으로 중소기업 생산성이 높다.

다. 중소기업 생산성을 떨어뜨리는 원인은 핵심 기술 취약, 우수 인재 부족, 자금난 등을 꼽는다. 특히 연구개발(R&D) 예산이 부족하다는 점이 결정적인 원인으로 거론된다. 생산성을 높이려면 혁신, 기술 발전이 필요하고 이를 위해 R&D가 뒤따라야 한다. 중소기업 중 잠재력이 뛰어난 곳이 많지만 대다수는 R&D에 투자할 자금이 부족하다. 이들 기업이 R&D를 통해 기술력을 끌어올릴 수 있도록 정부가 자금 지원이나 세제 혜택 등 지원책을 마련해야 한다. 대기업 기술을 이전받는 방법도 효과적일 수 있다. 대기업과 중소기업 간 협업과 기술이전을 장려하는 정책도 필요하다.

② 일본의 '아메바 경영'을 벤치마킹

가. 아메바 경영은 이나모리 가즈오 일본 교세라 명예회장이 교세라를 창업, 운영하면서 만든 개념이다. 기업을 작은 조직으로 세분화하고 각 소집단, 즉 아메바를 독립채산제로 운영하는 분권적 경영 시스템을 말한다. 철저한 독립채산제와 함께 인사, 자금, 기술 등 모든 자원 배분의 결정권을 소집단에 전적으로 위임하는 것이 특징이다. 아메바 경영 덕분에 교세라는 1959년 설립 이후 단 한 해도 적자를 본 적이 없다. 매년 평균 20% 이상 영업이익률을 기록하고 있다.

나. 직원 역량이 지속적으로 개발되도록 동기를 부여하고 저마다 역량이 발휘될 수 있는 환경을 만드는 것도 아메바 경영의 특징이다. '생산성 = 아메바 조직 부가가치/노동시간'이라는 일종의 공식을 세우면서 조직마다 생산성을 높이는 데 중요한 역할을 했다. 실제로 아메바 경영 덕분에 일본항공은 연간 800억 엔 비용을 절감했다. 상명하달식 구조에다 조직 간 소통이 부족한 한국 기업이 아메바 경영을 눈여겨봐야 한다. 아메바 경영은 철저한 분권에 의한 자율성을 바탕으로 경영 환경 변화에 유연하게 대응할 수 있다는 점이 매력적이다.

③ '스마트워크' 활성화

가. 주 52시간 근무제가 시행되면 1분 1초가 비용이 되는 만큼 시간 관리는 필수다. 외근 후 회사로 복귀하느라 길에서 시간을 쓰는 것도 낭비가 될 수 있다. 생산성을 높이기 위해 언제 어디서나 일을 할 수 있는 '스마트워크'가 각광받는 이유다.

나. 해외에서는 이미 수십 년 전부터 스마트워크가 일반화됐다.

A. 미국은 지난 1992년부터 수도 워싱턴 인근에서 '스마트워크센터' 운영을 시작했다.

3. 기업의 방향

1) 근로시간 단축에 대응하는 기업의 방향

B. 네덜란드는 2007년 이미 전체 사업체의 49%가 원격 근무를 도입했다. 고용 규모가 큰 기업일수록 원격 근무자 비율이 높다. 근로자 500인 이상 기업 중 91%가 원격 근무를 시행 중이다.

C. 일본은 2017년 정부가 '일하는 방식 개혁'을 발표, 아예 정부 주도로 '텔레워크(스마트워크의 일본 명칭)' 확산에 나섰다. 일본 기업의 35%가 재택근무를 도입한 것으로 나타났다. 텔레워크 확대는 사원들의 라이프스타일 변화에 맞서 어디서나 일할 수 있게 해 생산성을 높이려는 시도다.

다. 스마트워크 정착을 위해서는 IT 인프라 구축, 직원 교육, 업무 프로세스 재정비 등 기업이 각종 투자를 해야 한다. 일본 정부는 텔레워크 환경정비 세제와 직장 의식 개선, 재택근무 보조금 등을 지원해 기업 투자를 보상해줬다. 또 스마트워크로 교통 수요가 줄면 교통 체증, 대기오염도 줄일 수 있다. 일본이 텔레워크를 위해 후생노동성, 경제산업성, 국토교통성, 환경성 4개 부처가 협업하는 이유이다.

④ 저성과자를 깨워라.

가. 공정평가 후 업무 교육 · 면담 필요 : 기업 생산성을 높이려면 저성과자 관리는 피할 수 없는 과제다. 한국경영자총협회가 근로자 30인 이상 기업 380곳을 대상으로 진행한 설문조사에 따르면 '저성과자로 인해 기업에 부정적인 영향이 심각하다'고 응답한 기업은 66.7%나 된다. 저성과자를 방치하면 조직 전체의 생산성이 타격을 받는다는 것이 공통된 의견이다.

나. 주 52시간 근무 체제 아래에서는 직원 한 명당 생산성을 최대치로 끌어올려야 한다. 교육이나 멘토링 프로그램 등을 제공해 저성과자에게 동기 부여를 하고 업무 방식을 개선하지 않으면 기업이 살아남기 힘들기 때문이다.

다. 저성과자를 판단하는 기준이 명확해야 한다는 게 핵심. 경기가 나쁘거나 업황이 좋지 않을 때에는 직원 역량이나 노력에 관계없이 성과가 좋지 않은 경우도 발생할 수 있기 때문이다. 업무 특성상 단기간에 눈에 띄는 성과를 내기 어려운 직군도 있다. 이런 요소를 고려하지 않고 합리적인 기준 없이 직원을 저성과자로 낙인찍으면 오히려 역효과가 날 수밖에 없다. 저성과자를 무작정 해고하거나 한 부서 혹은 사무실에 몰아넣는 것도 부작용을 낳을 수 있다. 나머지 구성원의 소속감이 저하되거나 사기가 떨어질 확률이 높다. 이는 오히려 전반적인 생산성 악화로 이어질 수 있다.

라. 면담, 멘토링 등을 통해 성과 부진 원인을 찾아내고 역량을 발휘할 수 있는 기회, 적성에 더 잘 맞는 부서로 옮기거나 다른 업무에 도전해볼 기회를 제공한 뒤 다시 성과를 평가하는 등 체계적인 관리가 필요하다.

3. 기업의 방향

1) 근로시간 단축에 대응하는 기업의 방향

⑤ 근무시간 틀을 깨라.

    가. 근로시간 저축하고 휴가 자유롭게 : 주 52시간 근무제에 대비하기 위해 기업마다 유연근무제 도입에 속도를 내는 중이다. 유연근무제는 노동자 필요에 따라 일하는 시간이나 장소를 선택할 수 있는 제도다. 근로시간을 일일, 일주일 단위로 엄격하게 지키는 것이 아니라 탄력적으로 근로시간을 조절하는 것을 의미한다.

    나. 국내 제도에서는 유연근무제의 일종인 탄력근무제를 2주나 3개월 이내로 정하는 것만 허용한다. 그마저도 근로자와 서면 합의해야 해 사실상 도입이 쉽지 않은 분위기다. 우리도 선진국처럼 기업들이 현실적으로 받아들일 수 있는 유연근무제를 도입해야 한다. 업종마다 일괄적으로 근로시간 단축을 강제하는 건 문제가 있는 만큼 보다 다양한 근무 양식을 적용할 필요가 있다.

    A. 독일 사례 : 독일은 근로시간법을 통해 하루 8시간을 넘긴 근로를 금지하고 있다. 주당 최장 근로시간에 대한 규정은 없다. 다만 6개월 간 하루 평균 8시간 이하인 조건에서 하루 10시간까지 근로를 허용한다. 특수 업무의 경우 시간외근로를 허용하기도 한다. 독일은 근로시간 유연성을 높이기 위한 독특한 제도도 만들었다. 연장, 야간, 휴일근로를 계좌에 넣어두고 필요할 때 휴가로 쓰는 '근로시간 계좌제'다. 일례로 하루 8시간 근로를 계약한 직원이 11시간 일하면 3시간을 저축하는 식이다. 반대로 '마이너스 계좌제'도 있다. 미리 휴가를 쓰고 나중에 근로시간으로 채우면 된다.

    B. 미국은 유연근로시간제인 '화이트칼라 이그젬션(근로시간 면제제도)'을 시행 중이다. 근로시간으로 성과를 평가받기 어려운 화이트칼라 근로자에게 업무시간 배분 재량권을 준 후 성과에 따라 생산성을 평가·보상한다. 관리직, 사무직 근로자에게 초과근무수당을 주지 않아도 되는 일종의 예외 조항이다.

    다. 유연한 근로시간뿐 아니라 수개월 안식휴가를 주는 등 자유롭게 휴가를 쓸 수 있게 하는 것도 생산성 향상에 도움이 된다는 의견이 많다. 경영진이 앞장서서 안식휴가 같은 긴 휴가를 쓰면 직원들이 눈치 보지 않고 편히 휴가를 다녀올 수 있다. 마음껏 휴가를 쓰는 행복한 직장을 만드는 것이 결국 기업 생산성 향상으로 연결된다.

3. 기업의 방향

1) 근로시간 단축에 대응하는 기업의 방향

📈 결론

**의견
제시**   노동시간을 줄이고, 여가를 누리자는 데 반대할 사람은 없을 것이다. 그리고 2002년 주 5일제가 도입될 당시에도 지금과 똑같은 우려와 위기감이 터져 나왔지만 무사히 안착하지 않았던가. 주4일제는 결국 가야 할 길이다. 우리가 처한 상황이 다른 나라들과 다른 만큼 많은 실험과 연구가 필요한 것도 사실이다. 특히, '주 4일제'를 도입하고도 우리 경제가 지금 수준을 유지할 수 있을까? 라는 부분은 생각해 볼 부분이다. 근로자들이 현재 수준의 임금을 받을 수 있을까를 생각해볼 때, 신중히 접근할 필요가 있다.

유럽도 아직은 주 4일제는 실험단계이며, 일부 기업들만 도입한 제도이다. 우리보다 노동생산성이 높은 유럽국가들도 실험 중인 사안을 우리가 먼저 도입한다고 선진경제가 되고 근로자들의 삶이 나아지는 것이 아니다. 주 4일 제도는 아이슬란드 사례처럼 보듯 국가·사회 차원의 실험을 거쳐 도입·지원 방안을 검토해도 늦지 않을 것이다.

우리나라는 주 최대 52시간 근무제를 2018년 7월부터 시행했다. 2022년 7월부터는 5~49인 사업장까지 확대 적용됐다. 주 52시간 근무에 따른 임금 감소로 가족을 부양하는데 힘들어 근로자들은 더 일해서 돈을 더 벌고 싶어도 그럴 수 없게 됐다. '주 4일 근무'는 '주 52시간 근무'보다 더한 임금 감소를 불러올 확률이 높기 때문이다.

최저 임금 급격 인상, 주 52시간 도입으로 누가 일자리를 잃고, 누가 가난해졌나. 단순직 노동자들은 근무시간 단축으로 임금이 감소됐다. 최저 임금 인상을 견디지 못한 자영업자들은 문을 닫는 일도 벌어졌다. 근로 환경이 열악한 5인 미만 사업장 근로자, 플랫폼 노동자, 특수 형태 근로자들에게 주 52시간제는 남 얘기다. '주 4일제'를 시행하면 노동 양극화, 수익 양극화가 더욱 심화될 수밖에 없을 것이다.

능력 있고 책임감 있는 국가라면, 근무시간을 줄이고도 현 임금을 유지할 수 있는 산업 체질 개선에 대한 방안을 먼저 내놓아야 한다. 무슨 무슨 수당을 도입하겠다거나 퇴직금을 높여 임금 감소를 막겠다는 말은 사용자의 돈을 빼앗거나 국민 세금을 임금 보전에 투입하겠다는 발상이다.

청년들도 마찬가지다. '주 4일제'에 호응하기에 앞서 그럼 임금은, 경제는 어떻게 되느냐고 물어야 한다.

한편으로 주 4일제가 시민들에게 불편을 줄 수 있지 않을까에 대한 고민도 해야 한다. 병원, 은행, 관공서도 주 4일제를 할 텐데 그거 다 감수할 수 있겠는가? <출처: 충남일보>

우리나라가 과거의 개발도상국에서 OECD 대열에 합류하면서, 삶의 여유를 찾고자 하는 방향은 당연하다고 볼 수 있다. 하지만 그 속도 및 범위에 대해서는 좀 조절할 필요가 있다고 생각한다. 현재 기업별 산업별로 각자의 특성이 있는 가운데 획일적으로 주 4일제라는 규제를 가하는 것은 자칫 우리나라의 성장 동력을 잃게 만들 수도 있다. 현재 4차산업혁명의 전세계적 각자도생의 시기에는 누가 더 빨리 혁신적으로 나아가느냐에 따라 하루 아침에 도태될 수 있는 상황이다. 또한 노동의 자유를 보장하는 헌법에 대해서도 생각할 필요가 있다. 누군가는 노동을 통해 자기 존재의 이유를 찾아가는 사람들이 분명 있을 것인데, 하나의 획일적 규제로 그들의 자유를 침해하는 경우가 있을 수 있다는 것을 인지할 필요가 있다고 생각한다.

한국사회에서 주 4일제를 단번에 전면 적용하기란 쉽지 않다. 예산 문제도 크기 때문에 우선은 업종별·유형별로 한 3년 시범사업을 해보면서 그동안 다양한 오류들도 찾아내 바로잡으면서 우리와 적합한 모델을 찾아야 한다.

chapter 20
고령화와 1인 가구 증가

01 논제 개요 잡기 [핵심 요약]

서론	이슈언급	고령화 · 저출산 추세가 심각함. 우리나라는 앞으로 생산가능인구 감소, 인구 고령화 등 급격한 인구구조 변화가 예측된다. 우리나라의 2023년 기준 합계출산율은 0.72명으로 통계가 제공되는 전세계 205개국(World Bank 기준) 중 최하위이다 (합계출산율은 가임 여성 1명이 평생 낳을 것으로 예상하는 평균 출생아수로 정의됨). 일하는 사람이 줄고 은퇴한 사람은 늘어나면 경제가 쪼그라들 수밖에 없음. 이러한 고령화 트렌드의 중심에는 1 ~ 2인 가구의 증가가 있음
본론	1. 고령화사회	1) 고령사회 가속화와 현황	① 고령화사회 : 65세 이상 인구가 총인구를 차지하는 비율이 7% 이상을 고령화 사회, 14% 이상은 고령사회, 20% 이상을 초고령사회라고 함 ② 국내 현황 : 2000년에 이미 고령화사회에 진입한 한국은 베이비부머 세대의 은퇴와 출산율 감소로 2018년 고령사회에도 진입했으며, 2026년 초고령사회에 진입할 전망 ③ 앞으로 3 년 뒤인 2025년에는 65세 이상 인구가 총인구의 20%를 넘는 초고령 사회에 진입할 예정이며, 2025년 1천만 명을 넘어선 뒤 동 비율은 2067년 46.5%까지 지속적으로 증가할 전망임. 더욱 큰 문제는 우리나라의 고령화 진행 속도는 과거 예측 시점보다 점차 빨라지고 있으며 예상 보다 고령화 수준이 더욱 높아질 가능성도 상존한다는 점임

본론	1. 고령화사회	2) 영향	① 노동력 감소로 인한 생산성 하락 ② 복지, 의료 수요 증대 ③ 소비 증가율 둔화 → 경기침체로 인한 디플레이션 가능성 증가 ④ 저축과 투자 감소 ⑤ 안전자산 투자 증가 　　⇨ 산업경쟁력 하락, 경기침체, 정부의 재정악화, 금융기관의 수익성과 자산건전성 악화시킴(저성장에 진입) ⑥ 사회적 갈등고조
		3) 정부 정책방향	① 출산 장려 정책 : 정부의 출산지원 정책 필요 → 다자녀 가정 세금감소, 육아인프라구축, 싸고 양질의 교육시스템 ② 여성의 사회 진출에 대한 대책 마련: 육아인프라 구축, 고용안정(출산) ③ 신 성장동력 창조 : 실버 산업을 고부가가치 산업으로 개발, 발전 ④ 해외 인력 활용(이민정책 재정비) : 외국 근로자 유입을 통한 생산성 ⑤ 고령 인구의 취약한 고용 구조 해결(공공근로 사업, 가교 일자리, 고령층 인턴제 등) ⑥ 학제 개편 ⑦ 자산가격 하락에 대비
		4) 금융기관 전략 방향	**[은행업]** ① 예금 감소를 신탁으로 상쇄, 자산관리형 상품/서비스 개발 : 실버고객을 대상으로 하는 실버PB/ 실버용 연금과 보험상품 개발, 건강 및 의료 접목 → 세무, 부동산, 재테크 서비스 등 → 자산관리 서비스의 강화 ② 실버고객을 대상으로 하는 창업 및 재취업서비스 제공: 금융기관의 주도적 역할 ③ 실버사업 관련 금융지원: 실버 주택 공급, 실버 여행, 실버 레저, 실버 문화 ④ 주택연금 활성화 : 매월 나오는 안정적인 소득으로 인정하여 소비성향이 높음. 반면 고령층의 근로, 소득 사업은 지속적이지 못해 소비성향이 낮음 ⑤ Miz 금융상품 개발: 일하는 기혼 여성을 위한 카드, 보험, 여신상품 특화(출산장려, 육아지원) ⑥ 해외근로자 특화 금융지원: 외국인 자금 유치 및 신용공여, 환전 및 송금

본론	2. 싱글족/ 딩크족	1) 개념	① 싱글(Single)족 : 일반적으로 탄탄한 경제력과 인터넷 활용 능력을 갖추고 개인의 삶을 즐기며 홀로 사는 신세대 남녀 또는 이혼 또는 배우자의 사망으로 개인 가구화 된 남녀 – 한국의 1인 가구는 2020년 기준 약 617만 가구로, 국민 100명 중 12 명이 1인 가구임(2020년). 미혼율 상승 등 가 구 형태에 변화를 주는 요인들이 더 강하게 작용하면 서 1 인 가구 수는 계속 성장할 것으로 예상됨 ② 딩크(DINK. Double income no kids)족 : 정상적인 부부생 활을 영위하면서도 의도적으로 자녀를 두지 않고 맞벌이 를 하며, 돈과 출세를 인생의 목표로 삼는 현 세대의 대 표적 유형
		2) 배경	① 여성의 사회진출이 증가하면서 결혼을 하지 않고 자기만 의 라이프스타일을 즐김 ② 결혼 적령기의 청년층이 본인만의 커리어개발 또는 경제 적 사유(청년 취업난 문제)로 결혼시기를 놓침 ③ 싱글로 살아도 불편하지 않을 만큼 문화생활과 동호회활 동 증가(사회적 관계망의 강화) ④ 결혼관이나 자녀관에 대한 의식 변화 : 1인 생활을 나이 가 들면서 겪는 삶의 자연스런 과정으로 받아들이는 흐름 ⑤ 이혼률 증가
		3) 영향	① 출산율 저하 : 고령화의 가장 주요 원인 ② 문화산업의 발달과 소형주택 부동산시장의 발달 ③ 품목별 소비구조 변화: 외식비, 주거비, 애완용품 관련 비용 증가/ 교육, 출산관련서비스, 정보통신장비 등 소 비 감소
		4) 정부 정책 방향	① 신혼부부 지원 정책 ② 출산장려 정책 ③ 소가구를 위한 부동산 정책 마련
		5) 금융기관 전략 방향	

결론	의견제시	이미 고령화가 상당부분 진행됐으며 지금부터 출산율을 높이더라도 앞으로 다가올 고령화 충격은 피하기 어렵기 때문에 더욱 빨라질 고령화를 전제한 대응책 마련 필요함. 고령화 충격을 줄여줄 수 있는 현재의 공공일자리 사업을 정부뿐만이 아닌 민간도 같이 참여하여 다양한 업종에서 노인 일자리 창출사업 마련이 필요함. 또한 근로자의 정년연장을 시행하되 어느 한쪽의 일방적인 희생이 아닌 노사합의를 통한 중고령 근로자의 임금체계 개편과 노동자의 생산성제고 노력이 병행되어야 함. 그리고 심각해지고 있는 중소기업의 고령화 문제를 해결하기 위해서는 국내 중소기업에 유능한 외국 인력의 취업 활로를 확대하여 중소기업의 생산성을 높이는 노력이 필요함

02 논제 풀이

📈 서론

 우리나라는 앞으로 생산가능인구 감소, 인구 고령화 등 급격한 인구구조 변화가 예측된다. 우리나라의 2023년 기준 합계출산율은 0.72명으로 통계가 제공되는 전세계 205개국(World Bank 기준) 중 최하위이다(합계출산율은 가임 여성 1명이 평생 낳을 것으로 예상하는 평균 출생아수로 정의됨).

한편, 생산가능인구(중위추계, 15 ~ 64세 기준)는 2019년에 약 3,763만 명을 정점으로 추세적으로 감소로 전환된 이후 2050년에는 2,419만 명까지 줄어들 전망이다.

앞으로 예측되는 인구구조 변화는 노동 공급 감소, 취업자 고령화 등을 통해 국내 고용시장에 많은 변화를 가져올 가능성이 높다. 생산가능인구가 줄어들 경우 기업들은 원하는 인력 구하기가 어려워질 것이며, 취업자의 노동생산성을 높게 유지해야 할 과제도 안게 된다.

이러한 고령화 트렌드의 중심에는 1 ~ 2인 가구의 증가가 있다. 이는 경제적으로나 사회적으로 구조적 변화를 주도하는 동시에 여러 가지 문제점을 발생시킨다. 1 ~ 2인 가구 증가원인은 다양하지만 일반적으로는 아래의 3가지 경우가 가장 큰 원인으로 지목된다.

첫째, 인구의 고령화에 따른 노인가구의 증가

둘째, 결혼을 하지 않거나 미루는 골드 미스와 골드 미스터의 증가

셋째, 설령 결혼을 하더라도 아이를 의도적으로 가지지 않는 딩크(DINK: Double Income No Kids)족과 핑크(PINK: Poor Income No Kids)족의 증가

이에 본문에서는 고령화와, 상기의 경우에 의한 사회적 현상인 1 ~ 2인 가구의 증가에 대하여 검토하여 보고 앞으로의 금융기관 방향에 대하여 논하여 본다.

본론

1. 고령화 사회

1) 고령사회 가속화와 현황

① 고령화사회 : 65세 이상 인구가 총인구를 차지하는 비율이 7% 이상을 고령화 사회, 14% 이상은 고령사회, 20% 이상을 초고령사회라고 한다.

② 국내현황 : 2000년에 이미 고령화사회에 진입한 한국은 베이비부머 세대의 은퇴와 출산율 감소로 2018년 고령사회에도 진입했으며, 2026년 초고령사회에 진입할 전망이다.

　　가. 프랑스는 고령사회에 진입하는데 115년, 미국은 73년, 독일은 40년, 일본은 24년 걸린 반면 한국은 18년이 소요되었다.

　　나. 고령사회 도달 이후 초고령사회 도달에는 프랑스 39년, 미국 21년, 독일 37년, 일본 12년 소요된 반면 우리나라는 7년만에 도달할 것으로 전망된다.

　　다. 한국의 고령화 비율(총 인구 대비 60세 이상 인구)은 2010년 16%에서 2040년 39%로 상승할 것으로 예측된다.

③ 앞으로 6년 뒤인 2025년에는 65세 이상 인구가 총인구의 20%를 넘는 초고령 사회에 진입할 예정이며, 2025년 1천만 명을 넘어선 뒤 동 비율은 2067년 46.5%까지 지속적으로 증가할 전망이다. 반면, 15 ~ 64세의 생산연령인구는 2018년 3,765만 명(72.9%)을 정점으로 2067년까지 인구의 절반이하인 1,827만 명(45.4%)으로 감소할 전망이다. 0 ~ 14세의 유소년인구는 1972년 이후 꾸준히 감소세를 보이며 2067년 318만 명(8.1%)으로 감소할 것으로 보인다. 전체 인구는 2019년 5,171만 명에서 2029년 5,194만 명까지 증가한 이후 2067년 3,929만 명으로 감소할 것이다.

더욱 큰 문제는 우리나라의 고령화 진행 속도는 과거 예측 시점보다 점차 빨라지고 있으며 예상보다 고령화 수준이 더욱 높아질 가능성도 상존한다는 점이다. 2011년 전망 당시에는 2060년 65세 이상 고령인구 비율을 40.1%로 전망했으나 2016년에는 41.0%, 2019년에는 43.9%로 증가했기 때문이다. 이는 합계출산율이 예상보다 큰 폭으로 둔화된 것에서 기인한 것으로 보인다.

2) 영향

① 노동력 감소로 인한 생산성 하락 : 이는 1인당 소득증가율과 세수를 하락시킬 뿐 아니라 경제성장을 둔화시키다.

② 복지, 의료 수요 증대 : 재정적자 확대로 정부부채 증가 위험, 고령층의 빈곤문제가 심화되고 있다.

③ 소비 증가율 둔화 : 가처분소득이 작아 소비지출이 경직적이며, 필수재적 소비지출 비중이 높다.

60대 이상 1인 가구 : 엥겔계수(식료품 지출 비중)와 슈바베계수 (주거비 지출비중)가 가장 높다. → 경기침체로 인한 디플레이션 가능성이 증가한다.

2) 영향	④ 저축과 투자 감소 　가. 저축자보다 대출자가 많아지는 구조 → <저축 = 투자>의 공식에 의해 투자 감소 → 경제 성장 둔화, 실업 증가 　나. 투자 수요 감소 → 금리하락으로 인한 은행의 수익 감소 ⑤ 안전자산 투자 증가 : 주식시장의 위축으로, 기업의 자본 확충이나 금융기관의 투자처 확보가 어렵다. 　산업경쟁력 하락, 경기침체, 정부의 재정악화, 금융기관의 수익성과 자산건전성을 악화시킨다(저성장에 진입). ⑥ 사회적 갈등고조 : 부양비를 둘러싼 세대 간의 갈등 문제가 발생한다.
1. 고령화 사회	고령화 인력 구조 하에서 향후 경제의 성장 시스템을 어떻게 가져갈지에 대한 방향성 수립이 가장 시급한 과제이다. 특히, 기술직 인력의 고령화가 가속화되면서 생산성 저하, 신규 진입인력 부족 등으로 전통제조업에 치우쳐있는 산업구조는 더욱 한계에 직면하게 될 전망이다. 경제구조 개혁을 통해 경제성장률을 높이지 못하면 고령인구의 빈곤문제는 더욱 심각해 질 것으로 예상된다. 최우선적으로 고령인구 구조를 감안한 국가 경제의 성장 시스템을 확보해야 각종 사회적 갈등과 연기금, 건보료 등 비용문제 충격을 최소화하는 것이 가능할 것이다. [출처 : KDB미래전략보고서]
3) 정부 정책 방향	① 출산 장려 정책 : 정부의 출산지원 정책 필요 → 다자녀 가정 세금감소, 육아인프라구축, 싸고 양질의 교육시스템 ② 여성의 사회 진출에 대한 대책 마련 : 육아인프라 구축, 고용안정(출산) ③ 신 성장동력 창조 : 실버 산업을 고부가가치 산업으로 개발, 발전 ④ 해외 인력 활용(이민정책 재정비) : 외국 근로자 유입을 통한 생산성 제고 → 생산성향상 및 소득증가율 유지, 거시경제 변동성 완화 　가. 기존 다원화 된 이민, 외국인, 다문화정책이 하나로 통합된다. 　　국무조정실은 TF를 구성, 3개 위원회(외국인정책위원회, 외국인력정책위원회, 다문화가족정책위원회)의 안건을 조정하는 방식으로 운영한다. 　나. 유학비자(D-2) 체계 정비 : 우수 해외인력이 국내에 잔류하도록 한다. 　다. 사업주 고용부담금 신설 : 외국인력을 사용하는 사업주에게 일정액의 비용을 물리는 제도이다. 비전문 외국인력이 내국인 고용감소 등 악영향을 미치지 않도록 한다. ⑤ 고령 인구의 취약한 고용 구조를 해결한다(공공근로 사업, 가교 일자리, 고령층 인턴제 등). ⑥ 학제 개편 : 초등학교 입학 나이를 만 5세로 낮추고, 교육기간 개편 : '6년-3년-3년-4년' → '5년-3년-3년-4년'이나 '6년-5년(중 · 고 통합)-4년' 　청소년들의 사회진출과 결혼 시기를 앞당기고자 하는 의도이다. 높아진 의식수준에 맞게 바꾸는 것, 사교육비 절감 등의 측면에서 긍정적이다.

1. 고령화 사회	3) 정부 정책 방향	⑦ 자산가격 하락에 대비 : 인구절벽 이후 대대적인 불황국면이 예상되는데, 주택 수요 감소로 부동산 시장이 가장 먼저 타격 받는다. 　– 일본의 사례 : 생산 가능 인구의 하락(인구절벽)이 일어나기 얼마 전부터 부동산 가격이 하락하기 시작. 일본의 고령화 효과가 한국에 적용된다는 가정 하에, 우리나라의 실질주택가격은 2019년부터 하락하고 있다.
	4) 금융기관 전략 방향 (은행업)	① 문제점 　가. 중장기적인 저축이 감소한다(민간 및 공공부문의 저축을 모두 위축). 　나. 수익성 감소 : 60대 이후에는 금융자산과 금융부채가 모두 감소한다. 즉, 고령화사회로의 인구구조의 변화는 금융자산과 금융부채의 감소는 은행거래 자체가 줄어듦을 의미한다. 　다. 주택담보대출의 부실화 가능성 : 장기적인 부동산시장의 침체와 가계부채 상환능력이 악화된다. ② 해결방안 　가. 예금 감소를 신탁으로 상쇄, 자산관리형 상품/서비스 개발 : 실버고객을 대상으로 하는 실버PB/ 실버용 연금과 보험상품 개발, 건강 및 의료 접목 → 세무, 부동산, 재테크 서비스 등 → 자산관리 서비스의 강화한다. 　나. 실버고객을 대상으로 하는 창업 및 재취업서비스 제공 : 금융기관의 주도적 역할이 필요하다. 　다. 실버사업 관련 금융지원 : 실버 주택 공급, 실버 여행, 실버 레저, 실버 문화 등을 지원한다. 　라. 주택연금[2] 활성화 : 매월 나오는 안정적인 소득으로 인정하여 소비성향이 높다. 반면 고령층의 근로, 소득 사업은 지속적이지 못해 소비성향이 낮다. 　마. Miz 금융상품 개발 : 일하는 기혼 여성을 위한 카드, 보험, 여신상품을 특화한다(출산장려, 육아지원). 　바. 해외근로자 특화 금융지원 : 외국인 자금 유치 및 신용공여, 환전 및 송금 등을 지원한다.
2. 싱글족/ 딩크족	1) 개념	① 싱글(Single)족 : 일반적으로 탄탄한 경제력과 인터넷 활용능력을 갖추고 <u>개인의 삶을 즐기며 홀로 사는 신세대 남녀</u> 또는 이혼 또는 배우자의 사망으로 <u>개인 가구화 된 남녀</u>를 일컫는다. 　가. 한국의 1인가구는 2020년 기준 약 617만 가구로, 국민 100명 중 12명이 1인가구이다(2020년). 미혼율 상승 등 가구 형태에 변화를 주는 요인들이 더 강하게 작용하면 서 1인가구 수는 계속 성장할 것으로 예상된다.

[출처 : KB연구원]

2. 싱글족/ 딩크족

1) 개념

A. 한국의 전체 가구 수에서 1인가구가 차지하는 비중은 약 30%이며 한국인 전체 인 구 기준으로는 100명 중 12명이 1인가구로 살고 있다 (2020년 현재). 1인가구는 향 후 한국의 인구감소 예상 시점(2029년) 이후에도 계속 증가할 것으로 예측된다.

B. 1인가구의 고령화 또한 급속하게 진행되고 있는데 2020년에는 50 대 이상의 1인 가구 비중(약 51%)이 40대 이하의 비중을 넘어섰으며 2045년에는 50대 이상이 약 70%, 70세 이상이 약 40%를 차지하게 될 것으로 전망된다.

C. 1인가구의 연령대별 혼인상태를 보면 30대 이하에서는 독신·만혼 경향, 여성 고령층은 사별이 1인 생활의 주요 원인임을 알 수 있으나 40~60대의 경우 과거와 비교 하면 '이혼'으로 인해 1인가구가 되는 비중이 증가하고 있는 것으로 나타난다.

나. 특징 : 1인가구는 2인 이상 가구에 비해 저소득층에 집중적으로 분포되어 있다. 1인 가구 : 45.1% → 2인 이상 가구 : 10.9%

다. 1인가구는 생활 만족도에 따라 「자유롭고 편안」하거나, 「외롭고 우울한」 자아상을 갖고 있으며 "자신을 위해 소비"하며 "깊이 있는 인간관계"를 추구하는 경향이 있다.

② 딩크(DINK. Double income no kids)족 : 정상적인 부부생활을 영위하면서도 의도적으로 자녀를 두지 않고 맞벌이를 하며, 돈과 출세를 인생의 목표로 삼는 현세대의 대표적 유형을 말한다.

– 국내 딩크 가구는 2010년 기준 42만 가구

2) 배경

① 여성의 사회진출이 증가하면서 결혼을 하지 않고 자기만의 라이프스타일을 즐기는 부류가 증가하고 있다(2000~2010년 : 6.8%). 즉, 여성을 중심으로 1인 가구가 증가하는 추세이다.

② 결혼 적령기의 청년층이 본인만의 커리어개발 또는 경제적 사유(청년 취업 난 문제)로 결혼시기를 놓친 것이 원인 중 하나이다.

| 2. 싱글족/딩크족 | 2) 배경 | ③ 싱글로 살아도 불편하지 않을 만큼 문화생활과 동호회활동이 증가한다(사회적 관계망의 강화).
 ④ 결혼관이나 자녀관에 대한 의식 변화 : 1인 생활을 나이가 들면서 겪는 삶의 자연스런 과정으로 받아들이고 있다.
 ⑤ 이혼률이 증가하고 있다. |

2) 배경

③ 싱글로 살아도 불편하지 않을 만큼 문화생활과 동호회활동이 증가한다(사회적 관계망의 강화).

④ 결혼관이나 자녀관에 대한 의식 변화 : 1인 생활을 나이가 들면서 겪는 삶의 자연스런 과정으로 받아들이고 있다.

⑤ 이혼률이 증가하고 있다.

3) 영향

① 출산율 저하 : 고령화의 가장 주요 원인이다.

② 문화산업의 발달과 소형주택 부동산시장이 발달하고 있다.

③ 품목별 소비구조 변화 : 외식비, 주거비, 애완용품 관련 비용 증가/ 교육, 출산관련서비스, 정보통신장비 등 소비가 감소하고 있다.

❖ **2020년까지 인구구조 변화로 영향을 받는 품목**

성장세가 높은 10개 품목

순위	품목	가구원 감소효과	1인 가구화 효과	인구고령화 효과	전체 변화
1	주택 유지 및 수선	6.6	2.2	12.4	20.8
2	곡물	3.8	1.2	9.9	15.0
3	신선식품	4.0	0.9	8.4	13.8
4	의약품	5.3	2.0	5.3	12.3
5	화훼 및 애완동물	8.6	3.7	1.5	11.0
6	병원서비스	4.4	0.9	4.0	9.6
7	육상운송	7.4	4.4	1.3	9.4
8	주거비	12.5	9.1	- 4.3	9.1
9	백색가전	6.8	2.2	1.6	9.0
10	TV	6.2	3.0	0.6	7.7

하락세가 높은 10개 품목

순위	품목	가구원 감소효과	1인 가구화 효과	인구고령화 효과	전체 변화
1	교육	- 8.4	- 2.4	- 12.9	- 19.1
2	출산 관련 서비스	- 7.3	- 2.1	- 13.5	- 18.3
3	유아용품	- 1.3	- 0.9	- 13.7	- 13.8
4	고칼로리식품	1.4	0.3	- 4.7	- 2.2
5	정보통신장비	4.6	2.0	- 6.8	- 2.1
6	자동차 구입	- 0.3	0.4	- 2.5	- 1.1
7	운동 및 오락서비스	1.5	1.5	- 3.1	- 0.6
8	보험	2.6	0.1	- 3.6	- 0.2
9	운송기구 연료비	2.1	0.0	- 2.1	- 0.1
10	빵 및 떡류	2.6	1.0	- 3.6	0.0

[출처 : <1인 가구 증가 소비지형도 바꾼다>, LG경제연구원 보고서]

4) 정부 정책 방향

① 신혼부부 지원 정책 : 주택구입/임차지원, 세금우대, 결혼장려금지원 등

② 출산장려 정책 : 정부의 출산지원정책이 필요하다. 다자녀 가정 세금감소, 육아인프라구축, 싸고 양질의 교육시스템 등을 지원하고 있다.

③ 소가구를 위한 부동산 정책 마련 : 소형 공공임대주택 공급 등

2. 싱글족/ 딩크족	5) 금융기관 전략 방향	① 골드미스와 미스터를 대상으로 관심분야에 대한 세미나 개최, 미팅프로그램 : 잠재고객을 확충한다.
		② 문화 콘텐츠 산업 금융지원 및 고객들의 라이프스타일에 맞춘 카드상품 개발 등
		가. 일본, 독일의 사례 : 1인 가구가 다 가구보다 소비지출이 많으며, 외식 소비, 소형가전 비중이 크게 높다.
		나. 싱글족 만을 위한 지점 개설, 싱글족의 소비 비중이 큰 업종과 할인혜택 제휴 등.
		③ 이자 지급 예금의 다양한 상품 개발 : 여가생활연계
		④ 결혼지원 자금 지원, 출산 자금 지원
		⑤ 도시형생활주택 등 소규모 주택 전용상품의 개발이나 금융지원
		⑥ 저소득 1 ~ 2인 가구에 대한 금융지원 : 사회책임
		⑦ '금융 교육 사회 봉사'로 우호적 자녀 교육 환경 조성에 기여한다.

 결론

의견 제시 　이상으로 고령화, 그리고 1~2인 가구의 증가에 따른 원인과 방향성 등에 관하여 검토하였다. 고령화 사회의 진입은 의술의 발달과 저출산 등 자연적인 사유에 의한 것인 만큼 이를 지연시키거나 막을 수는 없다. 그러나 경제에 악영향을 미칠 뿐 아니라 장기 경제침체의 원인이 될 수 있으므로 정책 당국에서는 이에 적극적으로 대비하여 경제전반에 끼치는 영향을 최소화시켜야 한다.

　특히, 이미 고령화가 상당부분 진행됐으며 지금부터 출산율을 높이더라도 앞으로 다가올 고령화 충격은 피하기 어렵기 때문에 더욱 빨라질 고령화를 전제한 대응책 마련 필요하다. 고령화 충격을 줄여줄 수 있는 현재의 공공일자리 사업을 정부뿐만이 아닌 민간도 같이 참여하여 다양한 업종에서 노인 일자리 창출사업 마련이 필요하다. 또한 근로자의 정년연장을 시행하되 어느 한쪽의 일방적인 희생이 아닌 노사합의를 통한 중고령 근로자의 임금체계 개편과 노동자의 생산성제고 노력이 병행되어야 한다. 그리고 심각해지고 있는 중소기업의 고령화 문제를 해결하기 위해서는 국내 중소기업에 유능한 외국 인력의 취업 활로를 확대하여 중소기업의 생산성을 높이는 노력이 필요하다. [출처 : KDB 미래전략연구소]

　현재 은행들은 연금, 신탁, 상속설계 등을 강조하며 관련 조직 및 브랜드를 구축하고 시니어 특화 점포 등을 통해 관계를 강화하고자 노력한다.

　또한 건강·여가·요양 등 금융과 연계될 수 있는 생활 영역까지 서비스 범위를 확장하고 있다. 과거에는 시니어를 금융/디지털 약자로 인식하고 보호에 집중했다면, 이제는 그들과 정서적 교감을 나누고 자산을 관리하기 위한 노력까지 더한다. 노후를 가장 많이 우려하는 시니어에게 노후대비 상황을 분명히 인지시키고 자산의 축적과 인출의 효율적 방안을 통합적으로 고려하여 제안할 필요가 있다.

첫째, 시니어는 은퇴 후 가계 재정 상황의 변화에 맞춰 현재 70%가 넘는 부동산 비중을 은퇴 후 50%대까지 낮출 의향을 보인다. 포트폴리오 설계 시에는 은퇴 후 확보해야 할 소득 규모를 우선 설정하고 이를 확보하기 위한 관리 방안이 시각적으로 제안되어야 설득력을 높일 수 있다. 이 때 적립식 개인연금뿐 아니라 즉시연금, 주택연금, 신탁 등이 대안으로 제시될 수 있는데, 상품의 기능을 쉽게 전달해 수익 관리를 돕고 섣부른 중도 해지를 방지해야 한다.

둘째, 노후 재정 부담을 느끼는 생활비, 노후 여유자금, 의료/요양자금, 가족부양 자금 등 준비 분야를 세분화해 명시적으로 표현하거나 고객이 용도를 명명함으로써 준비 현황을 직관적으로 확인할 수 있게 해야 한다.

셋째, 생성형 AI의 발전은 해당 과정이 디지털채널에서 구현되고 관리되는데 큰 공헌을 할 것이다. 시니어를 위한 디지털 서비스가 직관적이고 정교하게 설계된다면 젊은 세대의 유입 효과까지 기대할 수 있다.

넷째, 통합 은퇴 브랜드를 활용해 기관의 신뢰도를 높이는 것도 고려할 만하다. 은퇴 브랜드를 인지한 경우 해당 기관에 대한 신뢰는 그렇지 않은 경우보다 2.4배 더 높아진다. 상품이나 서비스 중심의 개별 브랜드보다 노후준비를 위한 통합 브랜드 하에서 재무·비재무 영역의 다양한 관리가 제공된다면 거래 확신을 높일 수 있을 것이다.

노후준비는 꼭 시니어만의 이슈가 아니다. MZ세대 절반이 지금 당장 연금의 3중 보장구조를 준비해야 한다고 응답할 만큼 관심이 높다. 노후준비가 가장 시급한 시니어를 타깃한다면 젊은 세대에게도 노후준비에 대한 관심과 경각심을 높이고, 보다 선명히 노후를 예상하며 구체적으로 준비하는 계기가 될 수 있을 것이다. <출처: 하나금융경영연구소>

한편, 금융기관은 이러한 고령화 현상에 대비하여
① 고령인구를 위한 상품 및 서비스 개발 : 실버연령을 대상으로 하는 다양한 서비스를 개발하여 금융기관의 수익으로 연결시켜야 한다.

첫째, 구체적으로 은행, 증권 등 금융회사는 개인이 충분한 시니어케어 자금을 확보할 수 있도록 치매신탁, 연금상품 등 다양한 금융상품을 개발·공급하는 역할을 수행해야 한다.

둘째, 국내 고령층 자산의 80% 이상이 부동산 등 실물자산이기에, 고령층이 보유한 자산을 유동화 하여 안정적인 요양비용을 확보하는 상품을 제공할 필요도 있다.
② 트렌드 변화에 대한 상시적 모니터링과 젊은 세대를 위한 유연한 서비스 제공 : 젊은 세대들의 기호와 성향을 항상 모니터링하여 이들을 위한 적극적이고 신속한 금융서비스를 지원함으로써 잠재고객을 확충함과 동시에 수익기반으로 만들 수 있는 지혜가 필요하다. 특히, 글로벌화 되는 생산인구의 증가에 대비한 적극적인 상품개발은 또 다른 금융기관의 수익모델로 자리 잡을 수 있을 것이다.
③ 관련 산업에 대한 금융지원으로 수익성 개선: 본론에서 언급한 관련산업으로의 금융지원에 있어 신속하고 정확한 의사결정 시스템을 도입하여 적시적소의 금융지원으로 최대한의 성과를 이루어내야 한다.

용어해설

1) **주택연금** : 만 60세 이상 주택(9억 원 이하) 소유주가 주택을 담보로 일정기간 또는 평생 동안 매월 연금방식으로 국가가 보증하는 노후생활자금을 지급받는 제도. 2007년부터 한국주택금융공사가 운영해 오고 있으며, 공사에서 보증서를 발급받은 뒤 시중 금융사에서 대출 약정을 체결하는 구조. 가입자가 모두 사망할 때까지 연금이 지급되며, 담보로 잡은 주택은 상속인이 팔아 대출금과 이자를 갚고 남는 돈이 있으면 상속자가 갖게 된다.

03 논술사례

주제 1

한국의 급격한 고령화의 원인과 이로 인한 거시경제적 전망, 앞으로의 정책 방안에 대하여 논하라.

답안

I. 서론

II. 본론
  1. 고령화 원인
    ☐ 역사적 특수성
    ☐ 사회문화 적 특수성
    ☐ 인구적 특수성

  2. 거시 경제적 전망 : 경제 성장률 하락
    ☐ 소비(감소)
    ☐ 투자(투자재원 감소)
    ☐ 재정(세입 감소, 세출 증가)
    ☐ 경상수지(악화)

  3. 정책 과제
    ☐ 노동시장(장기; 노동 수요 축소, 단기; 노동 공급 증대)
    ☐ 금융시장(리스크 관리, 상품 개발, 규제 완화)
    ☐ 주택시장(**수급 불일치 완화**)

III. 결론
  장기적 정책

| 논술 구조가 좋습니다.

📈 서론

최근 고령화가 큰 **사회** 문제로 대두되고 있다. 유럽과 미국에서는 평균 40에서 100년에 걸쳐 진행된 고령화**가** 한국에서는 20년도 **안되는** 사이에 진행 되고 있다. 2000년에 이미 고령화 사회에 진입한 한국은 2017년 고령 사회에 **진입**, 2026년에는 초고령 사회로 진입할 것으로 예측 된다. 이에 본고는 한국의 급격한 고령화의 원인과 이로 인한 거시경제적 전망,　앞으로의 정책 방안에 대해 **논해보고자** 한다.

삭제

우리 사회의

가,(쉼표)

안 되는

진입했고

그리고 마지막으로

제언해 보고자

📈 본론

1. 고령화의 원인

한국의 급격한 고령화의 원인은 역사적, 사회문화적, 인구적 특수성에서 찾을 수 있다.

첫째, 역사적으로 한국은 **급격한** 산업화를 겪었다. 빠른 속도의 산업 성숙화가 **급격한** 인구의 고령화에 영향을 미쳤다. 이는, 산업 성숙화에 돌입한 사회의 인구는 고령화 된다는 연구결과와 일치한다. **과거에 실시 된** 출산억제정책도 저출산 기조에 일조했다.

급속도로

오히려 급격하게

언제적 이야기인지 구체적으로요~

둘째, 사회문화적 원인은 한국의 높은 양육비용과 가부장제다. 높은 양육비용으로 인해 출산 기피 현상이 발생하고 있다. 더불어, 여성들의 사회 진출이 확대되었으나, 가부장제라는 문화적 특수성으로 인해 남녀 불균등한 가사분담으로 일과 육아가 병행되기 힘든 상황도 저출산을 심화시키고 있다.

셋째, 인구적으로 베이비붐 세대가 고령층에 진입하고 있어 고령인구비중이 급격히 증가하고 있다. 베이비붐 세대의 고령층 진입과, 저출산이 맞물려 한국의 급격한 **고령화에 기여하고 있다.**

고령화를 초래하고 있다.

2. 거시경제적 전망

    고령화는 한국의 경제성장률을 **저하할** 것으로 전망된다. 현재, 3% | 떨어뜨릴

대로 전망되는 한국의 경제성장률은 2035년에는 0.4%대로 떨어질

것으로 예측된다. 이하에서는 고령화의 영향을 소비, 투자, 재정, 경

상수지 네 가지 측면에서 분석해 보겠다.

    첫째, 고령화로 고령층의 소비 **영향력**이 커짐에 따라 소비 감소가 | ?

예측된다. 고령층은 근로소득과 한계소비성향의 감소, 예비적 저축

동기의 증가로 소비가 감소할 것이다. 이에 더해, 저금리 지속과 주택

자산가격의 하락으로 인한 기대자산의 축소. 특히 베이비붐 세대의

높은 실물 자산 보유에 따른 자산의 유동화 한계는, 소비를 더욱 위축

시킬 것이다. 그러나 최근 한국**의** 고령층의 소득이   개선되고 있어 | 삭제

소비 위축이 급격히 일어나지는 않을 것으로 전망된다. | 다소

    둘째, 투자가 감소할 것이다. 생애주기가설에 따르면, 청장년층은

높은 저축률을 고령층은 낮은 저축률을 보인다. 낮은 저축은 투자 재

원의 부족을 낳는다. 또한, 고령층은 안전 자산 보유를 선호하므로 주

식 시작이 위축될 수 있다. 주식 시장의 위축은 기업의 자산 확보를 어 | 금융기관의 기업여신이 축소될

렵게 해서 투자의 활성화를 **방해한다.** | 우려도 있습니다.

    셋째, 재정 적자가 발생할 수 있다. 생산가능인구가 감소함에 따라

세입은 축소되는 한편, 고령화로 인해 각종 사회 서비스에 대한 지출

은 증가할 것이다. 특히 고령화로 인해 사회 보호 및 보건 지출 증가가

예상되는 한편, 교육비 지출은 축소될 것으로 예상된다.

    넷째, 경상수지 악화가 예상된다. 고령층의 저축률 감소와 안전자

산선호는 국외 투자를 위축시킬 것이다. 노년 부양률의 증가는 경상

수지의 음의 영향을 주는 실증 분석 결과가 이를 뒷받침 한다. 다만, | 구체적으로 어떤 방향을 말씀

고령화의 진전으로 고령층의 노동 시장 참여 확대, **연금 구조 변화,** | 하시는지요?

저축 및 투자 양상의 변화가 발생한다면, 예상과 다른 결과가 발생할 수 있다.

구체적으로 어떤 방향을? │

3. 정책 방안

정책 방안은 노동, 금융, 주택 시장 세 가지 측면에서 살펴보겠다.

첫째, 생산가능인구의 증가를 위해 장기적으로 저출산 기조에서 벗어나야 한다. 이는 사회 문화적인 변화와 함께 병행해야 한다. 일, 가족 양립 지원, 출산장려정책이 필요하다. 기술개발을 지원함으로써 노동의 수요 자체를 축소시키는 것도 중요하다. 단기적으로는 여성과 장년의 경제 활동 참여율을 높이고, 이민 규제를 완화함으로써 노동 공급을 확충해야 한다. 더불어, **연금구조의 개혁으로 고령층의 소득을 안정화하여** 소비와 저축의 급격한 위축을 막아야 한다.

연금개혁으로 가능해 보이지는 │ 않습니다

둘째, 금융 시장은 리스크 관리와 함께 새로운 상품 개발이 요구된다. 고령화는 고령층의 대출 수요를 증가시키며, 주택가격의 하락은 대출 상환율을 하락시킨다. 특히, 현 연금제도 하에서 은퇴 시기와 연금수령 시기의 불일치로 대출에 대한 수요가 크다. 이에 정부는 체계적인 모니터링과 실물자산 가격변동에 취약한 **고령층을 위한 실물 자산 유동화 제도** 활성화를 통해 금융 시장 건전성을 유지해야 할 것이다. 또한 규제 완화를 통해 고령층의 안전자산 선호에 맞춰 중장기, 중위험 상품을 개발을 촉진하여 금융시장의 수익성을 재고해야 한다. 경상수지 악화에 대비하여, 대외 투자에 대한 규제 완화도 병행되어야 한다.

구체적으로 무엇을 │ 말씀하시는지? │

셋째, 주택 수급 불균형을 완화하여야 한다. 고령화로 인한 높은 주택매도압력은 주택 가격 하락으로, 고령층의 기대자산을 축소시키는 악순환을 불러일으키고 있다. 역모기지 대출, 은퇴가구의 보유주택 임대 전환과 같은 제도를 활성화하여 고령층의 주택매도압력을 축소시켜야 한다.

📈 결론

　급격한 고령화로, 한국 사회의 장기 전망이 밝지 않다. 이에 정부는 장기적으로는 출산장려정책을 통해 생산가능인구를 확충하고, **연금구조를 개혁하여** 고령층의 소득을 안정화해야 할 것이다. 출산률은 미래의 성장 잠재력과 직결된다. 비록 출산장려정책이 단기적으로는 뚜렷한 성과가 없다고 하더라도 인내심을 갖고 추진해 나아가야 한다. 나아가, 고령화에 따라 수요 증가가 예상되는 고부가가치 서비스 산업 위주로 산업 구조를 재편한다면, 한국 의 잠재적 성장률을 높일 수 있을 것이다. 그 어느 때보다, 유연하고 장기적인 안목의 정부 정책이 요구된다.

연금개혁은 방법적으로 어떤 개혁이든 고령층의 소득을 안정시키는 것은 현실적으로 어렵습니다.

주제 2
한국의 고령화 현황과 나아가야 할 방향에 대해 논하시오.

답안

📈 서론

한국의 고령화 현황

　　KDB 미래전략연구소에 따르면, 우리나라의 인구 고령화는 세계에서 가장 빠른 속도로 진행되고 있으며, 향후 13년간('17년~'30년) 만 65세 이상 인구가 연평균 4.8%의 높은 증가세를 보일 것으로 예상된다. 매년 65세 이상 인구가 45만 명씩 증가하여 2025년에는 천만명을 상회할 전망이며, 고령층 빈곤문제, 부양비를 둘러싼 세대 간의 갈등 문제, 고령화 구조에 따른 산업 경쟁력 하락 문제 등이 심각한 사회 문제로 대두될 전망이다. 이에 본 글에서는 고령화의 원인과 문제점, 그리고 **고령화와 관련하여** 우리 정부가 나아가야 할 방향에 대해 살펴보고자 한다.

> 따라서
> 무언가 문장들의 연결이 매끄럽지 않습니다. 접속어 사용을 연습하시면 좋을 것 같습니다.

> 고령화 극복을 위해

📈 본론

1. 고령화의 원인

　1) 국가의 선진화

　　고령화는 국가가 선진화되면서 수명연장의 조건이 충족되면 자연스럽게 발생하는 현상이다. 때문에 저출산의 원인처럼 **규명이** 복잡하지 않다. 국가가 선진화되면, 보건과 의료서비스의 발달로 인해 각종 질병에 대한 예방과 치료가 빠르고 신체의 영

> 그 이유가

양상태가 좋아진다. 따라서 선진화된 국가에 속한 사람들의 평균 수명이 지속적으로 상승하게 되는 것이다. 보건복지부가 공개한 'OECD 보건통계(Health Statistics) 2019'에 따르면, 2017년 우리나라 기대수명은 82.7년으로 OECD 평균(80.7세)보다 2년 길었다. 10년 전보다 3.5년 증가했다.

2) 베이비부머의 고령화

인구 고령화의 또 다른 원인은 거대인구집단인 베이비부머(Baby Boomer)의 고령층 인구 편입이다. 심각한 수준의 고령화 충격을 가져다 줄 베이비부머 그룹의 문제는 특정 국가만의 문제가 아니라 전 세계적인 문제이다. 제2차 세계대전이 끝난 뒤인 1946년부터 1965년까지 거의 대부분 국가에서 출산 붐이 일었고, 이들은 인구구조에서 최대집단(Cohort)으로 자리 잡고 있다. 한국의 베이비부머는 6.25전쟁 직후인 1955년부터 1963년까지 태어난 712만 명을 가리키며, 전체인구의 14.6%를 차지한다. 수적우세로 사회에 커다란 영향을 미친 이들이 노동시장에서 본격적인 은퇴를 시작하고 고령자대열에 합류할 채비를 하고 있다.

｜ 이제는

3) 출산율 저하

통계청에 따르면, 2019년 3분기 합계출산율은 전년 동기보다 0.08명 떨어진 0.88명이었다. 이는 1981년 관련 통계를 집계한 이래 **최소 기록이다.** 우리나라의 출산율은 세계적으로도 매우 낮은 수준으로, 우리보다 앞서 인구 고령화에 접어든 독일, 영국, 프랑스 등보다 훨씬 더 낮은 수준이다. 출산율 저하의 주된

｜ 최저치이다.

원인은 독신 및 만혼의 증가와 이로 인한 소자화(小子化) 경향 때문이다. 또한 최근 혼인가치관이나 자녀가치관에 대한 태도조사 결과들은 혼인을 선택사항으로 보고, 자녀출산 기피 등 개인주의적 가치관이 확산되고 있다.

2. 고령화의 문제점

1) 경제 성장률 저하

고령화는 중장기적으로 경제성장의 둔화를 초래한다. 노년층은 가처분소득 감소와 예비적 저축 동기 증가로 소비 지출이 적다. 특히 부실한 연금제도 때문에 고령층은 소비에 인색할 수 밖에 없다. 고령화가 진행될수록 노년층 인구 비중이 증가해서 경제 전체적으로 소비가 감소할 것으로 전망된다. 또한 생애주기 가설에 따르면 노년층의 경우 저축이 감소해 '저축=투자'라는 등식에 의해 투자도 감소할 것으로 예상된다. 따라서 경제 성장 원동력의 핵심인 소비와 투자가 고령화로 인해 모두 감소함으로써 경제 성장률이 낮아질 것으로 전망된다.

2) 정부의 재정 악화

재정수입 측면에서 보면, 근로계층의 감소가 세수의 감소로 이어질 것이며, 재정지출 측면에서 보면, 고령화로 인한 연금수급자의 증가는 연금급여, 의료비 지출 등의 증가로 이어질 가능성이 높다. 이때 재정수입의 감소가 동반되는 재정지출의 급증은 재정적자를 초래하고, 경제전체의 저축률 하락에 기인하는 이자율의 상승은 재정적자에 대한 이자부담을 가중시키게 된다. 그리고 재정적자가 자본시장에서의 구축효과를 통화여 이자율을 상승시키게 되면, 이는 다시 재정적자를 가속화시키는 악순환의 고리가 형성될 가능성이 높다.

3) 세대 간 갈등 심화

멀지 않아 다가올 초고령화 사회에서 노인들에 대한 젊은이들의 행태와 태도는 긍정적이지 않을 것으로 전망된다. 젊은이와 노인 간의 세대 갈등은 노인부양부담비율의 증대에서 기인하는 경향이 높다. 통계청에 따르면 생산가능인구(15~64세) 100명이 부양해야 하는 65세 이상 고령인구는 2000년 10.2명에서 2018년 19.6명으로 늘어났고, 2060년에는 82.6명에 달할 것으로 전망됐다. 또한, 최근 취업난으로 혼인과 출산까지 포기하는 상황인데 노인복지의 짐을 질 수 없다는 의식도 작용하고 있다.

📈 **결론**

우리 정부가 나아가야 할 방향

우리 정부가 나아가야 할 방향은 크게 세 가지로 나누어 볼 수 있다.

첫째, 고령노동시장의 질적 개선이 필요하다. 여성과 청년층 등 기존 생산가능인구의 노동공급만으로는 장기적인 성장추세 하락을 만회하기에 불충분 하다. 따라서 고령세대의 노동참여는 경제성장률 하락을 **완충하고**, 고령인구 부양부담을 감소시킬 수 있다. 한편, 현재 우리나라 고령노동시장은 고용률은 높으나 저부가가치 부문에 집중되어 있다. 향후 고령노동력을 생산적으로 활용하기 위해서는 고령노동시장의 질적 개선이 전제되어야 한다. 특히 퇴직연령에 도달한 베이비붐 세대는 이전 세대에 비해 크게 향상된 교육수준을 가지고 있으며, 이는 고령노동시장의 공급 측면에서 긍정적인 변화 요인

| 저지하고

으로 작용할 것이다.

둘째, 결혼을 주저하거나 포기하는 사회경제적 원인을 해소해야한다. 이를 위하여 교육기부터 취업 준비를 지원하여 노동시장 참여의 기회를 확대하고 고용 불안정 기간의 단축을 도우며, 청년층과 신혼부부의 주거부담을 완화해야 한다. 청년들이 조기에 안정적인 일자리를 가질 수 있도록 노동개혁을 통한 청년 일자리 창출, 신규채용기업에 대한 세제 · 재정 지원 강화 등의 정책이 추진되어야 한다. 또한, 주거마련 문제에 대해서는 청년기부터 지원하여 자산형성을 돕고, 신혼부부를 위한 맞춤형 주택을 공급하여 정책 체감도를 높여야한다. 구체적으로는 대학생 전세임대공급 확대, 신혼부부 주택마련자금 대출한도 상향 및 금리 우대, 공공 및 민간임대주택 확대 등이포함된다.

셋째, 실버 산업에 대한 투자와 지원을 통한 신 성장 동력을 발굴해 나가야 한다. 고령화는 경제가 성장하고 의료기술이 발전함에 따라 발생할 수밖에 없는 사회적 현상이다. 따라서 고령화 사회를 기회로 활용해 새로운 산업을 창출하고 육성해야 한다. KHIDI(한국보건산업진흥원)에 따르면, 고령친화산업으로 분류되는 요양, 기기, 정보, 여가, 금융, 주택, 한방, 농업 등 8대 주력산업의 성장규모는 2002년 6조4000억 원에서 2020년 116조 원으로 기하급수적으로 성장할 전망이다. 또한, 실버산업의 연 평균 성장률은 13%로 기존 산업의 성장률이4~5%인 것과 비교해서 성장 잠재력이 높다. 특히 4차 산업혁명 시대를 맞아 이와 관련된 기술을 실버산업에 접목시켜 신 성장 동력을 창출할 수 있는데, 인공지능을 활용한 바이오 헬스와 요양 로봇 등이 대표적 사례이다.

주제3

고령화에 대해 논하시오.

답안

 서론

초고령사회로의 진입

　65세 이상 인구비중이 20% 이상 차지하는 경우 초고령사회라 하는데, 통계청에 의하면 2026년에 우리나라는 초고령사회로 진입할 것으로 전망된다. 앞으로 10년도 남지 않은 시점에서 다가오는 초고령화사회에 대비하지 않으면 큰 혼란이 예상된다. 이에 본고는 고령화의 영향과 그에 대한 대책을 서술하겠다.

본론

1. 고령화의 영향

1) 성장동력의 감소

　　모딜리아니-안도-브롬버그(MBA)의　생애소득주기가설에　의하면 고령화는 경제 내 저축률을 감소시킨다. 즉 소비평탄화(consumption-smoothing) 유인을 가지는 소비자들은 상대적으로 소득이 감소한 은퇴 후 시기에도, 소비를 이 전 수준과 비슷하게 유지하므로 저축규모가 감소하게 된다. 내생적 성장모형인 AK모형에 의하면 저축률 감소는 1인당 국민소득 수준의 감소(수준효과 : level effect)뿐만 아니라, 성장률 자체의 감소(성장효과 : growth effect)도 불러온다. 실제로 미국경제연구소 NBER에 의하면, 고령인구 비중 1% 증가는 1인당 GDP 0.55%를 감소시키는 효과가 있다고 한다.

2) 금융불안정 요인의 증가

은퇴시기를 앞두거나 은퇴를 한 고령계층들이 생계형 자금을 목적으로 주택담보대출을 주로 이용하는 경향이 있다. 이는 우리나라 **연금의 소득대체율이 39.3%로 OECD 평균인 57.6%에 크게 못 미치는 수준이고,** 해당 연령대의 주요 자산이 부동산인 것에서 기인한 결과로 보인다. 문제는 해당 대출의 절반 이상이 비거치식-변동금리부 대출이므로 향후 금리인상에 따른 원리금 상환부담이 가중된다는 점이다. 한국은행은 금리 1% 상승 시 이자비용 부담 증가규모를 **약 9억 원대로** 추산한다. 민스키는 부채현금흐름 단위를 헤지단위-투기적 단위-폰지 단위로 구분하였는데, 폰지 단위로 갈수록 부채의 원리금 상환능력이 저하되는 것을 의미한다. 폰지 단위의 비중이 증가할수록 경제 내 구조적 불안정성이 증가하고, 조그만 자산시장 충격이나 경기위축에도 금융위기가 발생하는 민스키 모멘트 발생 가능성이 증대한다. 즉 향후 금리인상으로 인한 가계부채의 폰지 단위 비중 증가로 금융시스템의 구조적 불안정성이 증대될 위험이 있다.

특히 문제가 되고 있는 것은 명목소득대체율 보다는 실질소득대체율입니다.

9조 원대로

3) 금융소비자 피해 발생

이 밖에 인지적 한계(cognitive limitation)에 놓여 있는 고령층을 대상으로 한 불완전 판매, 금융범죄의 발생 가능성이 존재한다. 인지적 한계란 모든 정보를 제시 받았음에도 자신의 금융상황을 최적화하지 못 하는 것을 의미한다.

2. 금융회사의 대응방안

1) 비소구 주택연금 상품의 확대

비소구(=책임한정형) 주택연금상품은 역모기지 개념으로 주택담보대출과 달리 원리금 상환의무가 없고, 주거안정이 보장된다는 것이 장점이다. 특히 주택가치가 총연금지급액 미만으로 떨어지더라도 정부에서 지급보증을 해주는 구조이므로, 고령층의 생계안정이 보장된다. 다만 주택가치 유지를 소홀히 할 도덕적 해이(moral hazard) 발생 가능성이 존재하므로, 이에 대한 정책적 보완이 **요구된다.**

> 좋습니다. 다만, 주택금융공사의 리스크 요인이 됩니다. 물론, 심사를 좀 더 엄격히 할 수 있다는 장점도 있습니다.

2) 비표준형 연금 상품의 개발

고령층 유병자의 경우 연금수급예상기간이 비교적 짧기 때문에 표준형 연금상품 가입유인이 비교적 짧다. 따라서 이러한 유병자를 대상으로 하는 연금 수급기간이 짧은 비표준형 연금상품을 개발할 경우, 이에 대한 잠재적 수요가 상당하므로 금융회사들에게 큰 수익원이 될 것으로 전망된다.

3) 고령층을 위한 금융서비스 제공

고령층 금융소비자를 위한 전담창구를 개설하고, 파생상품과 같은 고위험 상품에 대해 투자자 숙려기간(예. ELS와 같은 파생결합증권의 경우 2일)을 부여해주는 노력 등을 통해 불완전판매를 예방하는 것이 중요하다. 또한 40 ~ 50대의 예비적 고령계층을 대상으로 생애주기의 관점에서 금융자문서비스를 제공하고, 노후 대비를 위한 종합자산관리서비스를 개발하여 제공하여야 한다.

📈 결론

금융감독당국의 대응

1) 조기경보시스템의 운영 : 미시건전성 측면

가계부채의 부실화로 금융불안정 요인이 현재화될 수 있기 때문에 위기발생에 대한 조기경보시스템 구축이 필요하다. 현재 금융감독원에서는 금융산업 및 금융기관의 위험 측정 및 예방을 위해, 분기별로 7개의 업권으로 나누어 조기경보계량모형을 운영 중이다. (위험지수모형, 위험선행지수모형, 부도확률모형 등) 이러한 조기경보시스템의 적극적 운용을 통해 금융 불안정요인을 조기에 파악하여, 규제유인(regulatory forbearance)으로 인한 금융위기가 발생하지 않도록 시스템리스크를 철저히 관리할 필요가 있다.

2) 거시위기상황분석 – 거시건전성 측면

현재 금융기관들이 운영하는 위기상황분석(stress test)은 특정 충격에 대한 포트폴리오 가치 변동의 정도를, 거시계량지표를 통해 편미분 분석하는 단순민감도 분석이다. 따라서 경제요소들이 상호작용하며 위기의 파급경로 및 금융시스템에 대한 총체적 영향을 추정하는 시나리오 분석을 시행하여, 금융기관들의 비상대응계획(contingency plan)을 완비해야 한다. 특히 가계부채 문제에 대비해 취약차주별로 등급화하여 세분류하고, 이에 맞는 상황별 대응전략을 마련할 필요가 있다. 이러한 접근방법을 하향식(Top-Down) 접근방법이라고 하며, 구성의 오류(fallacy of composition)에서 횡단면 리스크를 완화시킬 수 있다.

3) 인지적 한계에 놓여있는 고령층 금융소비자 보호 강화

[자본시장과 금융투자업에 관한 법률] 제 46조 적합성 의무와 제 47조 설명의무를, 금융기관이 잘 이행하고 있는지 미스터리 쇼핑 등을 통해 상시 감독하여 고령층에 대한 불완전판매를 예방하여야 한다. 또한 추가적으로 신의성실의무를 확대적용하는 방안도 고려할 필요가 있다. 신의성실의무란 금융서비스 제공시 투자자 이해에 최선을 다했는지를 기록으로 남기는 것을 의미한다. 하지만 단순히 판매준칙을 건전화하는 것만으로는 금융소비자 보호 완비에 한계가 존재한다. 2016년 한국은행과 금융감독원이 공동 시행한 금융이해력 조사에서 70대의 결과가 OECD 최저 목표수준에 한참 미달하는 것으로 나타났다. 따라서 금융회사의 판매준칙 준수뿐만 아니라, 금융교육을 통해 금융소비자 자신의 '자기책임원칙'을 확고히 함으로써 원활한 시장규율 작동을 보장할 필요가 있다.

chapter

21

양극화와 은행의 방향

01 논제 개요 잡기[핵심 요약]

서론	이슈언급	2024년 3월 통계청이 발표한 '한국의 지속가능발전목표(SDG) 이행보고서 2024'에 따르면 과거 10여 년 간 지니계수는 감소했지만, 은퇴연령층의 소득 불평등은 악화하는 것으로 나타났다.
본론	1. 양극화	1) 의미
		① 양극화 : 사회적, 경제적 기준에 따라 사회내의 여러 집단이 상하 양극으로 나뉘어 점점 더 달라지고 멀어지는 현상 가. 사회 불평등의 심화를 가리키며, 특히 중간계층이 줄어들고 사회계층이 양극단으로 쏠리는 현상을 의미 나. 좀 더 적극적 의미는 하층 → 중간층, 중간층 → 상층으로의 사회적 이동이 현저히 제약되어, 계층구조가 고정화되는 것까지 포함
		2) 원인
		① 사회적 원인 가. 세계화, 기술혁신의 진전으로 경쟁 심화 나. 기술 발달 다. 실업, 가계부채 증가로 인한 소득격차 확대(비효율적 분배) ② 구조적 원인 가. 개인 : 부와 가난의 대물림 나. 기업 : 수출부문과 내수부문, 대기업과 중소기업 간 연관관계 취약 → 노동시장과 산업구조의 이중구조

본론	**1. 양극화**	**2) 원인** ③ 제도적 원인 　가. 문재인 정부의 소득주도성장정책에 의한 역설적 결과 　나. 과거에는 대기업 위주의 국가주도적 불균형 (산업)성장정책 　다. 서민금융지원 정책 → 가계 부채의 증가 → 저소득층의 파산 　　→ 양극화 심화 　　A. 목적 : 차입을 통한 유동성 확대로 미래소득을 증가시키고, 　　　소비 평탄화를 실현하자는 것 　　B. 결과 : 소득분배 개선에 도움이 되지 않음 　　C. 이유 : 저소득층의 소득대비 가계부채 부담이 고소득층에 　　　비해 크기 때문

③ 제도적 원인
　가. 문재인 정부의 소득주도성장정책에 의한 역설적 결과
　나. 과거에는 대기업 위주의 국가주도적 불균형 (산업)성장정책
　다. 서민금융지원 정책 → 가계 부채의 증가 → 저소득층의 파산
　　→ 양극화 심화
　　A. 목적 : 차입을 통한 유동성 확대로 미래소득을 증가시키고,
　　　소비 평탄화를 실현하자는 것
　　B. 결과 : 소득분배 개선에 도움이 되지 않음
　　C. 이유 : 저소득층의 소득대비 가계부채 부담이 고소득층에
　　　비해 크기 때문

3) 대한민국 현상

① 소득의 양극화 : 고소득층과 저소득층 → 중산층의 몰락(상위 1%
　와 하위 20%의 소득격차 59배)
　가. 로렌츠 곡선
　나. 지니계수
　다. 소득 5분위배율
② 기업규모의 양극화(대기업과 중소기업) : 1%의 대기업이 99%의
　중소기업보다 생산/수익 높음. 담보 위주의 현행 대출 제도 → 대
　기업과 중소기업의 자본 조달력 차이 증가
③ 매출방식의 양극화(수출기업과 내수기업) : 각종 수출지원책과
　내수부진으로 내수기업의 경영악화 심화
④ 고용구조의 양극화 : 정규직과 비정규직 갈등

4) 글로벌 비교

① OECD 국가들의 50년(1973~2023년)간 빈부격차 추이를 분석한
　결과, 국가별로 뚜렷한 차이가 나타났다. 특히 미국과 유럽이 대
　조적인 양상을 보였다.
② 미국(고숙련 노동자 중심 구조로 격차 심화)과 유럽(발달된 복지
　제도로 격차 완화)의 뚜렷한 대조적인 추세.
③ 한국 : 2023년 기준 최저임금은 시급 9,724원으로 OECD 38개
　국 중 19위, 평균임금으로 5,200만 원으로 20위를 기록했다. 지니
　계수는 0.33으로 13위에 올라 OECD 평균 수준의 소득 불평등
　을 보였다.

5) 해결방안

① 부유층에 대한 사회적 책임 강조
② 교육제도 개선
③ 중산층 세제 혜택 : 중산층 이탈을 막기 위한 세제혜택 제공
④ 대기업 전횡 방지
⑤ 중소기업 지원
⑥ 임금 격차 해소
⑦ 잡셰어링

1. 양극화	**5) 해결방안**	⑧ 정부와 기업의 고부가가치 일자리 창출, 여성의 경제활동 참가율을 높이며 자본활용도 높임 ⑨ 사회적 기업 지원 ⑩ 가계금융 분야의 연구 활성화 → 가계부문 금융역량을 강화, 가계의 경제력 향상
본론	**1) 노인빈곤율**	① 2020년 기준 한국의 66세 이상 노인인구의 소득빈곤율은 40.4%에 달한다. OECD 회원국 평균 14.2%보다 3배 가까이 높았다. ② 한국 노인의 빈곤율은 고령층으로 갈수록 더 악화했다. ③ 한국 노인은 가처분 소득이 적지만, 고용률은 높았다. ④ 통상 기초연금 등 연금제도의 '소득 재분배' 특성 때문에 연금 수급대상인 노인층의 소득 불평등은 전체인구보다 낮은 경향을 보인다. ⑤ 한국의 노인은 보통 70세까지 계속 일을 하지만, 정부의 국내총생산(GDP) 대비 공적연금 지출이 3.6%로 OECD의 절반수준에 불과해 노인 빈곤이 발생하고 있다.
2. 노인빈곤율과 일자리 양극화	**2) 일자리 양극화**	연령대별 임금 근로직 동향을 보면 60대 이상 일자리가 2023년 동기 대비 26만 3,000개 증가하며 가장 많이 늘었다. 이어 50대 일자리가 같은 기간 12만 8,000개 증가했다. 특히 60대 이상 일자리는 보건·사회복지 분야에서 전년 동기 대비 11만 개 늘어나는 등 돌봄 영역이 대부분인 것으로 조사됐다. 반면, 20대 이하 청년층 일자리는 2023년 1분기 318만 9,000개에서 2024년 1분기 308만 6,000개로 약 10만 2,000개 줄어들었다. 40대 이하 일자리도 같은 기간 3만 2,000개 감소했다. 경제 활동의 '미래'와 '허리' 역할을 담당하는 20대와 40대 일자리가 모두 1년 전보다 줄어든 것이다.
결론	**의견제시**	소득 불평등은 교육 건강 문화 정치 등 그 사회 모든 불평등의 출발점이다. 양극화가 초래하는 사회 정치적 불안은 결국 경제 성장에도 심각한 장애요인이 된다. 저소득층을 중심으로 아동수당, 기초연금 같은 복지성 지출로 소득을 늘려주는 처방만으로는 일자리가 없어져 줄어든 소득을 대체할 수도 없고 지속 가능하지도 않다. 구호가 아니라 실제 성과를 낼 수 있는 소득 양극화 해소 정책이 필요한 시점이다. 한편 청년 실업률 증가관련, 내실 있는 직무 및 직업교육과 취업지원 확대 등을 통해 효과적인 적극적 노동정책에 대한 지출규모를 확대해 나갈 필요성이 커 보인다. 아울러, 고용보호법제內에 청년층의 고용을 특별히 제약하는 요소는 없는지 살펴볼 필요가 있으며, 청년층에게 보다 친화적인(Youth-friendly) 방향으로 관련 법제도가 운영되도록 노력하는 것이 바람직해 보인다.

02 논제 풀이

 서론

이슈 언급　2024년 3월 통계청이 발표한 '한국의 지속가능발전목표(SDG) 이행보고서 2024'에 따르면 과거 10여 년 간 지니계수는 감소했지만, 은퇴연령층의 소득 불평등은 악화하는 것으로 나타났다.

통계청의 가계금융복지조사 자료를 활용해 경제협력개발기구(OECD)의 권고 방식으로 산출한 한국의 처분가능소득 지니계수는 지난 2011년 0.388에서 2022년 0.324로 줄었다. 지니계수는 소득 불평등을 나타내는 지표로 0에 가까울수록 평등하고 1에 근접할수록 불평등함을 의미한다.

하지만 균등화 처분가능소득 기준 18~65세(근로연령층) 인구의 지니계수는 0.303으로 2023년보다 0.007 감소했지만 66세 이상(은퇴연령층) 인구의 지니계수는 0.383으로 0.005 증가하며 은퇴연령층에서 소득 불평등이 악화했다.

한국의 순자산(총자산-부채) 지니계수도 지난 2011년 0.619에서 2017년 0.584까지 낮아졌지만, 이후 5년 연속 증가해 지난 2022년에는 0.606을 기록했다. 2023년에는 0.605로 전년과 비슷해 최근 한국의 자산 불균형이 커지는 것으로 확인됐다. 이는 노동시장 이중구조, 세계 경기 불황 등 구조적 원인에 의한 결과로 풀이된다.

이에 본지에서는 한국의 양극화 현상에 대해 진단한 후, 특히 최근 문제가 되고 있는 노인빈곤 및 일자리 양극화 문제에 대해 검토하고자 한다.

본론

1. 양극화

1) 의미	① 양극화 : 사회적, 경제적 기준에 따라 사회내의 여러 집단이 상하 양극으로 나뉘어 점점 더 달라지고 멀어지는 현상을 일컫는다. 가. 사회 불평등의 심화를 가리키며, 특히 중간계층이 줄어들고 사회계층이 양극단으로 쏠리는 현상을 의미한다. 나. 좀 더 적극적 의미는 하층 → 중간층, 중간층 → 상층으로의 사회적 이동이 현저히 제약되어, 계층구조가 고정화되는 것까지 포함한다.
2) 원인	① 사회적 원인 가. 세계화, 기술혁신의 진전으로 경쟁이 심화되었다(특히 한국경제는 대외의존도가 높아 영향을 많이 받는 구조). → 소수의 승리자와 다수의 패배자로 나뉘는 경쟁 구도

1. 양극화	**2) 원인** 나. 기술 발달 　　A. 고용 없는 성장의 반복 : IT 기술발전에 따른 정보의 비대칭성 → 부유층과 저소득층의 갭(gap)의 확대 　　B. 신기술이나 산업환경의 변화에 대한 인지 및 적응능력의 차이 : 기술발전은 단순노동을 대체, 숙련노동의 수요를 증가시킨다. → 근로자 간 임금 격차가 벌어진다. 다. 실업, 가계부채 증가로 인한 소득격차 확대(비효율적 분배) : 경기 침체기에 자본력 있는 부유층이 헐값에 매각되는 자산을 매입한다. → 이러한 자산의 차익매매를 통해 부가 축적된다. → 저소득층에서 부유층으로 부가 이동한다. → 양극화가 심화된다. ② 구조적 원인 가. 개인 : 부와 가난의 대물림 　– 불공정한 교육기회 및 교육제도 : 명문대 진학 비율이 높은 자사고에 강남권 사립학교 출신이 대거 입학하는 현실 → 부의 차이가 학력 격차로 이어진다. 지역별 자사고 합격자 수 : 서초구(851명), 강남구(755명), 송파구(758명) ↔ 금천구(70명), 중구(58명), 용산구(134명) 나. 기업 　　A. 수출부문과 내수부문, 대기업과 중소기업 간 연관관계 취약 → 노동시장과 산업구조의 이중구조 　　B. 기업의 단기 업적 중심 경영 및 관리 　　C. 노동조합의 정규직 중심 구조 ③ 제도적 원인 가. 과거에는 대기업 위주의 국가주도적 불균형 (산업)성장정책 나. 서민금융지원 정책 → 가계 부채의 증가 → 저소득층의 파산 → 양극화 심화 　• 목적 : 차입을 통한 유동성 확대로 미래소득을 증가시키고, 소비 평탄화를 실현하자는 것. 　• 결과 : 소득분배 개선에 도움이 되지 않음. 　• 이유 : 저소득층의 소득대비 가계부채 부담이 고소득층에 비해 크기 때문.
	3) 대한민국 현상 ① 소득의 양극화 : 고소득층과 저소득층 → 중산층의 몰락(상위 1%와 하위 20%의 소득격차 59배) 가. 로렌츠 곡선과 지니계수 　　A. 로렌츠 곡선 : 누적인구와 누적소득을 축으로 하는 그래프상, 45도 각도의 완전평형 커브에 비해 불균형면적이 증가하는 로렌츠 곡선의 형태가 심화됨.

소득누적비율(%)

100

75

50

30
25

로렌츠곡선B

로렌츠곡선A

인구누적비율(%)

0   25   50   75   100

B. 그림에서 보면 사각형에서 대각선은 인구누적비율과 소득누적비율
   이 일치하는, 즉 모든 인구가 동일한 소득을 보유해 완전히 평등한
   소득분배를 보여준다. 그러나 현실에서는 완전히 평등한 소득분배
   가 이뤄지지 않기 때문에 곡선 A 또는 B와 같은 로렌츠곡선이 만들
   어진다. 로렌츠곡선 A와 B를 비교했을 때 전체 인구의 50%가 곡선
   A의 경우 전체 소득의 30%를 점유하고 있지만, 곡선 B의 경우 전체
   소득의 25%를 점유하고 있으므로 A보다 B에서 소득의 불평등 정
   도가 심한 것을 알 수 있다. 즉, 대각선에서 멀어질수록 소득분배의
   불평등 정도가 심한 것을 나타낸다.

나. 지니계수
  A. 지니계수는 로렌츠곡선을 이용하여 계산한다. 소득분배가 완전히
     평등하다면, 즉 모든 사람의 소득이 같다면 대각선과 로렌츠곡선 사
     이의 면적이 0이 되어 지니계수 역시 0이 된다. 반대로 소득분배가
     완전히 불평등하다면 로렌츠곡선은 직각의 형태를 갖게 된다. 이때
     는 대각선과 로렌츠곡선 사이의 면적이 대각선 아래 삼각형 전체의
     면적과 일치하여 지니계수는 1이 된다.

[한국의 지니계수 추이]

		2014	2015	2016	2017	2018	2019	2020	2021	2022
저분가능소득(세후)	가계동향:전체가구	0.302	0.295	0.304	-	-	-	-	-	-
	가계금융복지	0.363	0.352	0.355	0.354	0.345	0.339	0.331	0.333	-
	가계금융복지*	-	-	-	-	-	-	-	0.329	0.324
시장소득(세전)	가계동향:전체가구	0.341	0.341	0.353	-	-	-	-	-	-
	가계금융복지	0.397	0.396	0.402	0.406	0.402	0.404	0.405	0.405	-
	가계금융복지*	-	-	-	-	-	-	-	0.405	0.396

<출처: 통계청>

1. 양극화

3) 대한민국 현상

B. 지니계수는 국민의 소득불평등 정도를 보여주는 가장 대표적인 지표이다. 소득불평등의 심화는 경기활성화와 경제성장을 저해하고 더 나아가 사회적 갈등과 불안을 야기할 수 있기 때문에 소득불평등의 정도와 추이를 파악하는 것은 매우 중요하다. 여러 국가들의 지니계수를 비교함으로써 소득불평등의 국가 간 차이를 파악할 수 있고, 한 국가의 지니계수 변화를 살펴봄으로써 소득불평등의 추이를 관찰할 수 있다. 세전(시장)소득과 세후(처분가능)소득 기준으로 산출된 지니계수를 비교함으로써 정부의 소득재분배 정책 효과도 파악할 수 있다.

C. 한국의 가처분소득 지니계수와 시장소득 지니계수 차이는 2013년 이후 지속적으로 증가해왔고, 이는 시장소득 불평등을 완화하는 재정의 역할이 증대됐다는 점을 의미한다. 한국 재정이 시장에서 발생한 소득불평등을 효과적으로 줄일 수 있도록 재정역할을 강화해야 한다

다. 소득 5분위배율

A. 소득 상위 20% 집단의 평균소득을 소득 하위 20% 집단의 평균소득으로 나눈 배율임.

B. 소득불평등 지표로 지니계수뿐만 아니라 소득5분위배율이나 상대적 빈곤율도 자주 사용된다. 소득5분위배율은 1분위(하위 20%) 소득집단 대비 5분위(상위 20%) 소득집단의 평균소득 배율로 5분위 소득이 1분위 소득의 몇 배인지를 보여준다.

[소득5분위 배율 추이]

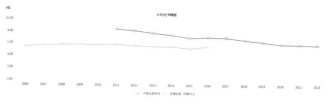

<출처: 통계청>

C. 통계청 「가계동향조사」 전체 가구 자료와 「가계금융복지조사」 자료로 계산한 2016년 소득5분위배율은 각각 5.45와 6.98이다. 두 자료 모두 전년 대비 소득5분위배율이 악화되었음을 보여준다. 이는 지니계수의 변화와 유사한 추세이다. OECD 자료에 따르면, 2021년 기준 한국의 소득5분위배6.0)은 핀란드(3.9), 노르웨이(4.3) 등 북유럽 국가들보다는 훨씬 높고 미국(7.1)보다는 낮다.

② 기업규모의 양극화(대기업과 중소기업) : 1%의 대기업이 99%의 중소기업보다 생산/수익이 높다. 담보 위주의 현행 대출 제도 → 대기업과 중소기업의 자본 조달력 차이가 증가했다.

3) 대한민국 현상

③ 매출방식의 양극화(수출기업과 내수기업) : 각종 수출지원책과 내수부진으로 내수기업의 경영악화 심화됐다.

④ 고용구조의 양극화 : 정규직과 비정규직 갈등이 심화됐다.

1. 양극화

① OECD 국가들의 50년(1973~2023년)간 빈부격차 추이를 분석한 결과, 국가별로 뚜렷한 차이가 나타났다. 특히 미국과 유럽이 대조적인 양상을 보였다.

국가	지니계수	지니계수 순위	최저임금 (KRW)	최저임금 순위	평균임금 (KRW)	평균임금 순위
콜롬비아	0.5	1	1950원	38	1950만원	37
코스타리카	0.48	2	3575원	37	2340만원	35
멕시코	0.45	3	1872원	36	1950만원	36
칠레	0.45	4	4330원	34	2600만원	34
터키	0.41	5	4277원	35	1300만원	38
미국	0.39	6	9425원	23	7540만원	7
이스라엘	0.38	7	10070원	21	4550만원	22
영국	0.35	8	1만4781원	14	6500만원	16
뉴질랜드	0.35	9	1만7225원	8	6890만원	11
스페인	0.34	10	9659원	22	4160만원	24
포르투갈	0.34	11	7722원	27	3640만원	27
이탈리아	0.35	12	1만4300원	17	5850만원	18
한국	0.33	13	9724원	19	5200만원	20
일본	0.33	14	9776원	20	4940만원	21
캐나다	0.32	15	1만5366원	11	7020만원	10
프랑스	0.32	16	1만5160원	13	6240만원	17
독일	0.31	17	1만5600원	10	6500만원	15
네덜란드	0.31	18	1만5210원	12	7150만원	8
호주	0.31	19	1만8902원	5	7150만원	9
아일랜드	0.3	20	1만5756원	9	6890만원	12
벨기에	0.3	21	1만4144원	16	6760만원	13
룩셈부르크	0.3	22	1만3459원	18	9100만원	3
오스트리아	0.29	23	1만4450원	15	6500만원	14
핀란드	0.28	24	1만6250원	6	5850만원	19
스웨덴	0.27	25	2만4700원	3	7800만원	5
노르웨이	0.27	26	2만3400원	4	8450만원	4
덴마크	0.27	27	2만6000원	2	7800만원	6
스위스	0.26	28	2만9900원	1	9100만원	1
헝가리	0.25	29	4550원	32	3120만원	31
슬로바키아	0.25	30	5421원	30	3120만원	32

4) 글로벌 비교

<출처 : 인천 투데이>

가. OECD 자료를 보면 최저임금이 높은 국가일수록 지니계수가 낮아 소득 불평등이 덜한 것으로 나타났다. 스위스는 최저임금이 시급 2만 9,900원으로 OECD 국가 중 1위지만 지니계수는 0.26으로 28위에 그쳤다. 덴마크(최저임금 2위, 지니계수 27위)와 스웨덴(최저임금 3위, 지니계수 25위)도 비슷한 양상을 보였다.

나. 반면 최저임금이 낮은 국가는 지니계수가 높았다. 콜롬비아는 최저임금이 시급 1,950원으로 38위인 반면 지니계수는 0.5로 1위를 기록했다.

1. 양극화	4) 글로벌 비교 <출처 : 인천 투데이>	다. 이러한 상관관계는 최저임금 정책이 저소득층의 생활수준 향상과 소득 불평등 완화에 중요한 역할을 한다는 점을 시사한다. 최저임금 인상이 단기적으로는 기업의 부담을 증가시킬 수 있지만, 장기적으로는 소득 불평등 완화와 내수 활성화에 기여할 수 있는 셈이다. ② 미국(고숙련 노동자 중심 구조로 격차 심화)과 유럽(발달된 복지제도로 격차 완화)의 뚜렷한 대조적인 추세. 가. 50년간의 시계열 데이터 분석 결과, 미국의 빈부격차는 유럽에 비해 지속적으로 높은 수준을 유지했다. 미국은 0.35에서 0.45 사이의 높은 지니계수를 기록한 반면, 유럽연합은 0.25에서 0.35 사이의 상대적으로 낮은 수준을 유지했다. 나. 이러한 차이는 양 지역의 경제 구조와 사회 정책의 근본적인 차이에서 비롯된 것으로 분석된다. 자유방임 시장 중심의 미국식 모델과 사회적 연대를 중시하는 유럽식 모델의 장단점을 비교 분석할 필요가 있다. ③ 한국의 현주소와 과제 가. 2023년 기준 최저임금은 시급 9,724원으로 OECD 38개국 중 19위, 평균임금은 5,200만 원으로 20위를 기록했다. 지니계수는 0.33으로 13위에 올라 OECD 평균 수준의 소득 불평등을 보였다. 나. 한국의 경우, 급격한 경제 성장 과정에서 소득 불평등 문제가 심화됐다. 특히 대기업과 중소기업 간 임금 격차, 정규직과 비정규직 노동자간 처우 차이 등이 빈부격차를 확대시키는 주요 요인으로 지적되고 있다. 빈부격차 해소를 위해 ▲최저임금 단계적 인상, ▲사회안전망 강화, ▲노동시장 이중구조 개선, ▲교육 기회의 확대 등이 필요하고, 4차 산업혁명 시대에 대비한 직업훈련과 평생교육 시스템 구축이 시급한 과제로 대두되고 있다.
	5) 해결방안	① 부유층에 대한 사회적 책임을 강조한다. 가. 낙수효과[1]의 활성화 : 자발적인 나눔과 기부 분위기를 조성한다. 나. 리세스 오블리주(Richesse Oblige)[2]를 실행한다. 다. 세금 관리(부자 감세정책에서 증세정책으로 전환) : 탈세방지, 상속/증여세 증세, 부유세신설, 임대수익 등 불로소득에 대한 증세 → 세수확보 → 복지개선 라. 악성 경제사범에 대한 처벌을 강화한다. ② 교육제도 개선 가. 하위계층의 자발적 성장을 위한 전문 기술 교육을 강화한다. 나. 공교육을 강화하고 사교육을 약화한다(공정한 교육의 기회제공). ③ 중산층 세제 혜택 : 중산층 이탈을 막기 위한 세제 혜택을 제공한다. ④ 대기업 전횡 방지 가. 무분별한 확장을 금지한다. 나. 자회사 일감 몰아주기에 대한 이중과세를 조정한다.

다. SSM[3]식 사업 진출을 금지한다.

라. 탈세, 담합 등 불법행위에 대한 국가적 감시체제를 도입한다.

마. 대기업의 비사업 토지에 대한 중과세를 부여한다.

바. 가업 상속 공제 제도를 개선한다.

⑤ 중소기업 지원

　　가. 금융지원 : 양질의 정보소통 공간 구축, R &D 투자세액공제, 고용창출 투자세액공제 등

　　나. 글로벌 경쟁력을 높이기 위한 맞춤형 지원정책

⑥ 임금 격차 해소 : 정규직/비정규직 제도적 차별 완화, 비정규직의 고용보장

⑦ 잡셰어링[4]

⑧ 정부와 기업의 고부가가치 일자리 창출, 여성의 경제활동 참가율을 높이며 자본활용도를 높인다.

⑨ 사회적기업 지원

　　가. 일반 기업처럼 생산/판매를 통한 이익추구와 동시에 사회적 약자인 노인, 장애인 등 취약계층을 우선 채용하고 생산품도 취약계층에 공급하는 사회적 기업에 대한 지원을 늘린다.

　　나. 초기 정착 시까지 제도적 지원(금융과 재정지원)을 늘린다.

⑩ 가계금융 분야의 연구 활성화 → 가계부문 금융역량을 강화, 가계의 경제력 향상

　　가. 취약계층은 경기변동 등에 의한 소득의 변동에 따른 금융 및 재무 니즈가 보다 큼에도 금융소외(financial exclusion)가 발생한다.

　　나. 이들의 합리적인 금융 및 경제생활이 가능하기 위한 재무 서비스, 금융역량 강화가 필요하다.

1. 양극화　　**5) 해결방안**

---

2. 노인 빈곤율과 일자리 양극화　　**1) 노인 빈곤율**

① OECD가 최근 공개한 보고서 '한눈에 보는 연금 2023'(Pension at a glance 2023년)에 따르면, 2020년 기준 한국의 66세 이상 노인인구의 소득빈곤율은 40.4%에 달한다. OECD 회원국 평균 14.2%보다 3배 가까이 높았다. 소득빈곤율은 평균소득이 빈곤 기준선인 '중위가구 가처분소득의 50% 미만'인 인구의 비율이다.

　　가. OECD 가입국 중 노인의 소득빈곤율이 40%대에 달할 정도로 높은 국가는 한국밖에 없다.

　　나. 한국 다음으로 높은 에스토니아(34.6%), 라트비아(32.2%)는 30%대를 지켰고, 일본(20.2%)과 미국(22.8%)은 우리나라의 절반 수준에 불과했다.

　　다. 노인 빈곤율이 낮은 국가들은 아이슬란드(3.1%), 노르웨이(3.8%), 덴마크(4.3%), 프랑스(4.4%) 등 주로 북유럽이나 서유럽 국가들이었다.

[노인빈곤율]

Figure 7.2. Income poverty rates by age: older vs. total population, 2020 or latest available year

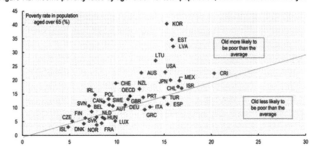

<출처: 서울이코노미뉴스>

② 한국 노인의 빈곤율은 고령층으로 갈수록 더 악화했다.

　가. 66세 이상 노인인구 중 66~75세의 노인 소득빈곤율은 31.4%인데 비해, 76세 이상은 52.0%로 2명 중 1명 이상이 빈곤층에 속했다.

　나. 성별로 보면 66세 이상 한국 여성의 소득 빈곤율은 45.3%로 남성(34.0%)보다 11.3%포인트 높았다. OECD 평균은 남성 11.1%, 여성 16.5%였다.

　다. 노인들은 대부분의 OECD 회원국에서 전체인구보다 가처분소득이 적었지만, 한국은 특히 그 상황이 심각한 것으로 나타났다. OECD 회원국 66세 이상 인구의 평균 가처분소득은 전체인구 평균 가처분소득의 88.0%였다. 66~75세 93.2%, 76세 이상 80.9%로 나이가 들수록 가처분소득이 줄어들었다. 한국의 노인인구 가처분소득은 전체의 68.0%로, 리투아니아(67.4%) 다음으로 OECD 회원국 중 가장 낮았다. 76세 이상은 58.6%로 OECD 꼴찌였다. 일본의 노인인구 가처분소득은 85.2%, 미국은 93.2%였고, 76세 이상은 일본 78.0%, 미국 83.8%였다.

③ 한국 노인은 가처분 소득이 적지만, 고용률은 높았다.

　가. 2023년 기준 한국의 65~69세 고용률은 50.4%로, OECD 회원국 중 일본(50.9%)에 이어 두번째로 높았다. 해당연령대의 OECD 평균고용률은 24.7%였다.

　나. 한국 노인은 계층간 소득도 불평등한 편에 속했다. 66세 이상 노인인구의 가처분소득 지니계수는 0.376으로, OECD 평균(0.306)보다 컸다.

④ 통상 기초연금 등 연금제도의 '소득 재분배' 특성 때문에 연금 수급대상인 노인층의 소득 불평등은 전체인구보다 낮은 경향을 보인다.

　가. OECD 평균 노인인구의 가처분소득 지니계수는 0.306으로, 전체 인구(0.315)보다 작다. 그러나 한국은 노인인구의 지니계수(0.376)가 전체인구(0.331)보다 컸다. 노인층의 소득 불평등이 전체인구보다 심하다는 얘기다.

2. 노인
　빈곤율과
　일자리
　양극화

1) 노인
　빈곤율

나. OECD는 "한국의 연금제도는 아직 미성숙하며, 고령노인이 받는 연금은 매우 낮은 수준"이라고 평가했다.

다. 한국의 연금 소득대체율(연금 가입기간 평균소득 대비 받게될 연금액의 비율)은 31.6%로, OECD 평균(50.7%)의 3분의 2에도 못 미쳤다.

라. 이는 국민연금 등 공적연금과 강제적 사적연금을 합쳐서 따진 결과다. 강제적 사적연금은 덴마크, 네덜란드, 스웨덴, 영국 등 8개국에서 '준강제적'으로 운영하는 사적연금을 말한다.

마. 은퇴 후 가처분소득을 은퇴 전 근로활동 때 가처분소득과 비교한 '순연금대체율'도 35.8%에 불과해, OECD 평균(61.4%)의 절반을 약간 넘는 수준에 불과했다.

1) 노인 빈곤율

⑤ 한국의 노인은 보통 70세까지 계속 일을 하지만, 정부의 국내총생산(GDP) 대비 공적연금 지출이 3.6%로 OECD의 절반수준에 불과해 노인 빈곤이 발생하고 있다. 공적연금 지출을 OECD 평균 수준으로 올려야 하고, 특히 당장 효과가 나타날 수 있는 기초연금 지출을 늘려야 한다. <김원섭 고려대 사회학과 교수>

2. 노인 빈곤율과 일자리 양극화

① 2024년 1분기 임금 근로 일자리는 총 2,052만 1,000개로 2022년 동기 대비 31만 4,000개 증가했다. 다만 연령별 고용시장 온도 차는 확연한 것으로 나타났다.

가. 늘어난 일자리의 대부분은 고령층 몫이었다.

나. 연령대별 임금 근로직 동향을 보면 60대 이상 일자리가 2023년 동기 대비 26만 3,000개 증가하며 가장 많이 늘었다. 이어 50대 일자리가 같은 기간 12만 8,000개 증가했다. 특히 60대 이상 일자리는 보건·사회복지 분야에서 전년 동기 대비 11만개 늘어나는 등 돌봄 영역이 대부분인 것으로 조사됐다.

2) 일자리 양극화

다. 반면 20대 이하 청년층 일자리는 2023년 1분기 318만 9,000개에서 2024년 1분기 308만 6,000개로 약 10만 2,000개 줄어들었다. 40대 이하 일자리도 같은 기간 3만 2,000개 감소했다.

라. 경제 활동의 '미래'와 '허리' 역할을 담당하는 20대와 40대 일자리가 모두 1년 전보다 줄어든 것이다.

② '그냥 쉰다'는 청년(15~29세) 수가 44만 3천 명에 달했다.

가. 2024년 7월의 이 통계는 역대 최대치를 기록했다. 단순히 일하지 않을 뿐 아니라 구직 활동도 하지 않는 비경제활동 인구가 청년층의 5.4%를 차지했다. 특히 그냥 쉰다는 청년 중 75.6%는 일할 의사가 없다고 응답했다.

나. 60·70대도 아닌, 경제활동에 적극 참여해야 할 핵심 연령층이 그냥 쉬고 있는 것은 여간 심각한 문제가 아니다. 경제 활력을 떨어뜨릴 뿐 아니라 연애·결혼·출산 기피로 이어질 수 있기 때문이다. 집에 틀어박혀 은둔형 외톨이가 되고, 사회에 대한 분노를 키울 가능성도 배제할 수 없다.

③ 원인

　가. 극심한 취업난, 특히 일자리 양극화의 심화도 원인으로 꼽을 수 있겠다. 대기업과 중소기업 간 임금 격차가 너무 크다. 2022년 기준 대기업의 임금이 중소기업보다 두 배 이상 높다. 대부분 대기업 취업을 희망하기 마련이다. 중소기업은 기피한다. 그런데 대기업은 신입사원 채용을 최소화하고 경력직 채용을 늘리는 추세다.

　나. 반대로 중소기업은 심각한 구인난을 겪고 있다. 대기업과의 임금 차이가 크다 보니 청년들의 눈높이에 맞지 않는다. 기피한다. 결국은 구조적 문제. 일본은 한국만큼 대기업 쏠림이 심하지 않다. 대 · 중소기업 간 임금격차가 한국보다 작은 편이여서이다. 2022년 한국의 중소기업 임금은 대기업의 57.7%인 반면 일본 중소기업은 73.7%였다. 게다가 중소기업에 입사한 후 대기업으로의 이직도 쉽지 않다 보니 진입자체를 주저하는 것이다

　다. 기형적 고학력 현상도 원인이다. 한국은 대졸자 비중이 전 세계 최고 수준이어서 대졸자들의 취업 눈높이가 높을 수밖에 없다는 문제가 있다. 이는 교육에 대한 사회 인식의 변화가 있어야 해소될 수 있다. 그러나 기형적으로 높은 교육열과 대학만능주의로 인해 인식 변화를 기대하기 힘든 것이 현실이다.

2. 노인 빈곤율과 일자리 양극화

2) 일자리 양극화

④ 방향

　가. 청년실업의 문제를 해결하기 위해서는 새로운 일자리가 나와야 한다. 신성장산업의 육성이 어느 때보다 절실한 시점이다. 기업들이 투자할 수 있는 새로운 기술이 나와서 신규고용 창출이 이루어져야 한다. 아니면 부족한 일자리를 함께 나누고 여유 있는 시간을 취미나 여행을 통해 문화생활을 통해 소비를 촉진함으로써 삶의 품격을 높여야 한다.

　나, 대기업/중소기업간 임금격차의 해소는 우리사회 전반에 유효수요의 증대, 소비와 소득의 향상 및 재투자와 저축의 증대로 내수기반의 견실화와 중 · 장기적 기업의 여건도 향상될 수 있을 것이다.

　다. 중소기업들의 경쟁력을 향상시키고 특히 대기업과 중소기업간의 불공정 관행 및 부당거래를 차단하는 것이다. 소위 갑질이라 할 수 있는 다양한 형태의 부당거래를 단속하고 공정거래위원회와 정부당국의 정책의지로 공정거래 관행을 정착시키는 일 또한 중요하다. 특히, 하도급 관행 개선, 중소기업 기술 보호제도 강화 등 공정거래 문화를 토대로 한 양질의 중소기업 일자리 창출이 요구된다

　라. 청년층의 경제활동 참여는 국가 경제의 근본적인 동력이다. 현재 우리 사회가 가진 문제를 방치하면 청년들의 경제적 잠재력은 사장된다. 사회의 활력도 저하될 것이다. 따라서 청년들이 미래에 대한 희망을 갖고 활발히 경제 활동에 참여할 수 있도록 노사정 모두 적극적으로 나서야 할 때다.

결론

**의견
제시**
이상으로 우리나라의 사회양극화 원인과 현상, 해결방안에 대하여 검토하여 보았다. 사회양극화의 해결을 위하여는 사회정책이 단순히 재분배위주의 현금지원방식의 땜방식 정책에 그치는 것이 아니라, 성장을 기반으로 하는 상생과 협력 위에 불평등과 빈곤을 근본적으로 억제하는 정책이 필요하다. 이를 위해서는 인센티브의 정합적인 제도와 정책을 설계하는 사회적 정책의 제도화가 우선되어야 한다.

하위계층의 가계소득이 줄어드는 원인은 여러 가지가 있을 수 있다. 정책 당국이 설명하는 것처럼 고령화, 가구원 감소 등 인구구조 변화도 한 원인이다. 단순노동이 첨단 자동화 시설로 대체되는 등 산업구조의 변화 추세도 하위계층을 더 어렵게 만드는 요인 가운데 하나다.

소득 불평등은 교육 건강 문화 정치 등 그 사회 모든 불평등의 출발점이다. 양극화가 초래하는 사회 정치적 불안은 결국 경제 성장에도 심각한 장애요인이 된다. 국제 통계를 비교해볼 때 우리나라가 다른 주요국들에 비해 불평등 정도가 특별히 심각한 수준은 아니지만 개선은커녕 악화 추세를 보이는 것을 방치해선 안 된다. 소득 불평등을 해소하겠다며 정책 역량을 집중했는데도 목표와 정반대의 결과가 나왔다면 정책수단에 냉철한 재점검 작업이 있어야 한다. 저소득층을 중심으로 아동수당, 기초연금 같은 복지성 지출로 소득을 늘려주는 처방만으로는 일자리가 없어져 줄어든 소득을 대체할 수도 없고 지속 가능하지도 않다. 구호가 아니라 실제 성과를 낼 수 있는 소득 양극화 해소 정책이 필요한 시점이다.

한편 청년 실업률 증가관련, 청년에게 '일자리'란 생계를 꾸려나갈 수 있는 기본적인 수단인데도 일자리를 잡지 못해 방황하는 청년이 너무 많다. 이를 바로 잡아야 할 정부의 미온적인 태도가 아쉽다. 그리고 이번 기회에 고용노동 정책을 다시 들여다볼 필요가 있다고 본다. 왜 젊은이들이 무조건 대기업을 선호하는지, 왜 뿌리 산업 현장에는 젊은이들이 없는지, 왜 원인을 알면서도 그 해결에 대해선 엄두도 못 내는지 파악하고 있는 대로 국민에게 알리고, 국민의 동의 하에 정부는 대기업과 중소기업의 임금 격차를 줄여주고, 중소기업의 작업환경을 개선해주는 정책을 개발해야 한다. 그럼에도 불구하고 최근 정부나 여/야, 경영계와 노동계의 중구난방식 대응을 보면 청년실업문제 해결이라는 문제인식에서만 통일된 공감대만 형성되었을 뿐, 실제 청년실업문제 해결을 위한 힘있고 실효성 있는 정책의 실행은 왠지 요원해만 보인다. '시작하는 방법은 그만 말하고 이제 행동하는 것이다'는 월트 디즈니의 말처럼 청년실업문제를 해결하기 위하여 이제는 노.사.정.이 행동해야 할 시점이 아닌가 한다.

구체적으로, 내실 있는 직무 및 직업교육과 취업지원 확대 등을 통해 효과적인 적극적 노동정책에 대한 지출규모를 확대해 나갈 필요성이 커 보인다. 아울러, 고용보호법제內 에 청년층의 고용을 특별히 제약하는 요소는 없는지 살펴볼 필요가 있으며, 청년층에게 보다 친화적인(Youth-friendly) 방향으로 관련 법제도가 운영되도록 노력하는 것이 바람직해 보인다.

금융기관은

① 공공성에 의거하여 지원계층에 대한 상품, 서비스 제공: 공공기관으로써 사회적 책임감을 가지고 지원이 필요한 특정계층을 위한 상품을 개발함과 동시에 지원을 확대하여야 한다.

② 저소득층, 다문화가정 등 사회적 약자들을 위한 지원: 부유층 PB업무에만 집중할 것이 아니라, 저소득층을 위한 금융, 경제교육을 개최하여 저축, 보험상품 등 위험에 대비할 수 있는 자금설계를 함과 동시에 다문화, 소년소녀 가장들을 위한 지원에 앞서야 한다.

③ 고소득층과 저소득층의 가교 역할 : 단순히 자금중개기능뿐만 아닌 부유층이 저소득층을 지원할 수 있는 나눔의 장이 되어야 한다.

④ 중소기업 지원 : 중소기업 평가 시 자산과 담보위주가 아닌 성장성과 잠재력도 평가하는 복합시스템을 개발하며, 정부에서도 이러한 시스템에 대한 금융지원에 대하여 인센티브나 제도적 지원을 제공하여야 한다.

⑤ 열린 채용을 통한 사회양극화 극복 : 금융기관 자체가 직원의 채용 시에 학벌이나 스펙 위주의 채용에서 능력과 인성위주의 채용으로 사회양극화를 극복한 채용의 본보기를 보여야 한다.

● 참 고 ●

자본주의 4.0

아나톤 칼레츠카에 의하여 주장된 자본주의 4.0은 시장의 기능을 존중하면서, 기업과 시장참여자가 사회적 책임과 다같이 행복한 성장을 중시하는 따뜻한 자본주의를 표방한다.

1) 자본주의 1.0 : 고전자본주의

2) 자본주의 2.0 : 수정자본주의

3) 자본주의 3.0 : 신자유주의

용어해설 ●

1) **낙수효과** : 상위층의 부가 축적되면 투자, 소비증가의 형태로 하위층으로 전해지며 소득의 양극화가 해소되어 국가 전체에 대한 경기부양효과로 나타나는 현상. 분배보다는 성장을, 형평성보다는 효율성에 우선을 둔 주장이다.

   Cf. **분수효과** : 오히려 부유층에 대한 세금은 늘리고 저소득층에 대한 복지정책 지원을 증대시켜야 한다는 주장으로, 저소득층에 대한 직접 지원을 늘리면 소비 증가를 가져올 것이고, 소비가 증가되면 생산투자로 이어져 이를 통해 경기를 부양시킬 수 있다는 것이다.

2) **리세스 오블리주(Richesse Oblige)** : 부유층의 도덕적, 사회적 책임과 의무이다. 지도층의 의무를 강조하는 '노블레스 오블리주'처럼 부에도 도적적 의무와 사회적 책임이 수반된다는 뜻이다.

3) **SSM(Super Super Market)** : 기업형 슈퍼마켓을 일컫는다. 일반적으로 개인점포를 제외한 대기업 계열 슈퍼마켓을 지칭한다. 대형마트와는 달리 주거지 가까이 위치하고, 영세슈퍼에 비해 다양한 품목을 취급한다는 점 때문에 그 수가 증가하면서, 전통시장과 동네슈퍼의 고사라는 부작용을 야기한다.

   → 이에 SSM에 대한 논란이 확산되자 2010년 11월 국회는 전통시장 반경 500m 이내에 기어병 슈퍼마켓의 출점을 규제하는 유통법을 통과시켰고, 이어 상생법 개정안을 통과시켰다. 그리고 2012년 전국 30개 지자체가 대형마트와 SSM의 월 2회 의무휴업을 통해 영업시간을 제한하게 되었다.

4) **잡셰어링(직무분할. Job Sharing)** : 하나의 업무를 시간대별로 나눠 2명 이상의 파트타임 근로자가 나누어 하는 것으로, 경기불황에 근로자를 해고하는 대신 근로자의 1인당 근무시간을 단축하여 여러 사람이 그 일을 나누어 처리하도록 하여 고용을 유지하거나 창출하는 노동형태를 말한다.

   Cf. **워크셰어링(Work Sharing)** : 시간분할제 또는 대체근로제로 하나의 기업 내에 있는 모든 근로자 또는 일부 근로자의 근로시간을 줄여 보다 많은 근로자들이 일자리를 갖도록 하는 제도이다. 노동자들의 임금을 삭감하지 않고 고용도 유지하면서 단지 1인당 노동시간을 줄여 새로운 일자리를 창출하여 실업을 줄이는 제도로 전체·국민경제에서 정해진 양의 일을 되도록 많은 사람에게 분담시켜 실업자를 줄이려는 정책이다. 잡셰어링보다는 포괄적인 개념이다.

5) **평균소비성향** : 한 가구가 벌어들인 소득 중에서 얼마만큼을 소비지출하는가를 나타내는 지표. 전체 소득에서 세금 등 비소비지출을 빼면 개인이 직접 처분할 수 있는 가처분소득이 얻어지는데 평균소비성향은 소비지출액을 가처분소득으로 나누어 백분율로 계산한다. 특히 가처분소득 중에서 지출되지 않은 나머지 흑자부분은 저축되기 때문에 평균소비성향과 가계저축률을 합치면 항상 100%가 된다. 그러나 평균소비성향은 소비지출이 급증하더라도 가처분소득이 더 크게 늘면 하락할 수 있으므로 신중한 판단이 필요하다.

03 논술사례

주제 1
양극화에 대하여 논하라.

답안

 서론

Occupy the wall street

2008년 글로벌 금융위기 당시 미국 월가에는 'occupy the wall street'라는 구호가 곳곳에서 울려 퍼졌다. '월가를 점령하라'는 운동에 대해, 노벨 경제학 수상자인 조지프 스티글리츠는 탐욕적 금융자본주의와 이로 인해 고착화 되어가는 양극화 현상의 **심각성에 대해** 자각한 미국인들의 움직임이라 평가했다. 비단 미국뿐만 아니라 세계 곳곳 그리고 대한민국에서도 불평등 문제에 대한 해결책을 찾아야 한다는 목소리가 탄력을 받고 있는 추세이다. 2013년 한국을 강타한 피케티의 '21세기 자본'에 대한 국민적 관심은, 불평등 문제의 심각성을 국민들이 깨닫기 시작한 증거라 생각한다. 이에 본고는 양극화 현상의 원인–문제점–해결책에 대해 논하겠다.

심각성을 |

본론

1. 양극화 현상의 원인

가. 약탈적 대출 (Predatroy Lending)의 증가

약탈적 대출이란 금융기관이 차주의 채무상환능력을 고려하지 않고 공격적인 대출행위를 한 결과, 최종적으로 채무자에게 손실이 발생하는 대출을 의미한다. 최근에는 조금 더 광의의 의미로 해석하여 부동산 시장에 대한 근거 없는 낙관적 기대를 바탕으로, 신용버블(credit driven bubble)을 발생시킨 지난 10년 간 금융기관의 대출행위 역시 약탈적 대출행위로 본다. 조지프 스티글리츠는 양극화 현상의 주범으로 신용버블을 초래한 금융기관의 약탈적 대출행위와 이에 대한 규제실패를 꼽는다. 즉 채무자의 소득능력을 초과한 소비수준을 지속적으로 누릴 수 있게 하여 채무자의 항상소득을 낮춤과 동시에, 부동산 시장에 거품을 발생시켜 저소득 계층의 주거문제 악화 및 (부동산이 주요 자산을 차지하는) 고소득 계층의 부를 증가시켜 양극화를 심화시켰다는 것이다. 2012년 노희찬 의원의 조사자료 (금융감독원 자료에 기초함)에 의하면, 이러한 금융기관의 약탈적 대출행위로 인한 직접적 피해자만 최소 180만 명 이상인 것으로 발표되었다. 특히 2014년 최경환 경제팀의 부동산 시장 활성화를 위한 대출규제 완화 (LTV, DTI 규제비율 완화)는 경기 활성화라는 정책 목표 자체 달성에는 성공했지만, 가계부채 급증 및 부동산 시장 거품 형성을 통한 양극화 현상의 심화를 초래했다. 즉 **금융기관의 약탈적 대출행위 급증의 원인이 되었다.**

주어가 무엇인지? 최경환노믹스라면 명백히 워딩하시는 것이 좋아 보입니다.
즉, 일명 최경환 노믹스는 으로 시작하심이.

나. 고용 없는 성장 (Jobless Growth)의 지속

약탈적 대출행위와 함께 실업의 장기간 지속 역시 양극화를 심화시키는 주요 원인으로 지목된다. 한국은 지난 10년간 저성장–저물가 기조를 지속적으로 경험해왔다. Okun's law $[g - g_n = a(u_n - u)]$ 에 의하면 성장률(g)이 잠재성장률(g_n) 이하일 경우, 성장 중임에도 실업률이 증가하는 고용 없는 성장이 발생한다. 한국은행은

2011~2014년 우리나라 잠재성장률을 3.0~3.4% 수준으로 예측했는데 동일기간 우리나라 실질경제성장률은 평균 2%대 후반에 머물렀다.

이 밖에 자본집약적 (노동절약적) 기술진보 위주의 경제성장 및 대기업 위주의 산업구조 역시 실업을 증가시킨 원인으로 지목된다. 즉 고용 유발계수가 높은 노동집약적이자 내수산업 중심인 중소기업보다는, 자본집약적이자 수출중심적인 대기업 위주의 경제성장이 중소기업과 대기업간 양극화를 고착화하고 실업률을 **증가시켜왔다.**

2. 양극화의 문제점
가. 신용버블의 증가 및 금융불안정 심화

미쉬킨은 신용버블을 판별하는 방법으로 대출규제 완화, 신용의 급증, 신용 스프레드 축소를 기준으로 제시하였다. 우리나라 가계부채 문제는 위 3가지 기준이 모두 충족되며 신용버블로 판단되어진다. 문제는 고착화 되어가는 소득불평등으로 신용버블이 지속적으로 증가하고 있다는 점이다. 2017년 4분기 우리나라 소득 대비 부채 증가율은 12.7%로 OECD 국가 중 1위에 해당한다. 민스키는 부채현금 흐름구조를 헷지 단위–투기적 단위–폰지 단위로 구분하였는데, 폰지단위로 갈수록 채무상환능력이 부족한 현금흐름 단위를 의미한다. 양극화의 고착화는 생계형 자금 대출 수요를 증가시켜 부채 구조 중 폰지 단위의 비중을 증가시킨다. 민스키의 금융불안정 가설에 의하면 경제 내 폰지 단위 비중이 증가할수록 금융의 구조적 취약성이 심화되어, 평소라면 문제가 되지 않을 경기 위축이나 자

양극화의 원인으로 약탈적 대출은 금융쪽 파트로써 그 비중이 그리 크지 않은 것으로 보입니다. 순서를 바꾸어 주시는 것이 더 좋아 보입니다.

그리고 원인을 2가지로만 요약하셨는데, 좀 더 다각적인 분석이 들어가면 좋겠습니다.
예를 들면
1. 자본적 소득 > 노동소득 의 문제,
2. 교육격차 문제
3. 새로운 기술을 받아들이는 인지력의 문제 등도 언급해 주시면 좋겠습니다.

산 시장 충격에도 커다란 위기를 초래하는 민스키 모멘트 발생
가능성을 증가시킨다. 즉 경제가 조그만 충격에도 크게 변동하
는 와블링 이코노미 현상이 심화된다.

나. 성장위기의 도래 가능성

불평등의 심화는 인적자본에 대한 축적을 감소시키는 원인이
된다. 이는 개인의 차원에서 볼 때 인적자본의 경우 수익성이 체
감하지만 물적자본의 경우 수익성이 일정하게 유지되기 때문에,
고소득 계층일수록 인적자본보다는 물적자본에 투자하기 때문이
다. 현대 경제성장 모형(루카스 인적자본 모형)에 의하면 최근의 경제
성장에서 중심을 차지하는 것은 물적자본보다는 인적자본인데,
이러한 인적자본 투자의 저하는 차후 **성장위기의 발생** 가능성을
증가시킨다. 또한 계층 간 이동 가능성이 고착화될수록 경제시스
템의 비효율성을 초래하는데 이 역시도 양극화가 성장을 저해하
는 원인이 될 수 있음을 보여준다.

> 이 표현이 다소 애매합니다.
> <성장저하의> 정도가 적당해
> 보입니다.

📈 결론

금융감독원의 대처방안

금융감독당국은 양극화 문제로 인한 금융불안정 가능성을 예방함
과 동시에 양극화 해소를 위한 근본적 처방책을 동시에 진행하여야
한다. 이는 거시건전성 정책 및 포용적 금융정책의 병행을 통해 가
능하다.

가. 청년층 지원강화

포용적 금융이란 평소 금융서비스를 받기 어려운 계층(청년층,

경력단절여성 등)에게도 금융서비스를 제공하여, 다 함께 상생도모하며 성장하자는 취지의 금융개념을 뜻한다. 청년계층에 대한 포용적 금융정책을 통해 양극화 해소에 기여할 수 있다. 이는 양극화 해소를 위한 근본적이고 장기적인 처방책으로 교육을 경제학자들이 가장 많이 지목하기 때문이다. 따라서 금융감독당국은 청년층 교육이 원활하게 진행될 수 있도록, 햇살론과 같은 청년계층을 위한 정책금융을 금융기관이 확대하도록 유도하는 한편, 합리적인 금리산정체계를 갖추고 있는지 점검하여 청년층 부담을 완화시킬 필요가 있다. 또한 금융기관의 장학금 지원을 적극 장려하여 인적자본 축적을 **유도해야 한다.**

최하위계층에 대한 교육지원은 금융적 지원 방식보다는 상환부담이 없는 재정적 지원 방식이 좋아 보입니다.
이러한 금융지원은 오히려 청년부채 증가와 대출부실이라는 풍선효과를 유발할 가능성도 있습니다.

나. 천연자원 절약적 기술진보의 유도

조지프 스티글리츠에 의하면 근 10년동안 진행되어온 노동절약적 기술진보는 필연이 아닌 잘못된 정책의 산물이다. 즉 정책을 통해 기업들의 천연자원 절약적 기술진보를 유도할 수 있으며. 이는 실업,양극화,환경문제 모두를 잡을 수 있는 최선의 방안이 될 수 있다. 관계형 금융(Relationship finance)란 은행과 기업이 장기적인 신뢰관계를 토대로 은행이 기업에게 장기적 관점에서 투자지원 및 경영컨설팅을 시행하는 것을 말한다. 정책 당국은 이런 관계형 금융을 통해 금융기관이 기업으로 하여금 천연자원 절약적 기술진보를 시행하도록 유도할 필요가 있따. 예를 들어 자금지원의 대가로 오염배출 축소의무를 부과하거나, 자원절약적인 기술에 대한 투자를 경영컨설팅을 통해 조언하도록 하는 방안 등이 있다.

다. 거시적 위기상황분석(macro stress test)의 실시

폰지단위 부채구조 증가로 금융불안정 요인 증가에 대비해, 정책 당국은 위기상황분석을 통해 금융기관들의 비상대응체계(contingency plan)을 완비해야 한다. 현재 은행을 비롯한 주요 금융기관들이 시행중인 위기상황분석은 단순 충격이 미치는 영향을 거시계량지표를 통해 분석하는 단순민감도분석이다. 따라서 정책 당국이 스트레스 상황(신용등급 3단계 이상 강등,무담보 도매자금 조달능력 상실,담보할인율 증가등)하에서 여러 가지 충격요소가 총체적으로 금융기관 및 시스템에 미칠 수 있는 영향을 분석하는 시나리오 분석을 통해, 금융기관들의 대응체계를 보조해주어야 한다. 이를 하향식 (up-down) 접근방법이라고도 하며, 군집행동(herding)에 의한 구성의 오류(fallacy of the compostion)문제 완화에도 기여할 수 있다.

주제 2

피케티의 이론에 대해 논하여라.

답안

'21세기 자본론'이라는 책을 펴내어 단숨에 세계적인 관심을 얻고 있는 피케티 교수가 우리나라를 방문하면서, 그가 주장하는 세습자본화와 불평등 해소가 국내에서도 화제가 되었다. 혹자는 그의 의견에 동의하며 고소득자에 대한 누진세 강화와 글로벌 자본세를 부과해야 한다고 주장한다. 반면에, 다른 사람들은 **피케티의 주장에 반대한다. 아래에서는** 피케티 교수의 주장과 그에 대한 반론, 그리고 우리나라에 그 이론이 과연 적용될 수 있을지에 대해 논하겠다.

반대하는 근거도 간단히 언급해 주셨으면 합니다.
이에 본고는
그의

피케티의 책이 우리나라에서 이토록 화제가 된 이유 중의 하나는 많은 국민들이 소득불평등도에 대한 체감수준이 높은 수준이며 피케티의 주장에 공감을 하고 있기 때문일 것이다. 피케티 교수는 지난 300년을 대상으로 하는 **통계자료에 따르면** 자본수익률(r)이 경제성장률(g)보다 큰 양상을 보이는데 이로 인하여 부의 세습이 이뤄지고 민주주의가 붕괴될 수 있다고 한다. 자본수익률이 경제성장률보다 크다는 것의 의미는 경제가 성장하는 것보다 자본을 이용해 버는 돈이 더 많다는 것이다. 그래서 이미 자본**은** 축적해온 사람들은 그 자본을 이용하여 평균보다 더 많은 돈을 벌 수 있다. 그렇다면 부의 불평등정도는 점점 심해지고 사회가 붕괴될 가능성이 있다는 것이 피케티의 이론이다. 따라서 그는 고소득자에 대한 누진세와 글로벌 자본세를 부과하여 부의 재분배를 추구하고, 국제 자본이 피난할 곳이 없도록 국제공조를 강화할 것을 촉구한다.

상당부분

통계자료를 근거로

을

그러나 그의 주장에 반대하는 사람들은 첫째로 불평등에 대한 그의 관점이 옳지 않다고 지적한다. 이들은 불평등은 오히려 경제성장을 촉진하는 요인이라고 말한다. 사람들이 불평등을 해소하려 노력하는 과정에서 경제가 성장한다는 것이다. 그리고 경제가 성장한다면 더욱 큰 몫이 분배될 수 있다. 이러한 불평등의 긍정적인 면을 보지 않은 채 해소하려고 하기만 하면 오히려 **하향펴준화**를 야기할 수 있다. 그리고 둘째로 피케티가 주장하는 글로벌 자본세는 현실적으로 국제적 공조를 얻기 힘들다. 흔히 조세 피난처라 불리는 여러 곳 중 어떤 곳이 실질적인 자본유입을 마다하고 불평등을 해소하는 대의에 선뜻 나서겠는가. 취지는 **도덕적으로 옳을 수 있으나** 실현가능성이 매우 낮다. 셋째로는 피케티의 자본의 개념에는 수익을 창출하지 않는 부동산 같은 자산도 자본에 포함되어있다는 점이다. 그의 모호한 개념 정의가 그의 이론의 신빙성을 떨어뜨린다.

| 하향평준화

| 도덕적으로는 명분이 있으나

　그렇다면 이렇게 찬반이 첨예하게 대립하고 있는 피케티의 이론이 과연 현재 우리나라에 적용이 가능할까. 결론적으로 그렇지 않다고 생각한다. 첫째, 우리나라가 처한 환경을 고려할 때 그 이론을 적용하여 이득이 될 게 없다. 국제 상황을 비추어 보면, 미국은 테이퍼링 단계에 접어들었지만 유럽과 일본은 계속 양적 완화를 유지하고 있다. 원화는 점점 평가절상이 되어 수출경쟁력이 떨어질 것이다. 이렇게 되면 수출의존도가 높은 우리나라는 반대론자들이 우려하는 하향평준화의 수순으로 접어들게 될 것이다. 둘째, 우리나라의 경제 정책과 배치된다. 전세계적인 불황의 흐름에 힘입어 우리나라 또한 경기침체로 골머리를 앓고 있다. 본래 내수의 비중이 크지 않은 나라임에도 경기회복을 위해서 최경환 경제부총리는 내수진작을 위한 다양한 정책들을 내놓고 있다. 부동산 시장의 활성화를 위해 LTV, DTI 규제

를 완화하거나 기업의 투자를 유도하기 위하여 기업소득환류세제를 도입하는 노력이 그것이다. 이러한 시점에서 피케티의 주장을 적용하여 누진세를 강화한다면 정부의 정책이 효과를 내기 힘들 것이다.

피케티의 이론은 궁극적으로 민주주의의 지속을 염려한다는 점에서 단순한 경제이론이라 할 수 없다. 그의 이론의 의의는 경제와 역사와 사회학을 통찰적으로 융합한 것과 불평등에 대해 우리가 되돌아 봐야함을 상기시킨 것에 있다. 위에 제시한 피케티의 주장이 한국에 적합하지 않은 이유들을 차치하고라도, 성장 후 분배할 것이냐, 성장보다 분배가 우선이냐는 가치관의 문제이다. 이쯤에서 '한국은 아직 성장을 해야 할 나라'라는 프린스턴대의 디턴 교수의 말을 참고할 만하다. 경제의 규모를 키운 후에 분배를 한다면 개인의 몫이 더 커지지 않을까. 또한, 성장을 우선시 하되 동시에 불평등 해소를 위한 보완책들을 마련할 수 도 있을 것이다. 기업소득환류세제도 잉여현금을 기업내부에서 임금으로 지급되도록 유도한다는 점에서 일부분 소득재분배의 기능을 수행한다. 무엇보다도 불평등 심화에 대한 국민들의 체감도가 높아지는 만큼 지금의 논의를 발판삼아 불평등이라는 주제를 공론화하고, 다수가 공감할 수 있는 합의점을 찾도록 해야 할 것이다.

chapter 22

출산율 감소

01 논제 개요 잡기[핵심 요약]

서론	이슈언급		2023년 우리나라의 합계출산율이 역대 최저치인 0.72명으로 떨어짐(2022년 2분기 합계출산율 0.75명). 인구 현상유지를 위해 필요한 합계출산율(2.1명)이나, 경제협력개발기구(OECD) 평균(1.63명)을 크게 밑돌고 있음. 우리나라의 경우 국가의 존립기반까지 뒤흔들 정도로 속도가 빠르다는 게 심각성을 더함. 인구 감소는 국력의 쇠퇴를 뜻함. 저출산·고령화는 우리나라가 직면한 가장 심각한 국가적인 현안 가운데 하나임. 하지만 저출산은 수십 년간 우리 사회 곳곳에 누적된 문제점과 그 인과 관계의 결과물임. 표면에 드러난 몇 가지 현상을 단기적으로 해소해 본들 근본적인 해결이 될 수 없음. 청년의 취업시장, 육아와 교육 사이클, 부동산 등 각 분야에서 꼼꼼하게 원인을 찾아 긴 호흡으로 접근해야 선순환의 고리가 만들어질 수 있음
본론	1. 인구감소와 저출산	1) 인구감소 현황	출산율 0명 대는 출산 가능 여성이 평생 낳을 것으로 기대되는 출생아 수가 1명이 안 된다는 의미로 전시나 경제위기 때 벌어지는 현상임. 경제협력개발기구(OECD) 35개 회원국 가운데도 한국이 유일함
		2) 출산율 추이	출산율(합계출산율)은 1970년 4.53명에서 1984년 1.74명으로 2명 이하로 하락한 뒤, 2018년 0.98명으로 1 이하로 하락하였음(합계출산율 2정도가 되어야 장기적으로 인구수 유지). 2023년 0.72명까지 하락했다.

본론	**1. 인구감소와 저출산**	**3) 인구감소 원인**	① IMF 충격. ② 혼인율 감소. ③ 에코 베이비붐 세대가 결혼적령기를 점차 지나가면서, 점차 결혼 적령기 여성이 줄어들고 있음. ④ 높은 양육비용. ⑤ 수도권으로의 인구 집중. ⑥ 여성의 출산 후 경력 단절.

이하 본문은 표 형태로 다음과 같이 정리되어 있다:

본론

1. 인구감소와 저출산

3) 인구감소 원인
① IMF 충격.
② 혼인율 감소.
③ 에코 베이비붐 세대가 결혼적령기를 점차 지나가면서, 점차 결혼 적령기 여성이 줄어들고 있음.
④ 높은 양육비용.
⑤ 수도권으로의 인구 집중.
⑥ 여성의 출산 후 경력 단절.

4) 저출산 영향
① 생산가능인구 감소로 생산·소비가 줄면서 경제활력이 떨어짐.
② 성장잠재력도 위협받음.
③ 인구구조가 밑이 좁은 항아리형이 되면서, 장기적으로 젊은 세대의 노인 부양 부담이 가중.

2. 독일 사례

1) 현황
독일의 2016년 합계출산율(여성 1명이 평생 낳는 아이)이 1.50명으로 올라섰다. 1982년 이후 33년만의 최고치다. 특히 4년 연속 증가세여서 더 고무적이라는 평가다.

2) 정책
① 2016년 이후 독일 출산율 증가는 이미 다른 유럽 국가의 성공사례를 따른 덕분이다.
② 독일도 15년 전부터 '일과 가정의 양립' 이란 목표아래 적극적인 출산장려 정책을 펴 왔다.
③ 여성에게 쏠린 보육 부담을 남성과 직장, 사회로 분산하면서 더 많은 아이를 낳고 여성의 직장 복귀도 수월해져 지속적 경제성장이 가능한 사회를 만들 수 있었다.

결론

의견제시

보조금 지원방식으로 저출산 문제를 해결하려는 정책은 출발부터 잘못됐다. 결혼하려면 기본적으로 의식주가 해결돼야 한다. 하지만 일자리 구하기는 낙타가 바늘구멍 통과하기 만큼이나 어렵다. 결혼을 하려면 살 집이 있어야 하지만 집값은 천정부지로 치솟았다. 임대차법 등 반시장적 악법으로 전셋값까지 폭등하고 매물마저 잠겼다. 인구문제를 돈으로만 해결하려는 것부터가 잘못이다. 수당 몇 푼 더 쥐여준다고 결혼해 아이를 낳을 것으로 생각하면 오산이다. 작금의 사태는 아이를 안 낳는 게 아니라 못 낳는 것이다.

현금을 쥐여주는 정책보다는 고용 · 주거 · 교육 현실 등을 개선해 청년들이 아이를 낳고 싶다는 마음을 가질 수 있도록 하겠다는 것인데 지금의 초저출산 흐름을 빠르게 뒤집기에는 쉽지 않아 보임. 이제 저출산 문제는 국가 존망이 달린 문제로 간주해야 함. 출산장려지원금과 같은 단기 처방이 아니라 결혼과 출산 의욕을 저하하는 사회 환경과 구조를 바꿔야 함. 또 저출산의 심각성을 모두 체감할 수 있게 공감대를 형성하는 일이 중요함. 막대한 예산 투입에도 효과가 없는 것은 정책 차원에 문제가 있다는 것임. 원점 개편과 발상의 전환이 필요함. 이대로 가다가는 퇴로 없는 절벽 끝자락에 설 수밖에 없음

02 논제 풀이

📈 서론

 이슈 연급 2023년 합계출산율은 0.72명으로 한국은 유례없는 출산율 최저치를 목격하게 됐다. 2017년까지만 해도 1명 대였던 합계출산율이 2018년부터 0명 대로 진입하더니 현재에 이르게 된 것이다. 한 사회의 출산력을 나타내는 지표는 출산율뿐만 아니라 모두 악화일로다. 1년 동안 인구 1,000명당 아이가 얼마나 태어나는지를 계산하는 조출생률은 4.5명으로 집계됐다. 조출생률은 15명 이하일 경우 낮은 수준으로 평가된다. 출생아 수는 23만 명으로 10여 년 전과 비교해 반토막 난 수준이다.

저출산 문제는 악순환의 고리다. 직장이 없고 소득이 안정적이지 않기 때문에 결혼하지 않고, 결혼하지 않으니 아이를 낳지 않는다. 급여와 복지후생이 보장되는 공무원의 출산율이 높고, 전세나 월세보다 자가 주택을 보유한 가정의 자녀 수가 많은 사실은 저출산의 근본 원인을 반대편에서 제시하는 지표다.인구 감소는 국력의 쇠퇴를 뜻한다. 저출산·고령화는 우리나라가 직면한 가장 심각한 국가적인 현안 가운데 하나다. 하지만 저출산은 수십 년간 우리 사회 곳곳에 누적된 문제점과 그 인과 관계의 결과물이다. 표면에 드러난 몇 가지 현상을 단기적으로 해소해 본들 근본적인 해결이 될 수 없다. 청년의 취업시장, 육아와 교육 사이클, 부동산 등 각 분야에서 꼼꼼하게 원인을 찾아 긴 호흡으로 접근해야 선순환의 고리가 만들어진다.

이에 본지에서는 출산율 감소 현황과 원인에 대한 살펴본 후, 선진국의 인구증가 대책 및 정책적 방향성에 대하여 제언하기로 한다.

📈 본론

1. 인구감소와 저출산
[출처 : KB경영연구원]

1) 인구감소 현황

① 인구 증감의 주요소는 출산율, 기대수명, 국제결혼 등으로 현재 한국의 인구 감소는 출산율 급감의 영향이 가장 큰 상황이다.
② 국제결혼에 따른 인구 유입은 상대적으로 적은 수준(출생, 사망 각 30만 vs. 국제결혼 2만)이다.
국제결혼은 2000년 11,605 → 2005년 42,356 → 2016년 20,591 건으로 하락하였으며, 2019년에는 23,643건으로 소폭 증가했다.
③ 기대수명은 1970년 62.3세에서 2009년 80.0세로 빠르게 상승하였으나, 2015년 82.1세, 2020년 83.2세로 최근 상승 속도는 크게 둔화되었다.
④ 인구 천 명당 사망자 수(조사망률)는 1970년 8명, 2019년 5.7명으로 큰 변화는 없다.
가. 과거 기대수명이 빠르게 상승하면서 인구 천명당 사망자 수가 최근까지 감소하고 있다.

나. 최근 기대수명 상승 추세가 둔화되고, 고령자가 많아지면서 점차 인구 천 명당 사망자수가 증가하는 추세로 반전되었다.

⑤ 평가

출산율 0명대는 출산 가능 여성이 평생 낳을 것으로 기대되는 출생아 수가 1명이 안 된다는 의미로 전시나 경제위기 때 벌어지는 현상이다. 경제협력개발기구(OECD) 35개 회원국 가운데도 한국이 유일하다. 2018년 기준 출생아 수는 32만6900명으로 30만 명대를 간신히 유지했지만 30년 전(1988년 63만 명)과 비교하면 반 토막 수준이다. 출생아 수에서 사망자 수를 뺀 인구 자연 증가치도 2만 8000명으로 2018년 4만 4000명이 감소하며 역대 최저치를 기록했다. 1980년대 50만 명을 넘었던 인구 자연 증가가 2만 명대로 떨어진 것은 인구 감소 시점이 임박했다는 요란한 경고음이다.

1) 인구감소 현황

① 출산율(합계출산율)은 1970년 4.53명에서 1984년 1.74명으로 2명 이하로 하락한 뒤, 2018년 0.98명으로 1 이하로 하락하였다(합계출산율 2 정도가 되어야 장기적으로 인구수 유지).

② 인구 천 명당 출생아수(조출생률)는 1970년 31.2명이었으나, 2004년 9.8명으로 급감했다.

③ 우리나라의 인구 감소는 출산율 하락이 가장 큰 요소다.

가. 기대수명이 안정화되고, 국제결혼이 크게 증가하지 못하면서 출산율 급락이 인구 증가 속도에 가장 큰 영향을 주고 있다.

나. 1970 ~ 80년대에는 가파른 출산율 하락에도 기대수명 상승으로 사망률이 낮아 인구가 증가하였으나, 출산률이 사망률에 근접하도록 하락하면서 본격적으로 인구감소시대가 개막했다.

다. IMF 직후 출생아수 급감했다.

라. IMF 이후 비교적 안정적으로 유지되던 출생아수가 2017년 이후 다시 급격히 하락세를 보이면서 장래인구추계(2017년 기준, 중위)보다 다소 빠르게 인구 감소가 시작되었다.

1. 인구감소와 저출산
[출처 : KB경영연구원]

2) 출산율 추이

합계출산율 추이

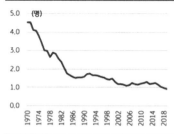

주: 합계출산율 = 여성 1명이 평생동안 낳을 것으로 기대되는 자녀의 수
자료: 통계청

[출처 : 현대경제연구원]

1. 인구감소와 저출산

[출처 : KB경영연구원]

3) 저출산 원인

① IMF 충격

　가. 우리나라의 출산율은 IMF 직후 급격히 감소하였는데, 혼인율 자체가 급감하였고, 혼인 이후 자녀를 낳는 비율도 크게 감소하였다(IMF 이전에도 경제발전에 따라 기본적으로 출산율 하락 추세가 나타났음).

　나. 1980년대 산아제한정책으로 셋째 이상 낳는 경우는 급격히 감소, 첫째와 둘째 출생아수는 비교적 안정적으로 유지되었다.

　다. IMF 이전 1990년대는 가임기 여성수 증가에 비해 혼인건수 증가가 부족한 측면이 있었다. 결혼 연령이 다소 늦어지는 효과와 비혼이 늘어나는 효과가 있었을 수 있다.

　라. IMF 충격으로 기혼자 비율 자체가 불과 세대차이 10년 만에 90%에서 70%로 20%p 가까이 감소 – 이러한 혼인율 감소는 결과적으로 출생아수 감소에 그대로 이어졌다.

　마. IMF 충격 이후 혼인건수 대비 출생아수 비율이 20%p 가량 감소 – 결혼을 해도 자녀를 낳지 않는 경우가 크게 증가했다. 즉, IMF 이전에도 출산율을 낮추는 요소는 있었지만, IMF 충격이 하락 속도를 급격히 확대하여 출산율 1 이하 시대를 더 빨리 다가오게 했다.

　바. IMF 이후 심화된 경제양극화, 발전된 경제 여건에 따른 DINK족의 부상 등 여러 경제 · 사회 · 문화적 요인이 맞물리면서 출산율이 급격히 하락했다.

② 혼인율 IMF 이후 10년간 20% 감소

　가. 61 ~ 65년생은 30대 후반까지 혼인한 경우가 90%에 육박하였으나, 71 ~ 75년생은 30대 후반까지 혼인하는 경우가 70.6%로, IMF의 영향으로 20년 만에 기혼자 비율이 20%(18.1%p) 감소했다.

출생 연도별 30대 후반 기혼 비율

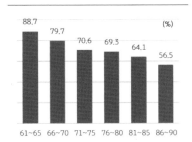

주 : 61~65년생이 35~39세인 연도(2000년)의 기혼자 비율, 66~70년생이 35~39세인 연도(2005년)의 기혼자 비율,... 같은 방식으로 계산. 가구주 연령 기준이므로 실제 여성의 연령과는 소폭 차이가 발생할 수 있음

[출처 : 현대경제연구원]

1. 인구감소와 저출산 [출처 : KB경영연구원]	**3) 저출산 원인**

③ 에코 베이비붐 세대가 결혼적령기를 점차 지나가면서, 점차 결혼적령기 여성이 줄어들고 있으며, 이에 따라 출생아수 감소는 더 심화될 것이다.

가. 2010년대 후반부터 보이고 있는 출생아수 감소는 에코 베이비붐 세대가 결혼적령기를 지나가면서 점점 결혼대상 인구가 줄어들고 있다.

나. 게다가 최근 세대로 올수록 혼인율(기혼자 비율)이 감소하는 추세가 지속되면서 출산율 하락이 지속될 것으로 전망이다.

다. 결과적으로 혼인건수, 출생아수는 점점 더 많이 줄어들 것으로 전망되며, 향후 인구 감소 속도가 점점 더 빨라질 것이다.

④ 높은 양육비용 : 중국 보고서에 따르면 우리나라가 1인당 GDP기준 양육비 부담이 가장 크고, 다른 나라를 크게 웃도는 수준이다. 최근 공공기관의 설문조사에 따르면 95%이상의 비율이 출산을 꺼리는 가장 큰 이유로 양육비용을 꼽았다. 현재 출산율 최하위에 속하는 한국과 중국이 양육비 부담이 가장 큰 두 국가라는 점을 볼 때, 양육비용이 저출산의 주요 원인임을 유추 할 수 있다.

⑤ 수도권으로의 인구 집중이다 : 토머스 맬서스에 따르면, 인구 밀도가 높아지면 자원을 두고 경쟁이 심해진다고 한다. 그 현상이 점점 심각해지면 생존과 재생산(출산) 중 생존을 택하고 재생산을 포기하는 현상이 일어난다. 수도권의 면적은 전체의 11.8%를 차지하는데 인구는 총 인구의 50%를 넘는다. 이러한 인구 고밀도 상황에서, 청년들은 수도권의 제한된 자원을 차지하기 위해, 결혼 및 출산 보다는 교육이나 커리어에 투자하는, 이른바 생존을 택하고 있다.

⑥ 여성의 출산 후 경력 단절 문제이다 : 노동연구원의 자료에 따르면, 25~35세 구간의 여성 경제 활동 참여율 하락이 두드러지는데, 이는 많은 여성이 육아로 인해 경력이 단절되고 있음을 보여준다. 또한 보고서에 의하면, 출산 후 여성 고용은 현저하게 줄어들며, 출산 연도부터 출산 직후 4년까지 임금의 원래 수준을 회복하지 못하고 있다. 이러한 이른바 모성패널티로 인해, 출산을 꺼리는 기조가 이어지고 있다.

	4) 저출산 영향

① 생산가능인구 감소로 생산·소비가 줄면서 경제활력이 떨어짐 : 생애주기 이론에 따르면 비경제활동인구인 노년층의 경우 노후 준비를 위한 자산 축적 경향이 있으며, 이로 인해 노년층의 평균 소비성향은 낮다. 따라서 고령화로 인한 노년층의 인구 증가는 전반적인 소비 성향을 감소시키며, 경제활력을 떨어뜨릴 가능성이 크다.

② 성장잠재력도 위협받고 있다. 한국은행은 생산가능인구 감소 등 인구 변화로 잠재성장률이 2000 ~ 2015년 연평균 3.9%에서 2026 ~ 2035년에는 0.4%까지 추락할 가능성이 있다고 분석했다.

<table>
<tr><td>

1. 인구감소와 저출산

[출처 : KB경영 연구원]

</td><td>

4) 저출산 영향

</td><td>

솔로우의 성장이론에 따르면 가장 중요한 경제성장 변수 중 하나가 인구성장률이며, 안정적인 인구성장을 통한 경제활동가능 인구 유지가 경제성장에 중요하다. 이에 저출산으로 인한 경제활동가능 인구의 감소는 우리나라의 잠재성장률의 감소를 초래할 가능성이 크다. KDI자료에 따르면 2031년부터 노동공급이 경제성장에 마이너스로 작용할 전망이다.

③ 인구구조가 밑이 좁은 항아리형이 되면서, 장기적으로 젊은 세대의 노인 부양 부담이 가중되고 있다.

　가. 현재는 경제활동을 영위하는 세대 5명이 노인 1명을 부양하고 있으나, 2060년에는 경제활동 세대 1인이 노인 1명을 부양해야 하는 상황으로 부양 부담이 5배로 급증했다.

　나. 15 ~ 65세의 경제활동인구 대비 65세 이상 노인인구 비율은 2020년 22%에서 2060년 98%로 76%p 상승했다.

　다. 국민연금 개혁이 지지부진하여 2060년에는 기금이 소멸되어 있는 상황으로, 젊은 층의 부담이 더욱 커질 수밖에 없다.

</td></tr>
<tr><td rowspan="2">

2. 독일 사례

</td><td>

1) 현황

</td><td>

① 독일의 2016년 합계출산율(여성 1명이 평생 낳는 아이)이 1.50명으로 올라섰다. 1982년 이후 33년 만의 최고치다. 특히 4년 연속 증가세여서 더 고무적이라는 평가다.

② 독일은 60세 이상 인구 비율이 27.6%로 일본(33.1%)에 이어 세계 2위 노인국가다. 아이울음 소리가 없고 노인의 신음소리만 남아 현재 8,100만 명 수준인 인구가 2060년에는 6,800만 ~ 7,300만 명으로 1,000만명 이상 줄어들 운명이었다. 인구감소의 늪에서 벗어나려면 출산율을 2.1명 수준으로 유지해야 한다.

</td></tr>
<tr><td>

2) 정책

</td><td>

① 2016년 이후 독일 출산율 증가는 이미 다른 유럽 국가의 성공사례를 따른 덕분이다.

　가. 프랑스는 임신에서 육아에 이르기까지 받을 수 있는 수당이 30여 가지에 이른다. 프랑스의 합계출산율은 1993년 1.65수준에서 2012년 2.01명으로 극적으로 반등했다.

　나. 남성의 육아휴직을 의무화하고 그 기간도 480일이나 되며 이중 390일 동안은 임금의 80%를 보장하는 스웨덴의 출산율은 1999년 1.52명에서 2014년 1.91명으로 올라섰다.

② 독일도 15년 전부터 '일과 가정의 양립' 이란 목표아래 적극적인 출산장려 정책을 펴 왔다.

　가. 그 기간에 양육시설을 3배로 늘렸다. 2013년부터는 부모가 원하면 12개월 이상 아동을 무조건 양육시설에 맡길 수 있다. 2005년 이후엔 초등학교 종일반 수업을 확대하고 육아휴직 시 14개월간 기존 수입의 65%를 지급한다. 유럽 최고 수준의 육아휴직 인센티브다.

</td></tr>
</table>

2. 독일 사례 **2) 정책**

나. 이런 영향으로 아이가 있는 독일 가정은 전체 가계수입에서 아동양육에 들어가는 비용이 9.7%로 OECD 국가 중 가장 낮다. 유럽에서 출산율이 가장 높은 프랑스(2.01명·2014년 기준)도 양육비용이 9.7%다. 반면 영국은 그 비용이 자그마치 33.8%에 달한다.

③ 여성에게 쏠린 보육 부담을 남성과 직장, 사회로 분산하면서 더 많은 아이를 낳고 여성의 직장 복귀도 수월해져 지속적 경제성장이 가능한 사회를 만들 수 있었다.

 결론

의견 제시

보조금 지원방식으로 저출산 문제를 해결하려는 정책은 출발부터 잘못됐다. 결혼하려면 기본적으로 의식주가 해결돼야 한다. 하지만 일자리 구하기는 낙타가 바늘구멍 통과하기만큼이나 어렵다. 결혼을 하려면 살 집이 있어야 하지만 집값은 천정부지로 치솟았다. 임대차법 등 반시장적 악법으로 전셋값까지 폭등하고 매물마저 잠겼다. 인구문제를 돈으로만 해결하려는 것부터가 잘못이다. 수당 몇 푼 더 쥐여준다고 결혼해 아이를 낳을 것으로 생각하면 오산이다. 작금의 사태는 아이를 안 낳는 게 아니라 못 낳는 것이다.

해법은 이미 나와 있다. 지속 가능한 일자리 공급과 부동산 시장 안정이 급선무다. 일자리를 만드는 건 기업이다. 기업의 숨통을 죄는 반시장적 악법을 폐기하고 시장 친화적 정책으로 전환하는 일이 시급하다. 이제라도 '출산주도성장'에 초점을 맞추고 정책 대안을 모색해야 한다.[세계일보 사설]

현금을 쥐여주는 정책보다는 고용·주거·교육 현실 등을 개선해 청년들이 아이를 낳고 싶다는 마음을 가질 수 있도록 하겠다는 것인데 지금의 초저출산 흐름을 빠르게 뒤집기에는 쉽지 않아 보인다 이제 저출산 문제는 국가 존망이 달린 문제로 간주해야 한다. 출산장려지원금과 같은 단기 처방이 아니라 결혼과 출산 의욕을 저하하는 사회 환경과 구조를 바꿔야 한다. 또 저출산의 심각성을 모두 체감할 수 있게 공감대를 형성하는 일이 중요하다. 막대한 예산 투입에도 효과가 없는 것은 정책 차원에 문제가 있다는 것이다. 원점 개편과 발상의 전환이 필요하다. 이대로 가다가는 퇴로 없는 절벽 끝자락에 설 수밖에 없다.

이에 정책당국은,

첫째, 저출산 대책의 시작은 혼인율을 높이는 것이다. 우리 사회에서는 혼외출산에 부정적 인식이 존재하기 때문에 결혼을 하지 않고 출산을 하는 경우는 거의 드물다. 따라서 우리는 결혼을 장려하는 정책이 우선되어야 한다. 현재 우리나라는 혼인을 하더라도 소득세 과세단위는 개인 단위로 유지되며, 혼인에 따른 특별한 세제 혜택이 없다. OECD 조세격차 보고서에 따르면, OECD 평균 2자녀 홑벌이가구와 독신가구의 조세격차 차이가 10.2%p인데 비하여, 우리나라의 2자녀 홑벌이가구와 독신가구의 조세격차 차이는 5.0%p에 불과하다. 따라서 혼인과 출산을 장려하는 적극적인 조세지원정책이 필요하다. 일례로 2분2승제는 부부단위에서 소득을 합산 후 균등분할하는 것을 의미하는데, 만약 남편의 연봉이 7,000만 원, 부인은 전업주부로 소득이 없을 때, 둘의 소득을 합산하여 절반으로 나눈 후 소득세율을 적용한 후 그 금액의 2배를 소득세 과세를 하는 것이다.

이는 세금 절감 효과로 혼인에 대한 메리트를 줄 수 있는 정책으로 저출산 대책이 될 수 있다. 다만, 경우에 따라 개인 단위를 선택하는 것이 유리한 경우가 있으므로 선택적 2분2승을 도입하는 것이 바람직할 것이다. 현재 독일과 미국이 선택적 2분2승제를 채택하고 있다.

둘째, 혼인 장려가 저출산 대책의 시작이라면, 양육에 대한 부담 경감은 저출산 대책의 핵심이 될 것이다.

1) N분N승제

앞서 언급한 선택적 2분2승제는 자녀에 대한 고려가 없으므로, 자녀의 소득도 합산 후 가구 구성원 수로 나누는 N분N승제 도입이 필요할 것이다. 대표적으로 프랑스가 N분N승제를 적용하는 대표적인 국가인데, 이 제도는 프랑스의 출산율을 높여 인구증가에 기여한 것으로 평가받고 있다. 자녀가 있는 경우 일반 2분2승제에 비해 N분N승제의 세액절감효과가 크게 나타나 양육 부담을 줄여 줄 수 있을 것이다.

2) 자녀세액공제 인상

현행 우리나라의 자녀세액공제는 다소 부족하다. 다자녀에 대한 배려가 더 강화되어야 저출산을 극복할 수 있다. 7세 이상 자녀 1인당 세액공제 금액을 25만 원, 둘째 50만 원, 셋째부터는 100만 원으로 인상하고, 출산, 입양 자녀의 경우 첫째는 50만 원, 둘째는 100만 원, 셋째 이상은 200만 원으로 세액공제금액을 인상해서 세제 혜택을 강화해야 한다.

3) 소득공제(기본인적공제)상 자녀의 범위 확대

현행 소득세법상 자녀의 범위는 20세 이하인데, 현실적으로 대학진학, 군복무 등으로 인해 경제적으로 독립하지 못하는 경우가 많으므로 일정 소득 이하의 경우 자녀의 범위를 25세 이하로 확대할 필요가 있다.

셋째, 청년세대 소득 증가정책을 꾸준히 지속해야 한다. 학력에 따른 출산율 격차는 줄어드는 추세이며, 최근 외국의 경우 여성의 경제활동참가율과 출산율은 양의 상관관계를 보이고 있다. 이는 오늘날 출산율의 감소는 기회비용 증가에 따른 대체효과 보다는, 소득의 감소에 따른 소득효과가 더 크게 작용하고 있음을 보여준다. 때문에 청년세대의 안정적 소득과 비용부담을 낮춰 주는 것이 저출산의 근본적 해결책이라 할 수 있다. 따라서 기업의 육성과 지원을 통한 양질의 일자리 창출, 부동산 가격의 안정화를 통한 주거비용 경감 등을 위한 노력이 계속되어야 한다.

넷째, 수도권의 인구 집중을 감소시키기 위해, 지역 스타트업 생태계 활성화를 함으로써 지역의 일자리를 창출해야 한다. 대표적인 방법으로, 지역 거점 대학을 중심으로 대학 내 산학연협력단지를 조성하고, 혁신적 창업 기업에 대한 정책적 지원과 세제 혜택을 제공하는 것이 있다.

03 논술사례

주제 1

저 출산의 원인과 그로 인해 발생하는 사회 경제적 문제점은 무엇인가? 그리고 이러한 문제를 해결하기 위한 정부, 기업, 금융기관 간의 해결방안을 논하라.

답안

 서론

34개국중 몇 위인지 표기하시면 더 좋으실 듯. 굳이 34개국을 표시하셨기 때문입니다.

2020년 OECD의 34개 회원국 중 우리나라는 출산율 0.84명을 기록하며 **대표적인 저 출산 국가**로 꼽혔다. UN은 한국 사회의 낮은 출산율이 인구 증가 속도 저하로 이어져 몇 년 후부터는 인구가 오히려 줄어들 것으로 전망하고 있다. 인구가 줄어든다는 것은 곧 경제주체로서의 소비자와 생산자의 감소를 의미하기 때문에 그만큼 경제의 역동성은 떨어지게 된다. 이러한 저 출산 문제는 한국 사회에만 국한된 문제가 아닌, 전 세계적 현상으로 나타나고 있는데, 출산을 기피하는 맞벌이 부부를 일컫는 신조어 '딩크족'의 등장이 그 세태를 반영한다. 이에 본지에서는 미래 국가 경제에 큰 걸림돌로 작용할 저 출산의 원인과 그로 인한 사회, 경제적 측면의 영향을 살펴보고 각 주체**의** 해결책을 제시하고자 한다.

별 |

1. 저출산의 원인

저출산의 원인을 경제적 측면과 사회, 문화적 측면에서 정리하자면 다음과 같다.

경제적 측면의 가장 큰 원인은 '경제적 비용 부담 증가'이다. 현대 사회에 접어들면서 과거와 달리 자녀의 출산 · 양육비가 **크게** 증가하였을 뿐만 아니라 막대한 교육비용을 지불했음에도 높은 실업률로 미래에 대한 불확실성이 높아지는 까닭에 출산을 기피하는 것이다.

경제적 비용 문제와 더불어 사회적인 차원에서 고학력 여성의 경제 활동 증가와 청년층의 여가문화 생활을 중시하는 모습 등은 저 출산의 또 다른 원인으로 볼 수 있다. 이러한 요인들이 복합적으로 작용하여 여성의 초혼 연령이 30세 이상으로 높아지고, '딩크족'과 같은 부부유형이 나타나게 된 것이다. 결국 개인의 입장에서 저 출산 현상은 자신의 소득제약 조건 하에서 느낄 수 있는 만족도와 자녀가 주는 효용 등을 고려한 합리적 의사결정의 결과로 나타나는 것이다. 이처럼 유아에서부터 대학입학까지 자녀양육 비용의 부담, 여성의 사회 진출 확대, 청년 실업률 증가 등이 저 출산의 주요 원인으로 작용하고 있다.

첫째,

큰 폭으로

둘째

2. 사회 · 경제에 미치는 영향(문제점)

경제, 사회적 차원에서의 다양한 원인으로 야기된 저 출산 문제는 국가 전체적으로 심각한 노동력 상실과 국가경쟁력 상실을 야기하기 때문에 한국 경제의 성장에 치명적 영향을 끼치게 된다. 솔로우의 성장이론에 따르면 가장 중요한 경제성장 변수 중 하나가 바로 인구 성장률인데, 저 출산은 이 인구성장률의 감소를 의미하기 때문이다. 뿐만 아니라 저 출산으로 인해 인구구조 자체가 역삼각형 형태로 변하게 된다면 청년층이 장차 부양해야 할 노년층의 인구가 늘어나게 되는데, 이는 곧 청년층의 경제적 부담이 가중되는 문제를 초래하여 출산을 더욱 기피하는 악순환이 이어질 것이다.

노년층의 인구가 늘어나는 것 자체만으로도 한국 경제에 또 다른 부정적 영향을 미칠 수 있다. 노년기를 향해 갈수록 자산을 축적하는 성향을 보여주는 생애주기효과(Life-cycle effect)를 감안했을 때, 평균 소비성향이 높지 않은 노년층의 인구 증가는 사회 전체적인 소비부진으로 이어져 물가상승률이 하락하게 되기 때문이다. 노년층은 청, 장년층에 비해 근로소득은 적고 보유자산규모는 커서 대체로 저물가를 선호하기에 이를 목표로 정부 정책에 영향력을 행사함으로써 물가상승률은 낮아지게 **되는 것이다.** 실제로 BOJ(일본은행)에 따르면 1990년대 초반부터 2010년까지 급속도로 진행된 고령화로 인해 매년 약 0.3%p만큼 디플레이션 압력이 증가한 것으로 밝혀졌다. 이처럼 저 출산으로 야기되는 인구고령화가 심화될수록 한국의 경제구조는 축소지향형으로 변해가게 될 것이다. 한국 경제성장에 걸림돌이 될 '저 출산의 늪'에서 탈출하기 위해서는 각 경제주체의 적극적인 태도가 필수적이다.

이론들은 논술을 풍요롭게 합니다. 일본의 경우,

3. 각 경제주체의 해결방안

둘째

저 출산 문제 해결을 위해 정부는 보다 실효성 있는 출산장려 정책을 시행해야 한다. 미시적으로는 출산에 대한 경제적 지원, 의료 지원 등 출산 인센티브를 제공하는 사회 인프라 구축의 성격인 positive policy를 실시하는 것이다. 출산, 양육비용 부담을 줄이기 위한 정책과 교육비 세제 지원 등을 통해 사회 전반에 걸쳐 출산에 대한 긍정적 인식확산 효과를 얻을 수 있다. 일정 수준 이상의 인프라 구축을 달성한 이후, 출산을 포기한 가정에 대해서는 상대 세율을 높게 부과하는 negative policy를 단계적으로 시행하는 방안 또한 고려해야 한다. 거시적으로는 노동환경 382개선과 질 높은 일자리 창출을 통한 청년 취업률 상승, 높은 주거비용 문제 해결 등을 통해 경제적 빈부 차를 줄여 안정적인 경기 순환을 이루기 위한 노력을 기울여야 한다.

| 둘째

거시적 차원의 정부 정책에 기업이 협력하여 저 출산 문제 해결의 선결 조건인 청년 실업 해소를 이루는 방안도 마련해야 한다. 기업 차원에서 기술 혁신을 통해 신 성장 동력을 확보하고 새로운 산업을 창출함으로써 청년 노동력에 대한 수요를 높일 수 있을 것이다. 최근 '일과 삶의 조화'를 지향하는 기업문화 Trend를 반영하는 노력도 필요하다. 기업 내 보육시설 지원 등을 적극 도입한다면 내부 임직원의 만족도가 상승하여 그만큼 생산성 향상이 이루어지도록 하는 것이 좋은 예가 될 수 있다. 특히, 금융 기업의 경우 Risk 관리나 비용대비 효율을 높이는 소극적인 차원을 넘어 '6-pockets', 'Silver계층을 겨냥한 PB상품'과 같은 프로젝트 개발을 통해 신규 수익원 창출을 꾀하는 적극적인 태도로 임해야 할 것이다.

| 셋째

📈 결론

최근 실업률과 물가 간의 전통적인 관계가 크게 약화되었음에도 불구하고, 많은 선진국이 저물가 기조를 경험하고 있는 것은 저 출산과 고령화라는 구조적 요인의 영향 때문으로 볼 수 있다. 따라서 각 국의 경제주체는 현 상황을 단순히 글로벌 금융위기에 따른 극심한 경기침체(Great Recession)의 결과로 치부하기 보다는 구조적 차원에서 문제점을 인식하고 이를 해소하려는 노력을 기울여야 한다.

　저 출산은 저성장, 청년층의 기성세대 부양부담 가중 등 부정적 효과를 야기하므로 이를 해결하기 위해서는 청년층이 자녀를 출산하고 양육하기에 적합한 환경을 조성하는 재정정책을 확대해야 한다. 정부, 기업, 사회 구성원 간의 긴밀하고 적극적인 협력을 통해 출산율 제고, 청년 실업률 해소, R&D 투자 강화를 이룸으로써 사회구조 전반을 개선하고 경제성장을 방해하는 문제점을 해결해나갈 수 있을 것이다.

chapter 23

개인채무자보호법

01 논제 개요 잡기[핵심 요약]

서론	이슈언급	2023년 1월, 개인채무자보호법은 채권매각과 추심을 까다롭게 해 개인채무자의 권익을 보호하려는 취지로 마련되었다. 구체적으로 이 법은 채권금융회사 등과 개인금융채무자 사이의 개인금융채권 · 채무 내용의 변동에 따른 개인금융채권의 관리 및 추심 · 조정(調停)에 필요한 채권금융회사 등의 준수사항을 규정함으로써, 개인금융채무자의 권익을 보호하고 개인금융채권 · 채무와 관련된 금융업의 건전한 발전에 이바지함을 목적으로 제정되었다.
본론	1. 개인채무자 보호법	**1) 도입 배경** ① 현재 연체 채무 관리체계는 금융사의 사전 예방보다는, 부실 발생 후 채무조정 방식이라는 지적이 제기돼 왔다. ② 금융사가 채무자와 협상으로 채무문제를 해결하지 않고 추심 위탁을 하거나 대부업 매각을 통해 회수 극대화를 목적으로 하고 있다. ③ 연체 이후 이자부담은 계속 커지면서 장기 연체자가 될 가능성이 높은데 다가, 과도한 추심부담에 놓이게 된다는 우려도 있다. **2) 도입 목적** 연체 초기 채무자가 장기연체의 늪에 빠지지 않도록 지원하고, 조속히 경제활동에 복귀할 수 있도록 하기 위함 → 사회적 비용절감 및 채무자가 성실하게 상환하고, 채권자의 회수 가치도 제고되는 상생의 선순환 구조 형성 기대.

본론	**1. 개인채무자 보호법**	**3) 제정 주요 내용**

제정법은 크게 ▲사적 채무조정 제도화, ▲연체에 따른 과다한 이자부담 완화, ▲불리한 추심관행 개선 등으로, 이에 따라 채무자의 권익이 보호될 뿐만 아니라 선제적 재기 지원을 통해 더 큰 부실을 예방해 사회적비용을 최소화하고 채권 회수가치도 결국 제고될 수 있을 것으로 기대된다.

4) 하위규정

하위 규정은 ▲금융회사 자체 채무조정 제도화, ▲연체에 따른 과다한 이자부담 완화, ▲채권매각 규율 강화, ▲불리한 추심관행 개선 등으로 구성된다.

5) 논란 및 반론

① 채무조정을 악용할 유인이 존재. 채무조정을 하지 않을 것 같은 고객을 대상으로 대출이 이뤄질 것.
② 연체이자 제한으로 성실상환 의지를 저해하고 성실히 상환한 채무자에게는 상대적 박탈감을 유발할 수 있을 것.
③ 새로운 규제에 발맞추다 보면 대출 문턱이 높아질 수밖에 없어 오히려 취약차주가 제도권 밖으로 밀려날 것.
④ 기한이익상실의 예정, 채권양도, 주택경매 예정 등 주요 통지에 '도달주의'를 적용해 어려움이 예상된다.

6) 금융위 반론 보도 자료

① 채무조정 제도와 연체이자 제한 등 채무자보호법의 주요 제도는 (동 제도가 없었다면) 장기연체에 늪에 빠져 신용불량자, 파산자가 될 채무자에 대해 일시적으로 상환부담을 낮춰 성실히 상환하도록 유도하고, 이를 통해 궁극적으로 채권자인 채권금융회사의 회수가치도 제고하도록 하는 제도이다.
② 이를 통해 취약차주는 불법추심에서 벗어나 합당한 연체이자만을 부담하고, 채권금융기관에 채무조정요청을 할 수도 있으며 채권금융기관과의 합의에 의해 받아들여질 경우 채무의 상환을 통해 완제하고 재기를 도모할 수 있게 된다.
③ 이 경우 금융기관의 회수가치는 증대되어 상호이익이 증대되는 금융관행이 정착될 수 있다.
   * 최근 연구에 따르면 금융회사 자체 채무조정의 회수율은 60% 수준이며, 채권매각 또는 추심위탁을 하는 경우에는 30%대의 수준으로 회수율에 현격한 차이를 보이고 있음
④ 고금리·고물가 세계적인 경기 둔화로 연체, 불법·과다추심이 지속 확대될 것으로 우려되는 상황에서 대부업체로의 기계적 채권매각을 막고 원채권금융회사가 먼저 나서 채무자의 채무문제를 해결해주는 제도인 것이다.

본론	1. 개인채무자 보호법	6) 금융위 반론 보도 자료	⑤ 미국, 영국, 독일, 프랑스, 뉴질랜드, 호주 등 세계 주요국은 우리보다도 훨씬 앞서 채권금융회사의 사적 채무조정 활성화방안, 연체이자 제한 등 제도를 시행하고 있었으며, 채무자보호법은 이러한 해외사례 등을 참고하여 지난 4년간의 전문가 논의를 거쳐 마련한 것이다.

⑤ 미국, 영국, 독일, 프랑스, 뉴질랜드, 호주 등 세계 주요국은 우리보다도 훨씬 앞서 채권금융회사의 사적 채무조정 활성화방안, 연체이자 제한 등 제도를 시행하고 있었으며, 채무자보호법은 이러한 해외사례 등을 참고하여 지난 4년간의 전문가 논의를 거쳐 마련한 것이다.

결론 — 의견제시

금융당국이 오는 10월 17일부터 시행되는 개인채무자보호법 후속 조치를 15일 내놨다. 이에 따르면 금융회사는 추심 횟수를 7일에 7회로 제한하는 추심총량제를 준수하겠다는 내부 기준을 마련해야 한다. 그런데 제도권 금융사의 추심을 제한하면서 발생할 부작용에 대한 대책이 아직 없다. 제도권 금융을 단속할수록 서민들이 불법 사금융으로 더 내몰리는 상황이 빚어질 텐데, 이에 대한 법적 보호책이 보이지 않는다. 법정금리를 초과한 불법 사금융과의 이자 계약을 무효화하는 등의 법제화가 22대 국회에서 이뤄져야 한다. 대부업(貸付業) 진출 문턱을 높이고, 피해자에 대한 민·형사상 지원도 제도화해야 한다.

02 논제 풀이

 서론

 이슈 언급

2023년 1월, 개인채무자보호법은 채권매각과 추심을 까다롭게 해 개인채무자의 권익을 보호하려는 취지로 마련되었다. 구체적으로 이 법은 채권금융회사 등과 개인금융채무자 사이의 개인금융채권·채무 내용의 변동에 따른 개인금융채권의 관리 및 추심·조정(調停)에 필요한 채권금융회사 등의 준수사항을 규정함으로써, 개인금융채무자의 권익을 보호하고 개인금융채권·채무와 관련된 금융업의 건전한 발전에 이바지함을 목적으로 제정되었다.

이번 법안에 따르면 분할상환금 상환이 늦어질 경우, 금융사는 연체 이자를 대출 잔액 전부가 아닌 연체 부분에만 부과할 수 있다. 또 채무자의 채무 조정 요청권 등 사적 채무 조정을 제도화하고, 채무자 보호를 위해 추심과 관련해 채권 추심자가 추심에 착수하려는 경우 착수 예정일, 방어권 행사 방법 등을 채무자에게 미리 통지한 뒤 일주일에 7회를 넘게 추심연락을 하지 못하도록 했다.

개인채무자에 대한 추심을 제한하는 '개인채무자보호법'이 오는 10월 14일까지의 입법예고기간을 거치며 오는 10월 17일부터 시행된다. 하지만 본격적인 시행을 앞두고 은행권의 우려는 높아지고 있다. 연체율이 악화하고 채무자의 도덕적 해이가 유발될 수 있다고 보기 때문이다.

이에 본지에서는 개인채무자보호법의 주요 내용에 대해 알아본 후, 예상되는 문제점 및 정책적 운영방안에 대하여 논하기로 한다.

본론

1. 개인 채무자 보호법	**1) 도입 배경** ① 현재 연체 채무 관리체계는 금융사의 사전 예방보다는, 부실 발생 후 채무조정 방식이라는 지적이 제기돼 왔다. ② 금융사가 채무자와 협상으로 채무문제를 해결하지 않고 추심위탁을 하거나 대부업 매각을 통해 회수 극대화를 목적으로 하고 있다. ③ 연체 이후 이자부담은 계속 커지면서 장기 연체자가 될 가능성이 높은데다가, 과도한 추심부담에 놓이게 된다는 우려도 있다.

2) 도입 목적

연체 초기 채무자가 장기연체의 늪에 빠지지 않도록 지원하고, 조속히 경제활동에 복귀할 수 있도록 하기 위함 → 사회적 비용절감 및 채무자가 성실하게 상환하고, 채권자의 회수 가치도 제고되는 상생의 선순환 구조 형성 기대.

3) 제정 주요 내용

제정법은 크게 ▲사적 채무조정 제도화, ▲연체에 따른 과다한 이자부담 완화, ▲불리한 추심관행 개선 등으로, 이에 따라 채무자의 권익이 보호될 뿐만 아니라 선제적 재기 지원을 통해 더 큰 부실을 예방해 사회적비용을 최소화하고 채권 회수가치도 결국 제고될 수 있을 것으로 기대되며, 주요 내용은 다음과 같다.

① 대출금액 3,000만 원 미만 연체 중인 채무자가 간편하고 신속하게 재기할 수 있도록, 금융회사에 채무조정을 직접 요청할 수 있게 된다. 채무조정 요청을 받은 금융회사는 추심을 중지하고 10영업일 내 채무조정 여부를 채무자에게 통지해야 한다.

② 대출금액 5,000만 원 미만 연체채무자가 채무부담을 덜고 심리적 압박이 완화되도록 연체 발생에 따른 과다한 이자 부과 방식이 개선된다. 기한의 이익이 상실된 경우 기존 약정에 따른 상환기일이 도래하지 않은 원금에 대해서는 연체가산이자를 부과하지 못한다.

③ 연체채무자가 추심 부담에서 벗어나 안정적인 생활을 영위할 수 있도록 과도한 추심관행이 제한된다. 추심횟수는 7일간 최대 7회로 제한되며, 특정 시간대·수단의 연락제한을 요청할 수 있고, 재난 등 불가피한 사유가 확인될 경우 추심 유예 등의 추심방식 제한을 통해 과잉추심을 방지한다.

개인채무자보호법 제정안 주요 내용

법 내용	현행	개선
채무조정(법 35조)	신용회복위원회를 통한 대리 신청	개별 금융사를 통한 직접 신청
기한이익 상실 예정 등 주요 통지(법 6조, 8조, 11조)	기한이익상실 7영업일 전 사전 통지(발송하면 효력 발생)	기한이익상실 10영업일 전 사전 통지(도달 확인 후 효력 발생)
기한이익상실시 연체이자 제한(법 7조)	대출 잔액 전체에 연체 가산이자 부과	기한이 도래하지 않은 채무는 연체 가산이자 부과 금지
추심 횟수 제한(법 16조)	채권별 1일 2회	채권별 7일 7회

하위 규정은 ▲금융회사 자체 채무조정 제도화, ▲연체에 따른 과다한 이자부담 완화, ▲채권매각 규율 강화, ▲불리한 추심관행 개선 등으로 구성된다.

① 금융회사 자체 채무조정 제도화

　가. 금융사는 채무조정 여부에 대해 통지를 받으면, 채무조정안을 통지받은 날부터 10영업일 내에 조정서를 작성해야 하고, 채무자에 대한 실효성 있는 보호를 위해 금융회사는 채무조정을 거절할 경우에도 법원 회생, 신용회복위원회 채무조정을 안내해야 한다.

　나. 조직·인력이 영세한 금융회사의 채무조정 관련 업무부담을 경감하기 위해 금융회사의 채무조정 업무를 신용회복위원회 또는 채권추심회사에 위탁할 수 있다. 다만 위탁할 경우에도 채무조정내부기준은 모든 채권금융회사 등이 마련해야 하며, 수탁기관은 내부기준에 규정된 내용대로 업무를 수행해야 한다.

　다. 금융회사가 자체 채무조정에 따라 채무조정이 성립한 이후 채무자가 특별한 사정없이 3개월 이상 변제계획을 미이행하면 채무조정 합의를 해제할 수 있다. 다만, 입원치료, 실업 등 특별한 사정이 있는 경우에는 6개월 이상 변제계획을 미이행해야 합의를 해제할 수 있다.

　라. 통지의무

　　A. 개인채무자보호법에 따르면 금융회사는 기한의 이익 상실, 주택경매신청, 채권양도 등과 같이 채무자의 권리의무에 중대한 변동이 있는 채권회수조치 이전에 채무자에게 그 사실을 알리고, 채무조정을 요청할 수 있다는 사실을 알려야 한다. 금융회사의 통지의무가 확대되는 만큼, 시행령에서는 금융회사 부담을 지나치게 확대하지 않으면서 채무자 보호를 위한 통지방법과 내용을 규정했다.

　　B. 통지방법은 서면이 원칙이며, 채무자와 합의 시 전자문서로도 통지가 가능하다. 다만 전자문서의 경우 신뢰성을 확보하기 위해 공인전자문서중계자(전자문서의 송신, 수신을 중계하는 자로서 과학기술정보통신부 지정 필요)를 경유한 것으로 한정한다. 아울러, 문서 발신자가 발신한 것만으로 통지가 이뤄진 것으로 보는 발신주의를 적용하지 않고 통지의 도달 여부를 금융회사가 확인해야 한다.

　마. 개인채무자보호법에서는 실거주 주택은 연체 발생 후 일정기간 경매신청을 유예토록 하고 있고, 대상주택, 유예기간 등 세부사항을 하위규정에 위임했다. 하위규정에서는 전입신고를 해 거주 중이면서 시세 6억 원(보금자리론 금액기준과 동일) 이하인 주택에 대해 연체 후 6개월까지 주택경매를 유예해 실거주 중인 서민의 주거권 보장을 강화한다.

1. 개인 채무자 보호법

4) 하위규정

**1. 개인
채무자
보호법**

4) 하위규정

② 연체에 따른 과다한 이자부담 완화

　가. 연체발생에 따른 과다한 이자부담을 제한한다. 개인채무자보호법에서는 대출의 일부 연체 등으로 인해 기한이익이 상실된 경우에도 기한이익이 상실되지 않았다면 기한이 도래하지 않은 채무부분에 대해 연체이자 부과를 금지한다. 다만, 이 경우에도 금융회사가 연체채권 관리에 소요되는 비용은 징수할 수 있도록 법률에 규정돼 있다. 이에, 시행령에서는 담보권 행사비용, 담보·재산에 대한 조사·추심, 처분비용 등은 징수할 수 있도록 했다.

　나. 회수할 수 없거나 회수가능성이 현저히 낮은 채권은 양도전 장래 이자채권을 면제하고 이를 양도계약서에 포함해야 한다. 금융회사가 손금산입을 하기 위해서는 상각처리를 해야 하는데, 상각기준이 없는 회사
(예 : 대부업체)는 손금산입의 개념이 없어 이자를 계속 부과할 수 있다. 이에 이자를 면제해야 하는 여타 금융업권과의 형평성 문제가 제기됐다. 따라서 대손처리기준을 적용 받지 않는 대부업자 등 기관에 대해서는 연체가 1년을 초과하고 1년내 상환이력이 없는 채권에 대해서도 채권 양도 시 장래 이자를 면제하도록 한다.

③ 채권매각 규율 강화

　가. 채권 매각 관련 규율을 강화해 채무자 보호를 강화한다. 금융회사가 채권양도 업무를 수행하는 경우 관행적 매각을 지양하고, 채무자 보호를 고려할 수 있도록 한다. 채권양도와 추심위탁, 채무조정 등 여타 채권 처리방식 간에 비용과 편익을 비교하도록 한다.

　나. 개인채무자보호법에서는 채권 양도 시 채무자 보호에 중대한 영향을 미치는 경우에는 채권의 양도를 금지한다. 시행령에서는 이러한 경우를 구체화했다. 명의도용 등 채권·채무관계가 불명확한 채권은 양도를 금지하며, 금융회사의 관행적, 반복적 채권매각도 제한

　다. 법률에서 규율한 '채무조정중인 채권' 외에도 '세 번 이상 양도된 채권'의 양도를 제한한다. 다만, 이 경우에도 반복된 매각이 채무자 보호에 영향을 미치지 않는 경우 양도 횟수에서 제외한다. 이를 통해 오랜 기간 추심에 놓여있던 채무자가 채권매각 이후 보다 강화된 추심에 놓이게 되거나, 불법 추심에 노출될 가능성이 줄어들 것으로 기대된다.

④ 불리한 추심관행 개선

　가. 과도한 추심을 제한하고, 채무자의 정상생활을 보장한다. 이번 하위규정에서는 추심 허용 시 채무자 보호 및 건전한 신용질서를 해칠 우려가 있는 경우에는 추심을 금지한다. 채무조정(금융회사 자체 채무조정, 신용회복위원회 채무조정, 법원 회생)을 받은 경우 채무자가 성실히 상환하겠다는 의미인 만큼, 시행령에서는 동 채권에 대한 추심을 금지한다.

4) 하위규정	나. 7일 7회 추심총량제에 대한 구체적 기준도 시행령에서 마련했다. 추심을 위해 채무자에게 방문, 전화 등의 방법으로 연락하는 행위를 추심횟수에 계산하며, 추심목적이 현저히 저해되지 않도록 횟수 산정 시 제외되는 사항도 마련했다. 구체적으로, 법령 등에 의한 의무적 통지, 채무자 문의에 따른 답변, 추심이 채무자에게 도달하지 않은 경우에는 횟수 산정 시 제외한다. 다. 추심유예와 관련하여 시행령에서는 재난, 채무자 본인 및 배우자의 직계 존·비속의 수술·입원·혼인·장례 등 변제곤란 상황에 대해서는 3개월이내 채무자-채권자간 합의한 기간 동안 추심을 유예할 수 있도록 했다. 다만, 채무자에게 연락이 닿지 않는 등 정당한 사유 없이 추심을 현저하게 지체하거나 저해할 목적이 있는 경우 추심연락을 유예하지 못하도록 했다.
1. 개인 채무자 보호법 5) 논란 및 반론 <출처: 중앙일보, 머니투데이, 금융위원회, 금융감독원>	① 채무조정을 악용할 유인이 존재. 채무조정을 하지 않을 것 같은 고객을 대상으로 대출이 이뤄질 것. 가. 금융권이 가장 우려하는 부분은 '채무 조정'이다. 현재는 신용회복위원회가 연체 채무자의 신청을 받아 대신 조정에 나서는데, 법안이 통과되면 연체 채무자가 직접 금융사에 상환 기간 연장·분할 상환·이자율 조정 등 상환조건을 변경해달라며 '채무 조정'을 요청할 수 있다. '채무자가 직접 조정에 나서면 보다 신속하고 유연한 조정이 가능하다'는 게 법안의 제정 취지다. 그러나 이한경 변호사(법무법인 광장)는 "고의로 연체·채무조정 요청을 하는 등 악용할 유인이 존재한다."고 봤다. 금융사는 법안이 정해둔 예외적인 상황이 아니라면 이 조정 요청을 거절할 수 없고 10영업일 이내에 결정을 통지해야 한다. 이렇게 되면 '일단 조정 요청을 하고 보는' 움직임이 생길 수 있다. 한 금융권 관계자는 "허위 서류를 제출하는 경우 채무조정 요청을 거절할 수 있는지도 불명확하다."며 "결국 채무 조정을 하지 않을 것 같은 고객을 대상으로 대출이 이뤄질 것"이라고 말했다. 나. 채무조정의 대상은 원금 3,000만 원 미만 개인대출과 개인사업자 대출이나 '계좌별' 기준을 활용한다. 10억 원 넘는 고액대출을 보유하더라도 특정 은행에 1,000만 원짜리 소액대출이 있다면 채무조정 대상이 된다. 영세 채무자를 보호한다는 취지에 어긋난다는 지적이 나오는 이유다. (반론) 고액대출 보유자가 소액을 고의로 연체할 가능성이 낮으며 그렇더라도 채권금융회사는 채무조정 내부기준에 따라 채무자의 소득, 재산 등 상환능력을 감안하여 채무조정 수용여부를 판단. 결정 가능. (금융위원회)

다. 기존처럼 신용회복위원회에 신청하면 모든 금융사의 채무를 한꺼번에 파악해 원금감면 등 조치가 한번에 가능하지만 법이 시행되면 채무자가 개별 금융사를 방문해 채무조정을 신청해야 한다. 되레 채무조정에 더 시간이 소요될 수 있다는 뜻이다.

(반론) 채무자보호법에 따른 채무조정과는 별도로 신용회복위원회 채무조정이 필요한 채무자는 기존처럼 바로 신청 가능. (금융위원회)

② 연체이자 제한으로 성실상환 의지를 저해하고 성실히 상환한 채무자에게는 상대적 박탈감을 유발할 수 있을 것 : '연체이자 제한' 조항도 논란이다. 예를 들어 대출원금이 100만 원이고 10만 원씩 갚기로 했는데, 10만 원을 연체했다면 약정이자와 연체이자는 10만 원에 대해서만 부과해야 한다. 나머지 원금 90만 원에 대해서는 약정이자만 부과하는 것이다. '원금 전체에 대해 연체 이자를 물려 이자가 불어나게 하는 건 과도한 측면이 있어 실제 손실분에 대해서만 연체이자를 물리겠다'는 목적이 담겼다. 하지만 학계에선 "그간 적용됐던 법리와 달리 새로운 법리라 현장에서 혼란이 발생할 수 있다."는 지적이 나왔다. 저축은행중앙회는 "채무자의 성실 상환 의지를 저해하고 지금까지 성실히 상환한 채무자에게는 상대적 박탈감을 유발할 수 있을 것"이란 입장을 냈다.

③ 새로운 규제에 발맞추다 보면 대출 문턱이 높아질 수밖에 없어 오히려 취약차주가 제도권 밖으로 밀려날 것 : 법안 통과 시 큰 영향을 받는 건 취약 차주가 많이 찾는 제2금융권과 대부업체다. 이들은 법안 내용대로 규제가 더해지면 결국 대출 문턱을 높일 수밖에 없다고 보고 있다. 한 금융권 관계자는 "이대로 통과된다면 곧장 대출 경색이 나타날 것"이라며 "법안 내용을 원점에서 다시 꼼꼼하게 검토할 필요가 있다."고 말했다. 법안 주요 내용이 3,000만~5,000만 원 이하 소액 채무자에 대한 보호를 규정한 만큼, 업계에서 소액 대출을 기피해 금융소외 현상이 심화할 거란 우려도 나온다. '착한 정책의 역설'이란 비판이 나오는 배경이다.

④ 기한이익상실의 예정, 채권양도, 주택경매 예정 등 주요 통지에 '도달주의'를 적용해 어려움이 예상된다. 현재는 통지를 '발송'하면 효력이 생기지만 앞으로는 '도달'했는지 확인해야 통지효과가 발생한다. 채무자가 통지를 2차례에 걸쳐 반송하면 금융사는 통지사실을 홈페이지에 게재하고 10영업일이 지나야 통지효과가 발생하는데 약 45~50일 소요될 것으로 보인다. B은행 관계자는 "채무자의 통지수령 여부를 은행이 확인해야 하는 점을 악용할 수 있고 채무조정 권리의 통지도 어려워 채무자에게도 불리하다."며 "우체국이 도달·반송여부를 금융사에 전문발송하도록 협조하고 통지도달 여부를 확인하는 의무를 완화해야 한다."고 했다.

(반론) 채무자 권리에 중대한 변화가 생기는 경우 채무자가 이를 인식하고 충분히 대응할 수 있도록 하는 취지임. (금융위원회)

**1. 개인
채무자
보호법**

5) 논란 및 반론
<출처: 중앙일보, 머니투데이, 금융위원회, 금융감독원>

| 1. 개인
채무자
보호법 | 5) 금융위 반론
보도자료 | ① 채무조정 제도와 연체이자 제한 등 채무자보호법의 주요 제도는 (동 제도가 없었다면) 장기연체에 늪에 빠져 신용불량자, 파산자가 될 채무자에 대해 일시적으로 상환부담을 낮춰 성실히 상환하도록 유도하고, 이를 통해 궁극적으로 채권자인 채권금융회사의 회수가치도 제고하도록 하는 제도이다.
② 이를 통해 취약차주는 불법추심에서 벗어나 합당한 연체이자만을 부담하고, 채권금융기관에 채무조정요청을 할 수도 있으며 채권금융기관과의 합의에 의해 받아들여질 경우 채무의 상환을 통해 완제하고 재기를 도모할 수 있게 된다.
③ 이 경우 금융기관의 회수가치는 증대되어 상호이익이 증대되는 금융관행이 정착될 수 있다.
* 최근 연구에 따르면 금융회사 자체 채무조정의 회수율은 60% 수준이며, 채권매각 또는 추심위탁을 하는 경우에는 30%대의 수준으로 회수율에 현격한 차이를 보이고 있음
④ 고금리·고물가와 세계적인 경기 둔화로 연체, 불법·과다추심이 지속 확대될 것으로 우려되는 상황에서 대부업체로의 기계적 채권매각을 막고 원채권금융회사가 먼저 나서 채무자의 채무문제를 해결해주는 제도인 것이다.
⑤ 미국, 영국, 독일, 프랑스, 뉴질랜드, 호주 등 세계 주요국은 우리보다도 훨씬 앞서 채권금융회사의 사적 채무조정 활성화 방안, 연체이자 제한 등 제도를 시행하고 있었으며, 채무자보호법은 이러한 해외사례 등을 참고하여 지난 4년간의 전문가 논의를 거쳐 마련한 것이다. |

 결론

의견
제시

서민들이 불법 사금융에 내몰리는 까닭은 절박함 때문이다. 얼마 전 5,000%에 달하는 살인적 이자를 받아낸 혐의 등으로 재판에 넘겨진 불법 사금융 범죄단체 '강실장 조직'이 5,749회에 걸쳐 15억여 원을 뜯어낸 것도 이런 절박함을 볼모로 삼았기 때문에 가능했다. 이들은 여러 차례 빌려간 사람에겐 갚은 돈도 다시 갚으라고 독촉했다. 가족이나 지인까지 수백 차례 협박성 문자와 전화를 받게 되면 당사자는 사리분별(事理分別)조차 힘들어진다. 강실장 조직은 이를 악용해 원금의 7~50배까지 받아냈다.

2024년 들어 5월까지 불법 사금융 피해 상담·신고 건수는 최근 5년 새 최다를 기록했다. 금융감독원에 접수된 피해만 6,232건으로 2020년에 비해 2배다. 고금리·고물가로 삶이 팍팍해진 데다 제도권 금융뿐 아니라 대부업체마저 대출을 줄여서다. 담보가 없거나 신용등급이 낮은 사람들은 죽음의 문턱을 넘을 수밖에 없다. 사금융 피해 중에서 특히 불법 추심 관련 신고가 2020년 1~5월 270건에서 올해 1,060건으로 급증한 것도 이런 이유다.

　　금융당국이 오는 10월 17일부터 시행되는 개인채무자보호법 후속 조치를 15일 내놨다. 이에 따르면 금융회사는 추심 횟수를 7일에 7회로 제한하는 추심총량제를 준수하겠다는 내부 기준을 마련해야 한다. 그런데 제도권 금융사의 추심을 제한하면서 발생할 부작용에 대한 대책이 아직 없다. 제도권 금융을 단속할수록 서민들이 불법 사금융으로 더 내몰리는 상황이 빚어질 텐데, 이에 대한 법적 보호책이 보이지 않는다. 법정금리를 초과한 불법 사금융과의 이자 계약을 무효화하는 등의 법제화가 22대 국회에서 이뤄져야 한다. 대부업(貸付業) 진출 문턱을 높이고, 피해자에 대한 민 · 형사상 지원도 제도화해야 한다. <출처: 매일신문>